高等学校酒店管理专业本科系列教材

酒店筹备与开业

JIUDIAN CHOUBEI YU KAIYE

◎主 编 谢 新
◎副主编 周 沫 郭 雪

重庆大学出版社

内容简介

本书系统全面地介绍了酒店从项目立项到筹备开业全过程的专业知识、管理方法以及实践应用。全书把酒店筹备开业经历的阶段分为三部分:第一部分为酒店先期筹划期,主要对酒店发展历史及趋势、酒店项目立项筹划等相关工作进行详细介绍。第二部分为酒店工程建设期,主要从工程建设、功能规划等方面进行介绍。第三部分为酒店开业筹备期,该阶段分为开业筹备与开业筹划两部分:开业筹备主要从开业筹备计划、物品采购、组织及制度管理全面介绍酒店开业前筹备的各项工作要点;开业筹划主要介绍开业前定价及预算制订、开业宣传、试运营及开业典礼等内容。

本书具有融合度高、专业性优、实践性强等特点,符合应用型人才培养的需要,可作为高等院校酒店管理、旅游管理等专业教材,同时对酒店管理者及相关行业从业人员也具有参考价值。

图书在版编目(CIP)数据

酒店筹备与开业 / 谢新主编. -- 重庆 : 重庆大学出版社, 2023.8
高等学校酒店管理专业本科系列教材
ISBN 978-7-5689-3684-2

①酒… Ⅱ. ①谢… Ⅲ. ①饭店—商业企业管理—高等学校—教材 Ⅳ. ①F719.2

中国版本图书馆 CIP 数据核字(2022)第 258178 号

高等学校酒店管理专业本科系列教材
酒店筹备与开业
主 编 谢 新
副主编 周 沫 郭 雪
策划编辑:尚东亮
责任编辑:夏 宇 版式设计:尚东亮
责任校对:刘志刚 责任印制:张 策

*

重庆大学出版社出版发行
出版人:陈晓阳
社址:重庆市沙坪坝区大学城西路 21 号
邮编:401331
电话:(023) 88617190 88617185(中小学)
传真:(023) 88617186 88617166
网址:http://www.cqup.com.cn
邮箱:fxk@ cqup.com.cn(营销中心)
全国新华书店经销
重庆升光电力印务有限公司印刷

*

开本:787mm×1092mm 1/16 印张:19.75 字数:483 千
2023 年 8 月第 1 版 2023 年 8 月第 1 次印刷
印数:1—3 000
ISBN 978-7-5689-3684-2 定价:59.00 元

前　言

　　随着社会的发展,现代科学技术不断进步,旅游业已成为全球经济中发展势头最强劲和规模最大的产业之一。随着旅游业的产业地位、经济作用逐步增强,酒店作为为旅游消费提供场所的行业随之迅猛发展起来,对社会经济的拉动、社会就业的带动力以及文化与环境的促进作用日益显现。而随着经济水平的提高,人们对美好生活的要求不断提高,对酒店服务与设施的需求也在不断提升。作为酒店的前期筹备者和开业后的经营者,需要全面掌握酒店业的相关知识,如了解酒店的起源、发展阶段、产业特征等专业性信息;熟悉酒店从开业筹备到后期市场化经营的运作特点,才能更好地经营管理酒店企业,使酒店作为一个产业投资项目,在符合资本运作的规律下获得最高的投资回报。

　　随着酒店数量的快速增长以及消费升级的来临,面对激烈的市场竞争环境、全球化的发展趋势、日益成熟的消费者以及日新月异的现代科学技术等问题,产品与服务的同质化现象却越来越严重,功能与设计不断徘徊在无创新的复制中。酒店投资者更迫切需要具有专业能力的应用型人才参与到酒店项目的投资建设中。

　　创新是发展的第一动力,创新驱动实质上是人才的驱动,人才是最具竞争力的资源。目前,酒店业人才仍存在结构性短缺的问题,高校酒店管理人才培养已逐渐从技能型向应用型转变。深化产教融合、校企合作,深入推进育人方式、办学模式、管理体制、保障机制改革,促进教育链、人才链与产业链、创新链的有效衔接,建设高水平、高层次的技术技能型人才培养体系是专业性、应用型人才培养的必由之路。越来越多高校更关注高质量人才的培养,专业应用驱动创新,课程改革势在必行。"管理应用""服务质量""客户管理""信息化管理"等课程应运而生,而作为酒店专业性更强的酒店筹备类课程尚为新辟领域,虽然"酒店筹备与开业"课程已在桂林旅游学院率先开设,教学效果明显,但市场上具有专业知识体系、系统融合理论与实践的教材甚少,这正是编者迫切编写这本教材的初衷。

　　"酒店筹备与开业"课程具有融合度高、专业性优、实践性强等特点,不仅具有理论性和科学性,更注重实践应用性;既要兼顾传统性,又要考虑创新性;既考虑了传统设施与技术发展的融合,又思考了服务管理与创新应用的需要,是理论与实践相结合的实践创新型课程。本书以此为编写核心,结合当下酒店行业发展特点、社会环境变化对行业冲击的具体情况,借鉴业界的研究成果和经验编写而成。

　　本书每章由"导言""学习目标""案例导入"开篇,以"案例分析""知识拓展"为辅助,以"本章小结""课后思考"结束。按照应用型大学教学的特点编写,注重"两性一度"内容设计,知识体系清晰、内容循序渐进、知识新颖、案例选用符合时代特点、实践设计创新性强,容

易引起学生学习兴趣。

全书根据酒店筹备开业经历的阶段分为三部分:第一部分为酒店先期筹划期,主要对酒店发展历史及趋势、酒店项目立项筹划等相关工作进行详细介绍。第二部分为酒店工程建设期,主要从工程建设、功能规划等方面进行介绍。第三部分为酒店开业筹备期,该阶段分为开业筹备与开业筹划两部分:开业筹备主要从开业筹备计划、物品采购、组织及制度管理全面介绍酒店开业前筹备的各项工作要点;开业筹划主要介绍开业前定价及预算制订、开业宣传、试运营及开业典礼等内容。教材内容结合当前行业发展特点、顾客需求变化进行阐述。在知识传递的过程中,融入大量实例,实践设计依据酒店筹备开业的过程以任务驱动的方式贯穿进行,有效地将知识进行串联,增加了知识的黏性、实践性和创新性,便于学生的学习与应用,同时为酒店业从业者更有序掌握相应的知识提供帮助。

本书是桂林旅游学院系列规划教材,由桂林旅游学院酒店管理学院酒店运营管理教研室负责人谢新担任主编,周沫、郭雪两位老师担任副主编,具体分工如下:郭雪编写第一至三章,谢新编写第四至六章,周沫编写第七至八章。全书由谢新统稿。

本书的编制过程得到高校同行、行业专家的大力支持,在此表示由衷的感谢!特别感谢酒店行业资深职业经理人毛谋华先生给予的实践指导,感谢桂林乐满地度假酒店总经理刘峰先生、餐饮部经理郑家义先生,长沙君悦酒店人力资源总监边燕红女士给予的支持与帮助。

由于编者水平有限,书中难免有疏漏之处,恳请广大读者批评指正!

编　者
2023 年 1 月

目 录

第一部分　酒店先期筹划期

第一章　酒店发展概述

【导言】

　　随着经济水平的提高，人们对美好生活的要求不断提高，对酒店服务与设施的需求也在不断提升。面对激烈的市场竞争环境、全球化的发展趋势、日益成熟的消费者以及日新月异的现代科学技术等问题，产品与服务的同质化现象却越来越严重，功能与设计不断徘徊在无创新的复制中。作为酒店的前期筹备者和开业后的经营者，在进行投资与经营活动时，需要全面掌握酒店业的相关知识，如了解酒店的起源、发展阶段、产业特征等专业性信息；熟悉酒店从开业筹备到后期市场化经营的运作特点，才能更好地经营管理酒店企业，使酒店作为一个产业投资项目、符合资本运作的规律并获得最高的投资回报。

【学习目标】

知识目标：1.了解酒店发展历史
　　　　　2.了解酒店发展趋势
能力目标：1.掌握酒店发展状况
　　　　　2.能对酒店发展趋势有预见性见解
思政目标：能够在酒店发展历史中比较中西方发展的差异，了解国情，激发爱国情怀

【案例导入】

　　前车之鉴，后事之师！翻开历史的书卷，能让我们以更清晰的目光看穿未来的迷雾。酒店已经在全世界的土壤中生根发芽，遍地开花，那么，我们一起来了解下酒店发展历程吧！

　　据史学家研究，中国最原始的酒店起源于两千多年前的尧、舜、禹时期，史称"逆旅"，发展到战国后期，已经为数甚多并繁荣昌盛。针对这一现象，商鞅变法时规定：取消旅店，就可以减少奸人，人民一心务农，就天下太平了。结合当时动荡的时代背景，虽然商鞅的目的是限制人口流动，促使农民务农，但"逆旅"（旅店）的出现大势所趋，逆时代潮流只能被浪涛狠狠拍死，商鞅能阻止一时，却不能阻止一世。当然，这侧面反映了当时旅馆业的发达。

　　清华大学自动化系教授金国芬女士是我国从事酒店信息化工作的开拓者，她开创了酒

店使用计算机管理系统的新纪元。1984年,她接受了北京市委下达的国庆三十五周年献礼项目,自主开发国内酒店管理系统,要求在民族、新侨、友谊、前门四家饭店率先使用国内酒店计算机软件管理系统。在长达两年的开发完善中,金教授开发的酒店管理系统在北京西苑饭店得到了很好的实行,成功实现客人离店的"一次性付费结账"。这绝对是中国酒店行业的一次转折,要知道在这之前,一些宾馆为了提高酒店服务水平,要付出80万美元的巨款,才能引进国外的酒店管理系统。

　　不知什么时候,电竞酒店悄然在国内发展壮大,掀起浪潮。据统计,电竞酒店在全国的数量已经超过500家,其中2018年开业占比八成,并且以每月50家以上的速度增长,满房率远远超过普通酒店。它的出现,令酒店从业者们看到了一种可能,原来酒店不只是酒店,一个住的地方,还可以是"酒店+",酒店的未来充满了可塑性。

第一节　酒店发展历史

【知识框架】

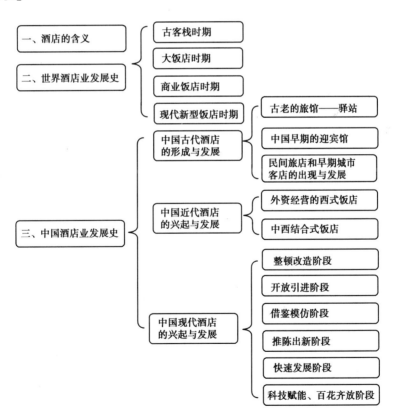

一、酒店的含义

依据中华人民共和国国家旅游局颁布的《旅游饭店星级的划分与评定》(GB/T 14308—2010)中对旅游饭店的定义是以间(套)夜为单位出租客房,以住宿服务为主,并提供商务、会议、休闲、度假等相应服务的住宿设施,按不同习惯也被称为宾馆、酒店、旅馆、旅社、宾舍、度假村、俱乐部、大厦、中心等。

追溯酒店的发展历史,酒店(Hotel)由拉丁语 Hospice 一词演变而来。拉丁语中的 Hospes,原意为客人,被引用到古法语中则成了 Hoste,到现代法语时又成了 Hote,引入英语时被写作 Host,而拉丁语 Hospice 一词则演变成了英语的 Hotel 或 Hostel。

在现代饭店还未普及之前,Hotel 这个词在法国主要是指当时的王公贵族和社会名流们所拥有的豪华府邸和别墅城堡。

目前,酒店已经成为国际性的定义,其含义已经发生了深刻的变化。国外的部分权威词典为酒店一词曾经上过如下的定义:

《牛津插图英语辞典》——酒店是提供住宿、膳食等而收费的住所。

《利尔百科全书》——酒店一般地说是为公众提供住宿、膳食和服务的建筑与机构。

《大不列颠百科全书》——酒店是在商业性的基础上向公众提供住宿,也往往是提供膳食的建筑物。

《美利坚百科全书》——酒店是装备完好的公共住宿设施,一般提供膳食、酒类以及其他服务。

从上述的定义来看,作为酒店必须同时具备以下四个条件:①是由建筑物及装备完好的设施组成的接待场所;②提供涵盖吃、住、行、游、购、娱等方面的住宿、餐饮及其他综合性服务;③服务对象是公众,包含本地居民、外地旅游者,社会各阶层的国内外消费者;④是以营利为目的、提供商业性服务的企业,使用者需要支付一定的费用获取相应的服务。

综上所述,现代酒店,是指通过有形的空间、产品、设施和无形的氛围、服务等,向各类旅游者提供涵盖吃、住、行、游、购、娱等综合性服务体验的,具有涉外性质的商业性的公共场所。随着酒店的发展及顾客需求的变化,酒店提供的产品服务日益多样化、个性化和综合化。

二、世界酒店业发展史

旅游和商务活动自古有之,酒店餐馆就应运而生。相传欧洲最初的食宿设施约始于古罗马时期,其发展进程经历了所谓古代客栈时期、大饭店时期、商业饭店时期等阶段,其间几经波折起落。第二次世界大战以后,欧美各地随着经济形势和旅游业的不断发展进入了新型酒店时期,并逐步形成了庞大独立的酒店行业。

(一)古代客栈时期

古代客栈时期(12—18 世纪),客栈是随着商品生产和商品交换的发展而逐步发展起来的。最早的客栈,可以追溯到人类原始社会末期和奴隶社会初期,是为适应古代国家的邦交往来、宗教和商业旅行、帝王和贵族巡游等活动的要求而产生的。

由于社会的需要,为满足外出人们的吃、喝、睡等赖以生存的基本需要,千百年以前就出现了客栈和酒店。至中世纪后期,随着商业的发展,旅行和贸易兴起,外出的传教士、信徒、外交官吏、信使、商人等激增,对客栈的需求量大增。由于当时的交通方式主要是步行、骑马或乘坐驿车,因此,客栈大多设在古道边、车马道路边或是驿站附近。早期的英国客栈是人们聚会并相互交往、交流信息和落脚歇息的地方。最早的客栈设施简陋,仅提供基本食宿,无非就是一幢大房子,内有几间房间,每个房间里摆了一些床,旅客们往往挤在一起睡,并没有什么更多的要求,此阶段的客栈服务项目少,服务质量差。到了 15 世纪,有些客栈已拥有20 ~ 30 间客房,有些比较好的客栈设有一个酒窖、一个食品室、一个厨房,为客人提供酒水和食品。还有一些客栈已开始注意周围环境状况,房屋前后开辟了花园草坪,客栈内有宴会厅和舞厅等,开始向多功能发展。总的来看,当时的客栈声誉差,被认为是赖以糊口谋生的底层行业。客人在客栈内缺乏安全感,诸如抢劫之类的不法事情时有发生。

(二)大饭店时期

大饭店时期也称为豪华饭店时期(18 世纪末—19 世纪中叶)随着资本主义经济和旅游业的产生和发展,旅游开始成为一种经济活动,专为上层统治阶级服务的豪华饭店应运而生。在欧洲大陆上出现了许多以"饭店"命名的住宿设施。

18 世纪后期,随着工业化的进程加快和民众消费水平的提高,为方便贵族、上层人物以及公务的旅行者,酒店业有了较大的发展。在纽约,1794 年建成的首都饭店,内有 73 套客房,这在当时无疑是颇具规模的。而堪称第一座现代化酒店的特里蒙特饭店于 1829 年在波士顿落成,为整个新兴的酒店行业确立了标准。该酒店不仅客房多,而且设施设备较为齐全,服务人员也经过培训,让客人有安全感。

19 世纪末 20 世纪初,美国出现了一些豪华酒店。这些酒店崇尚豪华和气派,布置高档的家具摆设,供应精美的食物。大饭店时期的酒店,具有规模大,设施豪华,服务正规,具有一定的接待仪式,讲究一定规格的礼貌礼仪等特点。

(三)商业饭店时期

商业饭店时期(19 世纪末—20 世纪 50 年代),是世界各国饭店最为活跃的时代.是饭店业发展的重要阶段,它使饭店业最终成为以一般平民为服务对象的产业,它从各个方面奠定了现代酒店业的基础。

20 世纪开始不久,当时世界上最大的酒店业主埃尔斯沃思·米尔顿·斯塔特勒为适应旅行者的需要,在斯塔特勒酒店的每套客房都设有浴室,并制订统一的标准来管理他在各地开设的酒店,增加了不少方便客人的服务项目。

20 世纪 20 年代,酒店业得到了迅速发展,美国的大中小城市,纷纷通过各种途径集资兴建现代酒店,而且汽车酒店也在美国各地涌现。到 20 世纪 30 年代,由于经济大萧条,旅游业面临危机,酒店业亦不可避免地陷入困境。在兴旺时期开业的酒店,几乎尽数倒闭,酒店业受到极大挫折。

商业饭店时期,汽车、火车、飞机等给交通带来很大便利,许多酒店设在城市中心,汽车旅馆就设在公路边。这一类型的酒店,设施方便、舒适、清洁、安全。服务虽仍较为简单,但已日渐健全,经营方向开始以客人为中心,酒店的价格也趋向合理。

(四)现代新型饭店时期

现代新型饭店时期(20 世纪 50 年代以后),第二次世界大战后,随着世界范围内的经济恢复和繁荣,人口的迅速增长,世界上出现了国际性的大众化旅游。人们可支配收入增加,对外出旅游和享受饭店服务的人群迅速扩大,加快了旅游活动的普及化和世界各国政治、经济、文化等方面交往的频繁化。这种社会需求的变化,促使饭店业由此进入了现代饭店时期。

第二次世界大战结束后,由于经济繁荣,人们手里有钱,交通工具十分便利,从而引起了对酒店需求的剧增,一度处于困境的酒店业又开始复苏。1950年后开始出现世界范围的经济发展和人口增长,而工业化的进一步发展增加了人民大众的可支配收入,为外出旅游和享受饭店、餐馆服务创造了条件。这个时期,西方一些比较大的酒店公司依靠其成功的经验和雄厚的资本开始在世界范围内扩张。早期的国际酒店集团多是通过购买不动产方式达到扩张的目的(如希尔顿集团、喜来登集团等)。20世纪70年代前后,越来越多的酒店集团实行的是洲际性扩张,通过特许经营和委托管理模式不断发展壮大。从20世纪80年代中后期开始,几乎所有的酒店集团把发展方向锁定在了全球,通过运用委托管理、特许经营、带资管理、联销经营等手段,实现了集团大型化。其中,耳熟能详的如万豪、假日、喜来登、希尔顿、雅高、凯悦、四季等其下属的酒店不论是在建造标准、设施设备、服务水平上,还是在统一品牌、形象设计和经营管理上,都实行相同模式,从而在市场宣传、促销政策、客房预订、物料采买和人才培训等方面实现了资源共享,使各个酒店联号更容易控制市场资源,加快了自身发展。同时客人对酒店提出了更高的要求,除了安全、卫生、舒适、方便外,还需要健身、娱乐、商务等新内容。各个酒店联号的市场类型也越发清晰,不同需求的客人也会根据其具体需求来选择能满足其需求的酒店。此外,集团与集团之间的强强联合、资产重组等行为屡见不鲜,以致出现了像洲际集团这样的酒店业"超级航母"。近年来,一些新兴的、以强有力的技术资源作为支撑的酒店联盟也迅速崛起。

三、中国酒店业发展史

(一)中国古代酒店的形成与发展

1.古老的旅馆——驿站

(1)驿站的起源

据历史记载,中国最古老的一种官方住宿设施是驿站。在古代,只有简陋的通信工具,统治者政令的下达,各级政府间公文的传递,以及各地区之间的书信往来等,都要靠专人递送。历代政府为了有效地实施统治,必须保持信息畅通,因此一直沿袭了这种驿传制度,与这种制度相适应的为信使提供的住宿设施应运而生,这便是闻名于世的中国古代驿站。从商代中期到清光绪二十二年(1896年)止,驿站长存三千余年,这是中国最古老的旅馆。

中国古代驿站在其存在的漫长岁月里,出于朝代的更迭、政令的变化、疆域的展缩及交通的便利等原因,其存在的形式和名称都出现了复杂的情况。驿站初创时的本意是专门接待信使的住宿设施,但后来却与其他公务人员和民间旅行者发生了千丝万缕的联系。驿站这一名称,有时专指其初创时的官方住宿设施,有时则又包括了民间旅舍。

远在殷代,我国已有驿传活动,周代已有平整的驿道。据说,西周时,在国郊及田野的道路两旁通常栽种树木以指示道路的所在,沿路十里有庐,备有饮食;三十里有宿,筑有路室;五十里有市,设有候馆,这些都是为了供给过客享用的。以后,驿站还不断变化发展。中国古代驿站的设置与使用,完全处于历代政府的直接管理之下。

(2)驿站的符验簿记制度

为防止发生意外,历代政府均明文规定:过往人员到驿站投宿,必须持有官方旅行凭证。战国时,"节"是投宿驿站的官方旅行凭证。汉代,"木牍"和"符券"是旅行往来的信物,至唐代,"节"和"符券"被"过所"和"驿券"取而代之。在出示凭证的同时,驿站管理人员还要执行簿记制度,约相当于后世的"宾客登记"制度。

(3)驿站的饮食供给制度

中国古代社会是一个实行严格的等级制度的社会,公差人员来到驿站,驿站管理人员便根据来者的身份,按照朝廷的有关规定供给饮食。为了保证对公差人员的饮食供应,驿站除了配备相当数量的厨师及服务人员外,还备有炊具、餐具和酒器。驿站的这种饮食供应制度被历代统治者沿用。

(4)驿站的交通供应制度

为了保证出差人员按时到达目的地和不误军机,历代政府还根据官的等级制定了驿站的交通工具供给制度,为各级公差人员提供数量不等的车、马等。我国古代的驿站制度曾先后被邻近国家所效仿,并受到外国旅行家的赞扬。中世纪世界著名旅行家,摩洛哥人伊本·拔图塔在他的游记中写道,中国的驿站制度好极了,只要携带证明,沿路都有住宿之处,且有士卒保护,既方便又安全。

2.中国早期的迎宾馆

我国很早就有了设在都城,用于招待宾客的迎宾馆。春秋时期的"诸侯馆"和战国时期的"传舍",可说是迎宾馆在先秦时期的表现形式。以后几乎历代都分别建有不同规模的迎宾馆,并冠以各种不同的称谓。清末时,此类馆舍正式得名为"迎宾馆"。古代中华各族的代表和外国使者都曾在"迎宾馆"住过,它成为中外往来的窗口,人们从"迎宾馆"这个小小的窗口,可以看到政治、经济和文化交流的盛况。我国早期的迎宾馆在宾客的接待规格上,是以来宾的地位和官阶的高低及贡物数量的多少区分的。为了便于主宾对话,宾馆里有道事(翻译),为了料理好宾客的食宿生活,宾馆里有厨师和服务人员。此外,宾馆还有华丽的卧榻以及其他用具和设备。宾客到达建于都城的迎宾馆之前,为便于热情接待,在宾客到达的地方和通向都城的途中均设有地方馆舍,以供歇息。宾客到达迎宾馆后,更是受到隆重接待。如使团抵达时,还会受到有关官员和士兵的列队欢迎。为了尊重宾客的风俗习惯,使他们的食宿生活愉快,迎宾馆在馆舍的建制上还实行一国一馆的制度。

我国早期迎宾馆原为政府招待使者的馆舍,但是,随同各路使者而来的还有一些商客,他们是各路使团成员的一部分。他们从遥远的地方带来各种各样的货物,到繁华的都城做交易,然后将当地的土特产运回出售,繁荣了经济。我国早期迎宾馆在当时的国内外政治、经济、文化交流中,是不可缺少的官方接待设施,它为国内外使者和商人提供了精美的饮食和良好的住宿条件。迎宾馆的接待人员遵从当时政府的指令,对各路使者待之以礼,服务殷勤,使他们感受到在中国迎宾馆居住得舒适且愉快。翻译是迎宾馆的重要工作人员,我国早期迎宾馆的这种设置,培养了一代又一代精通各种语言文字的翻译,留下了一本又一本的翻译书籍,丰富了中国古代文化史。

3. 民间旅店和早期城市客店的出现与发展

（1）民间旅店的出现

古人对旅途中休憩食宿处所的泛称是"逆旅"。以后"逆旅"成为古人对旅馆的书面称谓。西周时期，投宿逆旅的人皆是当时的政界要人，补充了官办"馆舍"之不足。到了战国时期，中国古代的商品经济进入了一个突飞猛进的发展时期，工商业愈来愈多，进行远程贸易的商人已经多有所见。一些位于交通运输要道和商贸聚散的枢纽地点的城邑，逐渐发展为繁盛的商业中心，于是，民间旅店在发达的商业交通的推动下，进一步发展为遍布全国的大规模的旅店业了。

（2）早期城市客店的出现与发展

我国早期的城市还未与商业活动发生紧密联系，也就不可能有城市民间旅店的出现。后来，城邑内开始有了商业交换活动，这标志着兼有政治统治、军事防御与经济活动的城市开始出现。随着商业交换活动的活跃和扩大，城市功能不断演变。自汉代以后，不少城市逐渐发展为商业大都会，这导致了城市结构及其管理缺席的变革，而中国古代的民间旅店，正是在这种历史背景下逐渐进入城市的。中国古代民间旅店在隋唐时期虽然较多地在城市里面出现了，但是，却由于受封建政府坊市管理制度的约束而不能自由发展。在这种制度下开办的城市客店，不但使投宿者感到极大的不便，而且也束缚了客店业务的开展。到了北宋时期，随着商品经济的高涨，自古相沿的坊市制度终于被取消了，于是，包括客店在内的各种店铺，争先朝着街面开放，并散布于城市各繁华地区。

我国早期的民间旅店的大发展，使它在早期城市建设中逐渐有了一定的地位，并与城市人口发生了密切的关系。城市人口的结构，一般由固定人口与流动人口两部分构成。流动人口中的很大一部分，是在城市旅馆居住的各地客人，自中国城市出现旅馆以来，这些客人主要是往来于各地的商人，以及游历天下的文人、官吏等。居于旅馆的客商，除了作为城市流动人口的主要部分以外，其中的不少客商还在当地娶妻生子，从而变为了城市固定人口的一部分。

（3）早期旅馆的管理

在我国长期的封建社会中，一切都在王制的统治和干涉下，旅店和旅店业当然也不例外。特别是进入封建社会以后，旅店作为流动人口的一个居停处所，实是"五方杂处"。同时，旅店的税收在历代政府的财政收入中是必不可少的一部分，因此中国历代政府都很重视对旅店的管理。

① 住宿制度。远在战国时期，旅客住店就要按照政府颁布的住宿制度办理住宿手续。商鞅变法中有关旅店接待客人要查验旅行凭证，否则店主连坐的律令，是中国最早的旅店住宿制度。在坚持查验旅客旅行凭证的同时，还有住宿登记制度。到元代时，客来登记、客走销簿的住宿制度在全国各地已普遍实施。

② 纳税制度。封建政府从很早的时候起，就颁布了向旅店征税的制度，到南北朝时，向旅店征税已是政府财政收入的一个来源，并且是以商业税的形式向旅店征收的。当时已实行店舍分等课税的办法，如有的将店舍分为五等，"收税有差"。但历代真正纳税的，主要还是没有门路的中小旅店商，而拥有大量财物和旅店的王公贵族，则享有免税的权利。

（4）早期旅馆的特点

我国早期旅馆在漫长的发展过程中，受政治、经济、文化诸因素的制约，以及来自域外的各种文化的影响，逐渐形成了自己的特点。

① 建筑特点。"便于旅馆投宿"是我国早期旅馆重要的建馆思想。我国早期旅馆除了坐落在城市的一定地区以外，还坐落在交通要道和商旅往来的码头附近，此外，也常坐落在名山胜景附近。我国早期旅馆在重视选择坐落方位的同时，还注意选择和美化旅馆的周围环境，许多旅馆的前前后后，多栽绿柳花草以为美化。我国早期旅馆也同当时的其他建筑一样，受封建等级制度和宫室制度的制约。依据开办者的身份、财力和接待对象的不同，我国早期旅馆在建筑规模和布局上出现了差别。由官府或勋戚出资建造的旅馆，豪华富丽，颇具清幽的园林风格。由中小商人经营的旅店，其建筑用料及规模均逊色于官府或勋戚建造的旅馆。旅馆的建筑式样和布局也因地而异，具有浓厚的地方色彩。

② 经营特点。我国早期旅店的经营者，十分注重宣传作用，旅店门前多挂有灯笼幌子，使行路人从很远的地方便可知道前面有下榻的旅店。在字号上，北宋以前，民间旅店多以姓氏或地名冠其店名。宋代，旅店开始出现富于文学色彩的店名。在客房的经营上，宋元时期的旅店已分等经营。至明代，民营客店的客房已分为三等。在房金的收取上，当时有的旅店还允许赊欠。在经营范围上，食宿合一是中国古代旅店的一个经营传统。旅店除了向客人提供住宿设施外，还向旅客出售饮食。在经营作为上，"衣帽"取人、唯利是图是封建时代旅店经营的明显特点。

③ 接待服务特点。在接待服务上，我国早期旅馆与世界旅馆史上的大饭店时期的西方旅馆相比，有着极其浓厚的民族特色。西方大饭店时期的旅馆，其服务方式可以从中世纪法国上层阶级社会极为奢侈的生活方式中找到渊源。现代西方高级饭店中的接待客人的方法，可追溯到17—18世纪法国上层社会的风俗习惯，即尽可能地满足客人的需要。"客人总是对的"是这类饭店的服务格言。在中国，"宾至如归"则是传统的服务宗旨，这也是客人衡量旅馆接待服务水平的标准。中国自古以来就流传"在家千日好，出门一时难""金窝银窝，不如吾家的草窝"等说法。这些都说明古来中国人对旅馆要求的标准，往往是以"家"的概念来对比衡量的，不求多么豪华舒适，但愿方便自然。由此，也派生出了中国古代旅馆在接待服务上的传统。在礼貌待客上，当客人前来投宿时，店小二（服务员）遵循"来的都是客，全凭嘴一张，相逢开口笑，尽量顾周全"的服务原则，总是主动地向客人打招呼。按照当时的社会风俗，分别对不同地位和身份的人给予礼貌的称谓。譬如对富家子弟称"相公"，年长者称"公公"，小官吏称"客官"，军士称"官长"，秀才称"官人"，平民称"大哥"等。在对来店客人身份的观察上，应该说店小二是具有独到之处的。在礼貌待客上，要求店主和店小二不但要眼勤、手勤、嘴勤、腿勤、头脑灵活、动作麻利，而且要"眼观六路、耳听八方、平时心细、遇事不慌"，既要对客人照顾周全，还要具备一定的风土知识和地理知识，能圆满地回答客人可能提出的问题，不使客人失望。

（二）中国近代酒店的兴起与发展

1. 外资经营的西式饭店

西式饭店是19世纪初外国资本侵入中国后兴建和经营的酒店的统称。这类酒店在建筑式样和风格上、设备设施、饭店内部装修、经营方式、服务对象等都与中国的传统客店不

同,是中国近代酒店业中的外来成分。

（1）西式饭店在中国的出现

1840年第一次鸦片战争以后,随着《南京条约》《望厦条约》等一系列不平等条约的签订,西方列强纷纷入侵中国,设立租界、划分势力范围,并在租界和势力范围内兴办银行、邮政,修建铁路和各种工矿企业,从而导致了西式饭店的出现。至1939年,在北京、上海、广州等23个城市中,已有外国资本建造和经营的西式饭店近80家。处于发展时期的欧美大饭店和商业旅馆的经营方式,也于同一时期,即19世纪中叶至20世纪被引入中国。

（2）西式饭店的建造与经营方式

与中国当时传统酒店相比,这些西式饭店规模宏大,装饰华丽,设备趋向豪华和舒适。内部有客房、餐厅、酒吧、舞厅、球房、理发室、会客室、小卖部、电梯等设施。客房内有电灯、电话、暖气,卫生间有冷热水等。西式饭店的经理人员皆来自英、美、法、德等国,有不少在本国受过旅馆专业的高等教育。

客房分等经营,按质论价,是这些西式饭店客房出租上的一大特色,其中又有美国式和欧洲式之别,并有外国旅行社参与负责介绍客人入店和办理其他事项。西式饭店向客人提供的饮食均是西餐,大致有法国菜、德国菜、英美菜、俄国菜等。饭店的餐厅除了向本店宾客供应饮食外,还对外供应各式西餐、承办西式筵席。西式饭店的服务日趋讲究文明礼貌、规范化、标准化。西式饭店是西方列强入侵中国的产物,为其政治、经济、文化侵略服务。但在另一方面,西式饭店的出现客观上对中国近代酒店业起到了首开风气的效应,对于中国近代酒店业的发展起到了一定的促进作用。

2. 中西结合式饭店

西式饭店的大量出现,刺激了中国民族资本向饭店业投资。因而从民国开始,各地相继出现了一大批具有"半中半西"风格的新式饭店。这些饭店在建筑式样、设备、服务项目和经营方式上都受到了西式饭店的影响,一改传统的中国饭店大多是庭院式或园林式并且以平房建筑居多的风格特点,多为营造楼房建筑,有的纯粹是西式建筑。中西式饭店不仅在建筑上趋于西化,而且在设备设施、服务项目、经营体制和经营方式上也受到西式饭店的影响。饭店有高级套间、卫生间、电灯、电话等现代设备,餐厅、舞厅、高档菜肴等应有尽有。饮食上对内除了中餐以外,还以供应西餐为时尚。这类饭店的经营者和股东,多是银行、铁路、旅馆等企业的联营者。中西式饭店的出现和仿效经营,是西式饭店对近代中国饭店业具有很大影响的一个重要方面,并与中国传统的经营方式形成鲜明对照。从此,输入近代中国的欧美式饭店业的经营观念和方法逐渐被中国化,成为中国近代饭店业中引人注目的成分。

现存的江西南昌的江西大旅舍就是民族资本建立的中西式饭店。1846年建造的浦江饭店是上海第一家西式饭店;1854年的中央饭店（现和平饭店）、1931年上海国际饭店都是该时期的代表。

在传统客店谋生的从业人员,店主对他们大多采取管吃管喝管住,没有工资、只有微薄小费的方法。在西式饭店做工的华人员工,大多靠微薄的月薪和小费维持生活。从近代的情况来看,无论是传统客店,还是在西式饭店,店主与服务员之间,均是一种纯粹的雇佣关系。

（三）中国现代酒店的兴起与发展

新中国成立以来,经历起步及高速发展的各阶段。中国经历了整顿改造期后,现代酒店业始于1978年,改革开放后迎来发展的春天;1980—1982年为起步阶段,一批中外合资饭店开始出现;1983—1993年为高速发展阶段,国内外各渠道资金涌入饭店业;1994—1998年为回落阶段,供需失衡导致酒店行业陷入停滞;1999—2014年为恢复上升阶段,旅游业的发展成为主要推动力,同时酒店行业竞争越发激烈;2015年至今为整合转型阶段,酒店并购频频,集团化、连锁化、品质化成为新趋势。根据发展的共性特点,大致分为以下六个阶段。

1. 整顿改造阶段（1949—1977年）

新中国成立至1978年改革开放时期,一些老酒店进行了整顿和改造,这个阶段属于国有化管理制度下的行政事业管理阶段。

2. 开放引进阶段（1978—1987年）

1978年中共十一届三中全会通过了"对外开放,对内搞活"的方针后,中国旅游饭店业开始步入正规化的管理轨道,由于改革开放初期思想较为保守,当一些外籍华人以及国际著名饭店集团向中方主动表示希望能管理国内饭店时遭到了反对和拒绝。20世纪80年代,国内掀起了第一次酒店热潮。直到1982年4月,北京建国饭店作为中国大陆首家中外合资饭店后,中国才开始向国外著名饭店集团敞开大门。1984年,国务院颁发《推广北京建国饭店经营管理办法的有关规定》,同年上海锦江(集团)联营公司成立,中国饭店集团进入探索阶段。1984年,假日集团进入中国,1985年国际酒店集团雅高集团进入中国,此后国际酒店集团纷纷开始进军中国市场。这些国外优秀的饭店企业为中国带来了大批优秀管理人才、先进的管理模式和管理技术,使我国传统的事业型饭店管理模式逐渐被现代企业管理体制所替代,中国旅游饭店业在政府的宏观政策扶持下,逐渐起步和快速发展起来。

真正意义上的酒店出现在改革开放之初,一批合资的经典酒店横空出世,第一批正式批准的合作酒店有广州白天鹅宾馆、广州的中国大饭店、南京的状元楼酒店、北京长城酒店、北京建国饭店等,彻底改变了国人对于酒店就是国营招待所和小型社会旅馆的认知。其中,1979年广州白天鹅宾馆是第一家签订了合作建造协议、第一家中国人自己设计施工和管理的中外合作五星级酒店;北京建国饭店于1980年建成、1982年营业,成为第一家中外合资(中美)饭店,当年盈利150万元,4年还清贷款。为了提高管理水平,北京建国饭店请了香港半岛集团酒店管理集团(这是当时最早进入内地的境外饭店管理集团)对前台站立式服务进行培训。1982年2月,杭州饭店、杭州华侨饭店在全国饭店业中,实行岗位责任制和浮动工资制,并于1983年向全国推广。

1984年,国务院颁发《推广北京建国饭店经营管理方法的有关事项》,鼓励全国推广北京建国饭店的科学管理方法。全国掀起了学习建国饭店的热潮。1984年上海锦江集团公司成立,中国饭店的集体化进入探索阶段。1984年假日集团进入中国,1985年雅高集团随后也进入了中国,1985年中国第一家中外合作的五星级酒店白天鹅宾馆开业。改革开放和社会主义现代化建设取得巨大成就,为中国酒店业的发展奠定了坚实基础,创造了良好条件,提供了重要保障。

3. 借鉴模仿阶段(1988—1997 年)

1987 年,国家旅游局颁发了关于发展国营饭店管理公司的文件,国务院办公厅于 1988 年 4 月 6 日发布了《国务院办公厅转发国家旅游局关于建立饭店管理公司及有关政策问题请示的通知》,并明确规定了中国的饭店集团或管理公司在原则上享受外国饭店集团在中国的同等优惠待遇,这些政策积极地鼓励和引导中国饭店业创建自己的管理公司或饭店集团。此时,大批借鉴和模仿外国饭店集团或管理公司经营管理模式为特征的中国本土饭店管理公司或管理集团应运而生,中国饭店业的数量和规模进入快速增长和扩大时期。

1988 年,经国务院批准,国家旅游局颁发了饭店星级标准并开始对涉外饭店进行星级评定,1993 年,经国家技术监督管理局批准,该饭店星级标准被定为国家标准。饭店业推行星级评定制度,使我国饭店业走向国际化、现代化、规范化管理的新阶段。

4. 推陈出新阶段(1998—2001 年)

然而,由于 1997 年亚洲金融危机以及日益扩张的国际饭店集团的竞争,大量的中国本土饭店企业开始陷入经营与管理的困境当中。在困境面前,中国饭店业不再一味照搬和模仿国外饭店集团或管理公司的管理模式,而是开始积极探索适合自身发展的道路。自 1998 年开始,中国旅游饭店业行政主管部门、学术界专家学者和众多的饭店管理从业者通过举办各种饭店研讨会和论证会,研讨当时中国饭店业该如何摆脱困境、迎接挑战,在不断的思考和探索中,人们逐渐认识到,集团化将是未来中国饭店业发展的必由之路,本土饭店企业应通过强强联合、优势互补、优胜劣汰的市场规律等方式来摆脱传统模式的束缚;应树立战略思路,通过集约经营、超前管理和敢于创新接收来自方方面面的挑战。这些思想和认识对指导当时的中国饭店业走出困境、健康发展起到了非常重要的作用,跨入新世纪中国饭店业逐渐进入推陈出新的阶段。

5. 快速发展阶段(2002—2015 年)

自 2001 年以后,中国加入 WTO,北京奥运会成功举办和 2010 年上海世博会的召开,中国经济一片繁荣。借着改革东风,酒店业迅速盛开在中国大陆,虽然在世纪之交,中国酒店业遇到了短暂的下滑,但是从 2002 年开始,中国酒店业全面回升,如家酒店的诞生使经济型酒店的发展为中国酒店业的发展找到了全新道路。当时,国际著名饭店集团纷纷看好中国经济发展的大好环境,纷纷加快了在中国扩张的脚步。中国本土饭店业才刚刚缓过气,走出低迷时期,却又迎头赶上了知识经济时代更为激烈的国际市场竞争,在"国际竞争国内化,国内竞争国际化"的严峻市场环境下,中国饭店业顶住压力,迎接挑战,从 2002 年开始,涌现了大量足以与国际饭店品牌相抗衡的本土著名饭店品牌,如上海锦江、北京建国、南京金陵、湖南华天等,中国饭店业在与国际市场不断竞争的过程中,经营管理水平不断提升,整体经营实力不断增强。

中国酒店业的第二次腾飞源于国家连续承办世界级的重大活动,2008 年北京奥运会以及 2010 年上海世博会等一系列重大事件,使中国的国际地位日益显著。

6. 科技赋能、百花齐放阶段(2016 年至今)

我国酒店行业从 1990—2000 年经历豪华酒店、中高端星级酒店、经济型连锁酒店的金字塔结构稳定发展阶段,到中产阶级崛起、政策红利释放的行业黄金十年,2013 年据联合国世界旅游组织数据,中国已成为亚洲最大、全球第四大的旅游业枢纽。2013 年开始,行业整体成本上涨、同质化竞争加剧,行业进入微利阶段;2016 年开始,随着酒店品牌优势、文化优势、精细化定位和科技赋能、经营模式进入百花齐放的新阶段,如今共享住宿、智慧酒店为酒店行业增添了新元素。

2017 年 10 月,腾讯正式发布了"全球首家 QQ family 智能企鹅酒店";2018 年 11 月 8 日,腾讯与香格里拉集团宣布战略合作,双方将从智慧营销、智慧运营及智慧服务三个方面,依托微信生态,让酒店更智慧;同年 11 月,阿里贴着"未来酒店"标签的菲住布渴酒店 (FlyZoo Hotel)在杭州试运营。互联网巨头的入局对酒店传统的服务和运营模式提供了数字化和智能化升级,带动酒店行业开始了一场探索"智慧酒店"的比拼。智慧酒店新局面已经开启,云端智慧解决方案和技术供应商为酒店行业带来了新的想象空间。但是,当前不少酒店对"智慧酒店"的概念依然模糊,甚至停留于装修和设备升级层面;试图通过简单复制,盲目跟从实现转型,建设水平参差不齐;服务和管理过度化而忽视客户隐私。在人脸识别、指纹识别等技术引入方面,还涉及与公安部门的协同。综上所述,智慧酒店,突破传统走向终端智慧化,仍需更多的探索,必须坚持科技是第一生产力、人才是第一资源、创新是第一动力,以科技赋能酒店业高质量发展。

由于 2019 年全球爆发新冠疫情,国际疫情曾在较长时期处于失控状态,曾经的国际旅游关闭对酒店业冲击巨大,整个 2020 年和 2021 年旅游酒店行业都是在焦虑与观望中前进,是酒店业发展变革的断档期,2022 年开始整个行业在艰难的反复震荡中逐渐复苏。

【知识拓展】

美国饭店业成长史

第二节　酒店发展趋势

【知识框架】

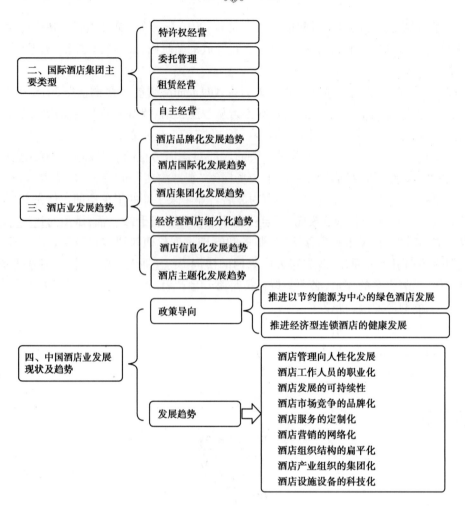

一、全球酒店总体概况

法国 CDC 证券公司调查结果显示,目前全球各类连锁酒店所占的比重分别为:豪华型5%,高档30%,中档37%,经济型20%,适用型8%。不过,经济型和适用型的酒店仅占28%,发展潜力较大。

（一）从全球各地区的酒店数量分布来看

北美的各类酒店分布最均衡,经济适用型酒店占到41%,代表酒店业的发展方向。

对于南美来说,其酒店业仍不成熟,豪华和高档酒店所占比重过大,经济适用型酒店仅有6%。

对于欧洲来说,豪华高档酒店所占的比重也较大,但比南美要好,经济适用型酒店的发展潜力也大。

值得注意的是,东欧的大部分酒店都是高档和豪华型的,酒店档次分布不平衡。

对于中东和非洲来说,这种不平衡更突出,尤其是非洲,其酒店服务仅仅针对国际旅游者,国内居民较少享用。不过,以色列的情况和欧洲差不多。

对于亚太地区来说,高档和豪华型的比例也较大。

（二）从行业营业收入来看

由于豪华高档酒店占行业内总数量的大部分,且获利丰富,因此仍占全行业营业收入的大半。全球连锁酒店一年的营业收入是 2 000 亿美元,其中一半以上来自豪华高档型酒店,经济适用型酒店的营业收入仅占 14%。

目前,全球连锁酒店的客房出租率超过 70%,尤其是豪华酒店的出租率高达 75%。这说明,豪华酒店服务的需求量较大,其中尤以欧洲的阿姆斯特丹最为突出,那里的客房出租率高达 90%,由于不能新建酒店,只能扩建,即在原有酒店基础上增加楼层,以满足市场的需求。此外,全球连锁酒店客房的 60% 集中在北美,24% 集中在欧洲,其他几个地区的拥有量分别为:南美 3%,亚太 10%,中东和非洲 3%。

（三）从连锁酒店的市场占有率来看

连锁酒店的市场占有率在美国高达 70%,在欧洲也有 30%,在其他地区也超过 15%。北美地区的酒店企业主要以连锁经营的方式运作,因此连锁酒店所占的比重较大,而亚洲的酒店企业则主要以个体经营的方式运作,连锁酒店所占的比重较小。

二、国际酒店集团主要类型

在连锁酒店的经营活动中,涉及三个基本要素:品牌、管理和房地产。品牌涉及酒店的名称、规范的服务、国际上的知名度;酒店管理涉及日常管理、战略管理、营销策略;而房地产则涉及所有权的问题,有的酒店的房产和地产不属于酒店的经营者,其所有者有可能是地产共同基金一类的机构。在美国,这类机构常常享有一定的特权。

酒店经营者对这三个要素进行不同的组合,就形成了三种类型。第一类:品牌经营者,拥有管理和品牌,如四季、万豪;第二类:自营者,拥有管理和房地产所有权,如维斯蒙特、Lodgian;第三类:综合经营者,拥有管理、品牌和房地产的所有权,如 Bass、希尔顿、雅高。这三类连锁酒店集团在进行经营活动时,采取了四种方法:

①特许权经营。这种经营模式对资本的依赖程度比较低,其收入来自特许权使用费,投资回报率比较高。

②委托管理。这种经营模式对资本的依赖程度也比较低,经营过程中产生的支出都是由酒店所有者承担,其收入按酒店销售额的某个百分比来计算,投资回报率也比较高。

③租赁经营。与委托管理相比,这种经营模式在经营过程中产生的支出都由租赁者承担,而不是由酒店所有者承担。

④自主经营。这种经营模式对资本的依赖程度比较高,投资回报率一般比较低。

目前,全球连锁酒店中有 54% 采取特许权经营的方式,18% 采取委托管理的方式,25% 采取租赁和自主经营的方式,其他占 3%。

三、酒店业发展趋势

（一）酒店品牌化发展趋势

在目前我国酒店业市场竞争如此激烈的前提下,品牌建设的重要性越来越凸显,国内外酒店集团之间的竞争归根到底就是品牌之争,创建知名品牌已是酒店集团在市场竞争中的

制胜法宝。

任何一家酒店在建设之初若没有制定、提升自身品牌的战略规划,注定是没有持久生命力的。虽然我国酒店业经过20多年的发展已取得了非常大的成绩,但在国际品牌酒店强势的竞争面前,本土酒店集团品牌的弱势地位不容否认。我国酒店业必须认真思考:在自己未来的发展道路上如何打造具有国际竞争力的本土品牌。

在酒店品牌化发展的过程中,品牌创建和品牌价值提升是两个最重要的部分。品牌不仅仅是一个产品的标志,更是产品质量、性能、服务等满足消费者使用产品可靠程度的综合体现,凝聚着酒店企业家们的创业精神、经营理念和思想、管理水平及对企业文化的缔造。因此,酒店品牌的创建是一个长期的过程,需要经过战略规划、品牌定位、服务质量、技术能力、品牌运作等多方面的努力,更需要全体员工的共同参与和维护。

酒店品牌价值可以从"精神"层面和"物化"层面进行提升。"精神"层面的品牌价值主要指品牌文化价值方面,即通过长期凝聚的品牌精神和品牌文化来实现品牌价值提升的目的;"物化"的品牌价值则关注于品牌的资产价值方面,是指通过收购兼并、特许经营、联营品牌等方式实现品牌价值提升的目的。

(二)酒店国际化发展趋势

酒店国际化发展主要包括品牌国际化、市场国际化、资产国际化、经营管理国际化这四个方面,通常是以某一品牌为载体,采取直接经营、合作经营、租赁经营、特许经营等多种市场手段在全球范围内拓展市场。通过酒店的国际化发展不仅可以扩大市场网络、增强酒店集团的影响力,获得更多的收益,还能使酒店集团在全球化战略视角下整合、优化各种资源,实现最大效用。

目前,我国酒店国际化发展程度还很低,在其发展过程中还存在很多障碍。首先,我国酒店的国际化战略意识不强,很多国内酒店集团都存在着一种畏惧心理和短视心理,认为我国的酒店不具备国际化发展的实力,更愿意在国内市场中"偏安一隅"。其次,我国酒店的国际化运营水平不高,在国际化模式选择、酒店经营方式、内部管理制度、产品与服务标准、财务运作等方面经验不足。最后,文化差异也是我国酒店发展的一大"拦路虎",我国酒店集团在其他国家发展的过程中还需要协调好与当地社会文化的关系,既能使集团本土化,又能保持固有特色。

金融危机使得许多酒店陷入经营困境,但也为我国大型酒店集团的国际化创造了机会。如上海锦江集团在2009年下半年用总计3亿美元以合资形式收购美国州际集团,无疑是迈出了中国酒店集团国际化发展的第一步。

(三)酒店集团化发展趋势

酒店要创建品牌,前提是必须集团化,通过各种形式的扩张,组建跨地区的酒店集团,形成连锁品牌。集团化发展具有降低营销成本、扩大市场网络、有效利用资源、提升品牌形象等众多优势。中国酒店集团化发展已进行了20多年,但相对而言,我国酒店企业的集团化水平还比较低。

我国酒店在集团化发展过程中要不断加强自身实力,特别是要加强对各种资源的掌控能力。首先,酒店集团是一个资本和人才密集型的企业,它要求集团核心层必须拥有雄厚的资本、庞大的人才库、先进的管理经验和模式,只有这样才能输出管理,才能有效地引导成员酒店的发展。其次,对于那些由各级政府、企事业单位投资兴建的,承担当地政府、企事业单位行政接待工作的酒店,必须要明确产权关系,实现经营权与所有权的真正分离。如果我国酒店业不能摆脱所有制的束缚和行政干预,就很难真正实现集团化发展。最后,我国酒店集团化很大程度上需要政府和各级国资主管部门的推动。酒店业作为充分竞争性行业,应该在地方政府的主导下,推动酒店资产国资整合,加速集团化进程。

随着国资管理体系的调整,各地已经形成的酒店集团将进一步整合地方国资体系内的酒店资产,并借助资本市场做大做强,这也必将成为未来一段时间内国内酒店业发展的重要趋势。

（四）经济型酒店细分化趋势

目前,我国酒店业资本市场投资过热现象明显,尤其是经济型酒店市场异常火爆,酒店业结构略显失调;酒店盲目投资带来酒店数量增长过快,经营管理水平跟不上酒店快速扩展的步伐等等。中国酒店业必须增强投资理性,注重酒店业的结构性调整,不断提高酒店国际化管理水平和集团化运作能力,协调好数量增长与质量提升之间的平衡,促进中国酒店业持续健康地发展。

我国经济型酒店近几年的发展可谓异常迅猛,一方面要看到我国经济型酒店发展的广阔市场空间,另一方面也应看到其中存在的诸多问题。过快发展使经济型酒店专业化分工不足,服务太过简单化,服务质量参差不齐,酒店同质化现象日益严重等等,经济型酒店需要进行更为明确的市场定位和服务定位,需要进一步的市场细分和精细化的管理,在细分市场上寻求突破。

经济型酒店细分化的角度有很多,可以针对价格、客人类型、酒店主题等要素进行市场细分。目前,国内比较成熟的经济型酒店在市场细分方面已有所动作,出现了"背包""商务""主题"经济型酒店等,并且在有些细分市场当中已经形成了自己的品牌。如家就推出了第一家定位于经济型酒店和高星级酒店之间的中高端细分品牌"和颐",其按四星级标准定位为"商务型酒店",以服务中高端商务人士为主;汉庭酒店从成立之初开始,在不到5年的时间里已陆续推出汉庭快捷和海友客栈等三个不同的酒店品牌,覆盖了出差预算在100～500元的商务客人的差异化需求;锦江之星也分别向上和向下推出了"白玉兰"和"百时快捷"这两个经济型酒店品牌。

（五）酒店信息化发展趋势

随着计算机、互联网、多媒体等各种技术的不断发展,越来越多的科技元素注入到酒店当中,酒店的信息化程度也成为客人评判酒店好坏的重要标准之一。信息时代的到来改变了酒店的营销方式,拓宽了营销领域,丰富了营销技术,如何借助网络的信息化平台开展酒店网络营销、提供有特色的服务、优化酒店管理的流程,成为酒店业竞争的新内容。

从目前我国酒店的客源市场构成来看,随着旅游业的蓬勃发展,来华的外国游客数量逐年增加,世界旅游组织预测中国将成为世界最大旅游目的地,庞大数量的接待任务需要高效率的信息化流程管理,尤其是商务客人的数量将有较大幅度的增长,信息化商务酒店将为游客营造良好的网络环境,顺应我国制定的旅游信息化战略决策。

从我国酒店信息化建设方面来看,起步阶段 7 天连锁酒店集团做得比较成功。尽管 7 天是一家非常年轻的经济型酒店,但该公司从建立之初就非常注重信息化服务,在 2005 年 3 月该公司第一家分店广州北京路店开业之后,次月就开通了 7 天酒店官方网站,公司自主开发的中央预订系统(CRS)和会员系统也正式投入使用,及早的信息化让 7 天积累了庞大的数据库和那些"不爱和人打交道"的年轻客户。而且 7 天酒店始终走在信息化的前沿,目前已成为业内少数能同时提供四种便利预订方式的连锁酒店,该酒店从管理到营运无一不得益于信息化的建设。

(六)酒店主题化发展趋势

基于我国酒店业目前存在功能单一、产品趋于雷同、差异化越来越小等现状,主题酒店作为一种个性化酒店模式,以其独特的产品、文化和专业市场细分,冲击着我国现有酒店的标准化格局,并具有良好的发展前景。主题酒店主要是通过独具特色的建筑风格和装饰艺术来创造出吸引顾客的环境和文化氛围,同时将特色服务项目融入主题,以个性化的服务取代常规服务,给顾客带来新鲜感。酒店主题的设定不单单仅局限于某一事物,历史、文化、人物、游戏、典故等都可以成为酒店的主题。酒店不再是单纯的住宿、餐饮设施,而是独具特色的精神乐园,消费者不再是为产品和服务付账,而是为自己的愉悦买单。

主题酒店的打造最重要的就是对酒店的主题定位,这是主题酒店的灵魂与核心竞争力。在对酒店主题定位的过程中首先是要注意符合市场需求,捕捉那些让多数人感兴趣的事物,并通过各种手法增加其特色,形成市场上鲜明的视觉亮点。而且针对不同的客源市场所打造的主题也有所差别,比如老年人对文化艺术的主题比较感兴趣;年轻人则对潮流新颖的事物主题比较感兴趣。其次,主题的制订要结合周边环境,借助周边环境来增添主题色彩,并与之相适应。例如,坐落于广州长隆野生动物旅游景区的生态园林式主题酒店——广州长隆酒店就以"人与自然和谐发展"为卖点,主题与环境相得益彰,事半功倍。最后,主题定位还要与酒店企业文化相结合,并将其共同的价值理念注入到所有员工的工作当中。这样才能让客人全身心感受到酒店主题的魅力。

四、中国酒店业发展现状及趋势

(一)政策导向

1. 大力推进以节约能源为中心的绿色酒店发展

倡导酒店节能,推广绿色酒店是酒店业发展的方向。在国外,20 世纪 70 年代至 90 年代初,主要推广星级标准。90 年代后期,欧洲、北美兴起了绿色酒店标准。绿色酒店以安全、健康、环保、节能、节水、节电为核心,倡导绿色消费,创造绿色效益,摒弃了传统酒店行业拼硬件、高投入、低效率、低价格的竞争模式,是循着国际酒店业的发展模式,引导正确的、良性的酒店业的竞争路径,是支持开发与节约并重,逐步构建节约型的我国住宿产业结构和消费结构的根本途径,更是贯彻"以人为本,全面发展"的科学发展观,发展循环经济在酒店业的具体体现和实践创新。

在我国,绿色酒店标准明确分为 A 级到 5A 级共 5 个等级,分别用具有中国特色的"银杏叶"作为标志。发展绿色酒店,扩大绿色消费,每年一个主题。2005 年的主题是"资源节约",国家将在全国开展以"资源节约"为中心的绿色酒店活动,主要做好三方面的工作:一是在中宣部、国家发改委、商务部的支持下,加大力度宣传贯彻绿色酒店行业标准,宣传资源节约型先进企业,形成全行业节约资源的良好氛围。开展以资源节约为核心的审核员培训,继续推进绿色酒店的人才支持体系建设。二是召开以资源节约为主题的中国绿色酒店论坛,表彰绿色酒店先进单位和先进个人,颁发中国绿色酒店环境奖、中国绿色酒店创新奖、中国绿色餐饮奖和首批中国酒店业绿色供应商。三是召开中国首届绿色酒店管理者代表年会,为绿色酒店构建资源节约的有效机制,以推动绿色酒店的纵深化发展。

2.大力推进经济型连锁酒店的健康发展

经济型酒店不同于星级酒店,也不同于传统旅馆,是住宿业的新产品。它主要有三个特点:一是有限服务,一般只提供简洁干净的客房和早餐,不像其他星级酒店有配套的娱乐设施、西餐和宽敞的大厅。二是比较适合的性价比,差不多一个普通间是150~300元。三是资源节约型,经济型酒店一般是总台、客房、餐厅三要素组成,复印、打字、传真等商务活动由总台代劳。客房规模都在100~120间,人员控制在100个房间配备30~35人,一般管理人员基本上也担当一线服务员,运营成本比较经济。为此,今后国家将大力扶持经济型酒店发展。经济型酒店的发展需要主要做好三方面工作:一是出台全国经济型酒店发展指导意见,明确经济型酒店发展的方向,培育经济型连锁品牌酒店。二是出台经济型酒店国家标准,明确经济型酒店的业态范围基本功能和运营方式。三是成立中国酒店协会经济型酒店专业委员会,继续推广中国经济型酒店论坛及品牌交流展示活动,搭建为广大经济型酒店企业全方位服务和交流的平台,推动全国经济型酒店市场成熟,促进品牌成长,规范和引导经济型酒店市场的发展。四是培育现代经济型酒店管理人才。随着经济型酒店的高速增长,许多品牌经济型酒店都以翻倍的速度扩张,直接面临的问题是管理人才缺乏,开办经济型酒店总经理(店长)培训班已成为为经济型酒店的发展打造一批高质量的管理人才的培养方式。

(二)中国酒店业发展趋势

随着知识经济时代的到来,中国的酒店业面临着许多新的机遇,当然也面临着许多新的挑战。如何认清形势,把握方向,这对于中国酒店业的发展而言是至关重要的。面对变化的环境,中国酒店业将呈现以下发展趋势:

1.酒店管理向人性化发展

在知识经济时代,人才不仅是生产要素,更是企业宝贵的资源,尤其是酒店企业,其产品和服务质量的决定因素关键在于人才资源。因此,酒店企业将会更多地采用以人为本的管理模式来密切企业与员工的关系。人本管理的最终目的不是以规范员工的行为为终极目标,而是要在酒店企业内部创造一种员工自我管理、自主发展的新型人事环境,充分发挥人的潜能。因此,未来的酒店企业将会更加注重提高员工的知识素养。在人员培训上,将会以一种"投资"的观念对员工给予较大投入。在酒店企业内部,将会建立一套按能授职、论功行赏的人事和奖励机制,通过企业内员工的合理流动,发挥员工的才能;通过目标管理,形成一套科学的激励机制,在企业内部做到自主自发;通过酒店企业文化,利用文化的渗透力和诉求力,培养员工的忠诚度,确保酒店企业人力资源的相对稳定。

2.酒店工作人员的职业化

人才是第一资源。目前对于酒店企业而言,已经形成了一套相对成熟的运行机制和管理机制,由于对专业化管理水平的要求不断提高,对专业的酒店从业人员尤其是管理人员提出了一种新挑战,要求有国际型、创新型、复合型的职业经理群体。在这种背景下,职业酒店人应运而生。他们一般具备丰富的酒店管理经验、崇高的道德品质、优秀的经营意识、良好的心理素质、宽阔的知识结构,凭借这些资本,他们将会成为各大酒店趋之若鹜追求的人才。为强化从业人员的责任意识和风险意识,年薪制将会成为新世纪酒店的主要特征之一,它将个人收入的高低和酒店收益直接挂钩,使得个人和企业成为息息相关的命运共同体。为培养更多的优秀职业酒店人,酒店企业在对人力资源进行开发时,应根据市场的实际需求而灵活调整培训方式、培训重点,除了加强一般的酒店管理知识外,还应分析、学习国际化的先进管理经验,并进行创新能力的开发和锻炼,培养一专多能的复合型人才。

3.酒店发展的可持续化

目前,在酒店业的发展过程中也存在着不合理的浪费,考虑到社会和顾客的长期利益,酒店将逐步走上一条可持续化的发展道路。它要求酒店企业在发展过程中,不应以短期的、狭隘的利润作为行为导向,而应具备强烈的社会意识和环保意识,讲义求利,考虑到顾客、酒店、员工、社会等各个方面的利益,将酒店企业、顾客的利益与整个社会的长期利益作为酒店发展的最终目标。可持续发展对于酒店行业来说是一种趋势,也是一种社会责任。可以预见,本世纪内将会出现大量的绿色酒店。节约能源,减少消耗,保护环境,倡导绿色消费,提供绿色服务,将成为我国酒店业发展的重要战略。

4.酒店市场竞争的品牌化

在全球经济一体化的大背景下,随着酒店服务对象的日益成熟,感性消费时代的来临以及酒店市场的日趋规范化,国际上拥有著名品牌的酒店集团开始大量进入中国酒店市场,中国酒店业将进入品牌竞争的时代。品牌竞争是以客人的满意度、忠诚度和酒店的知名度、美誉度为核心的竞争,其关键点是如何把握消费时尚,抓住消费者的心理,打动消费者,把自己的品牌根植于消费者的心目中。所以,品牌竞争实际上就是通过消费者的满意度达到市场份额和经济效益的最大化。

品牌竞争要求酒店企业必须增强品牌意识,注重品牌的设计和推广,坚持以过硬的质量作为品牌竞争的基础,以独特、新颖、鲜明、引人入胜的形象作为品牌竞争的标识,以灵活多变的公关宣传作为品牌拓展的手段,以合理的价格作为品牌含金量的尺度,并以深厚的文化底蕴作为品牌的生命,从而在消费者的心目中确立酒店的品牌形象。

5.酒店服务的定制化

所谓定制化服务模式,就是酒店为迎合消费者日益变化的消费需求,以针对性、差异化、个性化、人性化的产品和服务来赢得市场的服务模式。这种服务模式的基本特征是:第一,酒店充分理解客人的需求,即以客人的需求作为服务的起点和终点,既要掌握客人共性的、基本的需求,又要分析研究不同客人的个性需求;既要注意客人的静态需求,又要在服务过程中随时注意观察客人的动态需求;既要把握客人的显性需求,又要努力发现客人的隐性需求;既要满足客人的当前需求,又要挖掘客人的潜在需求。第二,个性化,即酒店要强调一对一的针对性服务。第三,人性化,即强调用心服务,真正体现一种真诚的人文关怀精神。第四,极致化,即在服务结果上追求尽善尽美,要求做到尽心和精心。切实贯彻定制化服务模式,就要求酒店企业应深入细分客源,根据自身的经营条件选准客源市场中的一部分作为主攻对象;通过建立科学的客史档案,灵活提供各种"恰到好处"的服务;强化客源管理;并以独特的主题形象深入人心,在充分理解顾客需求、顾客心态的基础上,追求用心极致的服务,和顾客建立一种稳定的、亲近的关系。

6. 酒店营销的网络化

营销网络化指酒店企业在开展营销活动时,要综合利用"关系网络"和"互联网络",通过"人工网络"和"电子网络"的互补,全方位构建酒店企业的营销网络。

"关系网络"营销区别于传统的营销方式,较好地考虑了中国国情。传统的营销活动突出的是顾客和酒店双方交易行为的金钱色彩而忽略了双方之间的感情色彩,而"关系网络"营销方式将营销的重心转移到如何吸引更多的宾客重复使用或购买酒店的产品或服务。它注重巩固酒店和这些宾客的关系,以建立长期的交易关系作为营销的目标。可见,它将酒店从片面追求短期效应的圈子中解放出来。"关系网络"营销的基础是酒店向顾客提供各类附加利益,以附加值来增加酒店产品的价值。在酒店经营管理过程中,酒店应把客人超常的需要看作是增加价值的机会,而不是对正常工作的扰乱;酒店还可以通过减少顾客消费总成本的方法来增加客人的满意程度,如减少顾客的货币成本、时间成本、体力成本和精神成本等。

随着知识经济时代的到来,电子技术、计算机技术、网络技术开始介入酒店企业的各项活动,尤其是在营销领域,互联网络的出现将给酒店业的营销活动注入更新的活力。所谓"网络关系"营销,是指酒店企业借助互联网络、电脑通信和数字交互式媒体的手段来实现营销目标。它是一种以消费者为导向、强调个性化的营销方式,适应了定制化时代的要求;它具有极强的互动性,是实现企业全程营销的理想工具;它还能极大地简化顾客的购买程序,节约顾客的交易成本,提高顾客的购物效率。并且网络化营销更多地强调酒店应借助于电子信息网络,在全球范围内拓展客源,为酒店企业走向世界提供帮助。现代酒店应充分发挥"互联网络"的互动优势,灵活开展网络营销,促进酒店业的持续发展。

7. 酒店组织结构的扁平化

在传统的酒店组织体系中,重要特征之一是层级分明、中间层次过多,酒店企业从上到下,通过严格的分工,形成垂直体系,由此导致的直接后果一是人员虚设,职责不明;二是严重影响企业内部各类信息的畅通流转,因为酒店企业内的每一个层级都会成为信息的过滤器,酒店企业层次过多,三角形高度越大,酒店的有关信息在通过这些层级时,往往会出现失真现象。而扁平化的组织机构其特点是酒店企业的组织结构顶端到结构底部之间的层级数量减少,组织的管理幅度加宽,使酒店组织结构由"高深"变得"扁平"。同时,由于一线员工是客人和酒店接触的"关键点",直接决定酒店的服务质量和客人的满意程度,因此,在扁平化组织结构中,适当扩大了一线员工的权限。通过这样的结构改革,一方面有利于精简人员,充分发挥在岗人员的积极性,另一方面,信息在这样扁平化的组织结构中流转时,由于中间环节减少了,信息准确性也得到了相应的保障。再次,这种组织结构适合时代要求,能及时为客人解决各类问题,提供各种快捷、优质的服务。因此,酒店应加强内部改革,精简人事、适当放权。但是,在扁平化的组织结构中,由于管理人员的管理幅度变宽,要求管理者具备更强的管理能力以及相关知识,这也对酒店从业人员提出的一种挑战,也是酒店人员职业化的发展趋势。

8.酒店产业组织的集团化

多年以来,我国酒店业的发展一直走互不干扰、各自为政的发展模式,这样导致的直接后果是企业发展缺乏底气,从根本上削弱了酒店业的整体生产力。目前,国外知名酒店集团以"联合舰队"的态势直逼中国酒店市场。面对这种国内市场国际化、国际竞争国内化的竞争现状,我国酒店业应转变观念,走集团化发展道路,充分发挥各自设备、信息、人才、技术、资本、网络等优势,形成合力,发挥规模经济之效用。

9.酒店设施设备的科技化

在知识经济时代,科技成为酒店企业生存和发展的资本。并且为满足现代人"求新奇、求享受、求舒适"的需求,酒店企业将会更多地应用各类新科技、新知识,强化现代企业的智能个性。首先,酒店企业可利用新科技加强酒店企业的信息管理。在以信息为主要驱动力的现代社会,酒店企业可通过互联网拓展酒店形象信息;收集来自全球的各类所需信息;满足顾客尤其是商务顾客对信息的强烈渴求。其次,酒店企业可利用新科技加强酒店企业的服务能力。

(三)未来3~5年中国酒店发展趋势

从酒店档次上看,未来3~5年我国高档次酒店将继续高速发展。目前,五星级酒店存量较多的锦江国际、开元、首旅建国、世贸君澜等集团,仍在高速吸收五星级酒店项目,未来3年内五星级酒店数量均几近翻倍;而高端酒店市场将依然在很大程度上被国际酒店管理集团所把持,中端酒店市场将形成国内酒店管理集团和国外酒店管理集团共同竞争、百家争艳的局面。由于国际酒店管理集团拥有高端品牌的巨大优势,因此国内酒店管理集团陆续将发展重心向四、五星级的中端酒店市场偏移,利用本土酒店集团在一定区域内影响力及局部优势与国际酒店集团展开竞争。

低端酒店市场将面临行业洗牌。由于在运作成本、管理体系、盈利模式及扩张模式等多方面的矛盾逐步显现,规模较小的集团将逐步退出低端酒店市场。而具有相当规模的经济型酒店集团将继续扩张,品牌整合将加快。由于前期的过度发展,导致竞争加剧,尤其是以短期投机为目的、期待把企业迅速做大上市或转手套现的投资者的加入,加深了经济型酒店行业发展的未知性。未来3~5年经济型酒店市场仍将以资本的较量、发展速度的较量为主,与此同时,酒店品牌建设的竞争、服务质量的竞争以及综合管理能力的竞争也将越来越激烈,并在竞争中占据主导地位。那些资本实力较弱、只注重规模、没有核心竞争力的企业,必将面对被兼并、收购的命运,从而形成"强者恒强,弱肉强食"的局面。

从酒店类型上看,随着我国旅游业的持续发展以及国民收入的不断提高,休闲度假旅游将成为国民的主要休闲娱乐方式之一。在旺盛的酒店需求推动下,度假型酒店的发展将使本土酒店有机会脱颖而出,催生出具有中国特色的顶级旅游度假酒店品牌。

另外,我国会议会展和将来旅游市场的快速发展已经成为国内城市酒店需求增长的主要驱动力。因此,综合会议型酒店将成为城市酒店业的新生力量。

从酒店分布地域上看,北京、上海、广州和深圳等一线城市以及经济发达省份的省会城市的酒店几乎已经趋于饱和状态。因此,未来3~5年许多酒店集团将逐渐向中西部地区和经济发达地区的三线以下城市布局。而酒店在国内主要旅游城市的布局速度也将继续加快。

总体上来说,未来3～5年我国酒店业发展的区域分布将呈现如下趋势:

- 向经济发达省份及沿海地区的二、三线以下城市扩张。
- 向经济发展较为滞后的中、西部地区中经济发展较好的省会城市或者一线城市扩展。
- 向旅游资源丰富,但尚未完全开发的次要旅游城市或者地区发展。
- 新兴的二线城市会议目的地,或者国家将重点发展的二线城市或经济区域,将成为酒店布局和竞争的主要区域。

目前,酒店行业的危机主要来源于国内酒店品牌投资市场,在经济型酒店火热的发展时期,大量投资人涌入酒店行业,无限度推高了酒店行业的成本门槛,大中城市的租金水涨船高。在成本倒逼下,国内酒店业进入中档酒店发展时期,中档酒店从2015—2019年也处于相对疯狂的状态,高租金高成本成为酒店投资行业的标准。在2019年新冠疫情来临之后,面对汹涌的成本压力,无数租赁成本高的酒店迅速进入亏损、破产倒闭状态,在过去挣微薄利润的酒店迅速将过去挣的钱全部亏损进去,造成行业内哀嚎一片。这是受国内投资人投机心理和盲目跟风心态的影响,无成本概念和风险意识。无论有没有疫情,这种酒店投资到头来最终还是会露出原形,进入不良资产行列。在疫情期间,通过不同口径的统计数据,国内住宿业存量的小型住宿单元近十万家倒闭或是关门,绝大部分为小房量单体酒店。酒店行业洗牌正在加剧,随着疫情的发展和消费结构的改变,过去依靠高增长支撑的存量将无法支撑现在的酒店需求规模。在这种背景下,只有拥有核心竞争力的酒店才能脱颖而出,核心竞争力的核心就是成本优势,高租金拿过来的项目注定是第一轮被淘汰的。所以,在酒店项目投资与筹备中,要考虑建筑及筹备成本的控制。

1. 地产酒店仍主流

国内地产酒店是国际高星级酒店最大的业主,国际品牌也是跟随国内房地产发展的热潮而收获颇丰。在国内高星级酒店市场,国际品牌绝对是统治力量。随着地产行业进入"青铜"时期,高星级酒店发展也进入摇摆期,国际品牌也开始实行市场下沉和品牌下沉双策略,不断推出中档产品,进而冲击下沉市场的小型地产酒店项目。这对于国内品牌来说是个巨大的挑战,是国内品牌"向上而走"的拦路石。国内地产酒店经历了加盟国际品牌到自我孵化品牌之路,最典型的就是万达酒店,从加盟到自我孵化再到走轻资产化的路线,但是目前市场反应一般,还没有走出真正属于自我的一条道路。国内碧桂园疫情之后孵化的凤悦酒店体系,在疫情背景下大规模面世,掀起了地产酒店自我发展的一条独特之路,从引进品牌到合资品牌再到自我孵化,似乎颇有成效。世茂、金茂、万科、保利等等各大房企,都在尝试。去国际品牌化也意味着国内品牌有更多的机会去探索高星级酒店市场。

2. 乡村振兴助推度假产业发展

在国家乡村振兴的大变局下,度假产业似乎又迎来新一轮春天。在国家"坚持以文塑旅,以旅彰文,推动文化和旅游深度融合发展"的战略部署与大力扶持下,文旅产业依旧是未来的机会,民宿围绕文旅大产业越来越朝着更深的板块去发展,民宿集群、品牌化、精品化、度假产业化的方向发展。红色主题的文旅项目及旅游形式正在发展中,文旅作为一个赛道,将是新建酒店市场的最后机会,也是度假酒店发展的重要方向。文旅市场发展的规范化将会带动度假酒店板块的稳健发展,核心在于顶层设计和运营实施。

3. 经济型酒店发展迅猛

新时代的经济型酒店发展秉持几个新的原则,一个是年轻时尚化,经济型酒店也需要好的设计,好的视觉。是小而美的呈现,不需要规模体量巨大,而需要的是精美,小而五脏俱全,美而造价低廉,在几种维度结合下,新的经济型酒店模式更像是一个微型的咖啡店,轻松而舒心。另一个核心的要素是经济型酒店具备投资安全的属性,在小城市里,比大城市低数倍的租金,房价或许低不了多少,在这样的状况下,经济型酒店或许正在迎来发展的第二个春天。

4. 城市酒店需提升体验感

随着消费人群的更高要求,千篇一律的产品不再具有吸引有限的客人的能力,需要更好的产品。城市生活方式酒店在于更高的性价比,舒适是基本,公共区域的增值服务和体验感才是核心。生活方式需具备城市度假感受,核心要素在于公共区域的配置和设计,沉浸式和体验感的消费心理,酒店不再是住宿的场所,而是吃喝玩乐住的一个集合体。

5. 消费主力年轻化

度假酒店的消费主力是"80后""90后""00后"一代,城市星级酒店主力人群是"70后",城市中高端连锁品牌主力是"80后",而经济型酒店也是以"70后""80后"为主体。未来酒店投资需要掌握主流消费人群的需要,才能掌握酒店投资的正确密码。

6. 酒店的数字化、智慧化趋势

随着一些新概念的出台,元宇宙、电竞、电影、剧本杀等概念层出不穷,核心就是抓住年轻人的消费心理。未来的酒店投资,需要紧抓科技赋能这个理念,数字化、智能化都将是为酒店赋能的产业,但不能是酒店投资的负担。在酒店投资中,可以有限地使用这些概念为酒店提升形象。

7. 康养酒店为大势所趋

随着社会人口老龄化现象的突显,康养酒店的需求越来越多。据调查,全球养生协会将养生游客分为两大类:分别是以健康养生为旅游目的的游客以及想在旅途中保持健康的游客。据全球康养协会统计,这类客群的年增长率为10%,2017年的支出占康养游客总支出的86%。由此可见,康养+酒店的市场前景是非常客观与可人的。

在未来的酒店投资中,一定要谨慎向前。酒店市场依旧是存量洗牌整合阶段,优秀的产品会脱颖而出,低廉的产品会被加速淘汰。未来酒店产业是更加高效,拒绝臃肿,朝着更加健康理性的方向去发展。作为各大酒店集团来说,"走马圈地"的酒店发展思维,需要向运营为主、中央产业革命路线发展,做到哪一天酒店数量停止增长了,集团依然能盈利,这才是能力。只有品牌做到赋能、给予,才能做到收益与品牌价值的双向发展。酒店业无论是酒店品牌方还是酒店业主或者是酒店从业人员,做到谨慎,稳中求胜才能迎接下一轮的变革!

【知识拓展1】

2022年酒店业的八大趋势

随着新冠疫情常态化,对旅游业和酒店业的影响仍在持续,而这两年来整个旅游酒店业都在焦虑和观望中前进,我们梳理出了 2022 年酒店业八大核心趋势,供酒店人一起探讨与借鉴。

(一)连锁酒店市场下沉与存量发展内卷化

据大鱼文旅研究院统计,过去两年,国内的连锁酒店增长了 2 万家,多数集中在头部集团。3~5 年后,预计国内连锁酒店将达到 10 万家的规模,占整个酒店行业的 45% 左右,连锁化率进一步提高。

随着一、二线城市连锁化发展到红海阶段,下沉市场是目前和接下来几年酒店品牌争夺的关键。国内有 300 多个地级市,2 000 多个县城,还有很多的建制镇,这些下沉市场中连锁化率依旧非常低,是未来酒店市场发展的关键。

从锦江、华住、东呈、首旅等集团的发展数量上来看,过去几年 70% 的新增酒店来源于下沉市场中,近 50% 来自存量升级,未来这一比例还将继续增长。没有了新增市场,各地品牌都在争夺存量,意味着行业进入内卷化的竞争环境。

(二)民宿衰退与度假酒店崛起

在疫情发生后的背景下,原来传统目的地民宿度假区正在遭受毁灭性打击。对依靠跨省游和长途游及旅行社支撑的如大理、丽江这类传统目的地旅游区的民宿影响巨大。

民宿业为了自救不断朝着集群化、品牌化、精品化、度假产业化的方向发展。其中度假产业化是受度假酒店的指引,是民宿综合体的发展,单纯的民宿概念已经无法满足当下主流消费者的需求。而度假酒店未来将围绕大城市周边来重点布局,这也是这两年疫情背景下恢复速度最快、效应较好的板块。疫情终结了国际游、跨省游,但是无法阻挡人们度假的需要,周边游的旺盛需求促进了度假酒店及整个度假产业的发展。

(三)"一价全包"模式兴起

一价全包式度假市场表现活跃,消费者对这一出行方式抱有浓厚的兴趣。目前,万豪国际集团旗下共有 28 家酒店推出了一价全包计划,覆盖 8 000 多间客房,遍布加勒比地区、墨西哥和中美洲等地。

一价全包不仅受到"90 后""00 后"的喜爱,对于"80 后"亲子家庭来说,一价全包更是省心之选,很多度假村还提供专业托管服务,不仅安全系数高,还能让苦于照看孩子的父母得到一段时间的"解脱"。

从旅行住酒店,到如今的住酒店旅行,年轻人在酒店的驻足,给酒店带来更多的希望。面对宅酒店的需求,以一个固定的契约价格,买一个省心,这种一价全包的模式也越来越得到年轻人的追捧,故而越来越多的酒店集团开始入局。

(四)文化、红色旅游的酒店发展机遇

在国家乡村振兴的大局下,文旅产业依旧是未来的机会。文旅作为一个赛道,将是新建酒店市场的最后机会,也是度假酒店发展的重要方向。文旅市场发展的规范化将会带动度假酒店板块的稳健发展,核心在于顶层设计和运营实施。

在近些年,红色旅游因为有一定比例的刚需市场逐步开始受到热捧。一些红色主题的文旅项目及旅游形式正在发展中,一些知名红色旅游城市的市场正在不断提升,如延安等地。未来,在旅游及酒店发展板块,也可以关注一些红色旅游相关方向,或许是未来一个新的赛道。

（五）经济型酒店投资回暖

疫情让消费降级趋势明显，但不意味着产品线走低端路线。经济型酒店走向回暖是因为市场需要更好性价比的产品。一方面中档酒店失去了价格优势，另一方面广大的下沉县级市场需要连锁化的需求旺盛，经济型酒店迎来发展的新机遇。

新时代的经济型酒店追求小而美，不需要规模体量巨大，需要的是精美，小而五脏俱全，美而造价低廉，在几种维度结合下，新的经济型酒店模式更像是一个微型的咖啡店，轻松而舒心。

同时经济型酒店具备投资安全的属性，在小城市里，比大城市低数倍的租金，但酒店房价却低不了多少，在这样的状况下，经济型酒店或许正在迎来发展的第二个春天。

（六）精细化运营，数字化变革来临

后疫情时代，数字化日益成为酒店赢得红海竞争的坚实武器。近两年，中国酒店业进入加速数字化发展时期，打造属于酒店自有品牌的私域流量池，加速直销模式，是行业数字化发展的必然趋势。

2022 年，构建有效的数字化运营体系，将是酒店获得直接客户、带动回购的关键。一方面，直销模式可以提高老客户的回购率；另一方面，随着本地游、周边游成为主流，酒店希望通过直销提升精细化用户运营能力，从而拓展本地及周边客户。

（七）服务虚拟化，元宇宙渗入酒店业

新一代消费者越来越追求个性化的消费体验，服务的定制化、虚拟化成为趋势。虚拟客服、虚拟员工代言人、虚拟直播已经在探索的路上，而虚拟环境、虚拟店铺等越来越丰富的服务场景，对酒店管理提出了前所未有的新挑战。

在拥抱并开启虚拟化未来的同时，元宇宙的概念也开始延伸至酒店业。未来元宇宙的技术或可以帮助酒店在客户体验和酒店建设方面带来新的创新，从画面或 360 度全景体验到更生动、真实、身临其境的体验。

虚拟员工不仅是元宇宙的成员，也是人工智能的产物。除了做企业的 IP 形象，还可以通过精准的数据计算，降低人工成本，降低出错率，提高酒店企业的运营效率，是未来的目标。

（八）消费主力人群及未来酒店投资方向

目前谁是酒店主力消费人群？度假酒店的消费主力是 80 后、90 后、00 后一代，城市星级酒店主力人群是 70 后，城市中高端连锁品牌主力是 80 后为主体，经济型酒店也是 70 后、80 后为主体。未来酒店投资需要掌握主流消费人群的需要，才能掌握酒店投资的正确"密码"。年轻人敢消费和敢高价消费，愿意为场景买单。紧抓科技赋能这个理念，数字化、智能化都将是为酒店赋能的产业。

2022 年的酒店业依旧是不确定的一年，无论是酒店品牌方还是酒店业主或者是酒店从业人员，做到谨慎，稳中求胜，并且活下去，挺过去，才能迎接下一轮的变革！

（来源：甘涌酒店研究院）

【知识拓展2】

大趋势！融合"康养"已成为全球传统酒店转型的"救命药"！

近年来,我国康养旅游经济发展迅速。2016—2020年,我国康养旅游的市场规模将呈现快速增长的态势,年复合增长率有望达到20%,2020年市场规模将达1 000亿元左右。顺应这一趋势,打着"康养"名号的酒店犹如雨后春笋,而且2018年4月,健康旅游协会重新修改了对"康养中心"的定义,这一举措进一步证实了酒店"康养化"的大趋势。

(一)什么是"康养酒店"

康养酒店,是以改善生活方式和全面健康提升为目标,实现健康养生与旅游度假的完美结合,实现非医疗化、非侵入式的健康服务体系与酒店管理体系相结合的有形平台。

(二)康养酒店与常规酒店存在的差异

1.服务产品不同

常规酒店的产品是以客房为核心,辅之以餐饮、健身、会议等配套;而康养酒店的主要产品则是康养服务套餐,例如健康管理、身心训练、保健服务等,客房只是其中的一部分非核心内容。

2.服务流程不同

常规酒店的流程即预订—入住—退房,而康养酒店的流程是以健康提升为导向,形成健康咨询疗程的完整闭环。康养酒店入住前会通过生活方式调查、邮寄相关资料提前做好减压准备。入住时酒店会提供专业的健康检查、养生建议和相关主题的健康课程等。离店时提供教学课程和咨询建议,以便更好地产生客户黏性和持续影响客户。

3.消费水平不同

入住康养酒店的群体停留时间更长,更容易产生额外消费,同时还具有更高的回头率,而本身用于康养服务的支出就远高于一般入住客房的支出,因此消费水平远远高于常规酒店。

4.康养设施不同

高星级酒店通常都会带有健身房和游泳池,但康养酒店包含更多、更专业的康养设施,以更好地达到疗养主导的目标。例如体检中心、医疗咨询用房、专业健身中心、游泳池、桑拿房、蒸汽房、冷泳池、温泉池、按摩空间、多功能锻炼空间、水疗空间等。

5.客房设置不同

由于使用人群具有高端性、私密性、中长期等特征,康养酒店的客房设置与常规酒店有诸多不同。首先,康养酒店入住客人通常身份高贵或需要参加理疗课程,不希望被他人知晓,因此客房私密性相比常规酒店更强,通至客房往往采取独立通道;同时,康养酒店的入住客群一般停留时间较长,为满足其中长期的住宿需求,酒店会配备设施不同的功能空间,比如部分客户可能会产生自己做饭的需求,因此部分客房会配备简易厨房、餐厅等;而且,康养酒店的无障碍设计更为突出,例如客房内的无高差地面、带扶手的浴缸,客房至主要公共空间的无障碍通道等。

总而言之,康养酒店除去提供基础的住宿服务外,还会提供与以康养相关的活动组织、餐饮选择、硬件设施,这才是康养酒店的精髓所在。

（三）"康养酒店"的发展现状及内容体系

就目前全球康养酒店的发展来看，在康养经济增长态势的极大激励下，无论是康养经济发展较为成熟的发达国家如欧洲和美国，还是近年来迅速发展的亚太地区，酒店"康养化"已是蔚然成风的新兴业态，并且在此基础上进行了细化发展，目前可将其大致分为以下几大类：

①以精神健康和修养为核心：酒店提供专家指导的冥想课程和活动。

▲泰国普吉岛安曼度假酒店：可预约有导师指引
的冥想课程。

②以美体美容为核心：酒店主要提供皮肤、牙齿和塑形类相关的项目。

 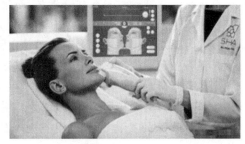

▲西班牙 SHA 健康中心酒店：SHA 水疗中心融合东西方放松疗法，提供抗衰老、减肥、美体
和排毒理疗等专项服务。

③传统医疗和现代诊疗技术相结合：对客户在短期住宿期间提供全面身体检查、定制短期可量化身体健康指数的训练计划。

 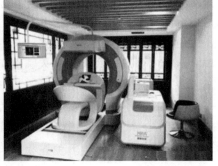

▲云南 GF 婕珞芙健康养生酒店：以古法传承和创新科技相结合，运用先进的功能医学科
技设备、药浴、药疗、SPA、食疗等，帮助更多人养成健康的生活习惯。

④水疗SPA、饮食调养、户外运动三者融合:这种业态类型现在国内外较为常见,是目前较多康养酒店采取的模式,主要是针对以身心放松、休闲度假为目的的客户群体。像万豪、希尔顿和温德姆等全球大型酒店集团将康养概念融入客户住宿体验,为客人提供特别设施的健身客房、养生菜单,组织身体训练、精神修炼课程、组织烹饪课程;凯悦收购Miraval Group(康养度假村和水疗集团)以及Exhale Group(经营多个健身和SPA中心)两家康养品牌。

▲安纳塔拉度假酒店:2019年10月,安纳塔拉首创全球酒店医疗康养合作伙伴关系,与Verita Healthcare Group达成合作伙伴关系,致力于建立以酒店为核心的综合康养中心环球实体网络。目前,安纳塔拉在世界范围内拥有34处,酒店水疗模式源于泰国养生传统,同时提供阿拉伯式护理、阿育吠陀疗法等服务,致力于打造自己的疗养艺术。

▲清迈帕维纳排毒养生度假酒店:酒店会根据不同的体质、健康状态制订相应的排毒方案。酒店食材来自度假村内的有机农场,并以真正实现"从农场到餐桌"的精神简单烹饪,将风靡欧美的果汁排毒加上源自印度的冥想和瑜伽,并融合有机饮食和泰式传统医学元素,制订不同的排毒养生套餐。

从上述各国康养酒店的发展来看,传统的康养产业(健身中心、SPA中心、健康康复中心和医疗机构等)和传统酒店业之间的隔离线正在被打破,建立新的行业规范和标准已是大势所趋。

就目前中国康养市场来看,康养经济红利巨大,康养酒店发展潜力很大。虽现在国内康养酒店大多还集中在养生方面,在医疗干预方面介入较少,但已经开始有不少酒店集团及相关企业进行试水,想要寻求与先进医疗机构的优质资源整合,为康养酒店的未来发展拓展全方位的蓝图。

【本章小结】

本章介绍了酒店的含义;世界酒店业发展史;中国酒店业形成与发展史;全球酒店总体

概况;国际酒店集团主要类型;酒店业发展趋势;中国酒店业发展现状及趋势等内容,为酒店筹备和开业提供基础常识。

【课后思考】

1. 酒店的含义是什么?
2. 世界酒店业发展历史经历了哪些阶段?
3. 中国酒店业发展历史经历了哪几个阶段?
4. 中国酒店业发展趋势有哪些?

【实践作业】

【实践名称】酒店集团发展介绍

【实践要求】分组自行选择一个酒店集团,研究它的发展历史和未来发展趋势,谈谈你认为未来的酒店是怎样的? 制作PPT,在课堂上汇报。

【案例分析】

16万亿市场背后,不是所有酒店都能安上"康养"名头

在新冠疫情过后,人们对健康的关注达到了一个空前的高度,康养产业也被推到了台前。

《"健康中国2030"规划纲要》定下明确目标:到2020年,健康服务业总规模超8万亿元,到2030年达16万亿元。事实上,康养产业早已成了全球经济中唯一"不缩水"的行业,早已被国际经济学界确定为"无限广阔的兆亿产业"。

对于想要从康养产业中分一杯羹的酒店来说,或许将迎来前所未有的发展契机。

(一)新旅居时代正在到来

近两年,"康养"正在成为酒旅行业中的一个热词,"酒店+康养"正在带来新的可能,但相比起其他的"酒店+"业态,康养酒店相对低调。

正如前文提到的,疫情的出现,使得康养业态颇受热捧,譬如随着疫情的发展,君澜酒店将以"康养"作为发展聚焦,并将产业与城市发展相结合,不断提高度假发展新高度,探索产业跨越式发展的时代路径。

不过,即使没有疫情,康养酒店的发展也是一种必然——"银发经济"的出现与新旅居时代的到来,都是重要的催生因素。

著名法国作家亨利·马蒂斯晚年为自己挑选了一处绝佳的养老居所。当太阳照进马蒂斯的卧室,这位来自北方的法国老人会推开百叶窗,欣赏展现在眼前的美景:蔚蓝的海洋、皮肤晒成古铜色的人们,以及在海风吹拂下沙沙作响的绿色棕榈树。这一种全新的生活方式,我们将之称为"新旅居时代"。

无论是年轻人还是老年人,都有对于度假、康养的需求,国外的康养产业已经比较成熟,

而在中国,近 2.5 亿的老龄化人口蕴藏着尚未被发掘的巨大消费力,他们的喜怒哀乐、衣食住行将对整个消费市场产生越来越重大的影响,他们不断增长的各种需求已经将整个银发经济推向了蓬勃发展的前夜。

除了市场需求的增加,政策也成为关键一环。今年,文旅部"点名"重点发展康养等五大旅游新业态,文化和旅游部党组书记、部长雒树刚表示,目前旅游已经成为人民幸福生活的必需品,既是大产业,又是大民生,所以要大力发展全域旅游和乡村旅游、研学旅游、休闲旅游、康养旅游等业态,大力改善旅游场所的基础设施,提高旅游场所的接待和服务水平。

伴随着越来越多"银发一族"走出家门,与旅游业配套的酒店业便迎来了新的红利。康养酒店,成为了收割"银发一族"红利的重要方式。

(二)酒店到文旅,都在布局

新冠疫情后,我们可以看到不少酒店集团、地产公司早早开始抢滩康养产业。如绿地集团签约河南荥阳,150 亿元投向大消费、大基建、康养文旅产业,又如凯撒集团借力海南自贸港建设东风,围绕海南当地的高端旅游、医疗康养旅游进行了挖掘和探索,通过旗下旅游板块的凯撒旅游进一步挖掘海南旅游资源。

在此之前,威斯汀早在 2011 年就已经开始为自己加持"康养特质",从提供健康早餐到设立慢跑礼宾服务,从运动装备租借计划再到威斯汀 XKeep 专属频道等,就连在代言人的选择上,也极力贴近契合这一特质。

凯悦收购纽约养生及度假品牌 Miraval 以及全球生活方式酒店管理集团 Two Roads Hospitality,为养生投下了"大本钱"。

希尔顿打造的 Five Feet to Fitness 客房,拥有 11 种不同的健身器械和配件,让注重塑形的新生代客人不再给自己找到"犯懒"的理由。

洲际集团以 3 亿美元收购了养生度假酒店集团六善(Six Senses),将在 2020 年于全球新开 12 家以养生为目的的酒店,看中了"以健康养生为旅游目的"的客群。

知名的酒店集团,几乎都在康养领域先行启程或是积极筹划,"康养"的重要性,不仅仅是跟风。

(三)"酒店+康养"并不是 1+1=2

尽管酒店进军康养领域,大多与集团布局相关,投身其中,也并非简单跟风,但依然需要注意的是,"酒店+康养"并不是 1+1=2 这么简单。

处于初创期的康养酒店市场面临的问题远比想象中多,除人才稀缺、设备老旧等问题外,可供参考的行业标准也非常模糊,对于最先一批康养酒店来说,无疑是摸着石头过河。

康养酒店并非简单地在酒店名头上挂上"养生"二字,根据两位英国学者在 2014 年出版的关于康养旅游的著作中的理论,康养度假地的主要资源组合可以分为以下八种:自然资源、历史文化资源、专业的团队、以康养为目的的活动、带有一定治愈效果的项目、社区思维和健康生活的氛围、康养导向的设施、康养和其他业态的结合。

自然资源 比如天然温泉、地理环境和景观	带有一定治愈效果的项目 比如顺势疗法、物理疗法
历史文化资源 历史遗留的瑜伽胜地、澡堂	社区思维和健康生活的氛围 当地的养生社群、和社区所推荐的 健康生活方式
专业的团队 专业的服务团队和医疗团队	康养导向的设施 比如水疗、门诊、医疗和酒店
以康养为目的的活动 比如天然温泉、地理环境和景观	康养和其他业态的融合 比如旅游、医疗或者当地特色餐饮

正是由于康养酒店下的组合众多，使得其既复杂危险，又迷人多变。

(四)这块蛋糕怎么吃

康养产业前景到底有多大？蛋糕虽然足够大，但想要成功分得一杯羹，却并不容易。在旅游休闲度假中，人们康养的需求日益强烈，康养旅游市场需求越来越大，这也促使很多资本对这个行业敢于投入。

不过要想打造成功的康养文旅项目或康养酒店并不容易，开发模式、运营经验、管理方式等都要求极高。一些康养项目，动辄投资数十亿、占地几百上千亩，这对相关设施的要求、业态的呈现提出了挑战，如果没有形成完整的产业链，经营将难以为继。而康养产业中，服务才是提升产业综合能力的核心。仅仅做好开发建设远远不够，只有将特色服务与产业结合，才能保证持续稳健发展。

康养不仅仅是在文旅产业或者酒店上加两个字，还要进行很多设备设施的改造，投入巨大，甚至是一些概念的引入。比如2008年5月由禾零养生酒店集团打造的上海唯一一家以养生疗愈为主题的奢华酒店——上海阿纳迪酒店，前后花了7年的时间，去思考如何在短短周末就能让城市精英和白领不用躲进深山老林就能得到很好的"调整"，聚焦从酒店设计到专业疗愈课程的每一个细节。

泰国齐瓦颂健康养生度假村、印度安纳达度假酒店、日本安缦伊沐度假酒店……细数国外知名康养酒店不难看出，康养酒店不仅需要酒店本身具备相应的疗养设施，还需要酒店配备专业的服务团队，以丰富的养生体验为核心，同时结合当地特色，为游客打造舒适、安逸的居住环境，这也是康养酒店大多远离城市的原因。

如果只是"蹭热点"没有具体产品，康养只能停留在口号上，而不能落实在消费层面。

思考：新冠疫情后，旅居康养还是深坑吗？抢滩新式旅居，酒店当如何布局？新生活方式酒店如何进景区？

第二章　先期酒店筹建项目规划

【导言】

如果说,酒店是一座理想的大厦,那么,酒店的筹备工作就是建造这座大厦的基础。

酒店企业的开业筹备规划从总体上来说以"两个重点"及"三个主线"展开。"两个重点"指的是酒店开业筹备中的硬件筹备和软件筹备。硬件筹备主要是指酒店的工程筹建工作,软件筹备则是指酒店的预开业经营管理筹备工作。"三个主线"是指酒店开业筹备所经历的三个时期,即先期筹划期、工程建设期和开业筹备期。

酒店项目投资需要大量地收集资料分析认证项目投资的可行性,方可开启投资行为,为后期酒店建设、筹备经营奠定基础,这一阶段称之为酒店先期筹划期。

【学习目标】

> 知识目标:1.了解酒店先期筹划前期工作
>
> 　　　　　2.了解酒店先期筹划的流程
>
> 能力目标:1.掌握酒店先期筹划前期工作开展要素
>
> 　　　　　2.具备酒店先期筹划前期工作能力
>
> 思政目标:能够在酒店先期筹划前期工作中养成良好的职业素养,踏实工作

【案例导入】

曾经我们认为,酒店行业中最难做的是中档酒店。但是亚朵酒店用了不到5年时间,在全国110个城市开了150家酒店。而且,在2017年的《中国中端酒店投资报告》中,亚朵在用户满意度、投资回报率、投资人满意度三个维度上,同时位居第一。它做了哪些不一样的事情? 它的商业模式有四点创新要素:

要素一:如何找到实体空间的好位置

实体经济要拼位置,为什么? 因为位置即流量。所以,亚朵需要和能取得好位置商业地

产的人合作。在好的地段,开一家前端服务体验不错,成本能控制的酒店,赚钱是大概率事件。在亚朵的商业体系中,有两个核心角色系统,一个是亚朵酒店管理公司,一个是房东。在这个角色系统里,亚朵的核心工作有六项:

①定义亚朵的服务品质,包括但不限于软硬件要求(空调、暖气等)。

②提供亚朵视觉系统的装修方案。

③为每个酒店输出总经理和人力资源经理。

④为所有员工提供培训和考核。

⑤全网打通亚朵网络预订通道,将酒店收入项及时向房东结算。

⑥对亚朵品牌及各店进行形象推广和公关宣传。

房东做什么呢?房东有四个核心工作:

①找到当地适合开店的房子,适合开店有很多要求,地段、位置、房租价格等,这个由房东搞定。

②按照亚朵提供的装修方案进行装修。

③招聘该酒店除了总经理和人力资源经理外的所有员工,并按照亚朵给予的考核标准及时结算工资。

④先行支付前期所有因租房、装修、雇佣人员等发生的款项。

亚朵之所以能开得这么快,是亚朵酒店管理公司与当地一个个房东一起合能的结果。合能就是把能力合起来,彼此赋能。酒店该开成什么样?人该怎么管?如何利用互联网炒作知名度?如何优化入住转化率这些事情都是亚朵的专业。房东的核心能力就是落地的能力,找到地段好、租金合适的房子,而且能够处理所有与当地消防相关的以及招聘员工等问题。当然,还有一个更重要的能力,就是房东的前期投资。大概要投多少钱?平均一个亚朵酒店前期需要投 2 000 万元。

要素二:把"消费者"变成"投消者"

亚朵推出了众筹酒店的模式,把筹备中的酒店项目作为一个项目融资,在众筹平台上发起众筹。投资人可以出资 1 万~10 万元,参与新亚朵酒店的股权融资,并获得经营分红。比如,天津小白楼亚朵发起众筹,只用了 2 h 预约金额就已经达到了募资需求,5 h 预约总金额超过 5 000 万元。

为什么会这么火?

第一,一个人的参与款是 10 万元,参与人数会更广泛。绝大多数家庭都有 10 万元的投资能力,但是如今 10 万元很难参与像样的项目。天津小白楼亚朵酒店算是个地段好的品牌项目,并且给出了较高的年回报预期,大股东还承诺分红达不到承诺值时,由特许业主补足,当然大家热情就很高。

第二,除了投资收益外,参与众筹的投资人,还可以获得对应等级的酒店消费权益。这时就可以对朋友吹牛,"我是这个酒店的股东,报我名字能打折",这个对于中国人来说很重要。

第三,我最想强调的是,历次亚朵酒店发起众筹时,最热烈的支持者首先是亚朵酒店的用户和忠诚会员。以小白楼项目为例,2 h就达到了预约的募资需求。其预约的投资人65%以上都是亚朵消费者或会员。他们是亚朵产品的体验者、消费者,现在经由众筹升级为投资者。

所以,亚朵的投资者也都成为了高忠诚、高黏性的消费者,最早参与亚朵众筹的7 500位会员,每人每年平均在亚朵住宿15间夜(酒店行业统计所有房间出租天数的单位)以上,这些人累计贡献间夜量达15万。他们不仅仅是消费者,更是"投消者"。一方面,亚朵在授权一些特许业主投资的时候,这些人就会积极响应众筹,同时他们是亚朵最忠诚的消费者。这种"投消者"模式成了亚朵品牌扩张中最重要的盟友。

要素三:IP酒店

亚朵在流量方面的另外一个创新就是IP酒店。在影视行业,这两年IP特别热,为什么热? IP就是情感触发,就是场景,就是流量。实体生意就是产品、空间、流量和转化率。IP即是新流量,为什么不用呢? 何况还有众筹酒店这个杠杆。

他们把亚朵和吴晓波合作的亚朵·吴酒店定义为"社群酒店"。《吴晓波频道》自己介绍亚朵·吴酒店的时候说:

第一,社群活动。未来每一座城市的亚朵·吴酒店,都会成为《吴晓波频道》的线下社群活动场所,全国书友会的小伙伴都可以到亚朵酒店申请场地举办"每月同读一本书"等活动。

第二,阅读空间。在"《吴晓波频道》&亚朵24 h阅读空间"活动中,你可以读到我们精心挑选的图书。旅行和读书这种场景概念便可以结合起来。

第三,场景电商。这里是场景电商的试验田,我们可以在这里看到《吴晓波频道》精选的"美好的店"产品陈列,在实际使用场景中体验到这些产品。

例如,在睡前抿一口安枕的吴酒,喝一盏巴九灵茶田的茶,在猫王收音机里,听一集《每天听见吴晓波》。利用吴晓波的品牌场景和《吴晓波频道》已经建设好的社群流量,优化入住转化率。现在亚朵·吴酒店已经开了两家,北京、杭州各一家,前一段热炒的杭州网易严选酒店也是亚朵做的。亚朵的计划是未来10%的酒店是IP酒店,因为地段自带流量,IP也自带流量。

要素四:场景电商

你在亚朵酒店体验到的东西,例如枕头、床垫、洗发水都是可以买的。2016年,亚朵床垫卖了3万张,即使对于一个天猫店来说,这都是一个不小的量。亚朵创始人说将来亚朵开到1 000家店的时候,一年会有至少600万独立用户,真实体验亚朵空间的各个产品,因此亚朵有机会成为一家巨大的电商公司。亚朵的空间定义不仅是休息空间,而且还是用户在不同的地方体验各种生活新产品、所见即所得的电商空间,其实已经成为一个新物种。

亚朵酒店创新的服务体验:亚朵酒店在设计服务蓝图的时候,是从客人第一次入住亚朵,到他再次入住亚朵的整个过程,中间有十二次端口,也就是亚朵服务的十二个节点。

- 第一个节点，预定。
- 第二个节点，走进大堂的第一面。
- 第三个节点，到房间的第一眼。
- 第四个节点，跟你联系，向客人提供服务咨询的第一刻。
- 第五个节点，吃早餐的那一刻。
- 第六个节点，你在酒店等人或者等车，需要有个地方待一下的那一刻。
- 第七个节点，你中午或者晚上想吃夜宵的那一刻。
- 第八个节点，你离店的那一刻。
- 第九个节点，离店之后，你点评的那一刻。
- 第十个节点，第二次想起亚朵的那一刻。
- 第十一个节点，你要跟朋友推广和介绍的那一刻。
- 第十二个节点，你第二次再预订的那一刻。

亚朵的这十二个节点都不一样，资源配置与角色工作，都是基于这十二个节点。在亚朵入住的时候，有三项服务是为了加强第二个节点的体验强度。比如百分百奉茶，到了亚朵，先给你一杯茶；3分钟办理入住；有时候再做一个"免费升舱"，给用户惊喜。你在亚朵的终值体验是退房的时候，这时服务人员会给你一瓶矿泉水，如果是冬天就会给一瓶温热的矿泉水。亚朵给每个服务都起了个文绉绉的名字，比如临走时给你的这瓶水叫"别友甘泉"之类的。这会给当时用户有概念体验和印象留存，对用户来讲，这就够了。刚才说了亚朵服务蓝图的十二个节点，在这十二个节点配置资源的时候，亚朵采取了"与其更好，不如不同"的策略。你入住酒店时，一推门第一眼看到的是大堂。一般四星酒店装修大堂会花非常多的钱，而亚朵并没有在大堂大理石等地方上多花钱，因为花再多钱也不如五星级酒店。亚朵更愿意做一个有温度可体验的小空间，它会在大堂设一个图书馆，可以在那里看书、喝咖啡，也可以把书拿回房间看。这就是"与其更好，不如不同"的策略。

出差的人的核心需求就是睡个好觉，床的体验好，对出差的人很关键。亚朵宁愿在床、床垫、枕头上花更多的钱，选更好的品质，降低地毯这类开支成本。这就是一个用户体验地图和服务蓝图的对接过程。在用户有预设的地方，不要太让用户失望。在用户没有预设的地方，给他惊喜，制造峰值。所以，亚朵每个房间的平均成本控制得很好，而且做到口碑不错。因为它的流量模式、融资渠道、收入来源都发生了变化，使它与传统酒店业有了完全不同的腾挪空间和借力点。别人只能收房费，但它至少有三种利润来源：房费、商品的展示费、电商的利润。所以亚朵才会在过去几年，呈现出如此强大的生命力和扩张态势。

第一节　酒店先期筹划前期工作

【知识框架】

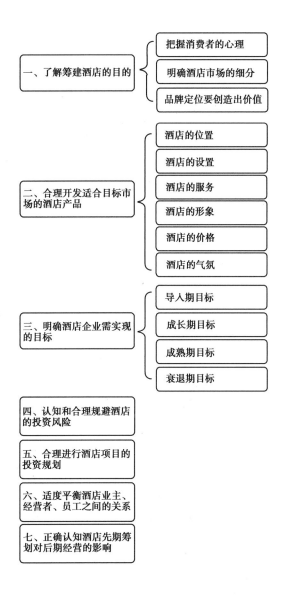

　　酒店项目先期筹划将促使酒店决策者和预开业筹备的经营管理者全盘考虑以下几个方面的问题。

一、了解筹建酒店的目的

在进行酒店项目先期筹划时，首先要考虑的是酒店是为谁建造的？是为客人建造的吗？看似简单的问题仔细琢磨以后就不那么简单了。

显而易见，不同的客人有不同的消费需求，客人会根据个性化的需求来寻找适合自己消费的酒店。左右客人消费行为的因素有价格、地理位置、个性化差异、习惯性消费等。所谓市场定位，是指酒店为了使自己的产品和服务在目标市场消费者心中占据明确的、独特的、深受欢迎的形象（或地位）而做出的相应决策和进行的营销活动。对酒店而言，在实施项目工程前，必须遵守"先定位，再选项"的原则，明确酒店的市场定位，明确酒店是为哪些层次的客人服务的。

筹建酒店的目的就是能在市场竞争中取得胜利，随着品牌竞争时代的到来，对于品牌的建立也是十分的重视。然而为了能够建立起最佳的酒店品牌，品牌定位非常的关键，那酒店在进行品牌定位时要把握哪些方面比较好呢？

首先，酒店要把握消费者的心理。酒店定位的基础是建立在消费者心理基础上的，其落脚点就是目标消费者的心理感受，如果酒店的品牌定位不能让消费者认同，也就引不起顾客消费的欲望，从而导致酒店经营的失败。

其次，酒店要明确酒店市场的细分。酒店首先需要了解目标市场，要深化分析酒店自身的特色和优势，自身品牌的建立与消费群体结合起来，不仅能够进一步增强消费者的归属感，使其产生"这就是属于我的品牌"的感觉，明确的消费群体分类能有效的帮助酒店制订市场策略，增强用户黏性。所以明确了解细分市场才能使酒店明确目标消费群体，进一步了解其需求，发现市场商机，从而设计、塑造出独特的酒店产品和品牌个性。

第三，酒店的品牌定位要创造出价值。酒店能否成功定位，主要是取决于是否能利用酒店自身的优势引起了人们的消费兴趣。因此，酒店必须确定自己的细分市场，确定自身的消费群体，让消费者切身感受到酒店的优质服务，创造出吸引消费者忠诚的价值。

要做出准确的市场定位，就要了解酒店所在的区域有什么样的市场需求，未来的客源结构是怎样的？如果酒店处于城市的中心商务区或交通枢纽地带，客人大部分有商务旅游的需求，那么酒店最好定位于商务酒店；如果酒店处于旅游胜地和风景区，旅游客流量较大，那么，酒店最好定位于度假型酒店；如果酒店周边有大量长住商旅或会议展览的客源需求，那么酒店就很可能会定位于公寓酒店或会议型酒店。

二、合理开发适合目标市场的酒店产品

酒店产品一般是指用于市场交换、能够满足人们某种需要和欲望的劳动成果，包括实物、场所、服务、设施等。酒店产品也指宾客或社会大众所感受到的，酒店提供的能够满足其需要的场所、设施、有形产品和无形服务的使用价值的总和。

酒店产品主要在酒店内提供，也有可能在酒店之外提供，如送餐、美食节免费品尝等。

从宾客的角度来看,酒店产品是一种经历与体验;从社会的角度来看,酒店产品代表着一种形象,尤其高档酒店,是时尚、豪华、高消费的代名词;从酒店自身来看,酒店产品就是酒店赖以生存的基本条件,是酒店经营者精心设计的待售作品。

酒店产品的概念包含三方面含义:

①物质形态的商品。物质形态的商品又被称为核心产品,比如菜品、酒水饮料等商品。其特点是随着顾客的购买,所有权发生转移。就酒店业的产品而言,物质形态的商品主要在餐饮部、商品部生产和销售。

②显性的非实体利益产品。这类产品又被称为核心产品的辅助品或包装物,比如餐具、家具、棉织品等。它们是以物质形态表现出来的,但其在服务或销售过程中的所有权不发生变化。显性的非实体利益产品是酒店提供服务的基本物质保障,它对服务质量的影响是巨大的,也是酒店产品服务中最需要下功夫的部分。

③隐性的非实体利益产品。它主要是指顾客只能通过到现场接触后才能体验、体察或感知的,满足顾客心理需要的产品。隐性的非实体利益产品的特点是无所有权或所有权不明确,是无形的,一般不可触摸到,但它能被感知或体察到。比如空气是否清新,温度、湿度是否合适,色彩与光线是否协调,空间是否宽敞,服务态度是否具有亲和力等。

从酒店的角度讲,酒店产品是酒店有形设施和无形服务的综合。只有优质的产品及其服务保证和运行良好的设施设备的有机结合,才能使酒店产品的品质得到体现。

酒店产品的构成主要有:

①酒店的位置。它包括与机场、车站的距离,周围的风景,距游览景点和商业中心的远近等。酒店位置的好坏是顾客选择酒店的重要因素,也与经营成本密切相关。

②酒店的设施。酒店设施指酒店的建筑规模,包括酒店的各类客房、各类别具特点的餐厅、康乐中心、商务中心等;酒店的设施还包括酒店提供服务与管理所必要的其他设施设备,如电梯、扶梯、自动消防系统、自动报警系统、备用发电机、闭路监控系统、必要的停车场等。设施是酒店提供服务、提高顾客满意度的基础保证。

③酒店的服务。服务是酒店产品中最重要的组成部分之一,是顾客选择酒店的主要依据之一。酒店服务通常包括服务项目、服务内容、服务方式、服务速度、服务效率、服务态度等方面。

④酒店的形象。酒店形象是社会及大众对酒店的一种评价或看法。酒店通过销售与公关活动取得在公众中的良好形象。它包含酒店的历史、知名度,酒店的星级、经营思想、经营作风、服务质量与信誉度等诸多因素,是最有影响的活广告。

⑤酒店的价格。酒店的价格不仅体现酒店产品的价值,还是酒店形象与产品质量的客观反映,价格是顾客选择酒店的重要标准之一。

⑥酒店的气氛。气氛是顾客对酒店的一种感受。气氛取决于酒店设施的条件,取决于酒店空间与距离感,更取决于员工的服务态度与行为。合理的布局结构、优美的环境、舒畅的音乐、热情的服务等都会使顾客形成对酒店气氛的最佳感受。

所以,酒店确定定位后,确定适合目标市场的产品才是酒店作为企业生存和发展的根本。通俗地说,客人最喜欢消费的产品也就是合理的产品。在确定了酒店的市场定位和经营范围后,要把其主要产品按照不同的定位和客人的需求进行细化分析,对客房、会议设施、餐饮设施、娱乐设施、公共区域的规模和比例进行合理调配,集中发挥资源优势,最大限度地满足客人的需求。

在构建产品结构时,还要考虑到酒店运营的经济性,对于预期能够获利较大的酒店产品要相应的加大投入,保证酒店有足够强的市场竞争力。

三、明确酒店企业需实现的目标

对酒店业主来说,通过酒店产品的营销推广与服务来获取预期或超出预期的经济效益和社会效益是投资的初衷。具体体现在酒店项目的投资回报、有形资产的保值增值和无形资产的形成三个方面。

酒店从开业到经营发展是一个不断变化的自我发展过程,一般经历导入期、成长期、成熟期和衰退期四个阶段,这就是常说的"生命周期"。每个阶段有不同时期的目标,而对于初开业的酒店,正是市场培育期和业务拓展的关键阶段,酒店的主要任务是树立品牌形象,尽量扩大客源市场,其运营管理成本和人力资源成本相对会高。对预开业经营管理者和未来的经营者来说,如果酒店业主要求管理者实现一定的经营利润,这是不现实的。当酒店奠定了基础,经过一两年的市场培育期进入到业务拓展期和经营成熟期后,其市场形象已经确立,经营管理模式相对固定,收益能力日趋稳定,才有可能逐渐实现相应的经济任务、达到预期目标。

四、认知和合理规避酒店的投资风险

每一项投资既有经营风险、财务风险,又有市场风险。酒店属于重资金投资,新建一家店至少100万起步。酒店投资面临着资金风险、物业风险、运营风险、外部竞争风险和系统性风险等因素的影响。资金风险除了前期筹建资金占用很高,投资酒店要求后续资金也必须及时到位,否则投资不慎极易导致酒店烂尾。物业风险是酒店对物业的要求相对较高,需要达到一些硬件条件,比如物业性质必须是商业的,两次消防必须要通过等。物业的地理位置决定酒店的客流,物业结构决定怎样排房,物业租金决定了经营成本。建造适合经营需要或找到一处适合投资酒店的物业非常重要。酒店运营需要凭借各种设备设施所提供的酒店产品和服务来取得收益。而服务这种产品本身具有不可储存性,一旦投资决策失误或旅游市场需求发生变化,酒店产品的销售就会受阻,预期的投资效益就会无法实现,甚至亏本倒闭,这是很现实的运营风险。而市场激烈的竞争以及不确定的外部环境因素都有可能导致竞争风险和系统性风险。因此,只有加强投资的风险管理,进行科学决策,才能降低风险带来的损失,提高投资的经济回报。

投资风险的大小,还可以用风险率指标来衡量。风险率就是标准离差率与风险价值系

数的乘积。标准离差率是标准离差与期望利润之间的比率;风险价值系数一般是由投资者主管决定的,愿冒风险以追求高额利润的投资者会将风险价值系数取值小点,反之,可以取值大点。计算出风险率后,与银行贷款利率相加,如果所得之和小于投资利润率,那么投资风险相对小些,否则,就要对投资的可行性进行重新评估。

与此同时,必须通过采取措施尽量减少投资风险。比如加强对客源市场的分析研究,掌握旅游市场需求变化趋势,组织符合市场需求具有特色的产品,提供适合需求的个性化优质服务,吸引更多的客源;还可以通过发展多种经营、承包经营,以达到分散风险的目的;也可通过严格管理,采取灵活的价格机制,建立能适应市场变化的、灵敏的反应机制。

五、合理进行酒店项目的投资规划

投资酒店不仅要考虑硬件,还要非常重视软件。社会动荡、洪水、地震、瘟疫、金融危机、市场客户群等都会对酒店业造成很大的冲击和影响,酒店业对环境的依存度较高,而酒店业作为服务业的一部分,抗风险的能力较低;酒店作为绿色和劳动密集型行业,酒店投资的进入门槛较低,很容易形成市场过剩,造成收益没法保障的情况;酒店投资回报期较长,一般五星级酒店的投资收回要 8～16 年。这些因素需要投资者在酒店投资前期要做好投资规划。首先,是建立严密的投资管理程序;其次,是制订投资计划;最后,是进行投资酒店项目的资金预算,及时筹集项目所需资金,避免由于资金不足造成半截子工程,影响投资效益。

考虑酒店项目的投资步骤时,为保证投资的有序性和有效性,需要确立酒店项目投资管理的程序和方法:步骤一,项目的预可行性研究。在正式确立投资意向前,进行必要的预可行性研究。步骤二,根据投资意向进行可行性研究,要求制订出若干个投资方案以供筛选。步骤三,逐一筛选投资方案,对每一个方案进行经济评价,最终选出最优方案。步骤四,制订详细的投资计划,监督资金合理使用。

六、适度平衡酒店业主、经营者、员工之间的关系

酒店业主、经营者和员工作为酒店运营与发展的参与者,需要形成合力才能够促进酒店的稳步发展。要平衡三者之间的关系,首先需要了解各自的心理期望。酒店业主作为投资方,快速获得投资回报是其首要期望,所以更注重经营结果,侧重从宏观上把握和解决问题;酒店的经营管理者由于市场的不断变化和实际的经营压力,则更重视经营目标的实现过程,侧重从微观上处理问题的;员工作为酒店运营过程的实施者,更注重付出与收获的平衡以及被认可、个人发展的过程。心理预期不同,行为方式就会有所不同,这就需要酒店业主、经营管理者、员工都要站在对方的角度上考虑问题。

从酒店经营目标的角度来说,业主、管理者和员工三部分人员组成一个团队共同经营,这个团队的利益是一致的,他们都期望酒店能在市场上得到丰厚的经济效益和社会效益。但从单个群体的个人目标出发,他们的利益又有所不同,主要表现为:

①对于酒店业主来说,他们是酒店的投资者和所有者,所有业主都会把酒店的投资行为

作为一种期待回报的经济手段来进行市场化操作。业主的利益在某种程度上说，就是酒店能否成为走上产业化发展道路、能否快速收回投资且带来收益和回报，但这种期待有一定风险，其中有市场经营风险也有金融风险。从整体上讲，酒店业是一个高投入而相对低产出的行业，中高档酒店的投资回收期一般要七八年。当酒店的现金流支付不了经营成本、管理费用、税金、折旧、贷款利息（如果有的话）等费用而不能产生一定的利润，就意味着项目亏损，如果这种亏损不能得到及时控制和改变，很有可能会使投资失败。

②大多数酒店的管理者都是酒店业的职业经理人，他们的利益一方面是获得薪水和超额完成经济指标的物质奖励，另一方面是在业内得到更好的发展。

③员工的基本利益是有工资、福利和各种保险，能参加专业培训、获得职务升迁等。

平衡业主、管理者和员工之间的利益关系，需要业主给管理者充分授权；管理者尽其所能发挥才干，扩大市场份额，降低成本和费用支出，创造更多的利润，并关注员工的职业生涯规划设计；员工在岗敬业，为客人提供优质服务，建立酒店良好声誉。

平衡三者的关系的最佳方法，就是统一思想、齐心协力，提高营业收入和利润，把不断做大酒店市场作为共同目标，实现三赢。

七、正确认知酒店先期筹划对后期经营的影响

酒店从项目策划立项到正式营业，都要经过复杂缜密的筹建过程，这个过程的主线是酒店先期筹划期、酒店工程建设期、筹备开业期和正式经营期。酒店的先期筹划作为整个主线的基础，对酒店的后期筹备和正式经营将产生决定性的影响。

酒店的先期筹划能帮助决策者确定企业的市场发展规划、预测筹建中可能出现的问题，在一定程度上减少未来工作中的诸多不确定因素。经营酒店虽然始终会有一些不能预见的状况出现，但完善的先期筹划确实可以帮助酒店的预开业筹备者建立有利于酒店日后的经营目标和准则。

在酒店的先期筹划中所涉及的具体内容，如酒店市场定位准确与否，将直接决定酒店的客源结构和营销策略；筹划建造的功能布局将决定其产品的基本架构和流线是否合理；酒店筹建期选用的墙面、地面等建筑装修、装饰材料的性能，将与酒店开业后的清洁保养费用高低息息相关；酒店筹划选型的各种工程机械设备的质量和使用年限等，将直接影响这些设备的后期维修保养费用的高低；酒店前期的节能规划，将决定后期能源费用的多少以及是否适应绿色酒店的发展要求；酒店筹建前期的市场调研是否准确，也将对酒店后期经营产生重大影响。

第二节　酒店先期筹划工作

【知识框架】

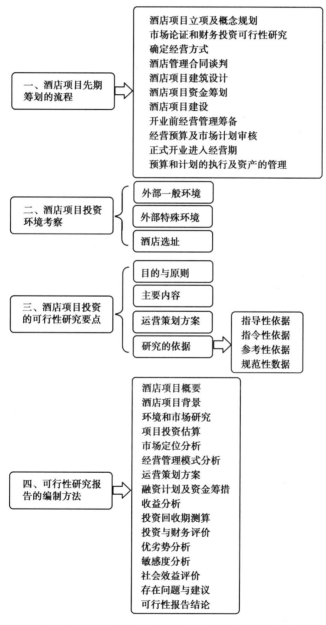

　　酒店项目先期筹划包括酒店项目立项及概念规划、酒店项目投资环境考察、酒店项目市场论证和财务投资可行性研究、确定经营方式和酒店项目资金筹划等,本节讨论的重点是酒店项目投资环境考察和投资可行性研究。

一、酒店项目先期筹划的流程

酒店项目先期筹划的流程在一定程度上明确了酒店投资者、建设者和预开业经营管理者在这一时期的基本工作内容。

酒店项目先期筹划流程如下面图示：

酒店项目立项及概念规划

⬇

酒店项目市场论证和财务投资可行性研究

⬇

确定经营方式(委托管理、聘请酒店管理公司或自营)

⬇

酒店管理合同谈判(若聘请酒店管理公司)

⬇

酒店项目建筑设计

⬇

酒店项目资金筹划

⬇

酒店项目建设

⬇

酒店项目预开业前经营管理筹备

⬇

酒店项目经营预算及市场计划审核

⬇

酒店项目正式开业进入经营期

⬇

预算和计划的执行及资产的管理

二、酒店项目投资环境考察

酒店项目投资环境考察是酒店业主在酒店项目立项前所做的第一步重要工作,考察以搜集相关资料为主,形成具有一定参考价值的书面报告。其目的在于从宏观市场和政策上分析酒店的投资环境和发展潜力,使酒店业主或投资者从整体上有个清晰的认识,对酒店的投资必要性做出相关说明,为下一步进行投资可行性研究做好铺垫。

（一）外部一般环境研究

外部一般环境,或称总体环境,其内容庞杂,大致可归纳为政治环境、社会文化环境、经济环境(包括宏观经济环境和微观经济环境)、技术环境和自然环境。在自然环境中。地理位置是制约酒店经营好坏的一个重要因素;气候条件及其变化也和酒店经营有密切的关系。

（二）外部特殊环境研究

外部特殊环境包括城市酒店需求评价、区域酒店业供给规模评价、酒店业发展趋势预测（含酒店客房规模及收益统计和酒店业发展的新特点）、旅游业发展趋势预测、现有竞争对手分析（酒店间的竞争有三种基本模式，即纯粹竞争抗衡模式、纯粹垄断抗衡模式和垄断竞争抗衡模式）、潜在投资者和消费者的需求趋势分析（含市场信息的充分程度、消费者收入水平、购买产品的数量和购买者的消费偏好）等。

（三）酒店选址

美国饭店业的开创者埃尔斯沃斯·斯塔特勒说："对任何饭店来说，取得成功的三个根本要素是地理位置、地理位置、地理位置"。在酒店筹建之初，除做好商机及其他客观环境分析外，选定适当的地址乃是重中之重。选址地点决定了酒店可以吸引有限距离或地区内潜在顾客的多少，也就是决定了酒店销售收入的高低，从而反映出选址地点作为一种资源的价值大小。

1. 选址的重要性

①选址是一项长期性、固定性投资，关系着企业发展前途。店址一经确定，就需投入大量资金。当外部环境发生变化时，它不像人、财、物等经营要素可以轻易进行相应调整。

②店址是制订经营目标和经营策略的重要依据。不同的地区有不同的社会环境、人口状况、地理环境、交通条件、市政规划等。它们分别制约着所在地区的顾客来源和特点，以及对经营商品、价格、促销活动的选择。

③选址是否合适也是影响经济效益的一个重要因素。如果酒店的地点选择得当，就意味着有地理的优势。在规模相当、经营服务水平基本相同的情况下，好店址必然带来较好的经济效益。

④选址要坚持"方便顾客"的原则，最大限度地满足顾客的需要，否则将失去顾客的信赖和支持，酒店也就失去了生存的基础。

一般来说，在车水马龙、人气汇集的热闹地段设店，成功的概率就较高。

2. 选址需考虑的因素

进行酒店选址时，需要综合考察宏观和微观两方面因素。

在宏观因素中，首先要考虑的是地段和区域，判断哪些地段适宜建造酒店。一般来说，在交通方便的区域如车站、码头航空港；靠近市中心的商业区如城市 CBD、主要街区、政治文化中心等，环境安静；具有一定私密性的区域等，都是酒店选址的最佳处所。其次要考虑社会经济环境，包括客源地国民生产总值和居民消费状况的综合指标、投资地未来的经济发展速度和当地政府机构有关投资的优惠政策、限制政策、土地征用的规划等。最后要考虑社会文化环境、生态环境和可持续发展环境等。

在微观因素上，首先要考虑的是自然气候条件，其次是水文地质条件，最后是地形交通环境情况。

3. 选址误区

（1）选址远离城市中心

一般来说，人群密集的商圈或旅游集散地顾客需求量会更大，故选址一般都在市中心70公里以内。顾客是不愿入住偏远的酒店的，因为时间成本与交通成本都会大幅增加，除非是住客的活动区域只限于酒店附近。这种远离市中心的酒店一般为民宿或是汽车旅馆（MOTEL）居多，适合追求远离喧嚣的城市，清静休闲服务体验的顾客群体。当然，从经营策略来说也不乏"明知不可为而为之"的例子。

（2）选址没有商业配套

不要低估酒店住客对商业配套的需求，更不要高估度假酒店客人在店内消费的热情。大多数国内客人都不会在酒店内解决全部吃喝问题。虽然互联网时代可以足不出户地通过网上购买所需物品，但对于消费者来说，感受地域文化、满足线下购买欲望比网上购物更能达到直观的体验感。当下很多休闲度假酒店比如依海而建的酒店，除了阳光与海滩外，吃饭购物、娱乐要先远足，存在周边配套欠缺的问题。相对而言，周边配套设施齐全的地方，顾客获得感和停留期望相对会增加。

（3）选址交通网络不完善

出行便利、网络通畅是当下互联网时代顾客出行的首要条件。如果一家酒店的选址在缺乏出租车或网约车、网络不通畅或断网的地方，对顾客而言，会带来诸多的不方便；对酒店而言，则缺乏了吸引客源的优势。

（4）选址附近交通混乱

大多数开发商都希望在最中心的地段建酒店，但繁华的地段必定有繁忙的道路。面对这些繁华地段的项目，一定要请有经验的交通专家做顾问，最大限度地减少"瓶颈地带"的面积。例如在重庆的高差地段，两个以上的入口是必需的选择。旧式酒店大多将大堂入口与宴会入口，甚至娱乐场所（如 KTV 或水疗）的入口全放在一起，这肯定会有问题的。如果顾客出行每天都出现交通堵塞，那么酒店的开业只会加重道路的负担，所以设计师在疏导车流方面必须下足功夫。

（5）选址未考虑周边自然条件

酒店选址除了考虑周边的交通之外，还需要考虑周边的自然条件。中国有句谚语叫"靠山吃山，靠水吃水"，意思是自己所在的地方有什么条件，就依靠什么条件生活。酒店也是一样，经营的目的是盈利，良好的自然条件有利于酒店的营销与宣传，更能吸引顾客前来消费。而自然条件的选择往往与酒店定位密切相关，也说明了酒店定位的重要性。

（6）选址附近竞争过于激烈

进入酒店行业的壁垒越来越低，行业竞争激烈。为了提高市场占有率，很多酒店都会选择好的地址，但市场需求不是无限的。酒店密集的位置，竞争势必更加激烈。比如，三亚亚龙湾是全国单一地段五星级酒店最多的地方，但房价也相差甚远。有的高达数百美元，有的虽然房间更大，但却不到 100 美元。北京的东三环 CBD 地区，在建及建成的五星级酒店可能超过 20 家，这一现象与亚龙湾正好"南北呼应"。过于竞争激烈的地段，投资者除了需要考虑租金成本之外，更需要考虑产品设计及营销推广的力度，不断提升自身的竞争优势，才能在激烈的竞争中生存与发展。

三、酒店项目投资的可行性研究要点

对酒店项目投资进行可行性研究,是指在详尽的市场调研的基础上,运用科学的市场理论依据,对酒店项目进行可行性研究和市场定位分析。通过对拟建酒店项目周边现有、在建酒店和其他关联业态情况进行调查;对酒店项目的规模、档次和经营方向进行论证。对酒店项目的经营效益、投资回报进行预测;对酒店项目的方案设计及功能布局提出设计要求等专业顾问意见和建议,从而得出酒店项目市场策划投资实施的可行性论证结果。

分析酒店项目的投资可行性时,投资者需要聘请专业的酒店顾问咨询公司,通过其对酒店项目市场策划方案的专业分析和研究,得出的结论应当是具有酒店项目运营科学性和保证投资安全性的权威论断。如果可行性研究的结论是肯定的话,在一定程度上会增加投资者的信心。

（一）可行性研究的目的与原则要求

可行性研究的目的,是通过专业公司的市场调研,用相关数据说明项目投资的可行性,为酒店投资者做出科学、准确的判断提供依据。

进行可行性研究时,应遵循相关原则:首先,引用的数据资料必须准确可靠。其次,通过多方案比较,保证可行性研究合理性和先进性。再次,项目的目标产出与投入应当平衡,应当尽可能以最少的投入争取最大的产出。最后,项目的社会效益和经济效益应当并重。

（二）可行性研究的主要内容

酒店投资项目的可行性研究包括以下几方面的内容:
- 酒店项目背景与必要性分析;
- 酒店项目重点建设内容和建设条件的研究;
- 市场研究;
- 项目目标研究;
- 酒店项目市场策划方案;
- 采取多方案比较的方法最后确定项目方案;
- 投资估算与自己筹措研究;
- 对酒店经济效益的研究评价;
- 经营机制与管理体制的研究;
- 项目管理机构的研究;
- 项目可行性研究的结论。

（三）酒店项目运营策划方案

酒店项目运营策划方案,是涉及酒店从设立到如何进入市场,再到市场化运营和发展等项目的系列策划方案,是酒店项目可行性研究报告中最核心的内容,它在一定程度上描绘了酒店企业的发展远景。酒店项目市场运营方案的重点是规划酒店按照市场运作方式实现终极发展目标。酒店项目运营策划方案需要在专业的可行性研究论证后,经过筛选和比对才能形成终稿。它作为一个纲领性的文件,对酒店的前期筹建和后期经营发展具有指导性意义。酒店的远景规划更多涉及的是投资者对酒店经营发展的整体思路和要求,这些内容可

被视为酒店经营者努力达成的中长期目标,通过经营过程中的不断修正,保证酒店企业朝着正确的方向发展。

（四）可行性研究的依据

1. 指导性依据

包括国家及地区政府部门的国民经济、社会发展计划和远景发展目标及有关的产业政策。

2. 指令性依据

包括经过有关部门批准的项目计划书和其中确定的内容,已经完成的初步规划设计报告或初步设计报告,主管部门或委托单位的设想、意见和要求等。

3. 参考性依据

包括有关部门或单位完成或提供的有关自然、社会、经济方面的资料数据或调查报告,国家统计部门公布的资料。

4. 规范性数据

包括国家、部门或行业协会等颁布的工程技术方面的标准、规范和指标等,国家、部门公布的用于评估、评价、计算的有关参数和指标等。

四、可行性研究报告的编制方法

（一）酒店项目概要

内容包括酒店项目名称、主办单位、项目的由来、项目依据和主要目标;项目与国家或地方发展规划的关系,项目的优势条件和项目选择的理由;项目规模、基本内容、投资来源、投资数量、预期产出、项目效益评估,以及尚待解决的主要问题。

（二）酒店项目背景

内容包括介绍酒店项目所处的地理位置和环境条件,从客观上论证项目成立的理由,主要内容包括:

- 自然条件,包含地理位置、土地资源和气候条件。
- 社会经济条件。
- 国家和地区的经济社会发展、旅游规划,特别是酒店业发展规划与本酒店项目目标的关系;国家对当地的政策,如资金和物资的投放政策、价格税收政策等。
- 酒店项目的基础设施状况。

（三）酒店项目的环境和市场研究

酒店项目的环境和市场研究,主要指酒店项目周边的相关业态调研与分析所在区域的潜在客源类型及供需流量分析等。

（四）酒店项目投资估算

酒店项目投资估算主要指对投资总额进行估算。投资总额是一个投资项目投入使用前的全部支出,它应包含固定资产投资、流动资产投资和建设期间的利息费用三大部分。

1.固定资产投资

固定资产投资估算通常由下列各项费用相加组成：

- 施工前期准备费用（主要包括土地补偿费、安置补助费、勘察设计费等）；
- 工程用材料费；
- 工程用设备费（包括设备购置费）；
- 工程用工工资；
- 预付工程价款；
- 工程管理费；
- 工程水电费；
- 其他费用（包括试运营费、职工培训费、办公和生活用家具购置费等）。

2.流动资产投资

常用的流动资产投资的估算方法有两种：产值资金率法、固定资金比例法。

产值资金率是经营流动资金与正常年份销售收入的比值，用公式表示：

$$产值资金率 = \frac{经营流动资金}{正常年份销售收入}$$

固定资金比例法，即以流动资金占固定资金的比例来算。通常用固定资金乘以12% ~ 20%的比例进行估算。由于酒店项目的收益以现金结算收入较多，故估算流动资金时，流动资金所占比例可略低一些。

3.建设期间的利息费用

计算建设期间的借款利息时应注意，当年投资支出并不是年初一次性的投入，而是在全年中陆续支出的。因此，在计算当年投资借款的利息时，应按照当年借款总额的50%计算全年利息。

$$建设期间当年借款利息 = （当初借款累计+本年借款）×利率$$

（五）酒店项目市场定位分析

按照酒店项目的实际情况分析其市场定位，说明所选择市场定位类型的成因和市场前景。

（六）酒店项目经营管理模式分析

内容包括按照酒店项目的规模、体量和运营要求，分析、选择最适合酒店经营的管理方式，对比不同类别的经营方式对酒店收益产生的预期影响。

（七）酒店项目运营策划方案

按照酒店的具体情况对运营后的情况做出预测和说明。具体内容包括：

1.酒店项目概述

①酒店项目概述：包括酒店项目的地理位置、占地面积、建筑面积、容积率、楼体造型、楼层高度、规划要求、投资总额、业主方背景、酒店项目基础设施等内容。

②酒店项目优势：包括酒店项目的区位旅游资源调研、区域经济分析、市场准入情况说明、发展前景评估报告等具体内容。

③酒店项目投资方案：包括酒店项目的投资计划方案、资金使用计划、投资回报期测算、

采购招标方案、财务风险规避方案等具体内容。

2. 酒店项目规划

①酒店建设标准：包括建筑设计方案、建筑特点、装饰装修方案、建筑周期等标准文本内容。

②酒店经营许可：包括经济项目确定、行政许可手续办理、相关法律文件汇编等内容。

③酒店项目发展规划：包括星级酒店评定的申报计划、盈利计划、更新项目投资计划、再投资计划、发展战略设想等内容。

3. 酒店行业概况

①中国旅游酒店业概况：包括目标区域保有量、目标区域各星级酒店数量、行业发展特征、目标区域各等级酒店的结构和分析、目标区域各等级酒店的经营状况等内容。

②酒店行业的经济特点：包括酒店的性质、盈利分析、服务需求等内容。

③酒店业的发展趋势：包括旅游行业整体发展趋势预测、酒店业发展趋势预测等内容。

4. 酒店市场分析

①区位酒店情况：包括区位酒店分布、区位酒店业务统计等内容。

②酒店经营分析：包括区位商旅年客流量、区位旅游业基本情况、经营指标分析、酒店项目市场定位等内容。

③酒店竞争市场：包括主要竞争对手经营情况、竞争市场的发展态势、区位酒店平均房价和年平均出租率调研等内容。

5. 酒店项目公司简述

①酒店项目公司简介：包括拟成立公司的股权结构、公司结构、注册资金、经营范围等内容。

②酒店项目管理方向：包括酒店项目拟合作的管理公司简介、管理团队成员简历等内容。

③酒店项目法律顾问：包括律师事务所简介、律师业务范畴等内容。

6. 酒店项目市场营销

①酒店项目的目标市场：包括目标市场的构成、目标市场的预测等内容。

②酒店项目的产品与服务：包括酒店项目的产品结构、产品分析、服务体系等内容。

③市场价格核定：包括市场直接销售渠道分析（主要针对上门散客和协议客户）、代理间接销售渠道分析（主要针对旅行社、网络代理销售商）、销售渠道客源配比等内容。

④公共宣传计划：包括公共对象分析、宣传方式、目的要求、资金支持等内容。

⑤销售奖励制度：包括全员销售激励制度、对客奖励销售政策等内容。

7. 酒店项目的运营管理

①酒店项目的基本业务流程：包括业务流程设计、业务流程控制、业务流程操作手册等内容。

②酒店项目的组织机构设计：包括组织机构图、层级管理、管理制度、指导性管理文件等内容。

③酒店项目的人力资源设计：包括人员定编、岗位设置、薪金分配制度、社保计划、培训计划等内容。

8.酒店项目市场计划的结论

包括项目立项的必要性、市场发展潜力、预期财务评价结果等内容。

(八)融资计划及资金筹措

融资方案包括融资资金额度、融资方式、融资用途、计划分析、公司治理、投资保护等内容。资金筹措包括资金来源、筹措计划等内容。

(九)收益分析

内容包括酒店项目的营业收入预测、成本预测、费用预测、营业利润测算等。

对项目投产后的年销售收入进行估算时,可根据项目的设计能力、生产能力利用率、产品销售价格进行估算。

估算酒店客房销售收入时常用的数据是:

- 平均房价;
- 平均出租率;
- 可出租客房数;
- 年营业天数等。

估算餐饮销售收入时常用的数据是:

- 食品和饮品的人均消费;
- 餐位数;
- 餐台周转率;
- 营业时间;
- 年营业天数等。

(十)投资回收期测算

投资回收期,是指以项目的净现金流量抵偿全部投资所需要的时间长度。

在不考虑贴现指标的情况下,其计算公式为:

$$投资回收期 = \frac{投资总额}{每年现金净流量}$$

现金流量是指一定时期内现金流动的数量。现金净流量作为一项财务指标,是酒店的现金流入量与现金流出量之差。其计算公式为:

$$现金净流量 = (投资所增加的收入-投资所增加的费用-投资的折扣) \times$$
$$(1-所得税) + 折旧费$$

从以上公式可以看出,现金净流量等于税后利润加上折扣,所以投资回收期的公式可以写成:

$$投资回收期 = \frac{投资总额}{该项投资每年可获税后利润+每年提取的折旧费}$$

从该公式中可以看出,现金净流量越大,投资回收期越短。就酒店项目的投资回收期来讲,一般为 6~7 年可作为酒店投资回收期的一个指标。

(十一)酒店项目的投资与财务评价

对酒店项目投资进行财务评价时,一般可以用一些经济指标进行分析。用于进行投资

决策判断的经济指标很多,大致有以下几种:

- 收益最大或付税后利润最大;
- 成本最小;
- 收益与成本之比最大;
- 承担各种损失的风险小;
- 最好的服务质量;
- 规模最大或质量档次最高的酒店;
- 酒店发展速度最快等。

事实上,一项具体投资不可能同时满足上述所有标准,同时满足几个标准都是很困难的。对于大多数投资者来说,常采用的决策标准是"收益最大或付税后利润最大"和"酒店发展速度最快"这两项指标。

(十二)优劣势分析

优劣势分析,又称 SWOT 分析,主要是对酒店项目的风险进行说明。内容涉及市场风险(含人力资源、市场竞争)预测、经济风险(含政府政策、行业特点)预测等,同时还要分析风险对策、规避措施、战略退路等。

对于一个拟建酒店项目的优势进行分析时,出于发展考虑,应该分析一下对酒店的利好条件:

①发展机遇:中国经济的快速增长和投资环境良好的发展势头为酒店业提供了光明的前景。随着城市的快速发展,中高端酒店投资从资产保值、升值的角度看,容易形成一个良好的开端。

②地理位置:酒店选址时,理想的地理位置包括下列一些区域:交通枢纽地带(含汽车站、火车站、飞机场、港口码头)、城市中心商务区、会展中心附近、商业购物中心、旅游景区等。理想的地理位置将为拟建酒店提供一个理想的发展环境,并使拟建酒店具有市场竞争的先天优势。

③竞争力:通过对酒店业市场的分析,只要拟建酒店能很好地发挥品牌效应、经营策略、服务标准和管理优化等核心竞争力,将对目标竞争酒店形成冲击,从而占有一部分市场份额。如果缺少同一层面上的竞争对手,则容易在短时间内形成强有力的竞争力而领跑市场。

④市场定位:依据酒店业"先定位,后选项"的原则,为拟建酒店制订一个清晰的市场定位是十分必要的。拟建酒店可以选择的市场定位包括商务型、旅游度假型、公寓型和会议型。进行市场定位时,应结合自身的实际情况。从酒店业的发展上看,不管选择什么类型的市场定位,都应该强化对顾客的商务服务理念,以最大限度满足客人的合理需求为经营方针。

⑤产品组合:中高端酒店的一个共同特点是,酒店产品的组合更趋合理。从硬件上讲,客房房型可选择程度较高(如行政楼层的设置)、餐饮设施规模化生产能力强、娱乐项目的设计丰富多样;从软件上讲,强调对酒店业务流程和员工服装差异化设计。

⑥隐性化优势:在分析拟建酒店时适当考虑其隐形优势也是十分必要的。首先,是业主方从其他的业态经营模式可以迅速转型于酒店业,利于投资的多样性;其次,是中高端酒店品牌将带来无形资产升值,通过这部分资产的升值将对酒店的资本运作起到重要的作用。

（十三）敏感度分析

所谓敏感度分析,就是通过分析相关数据,判断酒店对市场产生变化时的不同敏感度。

（十四）社会效益评价

内容包括酒店产品贡献、提供的就业机会、劳动条件的改善和对社会精神文明的作用等。

（十五）存在的问题和建议

内容包括可行性研究中发现的但又尚未解决的问题,应在报告中提出解决问题的途径和方法。

（十六）可行性研究报告的结论

包括通过上述专业分析做出决策判断,简明扼要地对项目的可行性进行总结,使相关者（投资者、贷款者、评估者和审批单位）能对项目的基本情况（资源、市场、工程、效益等）以及可行或不可行有一个清晰的判断。

第三节　酒店项目投资可行性报告的制订及立项

【知识框架】

【目录】

第一部分　酒店项目投资总论

第二部分　酒店项目投资建设背景、必要性、可行性

第三部分　酒店项目投资产品市场分析

第四部分　酒店项目产品规划方案

第五部分　酒店项目建设地与土建总规划

可行性报告的具体内容　→　第六部分　酒店项目环保与劳动安全方案

第七部分　酒店项目投资组织计划和人员安排

第八部分　酒店项目实施进度安排

第九部分　酒店项目财务评价分析

第十部分　酒店项目不确定性分析

第十一部分　酒店项目财务效益、经济效益和社会效益评价

第十二部分　酒店项目风险分析及风险防控

第十三部分　酒店项目可行性研究结论与建议

一个酒店项目投资牵涉的方方面面是非常多的,从前期的征询、计划、设计到施工过程的管理和从中产生的调整细节等问题,都会耗费大量的人力及物力,是一个复杂的、环环相扣的、从计划到实施的系列工程,做项目投资计划是不能盲目拍板,走一步计划一步的,它应紧紧地围绕市场而制订,并科学系统地组织实施酒店项目投资的全过程,使之成为酒店经营上的一个转折点。

通过项目投资,许多酒店完全摆脱了项目投资前的经营困境,重新赢得了市场,但是,有

个别酒店由于项目投资前的计划没有按科学的、市场的规律去做从而失败。

酒店项目投资的起始点不是筹资设计，而是市场调研与计划，原因在于酒店项目投资虽然是迫于市场的需要，但项目投资的类型有多种多样，做的计划也必须量身定制才能万无一失。酒店项目投资关系到酒店项目投资后的发展前景，因此在做酒店项目投资计划之前，必定会对市场做一番调查，以周边的环境、市场的发展趋势为依据进行项目投资的策划，然后制订出一份完整的酒店项目投资计划。

以下是制订酒店项目投资可行性报告的具体内容：

第一部分　酒店项目投资总论

总论作为可行性研究报告的首要部分，要综合叙述研究报告中各部分的主要问题和研究结论，并对项目的可行与否提出最终建议，为可行性研究的审批提供方便。

一、酒店项目投资项目概况

（一）项目名称

（二）项目承办单位介绍

（三）承担项目可行性研究工作单位介绍

（四）项目主管部门介绍

（五）项目建设内容、规模、目标

（六）项目建设地点

二、项目可行性研究主要结论

在可行性研究中，对项目的产品销售、原料供应、政策保障、技术方案、资金总额及筹措、项目的财务效益和国民经济、社会效益等重大问题，都应得出明确的结论，主要包括：

（一）项目产品市场前景

（二）项目原料供应问题

（三）项目政策保障问题

（四）项目资金保障问题

（五）项目组织保障问题

（六）项目技术保障问题

（七）项目人力保障问题

（八）项目风险控制问题

（九）项目财务效益结论

（十）项目社会效益结论

（十一）项目可行性综合评价

三、主要技术经济指标表

在总论部分中，可将研究报告中各部分的主要技术经济指标汇总，列出主要技术经济指标表，使审批和决策者对项目作全貌了解。

四、存在问题及建议

对可行性研究中提出的项目的主要问题进行说明并提出解决的建议。

第二部分　酒店项目投资建设背景、必要性、可行性

这一部分主要应说明项目发起的背景、投资的必要性、投资理由及项目开展的支撑性条件等。

一、酒店项目投资建设背景

(一)国家产业政策鼓励酒店项目投资行业发展

(二)酒店项目投资市场前景广阔

二、酒店项目投资建设必要性

(一)进一步推进我国酒店项目投资行业发展

(二)进一步提升我国酒店项目投资工业技术水平

(三)……

三、酒店项目投资建设可行性

(一)经济可行性

(二)政策可行性

(三)技术可行性

(四)模式可行性

(五)组织和人力资源可行性

第三部分　酒店项目投资产品市场分析

市场分析在可行性研究中的重要地位在于任何一个项目,其经营规模的确定、技术的选择、投资估算甚至地址的选择,都必须在对市场需求情况有了充分了解以后才能决定。而且市场分析的结果,还可以决定产品的价格、销售收入,最终影响到项目的盈利性和可行性。在可行性研究报告中,要详细研究当前市场现状,以此作为后期决策的依据。

一、酒店项目投资产品市场调查

(一)酒店项目投资国际市场调查

(二)酒店项目投资国内市场调查

(三)酒店项目投资价格调查

(四)酒店项目投资上游原料市场调查

(五)酒店项目投资下游消费市场调查

(六)酒店项目投资市场竞争调查

二、酒店项目投资市场预测

市场预测是市场调查在时间上和空间上的延续,是利用市场调查所得到的信息资料,根据市场信息资料分析报告的结论,对未来市场需求量及相关因素所进行的定量与定性的判断与分析。在可行性研究工作中,市场预测的结论是制订产品方案,确定项目建设规模所必须的依据。

（一）酒店项目投资国际市场预测

（二）酒店项目投资国内市场预测

（三）酒店项目投资价格预测

（四）酒店项目投资上游原料市场预测

（五）酒店项目投资下游消费市场预测

（六）酒店项目投资发展前景综述

第四部分　酒店项目产品规划方案

一、酒店项目产品规划方案

二、酒店项目产品设计规划方案

（一）设备选型

（二）产品说明

（三）产品服务流程

三、酒店项目产品营销规划方案

（一）营销战略规划

（二）营销模式

在市场经济环境中,企业要根据市场情况,制订符合市场需要的销售模式,争取扩大市场份额,稳定销售价格,提高产品竞争能力。因此,在可行性研究中,要对市场营销模式进行研究。

1.投资者分成

2.企业自销

3.国家部分收购

4.经销人代销及代销人情况分析

（三）促销策略

……

第五部分　酒店项目建设地与土建总规划

一、酒店项目建设地

（一）酒店项目建设地地理位置

（二）酒店项目建设地自然情况

（三）酒店项目建设地资源情况

（四）酒店项目建设地经济情况

（五）酒店项目建设地人口情况

二、酒店项目土建总规划

（一）项目地址及楼宇建设

1.项目地址

2.楼宇建设内容

3.楼宇建设造价

(二)土建规划总平面布置图

(三)场内外运输

1.场外运输量及运输方式

2.场内运输量及运输方式

3.场内运输设施及设备

(四)项目土建及配套工程

1.项目占地

2.项目土建及配套工程内容

(五)项目土建及配套工程造价

(六)项目其他辅助工程

1.供水工程

2.供电工程

3.供暖工程

4.通信工程

5.其他

第六部分 酒店项目环保与劳动安全方案

在项目建设中,必须贯彻执行国家有关环境保护、能源节约和职业安全卫生方面的法规、法律,项目可能对环境造成的近期和远期影响,影响劳动者健康和安全的因素,都要在可行性研究阶段进行分析,提出防治措施,并对其进行评价,推荐技术可行、经济,且布局合理,对环境有害影响较小的最佳方案。按照国家现行规定,凡从事对环境有影响的建设项目都必须执行环境影响报告书的审批制度,同时,在可行性研究报告中,对环境保护和劳动安全要有专门论述。

一、酒店项目环境保护方案

(一)项目环境保护设计依据

(二)项目环境保护措施

(三)项目环境保护评价

二、酒店项目资源利用及能耗分析

(一)项目资源利用及能耗标准

(二)项目资源利用及能耗分析

三、酒店项目投资方案

(一)酒店项目投资设计依据

(二)酒店项目投资分析

四、酒店项目消防方案

(一)项目消防设计依据

（二）项目消防措施

（三）火灾报警系统

（四）灭火系统

（五）消防知识教育

五、酒店项目劳动安全卫生方案

（一）项目劳动安全设计依据

（二）项目劳动安全保护措施

第七部分　酒店项目投资组织计划和人员安排

在可行性研究报告中，根据项目规模、项目组成和产品服务流程，研究提出相应的组织机构，劳动定员总数及劳动力来源及相应的人员培训计划。

一、酒店项目组织计划

（一）组织形式

（二）工作制度

二、酒店项目劳动定员和人员培训

（一）劳动定员

（二）年总工资和员工年平均工资估算

（三）人员培训及费用估算

第八部分　酒店项目实施进度安排

项目实施时期的进度安排也是可行性研究报告中的一个重要组成部分。项目实施时期也称投资时间，是指从正式确定建设项目到项目达到正常运营这段时间。这一时期包括项目实施准备，资金筹集安排，勘察设计和设备订货，施工准备，施工和生产准备，试运行直到竣工验收和交付使用等各个工作阶段。这些阶段的各项投资活动和各个工作环节，有些是相互影响的，前后紧密衔接的，也有些是同时开展，相互交叉进行的。因此，在可行性研究阶段，需将项目实施时期各个阶段的各个工作环节进行统一规划，综合平衡，做出合理又切实可行的安排。

一、酒店项目实施的各阶段

（一）建立项目实施管理机构

（二）资金筹集安排

（三）技术获得与转让

（四）勘察设计和设备订货

（五）施工准备

（六）施工和生产准备

（七）竣工验收

二、酒店项目实施进度表

三、酒店项目实施费用

（一）建设单位管理费

（二）筹备费

（三）员工培训费

（四）办公和生活家具购置费

（五）其他应支出的费用

第九部分　酒店项目财务评价分析

一、酒店项目总投资估算

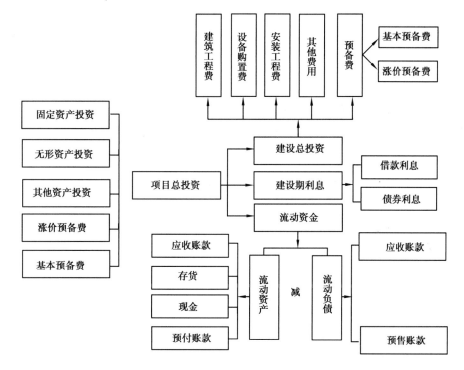

二、酒店项目资金筹措

　　一个建设项目所需要的投资资金,可以从多个来源渠道获得。项目可行性研究阶段,资金筹措工作是根据对项目固定资产投资估算和流动资金估算的结果,研究落实资金的来源渠道和筹措方式,从中选择条件优惠的资金。可行性研究报告中,应对每一种来源渠道的资金及其筹措方式逐一论述。并附有必要的计算表格和附件。可行性研究中,应对资金来源和项目筹资方案加以说明。

　　三、酒店项目投资使用计划

（一）投资使用计划

（二）借款偿还计划

四、项目财务评价说明 & 财务测算假定

（一）计算依据及相关说明

（二）项目测算基本设定

五、酒店项目总成本费用估算

（一）直接成本

（二）工资及福利费用

（三）折旧及摊销

（四）工资及福利费用

（五）修理费

（六）财务费用

（七）其他费用

（八）总成本费用

六、销售收入、销售税金及附加和增值税估算

（一）销售收入

（二）销售税金及附加

（三）增值税

（四）销售收入、销售税金及附加和增值税估算

七、损益及利润分配估算

八、现金流估算

（一）项目投资现金流估算

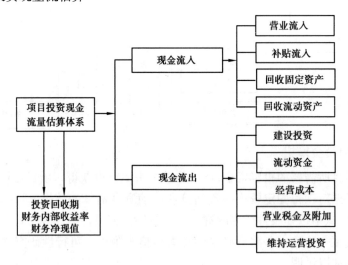

（二）项目资本金现金流估算

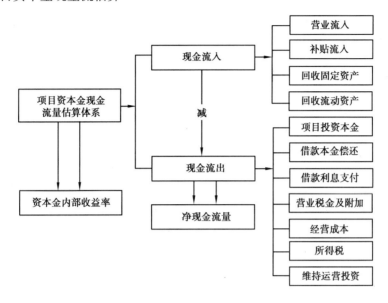

第十部分 酒店项目不确定性分析

在对项目进行评价时,所采用的数据多数来自预测和估算。由于资料和信息的有限性,将来的实际情况可能与此有出入,这对项目投资决策会带来风险。为避免或尽可能减少风险,就要分析不确定性因素对项目经济评价指标的影响,以确定项目的可靠性,这就是不确定性分析。

根据分析内容和侧重面不同,不确定性分析可分为盈亏平衡分析、敏感性分析和概率分析。在可行性研究中,一般要进行的盈亏平衡分析、敏感性分配和概率分析,可视项目情况而定。

第十一部分 酒店项目财务效益、经济效益和社会效益评价

在建设项目的技术路线确定以后,必须对不同的方案进行财务、经济效益评价,判断项目在经济上是否可行,并选出优秀方案。本部分的评价结论是方案取舍的主要依据之一,也是对建设项目进行投资决策的重要依据。本部分就可行性研究报告中的财务、经济与社会效益评价的主要内容逐一概要说明。

一、财务评价

财务评价是考察项目建成后的获利能力、债务偿还能力及外汇平衡能力的财务状况,以判断建设项目在财务上的可行性。财务评价多用静态分析与动态分析相结合,以动态为主的办法进行。并用财务评价指标分别和相应的基准参数——财务基准收益率、行业平均投资回收期、平均投资利润率、投资利税率相比较,以判断项目在财务上是否可行。

（一）财务净现值

财务净现值是指将项目计算期内各年的财务净现金流量,按照一个设定的标准折现率（基准收益率）折算到建设期初（项目计算期第一年年初）的现值之和。财务净现值是考察

项目在其计算期内盈利能力的主要动态评价指标。

如果项目财务净现值等于或大于零,表明项目的盈利能力达到或超过了所要求的盈利水平,项目财务上可行。

$$\text{FNPV} = \sum_{t=0}^{n} (\text{CI} - \text{CO})_t (1 + i_c)^{-t}$$

(二)财务内部收益率(FIRR)

财务内部收益率是指项目在整个计算期内各年财务净现金流量的现值之和等于零时的折现率,也就是使项目的财务净现值等于零时的折现率。

财务内部收益率是反映项目实际收益率的一个动态指标,该指标越大越好。

一般情况下,财务内部收益率大于等于基准收益率时,项目可行。

$$\sum_{t=1}^{n} (\text{CI} - \text{CO})_t \times (1 + \text{FIRR})^{-t} = 0$$

(三)投资回收期(Pt)

投资回收期按照是否考虑资金时间价值可以分为静态投资回收期和动态投资回收期。以动态回收期为例:

1. 计算公式

动态投资回收期的计算在实际应用中根据项目的现金流量表,用下列近似公式计算:

$$P_t = (\text{累计净现金流量现值出现正值的年数}-1) + \frac{\text{上一年累计净现金流量现值的绝对值}}{\text{出现正值年份净现金流量的现值}}$$

2. 评价准则

①$P_t \leqslant P_c$(基准投资回收期)时,说明项目(或方案)能在要求的时间内收回投资,是可行的。

②$P_t > P_c$时,则项目(或方案)不可行,应予拒绝。

(四)项目投资收益率(ROI)

项目投资收益率是指项目达到设计能力后正常年份的年息税前利润或营运期内年平均息税前利润(EBIT)与项目总投资(TI)的比率。总投资收益率高于同行业的收益率参考值,表明用总投资收益率表示的盈利能力满足要求。

$$\text{ROI} = \frac{\text{EBIT}}{\text{TI}} \times 100\%$$

ROI≥部门(行业)平均投资利润率(或基准投资利润率)时,项目在财务上可考虑接受。

(五)项目投资利税率

项目投资利税率是指项目达到设计生产能力后的一个正常生产年份的年利润总额或平均年利润总额与销售税金及附加与项目总投资的比率,计算公式为:

$$\text{投资利税率} = \frac{\text{年利税总额或年平均利税总额}}{\text{总投资}} \times 100\%$$

投资利税率≥部门(行业)平均投资利税率(或基准投资利税率)时,项目在财务上可考虑接受。

(六)项目资本金净利润率(ROE)

项目资本金净利润率是指项目达到设计能力后正常年份的年净利润或运营期内平均净

利润(NP)与项目资本金(EC)的比率。

$$ROE = \frac{NP}{EC} \times 100\%$$

项目资本金净利润率高于同行业的净利润率参考值,表明用项目资本金净利润率表示的盈利能力满足要求。

(七)项目测算核心指标汇总表(略)

二、国民经济评价

国民经济评价是项目经济评价的核心部分,是决策部门考虑项目取舍的重要依据。建设项目国民经济评价采用费用与效益分析的方法,运用影子价格、影子汇率、影子工资和社会折现率等参数,计算项目对国民经济的净贡献,评价项目在经济上的合理性。国民经济评价采用国民经济盈利能力分析和外汇效果分析,以经济内部收益率(EIRR)作为主要的评价指标。根据项目的具体特点和实际需要,也可计算经济净现值(ENPV)指标,涉及产品出口创汇或替代进口结汇的项目,要计算经济外汇净现值(ENPV),经济换汇成本或经济结汇成本。

三、社会效益和社会影响分析

在可行性研究中,除对以上各项指标进行计算和分析以外,还应对项目的社会效益和社会影响进行分析,也就是对不能定量的效益影响进行定性描述。

第十二部分 酒店项目风险分析及风险防控

一、建设风险分析及防控措施

二、法律政策风险及防控措施

三、市场风险及防控措施

四、筹资风险及防控措施

五、其他相关风险及防控措施

第十三部分 酒店项目可行性研究结论与建议

一、结论与建议

根据前面各节的研究分析结果,对酒店项目在技术上、经济上进行全面的评价,对建设方案进行总结,提出结论性意见和建议。主要内容有:

(一)对推荐的拟建方案建设条件、产品方案、技术、经济效益、社会效益、环境影响的结论性意见

(二)对主要的对比方案进行说明

(三)对可行性研究中尚未解决的主要问题提出解决办法和建议

(四)对应修改的主要问题进行说明,提出修改意见

(五)对不可行的项目,提出不可行的主要问题及处理意见

(六)可行性研究中主要争议问题的结论

二、附件

凡属于项目可行性研究范围,但在研究报告以外单独成册的文件,均需列为可行性研究报告的附件,所列附件应注明名称、日期、编号。

(一)项目建议书(初步可行性报告)

(二)项目立项批文

(三)厂址选择报告书

(四)资源勘探报告

(五)贷款意向书

(六)环境影响报告

(七)需单独进行可行性研究的单项或配套工程的可行性研究报告

(八)需要的市场预测报告

(九)引进技术项目的考察报告

(十)引进外资的各类协议文件

(十一)其他主要对比方案说明

(十二)其他

三、附图

(一)地址地形或位置图(设有等高线)

(二)总平面布置方案图(设有标高)

(三)工艺流程图

(四)主要设施布置方案简图

(五)其他

【拓展案例】

某国际酒店建设项目
可行性研究报告

【本章小结】

本章介绍了酒店项目先期筹划阶段所需注意的问题;酒店项目先期筹划的流程;酒店项目投资环境考察;项目投资可行性研究要点;可行性报告编制方法和可行性研究报告的具体内容,为编制酒店项目投资可行性报告提供指南。

【课后思考】

1.酒店企业需要实现怎样的目标?

2.酒店项目先期筹划的流程是什么?

3.酒店项目可行性研究的依据包含哪些?

4.酒店项目投资可行性报告有哪些具体内容?

【实践作业】

【实践名称】酒店项目的可行性调查与分析实验

【实践要求】以小组为单位,设想建立一家酒店,通过市场调研、环境考察,思考如何筹划一个酒店建设项目,制订可行性调查报告并制作PPT进行展示,要求有项目概述、定位、环境市场调查情况、政策说明、选址说明。

【案例分析】

康养酒店,未来发展概况及趋势

一、康养酒店的概念

全球养生协会将养生客源分为两类:一是以健康养生为出行目的;二是想在旅途中保持健康。这两类客源近年呈现年均8%~10%高速增长,消费需求不容小觑。

广义的康养酒店指"在硬件设置及服务、酒店文化理念中融入了健康养生元素的酒店",这部分酒店主要可以满足"想在旅途中保持健康"的客源群体的需求。

狭义的康养酒店则是"以健康养生服务为核心经营板块的酒店,其他功能板块均围绕此核心服务",此类酒店通常档次较高,主要吸纳"以健康养生为主要目的的"小众高端客源。(下文中的"康养酒店"均指狭义的康养酒店)

二、康养酒店发展现状

从世界范围来看,欧洲(如瑞士、奥地利等国家)、东南亚等度假胜地的康养酒店发展较为成熟。我国康养酒店尚属于起步阶段,单纯作为康养目的地的高端酒店数量非常有限,主要选址在环境清幽避世、传统文化底蕴深厚的景区附近,此类型酒店以苏州音昱水中天、青城山六善酒店为典型代表。

目前,国内主打康养元素的酒店主要集中在温泉资源丰富的度假地,如广东、福建、云南、河北等,形式以温泉度假村为主,档次参差不齐。温泉度假酒店目前总体存在着同质化竞争、淡旺季显著等发展瓶颈,市场亟待细分升级。

三、康养酒店的概况

(一)前期开发特征

在选址方面,健康养生目的地往往位于相对偏远的位置,尽量远离空气和噪声污染源,所处地块拥有丰富的自然资源(如温泉、森林)或文化资源(如佛教、道教、茶文化),为住客创造避世静修的极致养生体验。

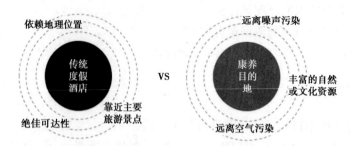

康养酒店的前期开发难度高于一般酒店,出于对康养环境的保护性开发,康养酒店前期投资一般比传统酒店更高且开发周期更长,相应地对开发配套的管理及开发素质等要求也更高。

(二)各功能板块配置特征

1. 客房板块

康养酒店以高端客源为主,客房私密性设置通常高于一般酒店。康养客源停留时间较长,为满足相对中长期的住宿需求,康养酒店客房通常会适当放大面积,并配置一定的餐厨、起居设施;以崇尚健康为理念,客房室内装饰一般选用绿色建材,选用高品质用品,注重打造舒适的睡眠区域,营造放松舒缓的氛围。

2. 餐饮板块

选用纯天然有机食材,采用低糖低油盐的烹饪方式,保留食材的原汁原味与营养成分。

3. 会议板块

不配置或仅配置很小的会议空间。

4. 康体板块

康体功能比一般酒店更为强大,一般根据酒店主打的服务类型配置相应的设施及服务。康养客源需求可以大概分为身体、情绪、心智及精神四个层次,酒店均可配置相应的功能。

◆ 康养客源需求及相应的康养功能配置:

需求	实现方式
治疗	药物疗法、健康检查、慢性病检查管理、中医治疗
健身	体育锻炼、健身课程、体态改善、瑜伽
SPA、美容	按摩、洗浴、身体护理、面部护理、美发美甲
健康饮食	营养、体重管理、排毒、烹饪体验
调养养生	传统医学调养、茶文化
生态自然	爬山、自行车、快走、漫步、森林浴、田园采摘、手作
心理/心智	瑜伽、冥想、太极、生物反馈疗法
个人成长	生命教练、压力教育、阅读、音乐、艺术
精神、连接	禅修、冥想、志愿者、独处

（三）经营特征

◆ 康养酒店与常规度假酒店对比：

	常规度假酒店	康养酒店
音源类型	以休闲度假为目的的大众客源,消费能力不等	以康养为目的的高端客源,消费能力强
停留时间	通常停留 1~3 天	通常停留 5 天以上,客人大部分时间在酒店活动
设施服务	以客房功能为核心	以康体服务为核心
收费模式	按预订客房收费	按预订客房收费,以及各类打包套餐(一价全包、按客收费等)
其他消费	住客对其他板块的营收贡献较低	住客对其他板块的营收贡献较高
客户忠诚度	一般,重复消费率5%~10%	高,重复消费率40%~50%
市场竞争	市场成熟,同质化竞争较为激励	市场起步阶段,发展空间大

◆ 康养酒店常见的产品销售模式：

①打包销售：为了给住客提供沉浸式的康养体验,健康养生目的地通常会将各种产品(如客房、餐饮、评估和咨询、理疗和水疗项目、活动课程等)打包起来以数日套餐的形式销售。客人可以根据自身情况和需求选择由度假村精心设计好的不同类型的固定套餐(如排毒、减重、数码排毒、减压、抗衰老等),并享受一价全包的价格。

②按特定需求增加额外收费：客人可根据到店后具体的评估结果和其他特定需求选择量身定制的套餐,并支付基础定制套餐费用以及定制额外增加的项目费用。

③按客收费：这种全包或半包的商业模式通过销售多日单人套餐而非仅客房夜晚数来鼓励单人客房入住率。即使两位客人共住一间客房,酒店也会收取两个人的费用而非一间房的费用。

④水疗积分制：一些健康度假村提供的套餐里不包含固定的休闲水疗项目,而是替换成一定额度的水疗积分给客人自选水疗项目。如果客人没有使用,则这一部分费用不可退;若客人选择的项目超出额度,则需要额外支付超出的费用。

四、康养酒店发展前景

近年来,各大酒店集团均逐步在常规酒店产品中不同程度地融入健康设施与服务,其中针对"在旅途中保持健康"的产品布局占据主流。

● 希尔顿集团 Five Feet to Fitness 概念房型

希尔顿集团 2017 年开始推出"Five Feet to Fitness"客房设计概念方案,配备超过 11 种健身器材和配件,以及 25 种客房内健身教程。业主可选择将现有的 3~5 间客房进行改造,改造后这类房型房价约可实现 45 美元/间/夜的溢价。

● 万豪旗下威斯汀品牌与 Peloton 合作

作为一家专注于健身和健康的先锋品牌,威斯汀除了很早就推出运动装备租借计划和Heavenly(天梦之床)床品,更于 2017 年携手高端健身器械和课程的创新企业 Peloton 在美国境内部分酒店客房和健身中心内配备商业级 Peloton 动感单车。

● 硅谷四季酒店与 Tonal 合作

硅谷四季酒店2020年1月与健身科技公司 Tonal 达成合作,在部分客房内提供智能健身系统兼私人教练。该系统集成了专业训练指导教程和创新设备,方便住客进行瑜伽、有氧运动和力量训练等指导性健身运动。

● 雅高旗下铂尔曼品牌与 Les Mills 达成战略合作

铂尔曼品牌2020年10月开始与莱美 Les Mills 达成全球战略合作伙伴关系,共同推出创新健身课程、室内健身设施、挑战训练营及铂尔曼健身班活动,全面展示铂尔曼活力健身社区的健身体验,以此打造首个精品健身的酒店品牌。

为了全面把握康养需求发展的趋势,除了在现有的产品里融入康养概念,大型酒店管理集团也不断地为其品牌组合增加专注于健康养生的酒店品牌新成员。

(来源:甘涌酒店研究院)

思考:请问康养酒店需要考虑些什么?如果你是投资方,准备在中国投资一家康养酒店,请根据以上的案例思考你的酒店应如何进行选址、市场定位、服务项目设置,请进行调查分析,尝试写可行性报告并进行说明。

第二部分　酒店工程建设期

第三章 工程建设及功能规划

【导言】

　　酒店在开始任何一项工程建设前,都应按计划执行"先定位,再选项"的原则,避免因为市场定位不准或酒店投资者、管理者、工程建设者各行其是,为后期经营管理埋下隐患。在建设过程中,还应有专业的经营管理筹备人员参与项目设计,对项目的功能布局和流线设计提出合理化建议,确保前期的工程建设与后期的经营管理不脱节。

　　由于酒店的工程建设专业性极强,因而不是本书讨论的重点。本章只就一些前期的工程建设容易对后期的经营管理产生直接影响的焦点问题和解决方案进行详细说明,希望能给酒店的预开业经营管理等人员一个全面、直观的了解。

　　另外,最新发布的《旅游星级酒店建造与设计指南》,对酒店项目工程建设中的诸多前期问题做了很好的诠释,建议所有的酒店筹备者尤其是按照星级标准筹建酒店的经营者和设计建造者能够全面把握。

【学习目标】

　　知识目标:1.了解酒店工程建设流程
　　　　　　　2.了解酒店功能规划
　　　　　　　3.了解酒店 VI 设计及应用
　　能力目标:1.掌握酒店功能规划原则
　　　　　　　2.能对酒店功能进行规划
　　　　　　　3.能设计及应用酒店视觉识别体系
　　思政目标:能够在酒店项目建设中,注重细节,从利他主义出发,激发学生服务意识、全局观

【案例导入】

　　阿拉伯塔酒店(Burj Al Arab),因外形酷似船帆,又称迪拜帆船酒店,位于阿联酋迪拜海湾,以金碧辉煌、奢华无比著称。酒店建在离沙滩岸边 280 m 远的波斯湾内的人工岛上,仅由一条弯曲的道路连接陆地,酒店共有 56 层,321 m 高,酒店的顶部设有一个由建筑的边缘伸出的悬臂梁结构的停机坪。

阿拉伯塔最初的创意是由阿联酋国防部部长、迪拜王储阿勒马克图姆提出的,他梦想给迪拜一个悉尼歌剧院、艾菲尔铁塔式的地标。在迪拜王储的提议之下,知名企业家 al-maktoum 投资兴建了美轮美奂的 Burj Al Arab 酒店。由英国设计师汤姆·赖特设计,建立在海滨的一个人工岛上,是一个帆船形的塔状建筑。一共有 56 层,315.9 m 高,它正对着 Jumeirah Beach 酒店(被认为是世界上最棒的酒店之一)。

经过全世界上百名设计师的奇思妙想加上迪拜人巨大的钱口袋和 5 年时间,终于缔造出一个梦幻般的建筑——将浓烈的伊斯兰风格和极尽奢华的装饰与高科技手段、建材完美结合,建筑本身获奖无数。阿拉伯塔仿佛是阿拉丁的宫殿,墙上挂着著名艺术家的油画,每个房间有 17 个电话筒,门把和厕所水管都"爬"满黄金,每个套房中还有为客人解释各项高科技设备的私人管家。客房面积从 170 ~ 780 m² 不等。全部 202 间套房中,最低的房价也要 900 美元一晚,25 层的皇家套房则需 18 000 美元一晚。实际上这是在淡季的最低价,按这个价格往往是订不到房的。酒店房价虽然不菲,客源却依然踊跃,"不怕价高,只怕货差",这句商界名言在迪拜再次得到印证。这里搜罗了来自世界各地的摆设,有私家电梯、私家电影院、私家餐厅、旋转睡床、可选择上中下三段式喷水的淋浴喷头等等。景色旖旎的绵长的沙滩海岸和温暖的大海,迷人的沙漠是喜欢冒险的游客的理想地。

第一节 酒店项目工程建设

【知识框架】

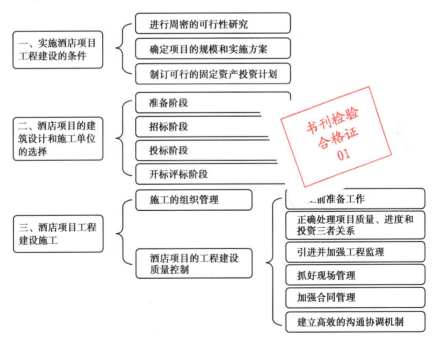

酒店经过调研、可行性报告研究确定投资方案的先期规划期后,酒店正式进入工程建设期。该阶段包含工程建设及功能规划设计阶段。

工程建设是一项有计划有组织的由诸多单位参与的系统活动,每个工程建设项目都不可避免有业主(建设单位)、勘察设计、施工承包、材料设备供应、监理与咨询等单位的参与。各参建单位的能力与计划是否协调统一、工作责任和工作界面以及相互关系是否清晰是工程建设能否成功的关键。

酒店工程建设需要做好施工前准备工作,正确处理项目质量、进度和投资三者的关系,引进工程监理,加强事前、事中、事后控制,把好质量关,抓好现场管理,建立各(承包商)专业工种高效的沟通机制及时协调解决施工中各种施工问题。保证酒店筹建工程顺利进行。减少施工单位成本投入,减少建设单位日后的经常性维修,延长建设工程使用年限,保证建设工程的稳定长效运营,提高投资效益,降低维护成本。

一、实施酒店项目工程建设的条件

①确定酒店的建设地点、投资额度、建筑规模,在酒店项目市场计划书的基础上进行周密的可行性研究。

②根据经济预测和市场调查预测来确定项目的规模和实施方案。调查内容包括:酒店周围的资源及公用设施情况,项目建设条件和选址方案,关于环境保护、城市规划、防震防火防空等要求和应采取的措施,项目的经济效益和社会效益评估。

③主要是对目标市场进行调研,多方试验投资定位的正确性,根据目标市场来确定酒店投资的规模与额度。计算投入和产出之比,建造装修、改造投入要与酒店项目自身还本付息的能力相适应,制订出切实可行的固定资产投资计划。

二、酒店项目的建筑设计和施工单位的选择

工程建设项目成功与否往往取决于业主是否能与有能力、有经验、且具有良好声誉的勘察、设计、施工、材料设备供应、监理和咨询方面的专业单位和专业人才进行合作;简而言之,就是为保证工程建设项目成功须选择合作单位和专业人才。选择的方式一般有招标、议标和直接委托三种方式。酒店项目的建筑设计和施工单位的选择应采取招投标的方式进行,招标方式的实施一般分为准备阶段、招标阶段、投标阶段、开标评标阶段。

1.准备阶段

准备阶段的主要工作包括成立招标组织和编制招标文件等。酒店项目设计计划任务书的主要内容为项目概况、项目设计要求和原则、建筑地址和总平面、项目建筑的具体内容、环境要求和项目进度等。

2.招标阶段

根据国家对工程建设施工投标的管理办法,凡持有工商营业执照和资格证书的勘测设计单位、建筑安装企业、工程承包公司、城市建设综合开发公司等均可参加酒店项目投标。建设工程的招投标不受地区部门的限制。工程项目主管部门和当地政府对外区、外部门的中标单位应当一视同仁。

3.投标阶段

投标企业应在规定的时间内报送标书。标书内容包括方案综合说明书、设计内容及图纸、建设工期、主要技术要求和施工组织方案、投资估算和经济分析、设计进度和收费标准等。

4.开标评标阶段

酒店依据方案的优劣、投入产出和经济效益的好坏、设计进度的快慢等各因素确定设计和施工方案。

三、酒店项目工程建设施工

（一）施工的组织管理

酒店应成立专门的管理机构来进行工程组织管理。工程组织管理的内容包括确定项目的组织形式、资金管理、贷款办理、工程承包、物资供应、人工调配、土地调整、工程监理、监测评价和竣工验收等。

1.编制施工组织设计大纲

为了合理地组织施工,提高经济效益,缩短建设周期,需要编制建设工程的施工组织设计文件。这一工作一般分为两个阶段:初步设计阶段,编制施工组织设计大纲由编制初步设计的设计单位负责;施工阶段,编制施工组织设计大纲由施工单位负责。

2.管理建筑工程施工

施工管理的具体要求是实现"三高一低",即高速度、高质量、高工效、低成本和文明施工。主要包括施工任务、施工程序、施工准备、施工组织设计和施工调度、总平面管理、图纸会审、技术交底、材料构件试验检验、工程质量基层管理等几个部分。

3.确定装修方案

装修设计以及材料设备设施的配置要严格按照酒店的标准进行,预备参加星级酒店评定的酒店项目要参照国家对《旅游酒店星级的划分与评定》的标准并作为依据。酒店应根据所希望的投资档次进行装修,不要盲目地用高级材料,浪费资金,扩大成本。为避免建筑设计师与室内装修设计师的工作脱节,确定装修设计方案时,可先行由酒店建筑设计方提出整体设计方案,再由各方进行相应的细化设计。

（二）酒店项目的工程建设质量控制

1.施工前准备工作

（1）深化图纸设计

设计单位对图纸深化设计是保证工程顺利进行的前提,在前期施工准备阶段,安装技术人员即与设计单位、各相关专业相互交流联系,了解设计意图及工程要求,解决图纸矛盾和不足之处,完善图纸设计深化工作。

（2）图纸会审

筹建指挥部组织各专业工种人员(设计单位、施工单位、监理单位、酒店管理方、消防部门、卫生防疫部门),对施工图进行会审。根据会审纪要,改进修整图纸,并制订相应施工方案,指导工程施工。

（3）施工准备工作

包括人员准备，工具、材料准备，技术准备，成品准备，半成品准备，施工现场准备等方面。施工准备工作是否完善决定了工程施工是否能顺利进行，因此，投资方和施工方都必须十分重视。

2.正确处理项目质量、进度和投资三者的关系

工程建设项目质量、进度、投资是对立和统一的矛盾体。在工程建设中，投资与进度的关系是加快进度往往要增加投资，采取各种赶工措施使工程建设项目及早竣工，尽快发挥工程建设投资的经济效益。而进度与质量的关系是加快进度往往会影响工程质量，因人、机械超强工作造成工人疲劳、机械维修、材料供应紧张、施工条件的改变，可能会影响到工程质量。适度均衡地加快施工进度，可以使工程在计划工期内得到合理的提前，同时也可以保证施工质量。严格控制质量，可以避免返工，进度则会加快；反之则会因返工造成工期延后，施工成本增加；投资与质量的关系是质量也需要增加施工的成本，但严格控制质量，可以避免返工，提高了承包商的施工效益，减少建设项目的经常性维护费用，延长工期使用年限，反而降低了投资成本，提高了建设单位的投资效益。在酒店建设过程中，酒店筹建指挥部要有系统观念，要关注整体与局部之间的关系，遵循统筹兼顾、系统谋划、整体推进的原则，注意发挥好统一协调作用。

（1）进度控制

进度控制是对工程建设项目建设阶段的工作程序的持续时间进行规划、实施、检查、调查等一系列活动的总称。

进度控制的任务是针对建设项目的目标进行工期计算，是施工单位工程师根据工程建设项目的规模、工程量与工程复杂程度、建设单位对工期和项目投产时间的要求、资金到位计划和实现的可能性、主要进场计划、国家颁发的"建筑安装工程工期定额"、工程地质、水文地质、建设地区气候等因素进行科学分析后，设计出的工程建设项目最佳工期。具体来讲，进度控制的任务是进行进度规划、进度控制和进度协调。要完成好这个任务，应做到以下三点：

①要做出工程建设项目总进度目标的总计划。这项工作是非常的重要而细致的工作，进度计划的编制，涉及建设工程投资、设备材料供应、施工场地布置、主要施工机械、劳动组合、各附属设施的施工、各施工安装单位的配合及建设项目投产的时间要求。

②要对进度进行控制，必须对建设项目进展的全过程、对计划进度与实际进度进行比较。当施工工程的实际进度与计划进度发生偏离，无论是进度加快、进度滞后都会对施工组织设计产生影响，给施工工序带来问题，因此要及时采取有效措施加以调整，对偏离控制目标要找出原因，坚决纠正。

③进度协调的任务是对整个建设项目中各安装、土建等施工单位之间的进度搭接，在时间、空间交叉时进行协调。这些都是相互关系、相互制约的因素，对工程建设项目的实际进度都有着直接的影响，如果对这些单项工程的施工关系不加以必要的协调，将会造成工程施工秩序混乱，不能按期完成建设工程。

在空间上可安排不同工种间穿插作业，如吊顶作业的电工挖洞装灯等交叉作业，争抢工作面，可通过协调安排，避免相互影响，造成窝工现象。木工和油漆工的工作面可以形成小流水作业，木工完成一部分作业面并进行班组自检合格后通过负责人转交油漆工工序，同时

进行交接检查,保证各工序的施工质量。当某些工程项目上下工序不能交叉作业时,可以保证重点部位的同时,安排辅助工程的施工,当各工序作业展开后,建设指挥部、监理和施工单位管理人员应注意安排一些后备工程和工序的施工,使各工种人员不间断的按次序从一个工作项目转移到另一个项目施工,使人员和机具均得以合理利用,工程能按计划有步骤地进行,工程、质量得到保证。

(2)质量控制

质量控制也是建设工程中最重要的工作,是工程建设项目控制三个目标的中心目标。施工是形成工程建设项目实体的阶段,也是形成最终产品质量的重要阶段。所以,施工阶段的质量控制是工程建设项目质量控制的重点,也是施工阶段要合理完成的重要因素。所以工程建设必须依据国家和政府颁布的有关标准(规范、规程、规定)以及工程建设的有关合同文件,对工程建设项目形成的全过程各个阶段(如可行性研究、项目决策、工程设计、工程施工、竣工验收五个阶段中的各环节影响工程质量的主导因素)进行有效控制,预防、减少或消除质量缺陷,才能满足使用单位对整个建设工程质量的要求,才能增加施工单位的经济效益。

施工项目质量控制应依据最新版国家标准执行。目前依据的标准如下:

①《建筑安装工程施工验收规范》(GB J300—83,GB J107—87);

②《建筑安装工程质量检验评定统一标准》(GB J300—88);

③《建筑工程质量检验评定标准》(GB J301—88);

④本地区及企业自身的技术标准的规程;

⑤施工合同中规定采用的有关技术标准;

⑥管理标准有:GB/T 1900—ISO 9000 族系列标准(根据需要的模式选用),企业主管部门有关质量工作的规定,本企业的质量管理制度及有关质量工作规定;

⑦合同依据:项目经理部与企业签订的质量责任状、企业与企业签订的工程承包合同、施工组织设计施工图纸及说明书等。

合理的施工质量控制在监理协调下可以克服由建设单位进行质量控制的片面性和放任弊端,促进建设单位与施工单位共同做好质量控制,有利于健全和不断完善施工组织设计和施工单位质量保证体系。施工质量控制和进度控制的均衡、协调是保证建设工程如期、保质完成最有效的手段。单方面地追求工期会产生质量问题,造成返工,降低施工企业经济效益,从而影响到建设单位投资效益的快速发挥。而为了保证施工质量,片面又精做细干也会使工期延后,成本增加。

施工质量控制的任务也要完成好三项任务:

①事前控制:在施工前认真做好施工组织工作,做好技术数据准备工作,做好对原材料、设备、零配件等质量进行检查和控制工作,做好对新材料、新工艺、新技术、新设备的质量鉴定和施工工艺的组织论证工作,建立健全质量管理制度,不断完善质量保证体系,认真对待由建设单位组织的设计交底和图纸会审工作。努力做到对施工中的人员组织、材料供应、机械设备在施工中可能会发生的问题有一个预见性的措施,使每一项施工过程都掌握在工程质量工作的规划之中,才可以在事前就把施工中的质量问题解决好,避免因没有做好事前控制造成工程施工质量的返工问题。

②事中控制：工程质量是在工序中产生的，工序控制对工程质量控制起着决定性的作用。应把影响工序质量的因素都纳入管理状态中，建立质量管理点，及时检查和审核质量统计数据的质量控制图表。要严格执行工序间的交接检查，对于重要的工程部位或专业工程，工程师应亲自进行试验或技术复核，并实行实时监控。根据工程施工特点，对完成的分部、分项工程，应及时按照相应的质量评定标准的方法，进行检查、验收。认真审核设计和图纸修改后对工程质量的影响，并对此向有关部门和建设单位提出建议和意见。组织定期和不定期的质量现场会议，及时发现问题，及时分析问题，通报批评工程质量状况，做好工程质量事故的处理方案，并对处理效果进行检查，这样才可以把施工中的质量问题在每一个施工工序过程中解决，并及时做到事中控制。

③事后控制：是指完成施工、形成产品后的质量控制。施工单位应按国家有关的质量评定标准的办法，对完成的分项、分部工程和单位工程进行自检，只有内部通过验收才能交给有关单位验收，保证一次验收通过，才能使整个建设工程质量让建设单位满意。整理好有关的质量报告、评定报告及有关技术文件。向建设单位提供施工竣工图，使施工竣工图成为今后建设单位在维修工程中的一个重要资料。落实进度控制任务和质量控制任务是保证建设工程质量、满足建设单位对建设工程质量要求的必要条件。进度规划、进度协调、事前控制、事中控制、事后控制是落实工程建设施工管理工作任务的具体实施。

质量控制在工程建设中，就勘察、设计、施工和设备安装而言，其控制的要点主要有五个要素，即 4M1E——人（Man）、材料（Material）、机械（Machine）、方法（Method）、环境（Environment）。因此，事先对这五方面的因素予以控制，加以规划和设计，是保证建设项目施工质量的关键。

（3）投资控制

酒店建设工程造价，一般是指进行某酒店工程项目建设所花费（预期花费或实际花费）的全部费用，即该工程项目有计划进行固定资产和形成相应的无形资产，递延资产和铺底流动资金的一次性费用总和。投资是工程建设的一个资金保证，投资的增减可以通过价值工程原理，从进度、质量控制中要回投资效益。

对于投资人来说，要注意抓好三方面的工作：一是工程预算、预算的结算；二是资金的按时供应；三是抓好工程实施过程中的组织协调。第一个方面主要是从总量上控制投资总额。第二个方面是资金要及时到位，以预防资金供需断链造成的停工、烂尾等损失，应控制风险。第三个方面是因为建设过程是一个多任务种、多任务序、多单位的交叉施工过程，常常会产生因为观点不一致造成图纸修改、返工等问题，从而产生额外费用和投资。

实践中控制措施有：分单项分标段控制预算；编制预算应适当保留指定金额、暂定金额、不可预见费用；合理控制间接费用；从源头上控制合同账外加账等。

3.引进并加强工程监理

项目监理是指监理单位受项目法人的委托或聘请，依据有关档案和法律规定，对项目的建设活动进行咨询、顾问、监督，并将业主与第三方为实施项目建设所签订的各类合同履行过程交予其负责管理。项目监理是项目管理的一种方式。

建设项目监理制度，简称"建设监理制"。这项制度将原来工程建设管理由业主和承包商承担的体制，变为由业主、监理单位、承包商三家共同承担的新管理体制。

项目监理的主要内容是控制项目投资、进度和质量,进行项目合同管理,协调有关单位间的工作关系。简称为"三控制""一管理"和"一协调"。

4.抓好现场管理

①要抓好安全管理和安全控制。建立健全安全制度并检查评比,督促各单位各部门落实。

②要加强施工现场的过程控制和专项检查,特别是要进行施工进度、施工技术、施工工艺、施工质量等方面的监督。筹建方要重点关注工序和工艺。

通过施工现场的专项检查,及时解决问题。具体措施有:开展自检、互检活动、培养操作人员的质量意识;认真开展交接检活动;专职检查、分清责任;定期总结提高现场项目部对施工中发现的问题定期集中分类,定期召开质量分析会,组织施工管理人员对各类问题分析总结,针对特别项目制订纠正/预防措施,并贯彻实施。

③要优化现场施工管理,消除浪费,降低物耗及能耗,现场协调作业,实现安全生产、文明施工、职业安全、环保卫生,确保创造精品工程目标。

5.加强合同管理

合同管理是工程项目管理的核心。现在的市场经济在某种意义上来说是法治经济、契约经济、合同经济。现代社会可以讲是合同社会,一个企业的经营成败与合同及合同管理有密切关系;酒店建设项目更是如此。因此,民营企业发达的地区必须十分重视合同及合同管理。

①专人专职管理。选好人员,组织好在职学习,建立岗位责任制,提高合同管理人员素质,提高企业合同管理水平。筹建办一方面要提高重视档案工作,建立档案室,安排专职人员管理合同、图纸、文件等;另一方面要聘任一批有专长的技术人员担任各专业的责任工程师,对合同前期的招投标、合同谈判、合同签订及合同执行、付款节奏、分项验收、合同的安全履行等负责到底。

②建立以合同管理为核心的项目管理体系。如果总包、分包的合同关系是井然有序的,对方的责、权、利规定得很明确,各方的配合工作也比较好,合同执行也很顺利;反之,则是常常陷于扯皮与矛盾中,由此带来工期的损失和造价的突破是普遍现象。

③对合同进行全过程的、系统性的、动态性的管理。全过程就是由洽谈、草拟、签订、生效,直至合同失效为止。我们不仅要重视签订前的管理,更要重视签订后的管理。

④对合同中的暂定项目和存在变更的事项及时处理。

6.建立高效的沟通协调机制

筹建指挥部要及时审核批准工程承包商的具体施工进度计划,并监督执行;要建立定期现场巡查制度、周工程例会制度、召开专题工作会议制度、奖惩制度等。筹建指挥部可授权委托总承包商行使一定的权力,特别是在处理一些技术性问题方面。

总之,酒店工程建设施工中必须采取主动控制,实施全方位、全过程的有效控制措施。方方面面均需有所准备,同心协力,才能按时保质、保量地完成施工任务。

第二节　酒店功能规划

【知识框架】

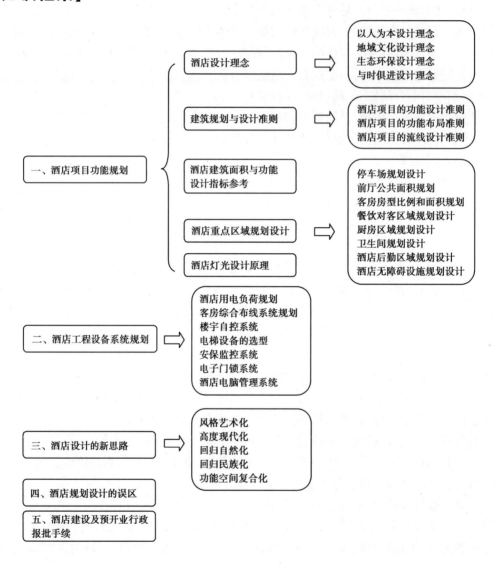

【案例导入】

　　浙江世贸君澜大酒店于1997开业,并于1998年被世界贸易中心协会吸收成为会员,是一个综合性多功能的经营实体。酒店位于著名的西湖景区附近,毗邻黄龙体育馆,不仅有游客入住,更吸引了大量的商务客人。酒店拥有400多间客房,具备大中型展会的接待能力,多次获得媒体颁发的"最佳会议酒店"等荣誉,连续多年营业额超出2亿元。

酒店从建设之初,就在设备设施维护上做到了规范与标准:酒店内装及软装设计极具韵味,使文化气息历久弥醇;酒店营业区从设计之初就考虑了空间感在能耗上取得平衡;酒店动线设计合理,展会、宴会通道分离,展会到用餐区设有单独的通道;设备维保工作细致入微,制订了详细的操作守则、维保计划和严格、多维度结合的检查制度;设备供应商管理到位,确保售后服务能如约进行。21年的时间跨度以及酒店客流量对设备设施提出了考验,但酒店在21年中,除了对几个楼层的内装风格进行了一些改动,未经重大改造,使酒店节约了大量的工程投入。

通常酒店5～10年就要重新装修改造,而浙江世贸君澜大酒店设计理念科学、先进,管理精细,维护保养出色,为酒店业主节约了大量装修改造资金。

（来源:《酒店管理案例分析》刘伟主编,重庆大学出版社）

【对管理者的启迪】

①科学而理念超前的酒店设计以及精细的维护,对酒店长远利润有重大影响。科学的设计和出色的维保会延长酒店改造周期,事实上为酒店业主节约了大量资金,而节约下来的资金,对于业主来说,就是净利润。

②酒店收益产生的途径,不仅靠销售,也要靠设计、靠维护。

③作为酒店管理者,应学习设计、艺术等多方面知识,懂得"工夫在诗外"。

④酒店维保工作是系统化工程,管理者不仅在工程管理上应制订系统方案,在日常运营当中,更应从较多的维度来制订工作计划与方案。

我国《旅游酒店星级的划分与评定》（GB/T 14308—2010）标准对各级别酒店的功能配置方面有详尽的规定,但随着消费水平的提升和市场需求的多元化发展,酒店业要取得长足的发展,除了凭借经营理念和服务取胜外,在装饰设计阶段,需要提前规划,坚持"降碳、减污、扩绿、增长"的原则,充分考虑酒店的造价、空间配置、内部流线、功能布局、主题文化及特色定位,建立酒店的竞争优势,创造方便、高效、舒适的空间,为酒店的后期管理提供良好的基础环境。

一、酒店项目功能规划

(一)酒店设计理念

酒店的建筑设计包括外观设计和内部设计两方面,外观主要建筑风格定位方面,内部设计包含内部装饰及功能规划。无论外观设计还是内部设计,其合理性将会影响酒店的运营,决定着酒店未来经营效率和效益。

酒店设计需要根据市场定位、规模档次、经营服务而定,一般应遵循以下设计理念:

1. 以人为本设计理念

多年来星级酒店一直以高档消费场所出现,星级酒店设计趋向于表现地位、显示财富,也往往是高档奢华的象征。在大批高档材料的堆砌之下,装修的豪华掩盖了对消费者身心的关注与呵护。随着社会的进步,时代的变革,这种浮躁逐渐被人性化的设计理念所代替,并势必成为星级酒店动态化设计的主要方向。毕竟星级酒店服务的对象是人,而人类有其基本的共性,为此努力使酒店的使用功能合理与完美;酒店设计应为"舒适性设计"满足客人的精神追求,塑造更为温馨如家的环境氛围,满足人们求新、求异、求变的本性;摒弃烦琐奢华彰显财富的设计手法,提炼文化内涵,以更亲近自然的设计语汇体现设计个性,反映创新意识。这种关爱人群的人性化设计才能为酒店动态化设计注入持久的生命活力。

同时,酒店员工是服务的提供者,服务动线的合理性,除了营造良好的服务环境,又能提高服务效率,确保服务安全性。

(1)注重空间功能设计的完备性为前提,追求个性化、完美性。

(2)应以精神追求为指引,营造干净、温馨、温暖的氛围,提高舒适度。

(3)贴近自然,营造亲切感。应当通过线条、色彩、装饰等细节设计贴近自然的清新干净的环境。

(4)注重服务效率与安全并重的设计。除了从顾客视角展开设计外,确保服务流线设计的合理性是保证服务效率、确保员工服务安全的关键。

2. 地域文化设计理念

星级酒店设计既是一项建筑活动,又以酒店形象反映一种文化观点。由于其存在于某一地域环境之中,主要服务于某一人类群体而呈现其地域性;设计中始终感悟地域文化,追求个性化理念,彰显独特风格是做好酒店动态化设计的一个重要方向。

星级酒店作为一个开放性的服务空间,在面向世界的社会环境中,建筑文化的外来元素逐渐渗透于传统文化内涵之中,并与其重新整合形成相对统一的国际审美情趣;高星级酒店室内设计是最能反映和代表设计潮流的一个领域,同时作为城市形象主要视窗之一,成为时尚性的重要载体。

3. 生态环保设计理念

"人类只有一个地球"的生态观越来越深入人心,生态价值观也越来越规范着人们的社会行为。酒店动态化设计中积极提倡人为环境与自然环境的融合与共生,室内空间再创造的同时也应是人类生态环境的继续和延伸。

酒店动态设计认真实行绿色设计的原则,应尊重自然、顺其自然、保护自然。对生态系统和生物圈内不可再生资源建立循环资源系统,积极利用再生资源、充分利用自然光、太阳能,积极组织被动式的自然通风,节约能源,加强天然资源的利用和保护,积极开发和使用真正环保型的装饰材料。

4. 与时俱进设计理念

酒店建筑外观设计行业在一定程度上反映着一种时尚。随着经济的发展、社会的进步、行为方式的改变、审美情趣的变化,建筑装饰跟着时代的脉搏,反映着时代的气息,酒店建筑装饰设计更是如此。

随着科技的进步新材料、新技术、新工艺的层出不穷,为酒店装饰行业追求全新的时代气息提供了取之不尽的语汇;木材石材等天然材料继续运用反映着人类追寻渊源,亲近自然的情怀;金属和玻璃等富有时代特点的新材料,给人们带来全新的时代情趣,特别是近年来玻璃在室内装饰中的运用,从加工工艺到装备技术带来视觉和心理的强烈冲击。

当今信息时代的到来,改善着全人类的生活模式,而酒店设计中智能技术的应用,提高了室内环境的整体品质,同时还将继续影响着酒店的动态设计。

（二）酒店项目建筑规划与设计准则

1.酒店项目的功能设计准则

①酒店项目应有准确的市场定位,任何功能设计都应以方便客人使用和满足客人需求为基础,具有快捷、高效的性能。

②酒店的功能设计要以酒店的预期档次标准为依据,以经济效益为目标,体现效益设计准则。

③酒店的项目设计应体现生态设计准则,包括酒店的环境生态设计,酒店内部环境生态设计和酒店与环境之间的生态沟通等,节能减排,合理降耗,使酒店走上可持续发展的轨道。

④酒店的项目设计应体现建筑美学和文化设计的准则,使酒店建筑的外观设计成为可传承的文化精品,酒店的内装饰设计应运用色彩、符号、小品、寓意等形式适度体现民族文化底蕴。

2.酒店项目的功能布局准则

①酒店规划指标中所规定的酒店建筑除了要满足一般建筑物的各项通用规范和标准外,还必须满足酒店所特有的功能要求。酒店建筑的一般规划指标包括征地面积、总用地面积、总建筑面积、建筑占地面积、容积率、建筑密度和绿地率等项目。酒店建筑特有的功能布局指标包括公共区域、客房区域面积、餐饮区域面积、会议娱乐等配套设施建筑面积和工程设备区域面积、行政后勤服务部设计面积等。

②酒店项目的功能布局还应满足高层建筑的酒店功能分区要求,这些区域包括地下室、低层公共区域、客房、顶层公共面积和顶层预备用房等。

3.酒店项目的流线设计准则

酒店建设要充分考虑营业后各部门服务的实施需要,酒店的流线设计主要指三大流线,即客人流线、服务流线和物品进出流线。

（1）客人流线

客人流线是指住宿客人流线和宴会客人流线。客人流线的设计,要充分考虑客人的安全、隐私、方便和快捷的需要。通常,垂直交通即客用电梯的设计要满足至少平均每100间客房配备一部,如果有条件,最好能达到平均每70间客房配备一部客用电梯,以使酒店运营高峰期的客流量能在短时间内进行分流。设计宴会客人流线时,最好设计单独的垂直交通系统,尽量不与大堂的客用电梯共用,保证酒店在接待大型团体宴会时能够及时疏导客流,同时不影响其他客人正常使用客梯。

（2）服务流线

服务流线包括有形流线和无形流线。有形流线是指酒店为客人提供服务时所占用的通道和必经的路线;无形流线是指信息系统流线。信息系统流线是服务流线中一个最重要的组成部分,是酒店从操作系统到反馈系统再到执行系统的信息枢纽和预处理中心,在酒店经营管理中发挥着不可替代的作用。在服务流线的设计上,要注意尽可能不与客人流线相交叉。虽然在酒店的实际工作中,服务流线和客人流线完全不交叉几乎是不可能的,但一个好的设计本身就是减少路线重叠和交叉点的设计。服务流线中的垂直交通设计必须独立设计,很多酒店没有员工专用的电梯,员工在日常工作中运输货物、使用服务车甚至运送垃圾时与客人共用电梯,这种做法是极不可取的。

（3）物品进出流线

主要指酒店所采购的经营用品入店流线和垃圾清运出店流线。这个流线不能与客人流线有任何交叉。通常,酒店的这部分业务操作都在地下解决,设计有专供车辆进出的车道、卸货平台、垃圾储存间（包括干垃圾房和带有温度控制的湿垃圾房）等设施。

（三）酒店建筑面积与功能设计指标参考

1.酒店设计指标

表3-1是较常规的高档城市商务型酒店的建筑面积与功能设计的参考指标。

表3-1　酒店设计指标

	客房	50%～55%
标准高档酒店建筑面积	餐饮	8%～10%（有增加的趋势）
	宴会厅	8%～10%
	行政	控制在1%（+地下室）
	后勤	8%～10%（+地下室）
	机电	8%～10%（+地下室）

2.酒店每平方米造价指标参考

以下是利比中国报告中对中国一、二线主要城市综合平方米造价的数据,不包含地价。根据不同城市区域,造价有所浮动,仅供参考。

表3-2　国内主要城市酒店造价参考表　　单位:元/m²

城市	五星级	四星级
北京	1.24～1.63	0.91～1.18
成都	1.12～1.43	0.83～1.06
广州	1.20～1.54	0.90～1.01
上海	1.23～1.60	0.90～1.16
深圳	1.18～1.52	0.87～1.10
天津	1.17～1.54	0.87～1.14
武汉	1.12～1.44	0.83～1.06
无锡	1.22～1.59	0.90～1.06
西安	1.11～1.44	0.81～1.05
珠海	1.13～1.44	0.80～1.06

（数据来源:利比中国报告）

3.酒店功能流线设计参考

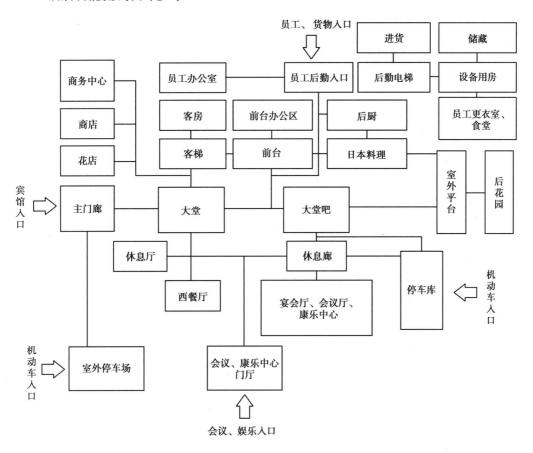

图3-1 酒店功能流线设计参考

(四)酒店重点区域的规划设计

1.停车场规划设计

酒店为客人提供的停车场区域包括地面停车场、地下停车场和停车楼等,由于各酒店的情况不一,有的酒店建有自备停车场,而有的酒店则采用租用附近停车场地的办法来满足客人停放车辆的需求。

自备停车场的车位数量可根据停车场的面积大小规划设计,因为随着人民生活水平的提高,私有汽车的数量增长,如果面积允许的话,可以相应多设置一些车位。自备停车场车位数量不少于40%的客房数最佳,对没有足够面积或租用附近停车场地的酒店,自备或租用车位数应不少于15%的客房数。

酒店在设计停车场时,应合理设计回车标线和交通标志牌,并考虑增设一部分大型车辆停车位,以满足大型旅游团队专用车辆的停放需求。酒店同时应该关注残障人士的停车需求,应在停车场入口宽敞的地方设置残障人士专用停车位。

2.前厅公共面积规划

前厅作为酒店的门面、酒店的信息中心和客流相对集中的核心对客区域,客人从到店到离店,是客人感受酒店服务和装饰格调的第一站。不论是办理登记入住和结账离店手续、查询信息、接待访客,还是消费酒店提供的其他服务项目,都是核心区域。故前厅的对客服务设施及公共面积规划要容纳和承载足够的客人数量,使客人既不觉得空旷松散,又不觉得拥挤不堪,还要适合对客服务的需求。

前厅的公共面积规划不包括任何营业区域的面积,如总服务台、大堂经理、礼宾部、商场、美容美发店、书店、花店、面包房、商务中心、大堂酒吧、茶吧、咖啡厅或其他餐厅等。有关酒店前厅公共面积的规划可以参考最新版的《旅游酒店星级的划分与评定》。

3. 客房房型比例和面积规划

客房房型的规划常见的有套房、标准间、单人间、多人间等几种类型,高档酒店一般还会根据客源需求设置诸如总统套房、行政套房、豪华套房等风格各异的套房类型以提高酒店的档次和市场竞争能力,甚至有些高端品牌酒店的客房全部设计成套房以满足高端客人的需求。

出于对床位数的考虑,酒店会根据经营需要规划不同的客房房型的比例。一般情况下,套房数量不少于客房总数的10%,标准间数量不少于客房总数的70%,单人间和多人间数量不少于客房总数的20%。但随着经济的不断发展,客源市场追求舒适度和保证隐私的目的,客房单人间的需求有所提高,酒店经营者也据此做出了相应的调整,加大套间和单人间的比例,单人间的床型从标准床换成了大床,房间面积达到甚至超过了标准间。各客房类型比例也调整为套房占20%、标准间占50%、单人间和多人间占30%的水平。

酒店平均每间客房的建筑面积是用酒店总建筑面积除以客房总数来计算。总建筑面积包括酒店的建筑主体及与酒店经营密切相关的附属配套设施部分,不包括如员工公寓或福利住房等与经营没有直接关系的建筑部分。酒店平均每间客房的建筑面积越小,说明酒店客房的舒适度越低。

不同类型酒店的客房总面积规划也是不尽相同的,经济型酒店的客房面积较小,有的只有十几平方米,而标准的四星级酒店双间套房的总面积(不包括卫生间和门廊)应不小于40 m²,标准间的总面积(不含卫生间)应不小于20 m²。

随着客人的个性化需要变得越发重要,酒店客房区域的设计规划要考虑市场需求的变化,比如之前为商务客人设置的行政楼层、为有特殊需求设置的无烟客房和女士客房等类型客房备受青睐。

4. 餐饮对客区域规划设计

酒店的餐饮设施一般包含中餐厅、西餐厅、咖啡厅、快餐厅、其他外国餐厅、旋转餐厅、大堂酒吧、酒吧、茶室、面包房、宴会厅和多功能厅等;除此之外,还包括会议设施如专业会议厅和展览厅等。大宴会厅和多功能厅要配有衣帽间、贵宾休息室、音响操作室、专用的卫生间和专门的厨房。其中,多功能厅由于使用功能的多样性,须增加用于存放桌椅的库房设施,会议厅要配有衣帽间、小会议室、贵宾休息室、音响操作室、库房和卫生间。

酒店可以根据不同的经营方案和客源需求选择设计所需要的设施。我国《饮食建筑设计标准》(JGJ 64—2017)明确规定"用餐区域的室内净高应符合下列规定用餐区域不宜低于2.6 m,设置集中空调时,室内净高不应低于2.4 m;设置夹层的用餐区域,室内净高最低处不应低于2.4 m。用餐区域采光、通风应良好。天然采光时,侧面采光窗洞口面积不宜小于该厅地面面积的1/6。直接自然通风时,通风开口面积不应小于该厅地面面积的1/16。无自然通风的餐厅应设置机械通风排气设施"。所以从餐饮区域的整体舒适度来讲,其整体规划设计要有专业性、格调高雅、色调协调、有艺术感;温湿度适宜、通风良好、无炊烟及烟酒等异味;照明充足、环境舒适、无噪声、背景音乐曲目和音量音质良好。不同经营方式的餐厅其餐位面积规划也是不同的,一般来说,中餐厅由于较多使用圆形餐台,平均单个餐位面积需要 2 m²;而咖啡厅由于大面积使用方形餐台,平均单个餐位面积需要 1.5 m² 就可以了。多功能厅和会议厅因摆台形式不同,客人的单个占用面积也有所不同。摆台形式是剧场型的情况下,客人的单个占用面积可以按 1.2 m² 计算;如按课桌型摆放时,容纳人数应当相应减少,客人的单个占用面积按 1.8 m² 计算。

5. 厨房区域规划设计

(1)厨房总体设计

厨房的流程和功能设计是否合理,将直接影响餐饮经营是否成功。一个理想的设计方案,不但可以让厨师与餐饮服务人员密切配合,井然有序,还可为厨师制作美味佳肴提供舒心的工作环境,餐饮顾客也会因此能得到更好的服务。反之,一个粗制滥造的设计,可能由于功能分区、设备器具安排不合理,厨师使用不顺手,无法发挥其烹饪技术而影响菜品质量,久而久之必然会影响到餐厅的声誉。

厨房设计注意事项:

①酒店厨房的设计应以分区合理、流线清晰、方便实用、节省能源、改善厨师工作环境、提高工作效率为原则,设备配置不必过多过繁。设备配置过多而实用性不强,不仅会造成资源浪费,而且会占用有限的空间,使厨房生产操作施展不开,增加安全隐患。

②进行厨房设计时,应根据现场情况,结合餐厅的功能、要求合理安排和布局,并结合燃气公司以及卫生防疫、环保、消防等行政管理部门的要求,优化设备布局方案,方便将来施工、安装和验收。

③厨房是餐饮部门用水量比较大的部门,有许多厨房由于星盆(水池)配备太少、太小,厨师要跑很远才能找到水池,忙起来自然就很难顾及清洗,厨房的卫生很难令人满意。因此,设计时要充分考虑原料化冻、冲洗的需要,以及厨师取用清水和清洁用水的各种需要,尽可能在合适位置设置单星、双星或三星盆,切实保证食品生产环境整洁卫生。

④在选择专业的厨房设计公司时,应了解其是否在承接酒店厨房工程方面具有丰富经验,是否在方案设计以及供水、供电、通风等配套方案设计方面具有成熟的工作流程。

在设计厨房布局方案时,应严格遵守以下原则:

①了解厨房的既定菜式,设计均应以此为中心。

②严格按照生熟食品分隔的原则,确保厨房饮食卫生。在此前提下,尽量缩短输送流线,使路向分明。

③合理安排厨房空间及工作位置,确保厨师均能各司其职,分工合作,提高产量与成品质量。

④厨具、用具布局空间合理,视野开阔,方便取用和管理。

⑤配备所有装置时,以经济、适用为原则。

⑥合理设计空调和排风系统位置及走向,保证空气流通、温湿度适宜,营造舒适的工作环境。

⑦厨具符合消防、卫生、环保、计量标准,确保使用安全,避免损毁。

（2）厨房功能分区设计

酒店的厨房区域总体设计应能满足各餐厅经营需求,这就需要对各餐厅相应配备的厨房按照不同功能所需面积进行分配,对厨房内各区域、各岗位所需设备配置进行合理的统筹计划和安排。

进行厨房功能分区设计时,应注意下列事项:

① 设计酒店厨房时,应在依据酒店项目星级档次、餐饮规模及用途的前提下,结合厨房各区域生产作业的特点与功能,充分考虑需要配备的设备数量与规格,对厨房的面积进行分配,对各生产区或进行定位。同时还要依据科学合理、经济高效的总体设计原则,对厨房各具体作业点,按出品风味和规模要求进行设备配备,对厨房面积进行合理的功能布局。

以中餐厨房为例,厨房面积的功能布局应包括下列操作区域:

- 粗加工间(包括蔬菜加工间和肉类加工间)
- 凉菜间(含二次更衣区)
- 烧腊间
- 面点间
- 主灶操作区
- 切配区
- 冷库
- 厨师长办公室(也可设计在邻近的厨房外区域)
- 干货调料库
- 洗碗间
- 备餐间

有的酒店把各厨房的粗加工间和冷库集中设置在一起,成立厨房配送中心,单个厨房就不再需要单独设置以上两个区域。

与中餐厨房相比,西餐厨房或咖啡厅厨房的功能布局相对简单,包括:

- 粗加工间
- 冷菜间
- 热菜操作区
- 饼房
- 洗碗间
- 调料库
- 备餐间

②进行厨房功能分区设计时,不能错误地认为改善厨师工作环境就是无节制地扩大面积、拓展空间。有的厨房对大空间进行大量实墙分隔,使各作业间互相封闭,看不见,叫不应,既增加了操作人员搬运货物的距离,又不便互相关照和提高工作效率,更容易产生安全隐患。切实可行的做法是,用铝合金和玻璃等材料搭配使用,分割厨房中的各作业点。

③厨房的明厨、明档主要是将菜品生产的最后阶段作展示性使用,更多地吸引消费者的注意,通过实物展示促进销售,增加厨房操作的透明度。设计时应注意,明厨、明档,应干净、

整洁,无油烟、无噪声污染,不能有碍观瞻。

④关于厨房面积和餐厅面积的比例问题,卫生防疫管理部门对此有相关的标准,就其合理性来说,如果把厨房面积和餐厅面积设置为一个总面积的话,那么餐厅的面积应不高于70%,厨房面积不低于30%。

(3)厨房设计应考虑的因素

厨房的功能区划分主要有三大板块:食品加工烹调区、餐饮器具洗涤区以及物料、食品原材料、菜肴半成品和菜肴成品的储存区。装修设计时,应充分考虑厨房的基本功能和使用要求。

①厨房设施设备的选型。

厨房设施设备选型注意事项:

A.厨房设施设备的选型必须符合人体工程学的原理,方便使用,最大限度地减轻操作者的劳动强度,以提高工作效率。

B.合理布局灶(炉)具、运水烟罩、热水器、星盆(水池)、操作台、壁柜、冰箱等设备,有利于这些设备的使用、清洁及维修,厨房内的各种装饰物不得影响采光、照明和通风。

C.进行厨房设施设备选型时,应考虑设备核心部件的材质和使用寿命。板材是大多数厨房设备的主要材料,生产厂家大多自称采用日本、韩国或国产宁波和太钢的不锈钢板材,不管采用何地的材料,必须保证其材质是真正的不锈钢,防止出现以次充好的现象。

厨房中的冷冻设备有立式或卧式冰柜,冷冻设备的核心部件是制冷压缩机,选择该类设备时,应了解制冷压缩机的产地、功率、保修时间等信息。

D.选购其他厨房设备时应注意,星盆要有隔油滤网,冷热共用水龙头内芯要用抗膨胀系数高的陶瓷质地材料,制冰机、洗碗机由于运转时间长,应选择高质量的产品,防止设备更新淘汰过快。

进行厨房设施设备选型时,有几种情况最容易出现问题,值得筹备者予以特别关注:

A.厨房设施设备的配置位置要合理。主灶区一般采用单侧操作的设计,这就要求其一侧尽量要靠墙摆放,以节省面积。餐厅的规模较大、包房设计较多时,炉灶的组数要按照所规划的接待人数来设计。一般情况是,一组炉灶(双头)可以同时为100人就餐提供热炒菜品服务。蒸箱等设备的旁边应设计相应的双星盆,满足蒸制类菜品的运输用的货梯要预留出操作空间,满足服务运输用的需要。洗碗间要根据“脏餐具进入→餐具洗涤消毒→干净餐具储存取送”的路线设计一进一出的两扇门,防止餐具二次污染。

B.配置厨房设备时不能只看外表,不重视板材的质地和厚度。如果买回的设备板太薄、质太轻,工作台一用就晃,炉灶一烧就瘪,不仅会使设备返修率高,厨师使用不顺手也会成为设备的奴隶。设备配置不实用也会使设备的闲置率增高,浪费投资。还有些设备如升降传菜梯和西餐的灭火炉等看似新颖,功能超前,其实实用价值并不高。

C.设施设备的配置必须做到“因地制宜”和“量材使用”。有的酒店在选择厨房主要设备的炉灶时,不考虑餐厅的菜系和出品,一律选配广式炉灶(广式炉灶的总体特点是火力猛、易调节、好控制),最适合于旺火速成的粤菜烹制,认为只有这样的配备,厨房才是最先进的。广式炉灶是与菜的烹调方法、成品特色相配套的,如果餐厅以经营淮扬菜、海派菜或者杭州菜为主,选配广式炉灶就不免为难厨师了。淮扬菜擅长炖、焖、煨,海派菜浓油赤酱,讲究文火的搭配运用,这需要炉灶有支火眼配合猛火使用。不考虑这些因素来配置相应的设备,不仅成品风味、口味难以地道,而且也是对能源、对劳动力的无谓浪费。

②厨房的通风设计。

不管厨房选配怎样先进的排风设施,必须达到通风要求;厨房尤其是配菜、烹调区形成负压。所谓负压,即排出去的空气量大于补充进入厨房的新风量。厨房的正、负压配比必须合理,如果负压过大的话,可能会出现进出门被顶住、难以开启的现象。

厨房风道的风速常量一般为 6~8 m/s,酒店筹备者应充分考虑新风来源和换气次数,这样,厨房才能保持空气清新。

在抽排厨房主要油烟的同时,也不可忽视烤箱、蒸箱、蒸汽锅以及蒸汽消毒柜、洗碗机等产生的浊气、废气,要保证所有烟气都不在厨房区域内弥漫和滞留。

大多数厨房设计公司设计安装的设施设备只到主灶区上部为止,因此在功能设计上,酒店还要考虑室内的设备和楼本外部的烟道设施如何对接的问题。

③厨房的地面、天花板和墙面设计。

在建筑设计中,厨房的地面应做 300 mm 左右的下沉设计,用于厨房的排水沟。排水沟是厨房污水排放的重要通道,要做到厨房地面清洁干爽,排水沟就不能太浅、太毛糙。设计排水沟时,要把厨房区域作为一个整体来考虑,除了库房和办公等区域外,其他位置都要考虑到。用排水沟把各操作区域连接起来,可以使厨房更加便于清洁和整理。厨房的地面材料宜选用防滑、防水、易于清洗的瓷砖。如果材料不能满足防滑要求,会给日常工作造成极大的不便,有时甚至会造成人身伤害事故。在没有选到新颖实用的防滑地砖前,使用传统的防滑红砖,仍不失为有效之举。

厨房的天花板应选用浅色的、易于清理的建筑材料,如质量可靠的 PVC 板材或铝扣板等。

卫生防疫部门对厨房墙面的要求是,四周墙壁满铺瓷砖,故其装修宜用防火、抗热、防潮、浅色的材料。

④厨房的灯光设计。

餐厅的灯光偏重装饰性,而厨房的灯光偏重实用性。中国菜之所以位居世界三大菜系之首(另外两个是法国菜和土耳其菜),最重要的原因就是中国菜讲究色、香、味、形,而"色"又居首位,由此可见其重要性。厨房中出品的菜肴色泽大部分是通过厨师在烹饪过程中的细心观察来控制的,其中充足的照明是关键。厨房的灯光设计必须达到标准的勒克斯照度。

这里所说的实用性,主要指下面几点:临炉炒菜要有足够的灯光以使厨师及时把握菜肴色泽;面板、切配区域要有明亮的灯光,方便厨师追求精细的刀工并能有效防止刀伤;出菜打荷的上方要有充足的灯光,以切实避免菜品中混入杂物并流入餐厅。厨房灯光不一定像餐厅一样豪华典雅、布局整齐,但其作用绝不容被忽视。

进行厨房灯光设计时还要着重考虑的一点是,主灶台、工作台的局部照明可用嵌入式日光灯或射灯,其他区域的灯具选用吸顶灯。由于各部位配置的灯具瓦数较高,必须在仅有的灯具外面加装由特殊材料加工制成的防爆灯,防止灯具爆裂伤人和污损菜品。

⑤厨房的辅助区域设计。

辅助区域设计是强化完善餐饮功能的必要补充。辅助区域主要指的是在餐饮功能的划分上,对接服务于客人用餐的餐厅,从行政管理上也不属于菜点生产制作的厨房。但少了这些区域的设计,餐厅可能就会显得粗俗不雅,甚至嘈杂凌乱,厨房生产和出品也会变得断断续续,甚至残缺不全。

厨房辅助区域主要有备餐间和洗碗间等,规划位置多设置在厨房区域内。备餐间是配备开餐用品、传送菜肴到餐厅、创造顺利开餐条件的场所,大部分餐厅皆设有传菜部负责类似业务。洗碗间的工作一般由酒店设有的管事部统筹安排,传统的餐饮管理对备餐间的设计和设备配备没有给予足够的重视,餐厅经常出现乌烟浊气弥漫、出菜服务丢三落四的现象。

备餐间应处于餐厅、厨房过渡地带且要有足够的空间和设备,以便于夹、放传菜,便于将出菜信息及时通知划单员。备餐间一般还设有通信联络设备,方便起菜、停菜等信息沟通。

在设计上,应考虑厨房与餐厅之间采用双门双道。双门双道是指厨房与餐厅之间设置的起隔音、隔热和隔气味(简称"三隔")作用的进出分开的弹簧门。同向两道门的重叠设计不仅能起到"三隔"的作用,遮挡客人视线,有效解决了有些酒店陈设屏风用以遮挡的问题,还保证了同时进出厨房的操作人员不会互相撞倒。

在餐饮经营中,合理设计洗碗间可有效减少餐具破损,保证餐具洗涤的卫生质量。无论是安装了集清洗、消毒于一体的通道式洗碗机的洗碗间,还是采用手工洗涤、蒸汽消毒的洗碗间,在餐具洗涤作业期间,均会产生水汽、热气、蒸汽。如不及时排出这些气体,不仅会影响洗碗工工作,使洗净的甚至已经干燥的餐具重新出现水汽,还会有污水向餐厅、厨房倒流,污染附近区域。因此,必须采取有效设计措施,切实解决洗碗间通、排风问题,创造良好的工作环境。

6.卫生间规划设计

厕所是衡量文明的主要标志,更是衡量酒店卫生水平的标尺。酒店公共区域卫生间的设计影响酒店的对外形象。卫生间是一个集多样设备和多种功能于一体的空间类型,主要包含盥洗室和卫生区,酒店设计时应坚持以方便使用为原则,把使用频率最高的放在最方便的位置。

酒店卫生间的设计要点如下:

①酒店公共区域卫生间需要满足公众审美要求:可适当引入灯光设计、混响设计、绿化设计、艺术品装饰设计等方案。数字化时代各路网红争相在高颜值的洗手间自拍打卡,很多酒店洗手间充满创意、人性化的关怀设计,在宾客心中留下深刻的印象,从而对酒店的档次有更深层的认识。

②合理规划女卫生间面积:由于女性使用卫生间的时间比男性长,在规划面积上可以考虑比男卫生间的面积稍大些。卫生间的洗手台最好男女单独分开设置,满足女性客人的补妆需求。男卫生间的立式便斗应设隔板,以保护客人隐私,便斗还可采用无水分解设施,减少异味扩散。

③注意客人流量:在设计餐厅、多功能厅和会议室的公共卫生间时,应根据客人的流量设计厕位,保证在短时间内客人比较集中时使用方便。

④客房内卫生间需考虑便利性和美观性。应考虑采用面盆排水入墙、分区照明、干湿区分开等措施,增加卫生间的舒适度。电话副机设在马桶一侧的墙上,高度适中、方便使用。排风扇设在马桶上方利于污浊空气快速排出并注意低噪环保。洁具的釉面厚度应达到1.1 mm以上。马桶应选择虹吸、静音、3/6开节水、缓冲垫及盖的设备。卫生间的混合器、五金件应无圆润无尖角,冷热水龙头标示清晰。面盆应设计成双盆型,便于使用并具有人性化。

7. 酒店后勤区域规划设计

酒店后勤区域包括行政办公区、一级库房、员工生活区、工程设备间和各种辅助用房等,酒店经营部门的办公室可以根据具体情况安排在经营区域或后勤区域,公关部、销售部等部门由于业务接待需要,其办公室尽量设在经营区域为宜。

表3-3列出了酒店后勤区域的规划,由于各酒店设置情况不同,此表仅供参考。

表3-3 酒店后勤区域规划表

行政办公区	库房(一级库)	员工生活区	辅助用房
总经理办公室	总库	员工更衣室	垃圾房
总经理秘书	食品调料库	员工浴室	食品检疫室
副总经理办公室	酒水库	工服房	电脑机房
总经办接待	清洁设备化学药品间	员工食堂	洗衣房
工会主席办公室	物品库	培训教室	综合维修房
车队	棉织品库	倒班宿舍	工程零备件库
复印打字室		员工活动室	垃圾分拣室
人力资源部办公室		医务室	员工出入口保安值班室
工程部办公室		员工理发室	收货平台
安保部办公室			收货间
财务部办公室			设备间
采购部办公室			配电室
培训部办公室			
质检部办公室			

8. 酒店无障碍设施规划设计

规划设计酒店各项设施时,应考虑是否方便残障人士使用。一方面,国家出台了建筑物设计中关于无障碍设施的标准;另一方面,酒店建筑在实际的设计中还要对标准进行细化,切实做到为残障人士提供最优化的辅助设备和设施。

酒店中的无障碍设施包括公共区域部分、交通部分和无障碍客房部分。无障碍设施设计应遵照最新版《无障碍设计规范》《城市公共厕所设计标准》执行。

(1)无障碍公共区域设施规划

酒店公共区域部分的无障碍设施包括店外专用通道和专用卫生间。店外专用通道设计包括专用坡道和扶手,大堂内均应备有轮椅,有条件的酒店还应设置供残障人士专用的卫生间,最好是分开独立设置、最大限度地保护残障人士的隐私。

(2)无障碍交通设施规划

无障碍交通设施要求酒店内凡有客用踏步梯的区域都应设置供轮椅通过的坡道,客用电梯间外最好在墙面的下方单独设置电梯按钮,高度一般为 0.9~1.10 m 带盲文,方便上肢体残障人士使用,电梯间内设有扶手杆和供残障人士专用的侧面按键和盲文专用按键。

(3)无障碍客房设施规划

根据《旅游酒店星级的划分与评定》中的相关规定,要求酒店最少配备 1 间无障碍客房,有条件的酒店可以按照客房总数的 1% 配备。房间内的家具配备、卫生间等设施均应按照相关标准设计。客房房门内窥镜也必须相应降低高度,符合规范。

国内有很多酒店的无障碍客房经常被安置在楼层的边角区域,离电梯间过远,从经济的角度看,离电梯间较近的客房无疑比较容易出租,边角房由于房形不规则等因素不容易被客人接受。如果从方便残障人士出行的角度看,离电梯间近无疑是最方便的,所以,酒店无障碍客房的位置最好规划在离酒店楼层电梯间较近的区域内,使客房真正做到"无障碍",体现酒店"人文关怀"的经营理念。

(五)酒店灯光设计原理

1.灯光设计的基本要点

(1)采用暖白色的光源,色温约为 3 000 K

为顾客营造亲切、温馨和友好的氛围是酒店共同诉求,而色温 3 000 K 的光源所提供的照明环境,能够强化酒店的这一特点。这是基于人的视觉对色彩的温度知觉和空间知觉的研究,色相偏于橙黄的色彩对比色相偏于蓝紫色的色彩时,橙黄色会让人感觉温暖。基于这种知觉,在心理层次的深度唤起上,橙黄的色彩是同亲切、温馨、友好这样心理评价和情感活动紧密联系在一起的。

基于工程实践,每当一个酒店照明工程能够在没有各方面干扰的情况下彻底落实这个原则,其效果就非常好。

(2)在光源色温标一致的情况下,要对不同类别光源的光色进行具体分析

以白炽灯和紧凑型荧光灯为例。一支标称为 2 800 K 的白炽灯和一支标称为 2 850 K(也可能是 270 K)的紧凑型荧光灯,它们的色表是大体一致的,但对光色(色表和光色依然是有区分的)的评价即色感依然有细微的差异。由于光谐组成不同,白炽灯所发出的光很像水彩颜料,色调"响亮"而"透明";而紧凑型荧光灯发出的光很像土黄,色调有些浑浊。

所以,照明设计要有针对性地选择光源类别,在色温相同的条件下,要综合权衡它们在光通量、平均寿命上是否节能、是否便于维护与光色之间的取舍。在节能和延长灯泡寿命的问题上,应结合天然采光和客人活动对亮度的要求,通过智能控制系统实时调光来加以解决。

(3)注意色温与照度的关系

利用照度和色温的匹配关系,细致地营造适宜的空间气氛。一般讲,色温和照度应正比例搭配,即高照度、高色温;反之亦然。酒店照明设计要防止色温很高,但照度又普遍偏低,这样会使气氛压抑低沉。

（4）能用直接照明的，就不采用间接照明方式

光槽已经在商业空间照明中被广泛使用，随着电光源、照明灯具制造技术的发展，用直接照明的方式已经能够避免不舒适眩光对视觉的危害，所以，除非装饰性的要求，酒店应慎用光槽，否则既浪费能源又不方便维护。

（5）使用同样色温的光源，应避免光色杂乱无章

同一个功能区域、表面和物体，采用色温一致的光源，可以使光环境的色调统一。就酒店的照明设计而言，由于强调的不是冲突和戏剧性，所以，统一的色调才符合酒店的特点。

（6）选择合适的配光

针对酒店不同功能区域的室空比，应对配光曲线的光强分布、中心光强和半光强等配光参数加以甄别，以避免两个方面的光通量损失。例如，酒店前厅通常位于建筑的裙楼，天花板通常都很高，挑高 6 m 以上是很常见的，选用光束角窄、投光距离长的照明器，才不会使上部很亮，而地面及离地面 1 m 处的活动区域亮度不足；反之，若在客房等天花板较矮的区域使用这样的配光，则会出现地面很亮，而垂直面照度不足等问题。

（7）酒店档次越高，光源的显色指数就要越高

光源的显色性一般用 CIE 的显色指数来评价，CIE 显色指数（CRI），特别是一般显色指数（Ra），在照明行业中广泛应用，是国际国内标准和技术规范中用于评价光源颜色的重要指标。要鲜明地强调特定色彩，表现美的生活可以利用加色的方法来加强显色效果。采用低色温光源照射，能使红色更加鲜艳；采用中等色温光源照射，使蓝色具有清凉感；采用高色温光源照射，使物体有冷的感觉。要正确表现物质本来的颜色需使用显色指数（Ra）高的光源，其数值接近 100，显色性最好。一个光源的（Ra）越高，表明它显色性就越好。

日常生活用照明光源，不仅要有良好的发光效果，而且还应有比较好的颜色。如果一个光源的颜色与标准光源的颜色有较大的差别，眼睛就会觉得不舒服。光源的颜色有两方面的含义：一是人眼直接看到的光源的颜色，称为光源的色表，比如白炽灯的颜色就是黄红色；二是指光源照射到物体上物体所产生的客观的颜色效果，称为光源的显色性。光源显色性的好坏是与标准光源的显色性相比较的，如果各种颜色的物体受光源照射的效果与标准光源照射时的效果相同，则认为这种光源的显色性好，反之，显色性差。所以在照明标准和设计中，要重视显色指数。

2.酒店功能区域的照明变量设计

（1）大堂空间

大堂空间主要分大堂入口、主厅、服务总台以及休息区。大堂作为空间连续的整体并从照明方式的角度分析，实际上进门和前厅部分应该是大堂的一般照明或全局照明，服务总台照明和客人休息区照明是局部照明。这个区域照明设计应该保持一致性，采用暖光源，通过亮度对比，形成富有情趣的、连续且有起伏的明暗过渡，从整体上营造亲切的迎宾气氛。

①进门和前厅。大堂入口包括进门和前厅，是进入酒店的过渡空间，需要给客人明确显示入口位置的指引。既要创造舒适的视觉环境，又要强调友好气氛。采用节能筒灯给予基本的功能照明，并用间接照明设计的手法将灯管暗藏在天花顶凹槽结构内，通过照亮天花顶的结构，丰富该区域的空间层次感，给顾客留下美好的印象。主厅是酒店提供客人等候、交

流的场所,也是体现酒店档次,吸引宾客入住的重要场所,在空间上更注重强烈的装饰性。可以通过均匀布灯方式,使水平面达到较高亮度。星级酒店主厅可考虑自然采光的应用,在采用人工照明的同时需注意与整体装饰环境的协调一致。为了使顾客在交流中能清晰可见对方的表情及细节,我们可采用格栅筒灯作为重点照明,通过暗藏灯、壁灯强调星级酒店的装饰品质。

照度要求:在离地面 1 m 的水平面上,设计照度要达到 500 lx。

色温要求:为 3 000 K 左右,色温太低,空间感显得狭小;色温太高,空间缺乏亲切感,并且喧闹,直接降低客人的安逸感。

显色性要求:Ra>85。较高的显色性,能清晰地显现接待员与宾客的肤色和各种表情,给宾客留下深刻满意的印象。

配光要求:若挑高超过 6 m,在顶棚用点式光源配合窄光束的照明器,提供连续的、均匀的亮度。由于发光点不在人的视野范围内,所以灯具可以是敞开式的。假设顶棚到地面的距离是 6 m,那么它配光曲线的中心光强,在离地面 1 m 处应该不小于 500 cd。若挑高不超过 6 m,可以考虑采用带状或面状的发光顶棚来处理。

用光影对比塑形:借鉴欧美酒店照明设计的经验,可以考虑在进门和前厅区域设计不同角度的投光灯,若以客人进来酒店大门的方向为纵轴,那么就可以在横轴的两端设计侧面光,在顶棚成角度地投向进门区域,这有助于酒店服务人员以及客人的形体表达,形成立体感。

②总服务台。总服务台区的照明在整个大堂中要求相对明亮,达到醒目的效果,照度水平要高于其他区域。为了避免眩光,服务台的照明设计方式采用隐藏式、显色性高的光源,便于客人和接待员的沟通交流,以及准确、快捷地办理手续。连锁型酒店要同时加强其连锁店标志及背景墙照度;星级酒店接待区域一般较大,注意突出其装修风格特点;使用暗槽灯与台灯作为局部照明,壁灯作为装饰照明,要保证灯具的款式、颜色与装饰环境相符。

照度要求:一般取 750 ~ 1 000 lx,较高的亮度,突显总服务台的重要性,以便把客人的视线很快引向到此处。另外,它还便于接待员登记和结算工作。

色温要求:3 000 K 左右,与进门前厅保持一致,进一步强化亲切气氛。

显色性要求:Ra>85。

③客人休息区。休息区常会融入一些特有的元素,如人文元素、主题元素、装饰元素等,照明应用既要考虑功能性又要兼顾艺术性,亮度适中。采用暖黄光、色彩还原性强的节能灯作为基础照明,天花灯作为辅助照明。为体现休息功能,注意眩光的控制,可以选用光源隐藏式灯具。星级酒店休息区灯光要有层次感,同时注意与周围环境相符,注重装饰风格与灯光的完美融合,采用节能灯作为基础照明,配备暖黄光、显色性高的光源;天花灯作为辅助照明,暗槽灯作为情景照明,突出顶部空间层次;落地灯作为装饰照明,体现酒店品位。

照度要求:一般取 300 ~ 500 lx。照度太高,人们将感觉不安稳;照度太低,人们又会过于懒散。

色温要求:3 000 K 左右。

显色要求:Ra>85。

（2）餐厅空间

餐厅空间是酒店重要的照明区域。一般酒店通常设有中餐厅和西餐厅，这两种类型的餐厅，由于在功能、用途上的差异，所以在照明设计上要分别对待。

①中餐厅。中餐厅的照度相比西餐厅要高出许多，但亮度对比不宜过强，光线要均匀。点式光源、条带状光源或各种类型的吊灯，均可以满足良好的照明要求。餐桌桌面的照明采用显色性高的灯具，真实还原菜肴的质量和色调，引起顾客食欲。星级酒店中餐的档次相对较高，照明应富有立体感。在餐厅照明应用中，要对配光给予高度关注，以使照明富有立体感。在餐厅照明设计实践中，可以用壁灯或若干投光灯来矫正照明的平面化，强化照明对人的形体尤其是脸部表情和轮廓的再现，营造高品位的用餐环境。

照度要求：一般照明区域的照度取 200 lx，重点区域照明取 300 lx，作为补充的侧面光可采用光源的光束到达照明对象以后，中心光强在 150 cd 左右。

色温要求：3 000 K 左右，并且要求光色统一协调。

显色要求：Ra>90。

②西餐厅。西式餐厅应结合西方文化和用餐习惯，照明的整体气氛应该是温馨而富有情调的，亮度一般都比中餐厅低。另外，由于就餐是非正式的，所以可以不要求对人的面部和表情照明进行特别设计。餐桌桌面照明的显色性是很重要，一般采用高显色性的灯具进行重点照明，凸显菜肴色泽，增强就餐者食欲。

照度要求：一般照明的照度取 50～100 lx，重点照明取 100～150 lx，若有侧面光，可采用光源的光束到达照明对象以后，中心光强在 50 cd 左右。

色温要求：3 000 K 左右，并且要求光色统一协调。

显色要求：Ra>90。

（3）客房空间

客房是酒店的核心区域，应该像家一样宁静、安逸和亲切。顾客主要是以休息为主，防眩光灯在客房运用很重要；照明要体现温馨和轻松，并以相对较低的照度，来实现宁静、安逸。书桌采用台灯作为局部照明，以便商务文件的处理；梳妆镜前照明采用显色性良好的镜前灯；床头阅读照明可采用壁灯或台灯，配备可调光源。

洗浴间的照明以柔和均匀为宜，应配合普通照明与镜前照明，用灯光营造洗浴间的清爽、洁净，同时满足局部照明要求，采用防雾筒灯或吸顶灯完成基础照明，采用节能筒灯结合防雾天花灯配合局部照明，照度要求相对较高；在马桶正前上方可安装天花灯便于阅读；浴缸上方以防雾筒灯作为基础照明，洗手池可以用筒灯或射灯完成局部照明。

照度要求：一般照明取 50～100 lx，客房的照度低些，以营造静谧、休息甚至慵懒的氛围。局部照明，比如梳妆镜前的照明，床头读书照明等应该提供足够的照度，这些区域可取 300 lx 的照度值。

色温要求：300 K 左右。卧室用 3 500 K 以下的光源，洗手间用 3 500 K 以上的光源。卧室需要暖色调，洗手间需要高色温，以显清洁和爽净。显色性要求：Ra>90。较好的显色性能使客人增加自信，感觉舒适良好。

【案例分析】

西安兵马俑宾馆

"昼观兵马俑,夜晚伴君眠"位于西安闹市区的一家"兵马俑宾馆"被中国网友热传。其以兵马俑造型为主题,客厅、卧室、洗手间均摆放着各种秦代"武士",甚至床架也是兵马俑军阵所制。虽然曾因另类的装饰风格吓跑过不少客人,但却颇受外国游客青睐。

一、设计风格

兵马俑是秦始皇的殉葬品,多用陶冶烧制的方法制成。秦始皇兵马俑陪葬坑,是世界最大的地下军事博物馆。有着2 000多年历史的兵马俑军阵威武雄壮,车兵、步兵、骑兵列成各种阵势,神态各异,举世罕见。西安有兵马俑博物馆、兵马俑纪念品,但还没有一家"兵马俑公寓"。从事旅游行业多年的郭志华经过多年设想,亲自设计、装修了3套以兵马俑为主题的公寓。

在位于西安市莲湖区西华门大街的"兵马俑宾馆",墙上镶嵌的是兵马俑、台灯座是兵马俑,连洗脸池的支架也是兵马俑,还专门为入住的客人准备了"兵马俑"武士服,分大中小号码。据郭志华介绍,三套公寓有大兵马俑55个,各种造型兵马俑不计其数,供客人把玩的小陶俑就有50多个。宾馆第一批客人是来自美国,他们非常喜欢这种风格,相信这个创意一定会火。

二、社会反响

"兵马俑宾馆"如今在网上爆红,人气旺盛。对于这般"另类"装饰风格,不少网友发帖热议敢不敢住,有网友说,"满目所触,有这么多的陶俑,真的很害怕。"不过也有网友称赞宾馆富有文化创意。

郭志华表示,宾馆的确曾吓跑一些中国客人,目前宾馆主要针对外国游客,让他们能充分体验秦风秦韵。从2010年夏天开始,宾馆的境外游客预订率开始增多,入住率达70%,有时候甚至几天爆满。中国游客也开始慕名而来,其中一间公寓目前已被一位甘肃的秦文化爱好者长期包住。

三、意义

陕西省民俗学会副会长孔正一认为,西安享有"十三朝古都"的美誉,在外国游客眼里,越是具有地方特色的历史性和民俗性的东西,他们越喜欢。这种"兵马俑宾馆",彰显秦文化的价值,可以让游客充分领略兵马俑的魅力。

二、酒店工程设备系统规划

在电力系统中,36 V以下的电压称为安全电压,1 kV以下的电压称为低压,1 kV以上的电压称为高压,直接供电给用户的线路称为配电线路,如用户电压为380/220 V,则称为低压配电线路,也就是家庭装修中所说的强电。弱电一般是指直流电路或音频、视频线路、网络线路、电话线路,直流电压一般在32 V以内。电话、电脑、电视机的信号输入(有线电视线路)、音响设备(输出端线路)等用电器均为弱电电气设备。强电的特点是功率大、电流大、频率低,主要考虑损耗小、效率高的问题。和弱电的关系很密切,与"弱电"相对。强电和弱电主要区别是用途的不同,强电是用作一种动力能源,弱电是用于信息传递。

强弱电两者既有联系又有区别,一般区分原则是:强的处理对象是能源(电力),其特点是电压高、电流大、功率大、频率低,主要考虑的问题是减少损耗、提高效率;弱电的处理对象主要是信息,即信息的传送和控制,其特点是电压低、电流小、功率小、频率高,主要考虑的是信息传送的效果问题,如信息传送的保真度、速度、广度、可靠性。

酒店强电设计包括照明配电系统、动力配电系统、消防设施配电及控制系统、空调配电及控制系统、防雷与接地系统、变配电系统等。

酒店的弱电系统主要包括:综合布线系统、计算机网络系统、智能消防工程、程控交换机系统、数字无线对讲系统、有线电视分配网络系统、数字监控视频系统、保安报警系统、门禁一卡通系统、电子巡更系统、楼宇自动控制系统、智能照明系统等。

(一)酒店用电负荷规划

在酒店工程建设中,需要设计酒店投入运营后的年用电负荷计划。酒店的年用电负荷即用电总量包括三个部分:照明负荷、制冷与空调设备负荷、动力负荷。

1. 照明负荷

酒店照明负荷涵盖了酒店的公共区域、对客服务区域、办公用房、员工后勤生活区域、设备用房、停车场、夜景照明、霓虹灯广告牌等设施设备。因大部分设施设备属于长期运行,故这部分的用电量可以按酒店年用电总量的40%~50%计算。

2. 制冷与空调设备负荷

制冷与空调设备负荷涵盖了冷冻机组、新风机组、空调系统水泵、风机管等用电设备。因不是常年运行,故这部分设备的用电量可以按酒店年用电总量的20%~25%计算。

3. 动力负荷

动力负荷涵盖生活水泵、消防水泵、电梯,洗衣房设备、厨房设备、电加热设备、弱电系统、办公用电、电器设备等。这部分设备的用电量因与酒店经营情况有关,故用电量可以按酒店年用电总量的30%左右计算。

4. 单间客房用电配额

以五星级酒店为例,单间客房的用电量配额一般4 000 W就够用了。

(二)客房综合布线系统规划

酒店客房的综合布线系统包括语音点、数据点、信号源接入点、消防烟感报警装置、紧急广播设施、取电器、风机盘管调节器、灯光控制装置、电源面板、呼救装置、门铃装置、访客等待显示器等设备。下面依次介绍各布线系统注意事项:

1. 语音点

指的是电话通信设施,一般设置2~3个点位,分别位于床头柜、写字台、卫生间电话副机。

2. 数据点

指互联网宽带网络接入和酒店设置的内部局域网接入,一般只在写字台设置一个点位,也有的豪华酒店根据欧美客人的习惯在床头柜上增加一个点位。

3.信号源接入点

指卫星电视信号、有线闭路电视信号和酒店内部局域网接入,一般只在房间内设置一个点位,有的豪华酒店为了满足客人在卫生间内收看电视节目的需求,会相应在卫生间内增加一个点位。

4.消防烟感报警装置

在房间天花板正中设置一个点位。

5.紧急广播设施

一般设置在卫生间内。

6.取电器设计

在靠近房门的卫生间隔墙上。

7.风机盘管调节器

设计在靠近床具的卫生间隔墙一侧。

8.灯光控制装置

根据照明需求分别设计在固定位置处。

9.电源面板

通常根据需要设计在写字台上、电视柜下、迷你酒吧柜一侧、床头柜上和卫生间内。

10.呼救按钮装置

设计在卫生间内马桶一侧墙上,是客人身体不适时紧急报警用的。

11.门铃装置

设计在客房门外的墙上。

12.访客等待显示器

设计在卫生间内,有客人来访时住店客人不方便见客时使用。

特别需要注意:客房电源面板的设计又分为员工电位和客用电位,员工电位的距地高度一般为300 mm,客用电位的距地高度一般为850 mm。在设计电源面板时应体现人性化,不要把所有电位高度设计成300 mm。电源面板要加装防触电装置,防止客人使用不慎发生意外。

(三)楼宇自控系统

楼宇自控系统是将楼宇中需要强电驱动的电力设备,如电梯、水泵、风机、空调等电器设备进行在线监控,通过设置相应的传感器、行程开关、光电控制等,对设备的工作状态进行检测,并通过线路返回控制机房的中心电脑,由电脑得出分析结果,再返回到设备终端进行调解的系统设计。除了实现节约能源和便于管理外,为客人营造一个绿色、高效、舒适、便利的环境,实现舒适与节能和谐共存。随着近些年来我国科学技术的不断发展,人们对于酒店的服务水平以及服务管理质量也都提出了更高的要求。而随着人工成本的不断提高,当前酒店也更加倾向于自动控制系统的建设。

对于酒店来说,楼宇自控系统的关注点在于:舒适性、节能性以及现代化管理三部分。构建酒店楼宇自控系统的目的是降低能耗,节约酒店运营成本,保障酒店建筑内的机电设备安全运行,创造舒适的工作和生活环境。通常情况下,楼宇自控系统至少能控制酒店的大型机电系统,包括冷冻站系统(冷热源系统)、空调机组系统(全空气系统)、新风机组系统(或带风机盘管系统）、给排水系统、送排风系统、公共照明系统供配电系统和电梯以及扶梯系统。

随着智能化技术的发展,楼宇自控系统主要的控制系统包括:

1. 空调系统

- 多达16种空调运行模式;
- 具有夜间空调自动运行模式;
- 具有操作员权限控制功能,远程空调控制功能;
- 具有客人个性化设定重现功能;
- 支持3速风机、2管制或4管制风机盘管控制;
- 专门为酒店设计的温控面板。

2. 灯光系统

- 提供多路独立照明回路控制,可实现灯光的开关/调光控制;
- 丰富的灯光场景模式;
- 可实现场景联动控制功能;
- 针对酒店客人和服务人员采用不同的照明方案;
- 远程灯光控制功能。

3. 窗帘系统

- 提供多路独立窗帘控制;
- 提供远程窗帘控制功能和场景联动控制。

4. 受控电路

- 受控插座:当客人进入房间插卡时,系统即时自动接通受控插座电源;客人拔卡离开时,系统延时切断供电;
- 非受控插座。

5. 智能化集中控制系统特点

- 联网性;
- 智能性;
- 兼容性;
- 集成性;
- 双向性;
- 便捷性。

6. 高效集成的系统

- 身份识别,高舒适度;
- 使用集成访问控制,提高安全性;
- 更高效的服务管理。

7. 便捷的一站式服务

- 拥有与流行的PMS集成解决方案;
- 优化服务和客户管理。

8.优化能源效率

● 在保证舒适度的同时最大节约能源;

● 优化能源和降低运营成本;

● 减少温室气体排放。

现代酒店的楼宇自控系统应实现以下功能:

①确保酒店内良好的空气品质和舒适的温、湿度环境。

②能实现设备的集中控制、科学运行,延长设备的使用寿命。

③通过自动控制降低能源消耗,减少管理人员的数量和劳动强度。

④提供可靠的、经济的最佳能源供应方案,实现能源管理自动化。

⑤及时提供设备运行情况及有关资料,打印相关报表,真正实现设备维护自动化。

（四）电梯设备的选型

随着科技的发展,电梯不仅仅只是上下楼的工具,除了方便快捷,更需要安全与服务。智能电梯控制管理系统对酒店安全、服务起大幅度提升的作用,为宾客提供了更加安全舒适的环境,大幅提升酒店品位、安全性,为酒店住客提供安全、便捷、智能的住宿环境和氛围。

电梯设备作为主体,酒店可根据实际需要选择不同类型的减速装置配置的电梯。减速装置类型按价格高低排序,分别为永磁同步电机、斜齿电机、直齿电机和涡轮电机。

①永磁同步电机外形为圆筒形,稳定性比较高。其设备的主机噪声只有 60 dB 左右,属于低噪声设备。设备运行无须添加润滑油,传动效率高,实现了免维护。永磁同步技术主要应用于国外高档、高层酒店,其运行速度可达到 3 m/s,是电梯设备的发展趋势。

②直齿传动电机的传动效率约为 80%,斜齿轮及直齿轮的传动效率为 95%,是目前电梯设备的主流技术。

③涡轮蜗杆电机由于传动方式变速比较大,价格经济,一般应用于观光梯等低速电梯设备。一般人能接受的观光电梯的梯速为 1 m/s。

电梯选型的注意事项有:

①电梯选型时,首要考虑的因素是设备的基本情况,即电梯使用的电源是直流的还是交流的,电梯的运行速度是否与楼层高度相匹配,如何配备选层器,是否需要群控装置等。

②电梯设备选型时,应考虑电梯设备的三个重要部分:曳引机、控制柜、轿厢和门机的性价比。其中,对控制柜的质量要求较高,轿厢在由供应商报价时应不加任何装潢费用,待酒店确认装饰风格后再按照装修图纸另行报价。

③高速电梯应尽量选择永磁同步或斜齿传动方式的设备,尽量不要选择漏油、噪声较大的液压电梯。

（五）安保监控系统

酒店作为开放性、流动性和聚集性的场所,为了保护顾客及酒店员工的人身与财产安全、避免重大火灾事故的发生,依据公安部科技局、全国安防标委会颁布的《安全防范工程技术标准》(GB 50348—2018)、中华人民共和国公共安全行业标准《安全防范系统验收规则》(GA 308—2001)规定,酒店必须设计安装完备的安保监控系统。

1. 安保监控系统的设计原则

安保监控系统专业性强,利用该系统,可以扩大监控范围,对酒店的盲区、死角和其他重点部位进行 24 h 不间断监控,有效预防不法行为,节省人力和费用,提高安保效率,保障酒店的公共安全。设计安装时需要选择专业的设备供应商所提供的图纸和设计方案、请具有相关技术施工资质的企业来安装安防监控系统。

2. 主要防范区域和部位

安保监控系统的防范区域主要是酒店的停车场、大堂、餐厅、娱乐场所、客房楼层通道、电梯、各收银网点、所有出入口、财务部办公室和库房等重要区域。监控应做到无死角、无盲区。

3. 监控设备选型

选择闭路电视监控系统时,建议安装数字化监控系统,对酒店分区域采用彩色和黑白监视器设施用以实时监控以上各处的人员流动情况,切实做好酒店的安全管理工作。具体选型时,应按照酒店投资要求和具体需求来配置,对于重点监控区域应当做到重点防范。闭路电视监控系统由前端摄像部分、信号传输部分、控制部分、显示部分、存储记录部分、报警部分和报警联动部分组成。下面分别介绍各组成部分的功能及选型要点:

(1)前端摄像部分

前端摄像部分是系统设置在监控现场的摄像设备,包括各种摄像机、镜头、防护罩、支架、电源连线等,主要作用是把搜取被监控现场的图像信号转换成电信号。

由于摄像设备是整个监控系统的基础,所以要求系统的后成像设备的清晰度不能低于电视线。其系统图像部分指标如下:

- 图像质量等级:不低于五级图像评定等级中的四级;
- 图像水平清晰度:彩色不低于 400 线;
- 图像画面灰度等级:不低于 8 级;
- 图像质量的随机信噪比:40 dB;
- 复合视频信号电平值:1 VP-P±3 dB;
- 其他各项指标应符合国家标准。

根据成像种类、所适用的照度、光谱范围、使用环境、器材用途等不同的因素,可将摄像机分成很多种,酒店选型时,要充分考虑各种环境和监控要求,进行合理配置就酒店经营特点和监控特点来看,进行设备选型时,应重点考虑以下几个因素:

①酒店停车场区域的摄像设备可采用 2 个全方位、全天候的云台一体机。由于酒店大门外车辆较多,人流量大,所以对监控技术的要求也较高。停车场区域的监控重点是进出车辆的牌照。一般的摄像机不具备补光补偿的功能,并且没有超级宽动态,在阳光直射下,车牌发出的光线在摄像机上是看不清楚的,只是常见的亮斑或者镜面效应,在监控系统中,应尽量使用室外球型云台一体机,它独有的亮斑补偿功能将会有效解决这一难题。

②酒店大堂区域的摄像设备可采用全方位型云台一体机。大堂人来人往,需要照顾到各个方向,要求摄像机能够全方位旋转。当主要监控人发现可疑人物的时候,应能将摄像机拉近特写,这就要求尽量使用可 365°旋转的带云台的摄像机,即室内球型云台一体机。

③客房楼道区域的管理要求是"无盲区、无死角",摄像系统可采用全方位球型云台一体

机。由于楼道一般比较狭长,且光照度不高,所以在楼道监控摄像机的选型上,可考虑使用全方位球型云台摄像机,它不仅可以满足楼道内的变向监控需求,更可以满足楼道内的镜头拉远、拉近监控、220倍的镜头变焦,足以使最长100 m以外的走廊上的物体在监视器中看得如同置于眼前。

④在酒店其他大面积的营业区域内,建议考虑加装全方位球型云台一体机,用以实时、全方位监控营业情况。餐厅、娱乐场所及其他容易产生监控盲区的区域,可采用"伪装"型摄像机:红外线彩色半球一体机。它独有的流线型黑色外壳,加上小巧的镜头设计,配以高效的红灯,在白天,顾客不仅不会轻易发觉它是一台不停工作的摄像机,即使在夜间,它也能凭借红外线灯,达到如白天般正常的监控效果。

⑤对酒店特殊部位如电梯,建议采用电梯专用飞碟型摄像机。电梯是一个相对复杂的环境,从监控技术角度讲,电梯的光源是十分不规律的。正常运行中,电梯里是灯光照明,摄像机能正常工作,可是当电梯门突然打开时,门外光线迅速直射进来,此时,摄像机采集的光照度将瞬间增强好几倍,从监视器上看,屏幕将立即出现片雪白,然后过个3 s多钟再慢慢清晰。因此,使用拥有技术动态补偿的飞碟型摄像机是十分必要的。

(2)显示部分

摄像设备提供的信号在后端设备成像后会形成画面处理系统,画面处理系统具有多画面和单画面切换显示的特点,即在一台显示器上可同时显示多画面图像,将所有摄像机传递的信号成像后显示在控制中心的监控器上,并可实现回放。

(3)存储记录部分

系统中配置的录像设备能同时记录下显示器的视频和音频信号,录入的信号自动数字化压缩存储在硬盘中,通过系统自定义设置可以设定存储资料的保留时间,供随时调用查阅。

(4)控制部分

系统的控制中心是整个安保监控系统的中枢,它的主要功能是对视频信号进行切换和处理、接收报警信号、对显示图像实时监控和对报警进行预处理等。

4.安保监控控制中心的设计要求

①控制中心应设置在靠近酒店大堂一层的位置,环境尽可能安静,尽量避开电梯等设备。

②控制中心的地面装饰材料应选择防静电地板,安装高度一般在300 mm左右。

③控制中心的天花板可选择浅色的铝合金针孔吸音板,该板材有机械强度高、不变形、不附尘、易清洁、吸音效果好等特点,同时还有电磁屏蔽作用。

④控制中心的墙面可采用便于清洁的阻燃墙纸。

⑤主控制室的照度应达到300~400 lx,并配有应急照明系统和空调排风系统。

⑥送入控制中心的电源必须在整个建筑主体电源供给的第一回路上,且不受任何漏电保护器开关的控制。控制中心配备能够提供系统设备在停电状态下连续24 h运行的不间断电源,以保证系统正常工作。

5.系统的保密性

出于对系统保密性的要求,安保监控系统的管理员要设置密码,以保护进入系统的优先权和级别操作权限。系统管理员的密码设置完成后,他人无权私自修改或删除密码,系统的每一次操作,如停止捕获信号、回放图像、改变参数、退出程序、高级查询等都需要键入操作员密码或口令,以提高系统的安全等级,防止非法访问。

(六)电子门锁系统

酒店电子门锁系统是通过酒店智能门锁与软件的结合,实现了"非接触式管理"。客人获取电子房卡,在电梯中识别房卡信息及到达目标楼层,到达前通过二维码或人脸识别进入房间,可以减少管理人员与客人的触摸次数。酒店门锁管理系统主要由智能锁、前台电脑、系统软件、智能卡片、发卡机、打印机、数据采集器等组成,共同完成对酒店门锁管理的要求。

1.工作原理及流程

客人在总台前办理完登记手续后,在总服务台领取一张智能卡钥匙。客人便可直接开启相应的客房门锁,在有效住宿时间内自由出入。在住宿时间内如对客房门锁开锁有疑问,可到总服务台门锁管理软件中通过数据卡读取开锁记录,并可连接打印出开锁信息,几月几日几点几分,谁用什么方式来开过此门,开锁方式是谁发出的记录,包括备用机械钥匙的开锁记录。当客人的门卡不慎遗失到总台报失后,总台可将原门卡注销,更新一张与原门卡内容一样,但密码不一样的门卡给客人,而原门卡即失效不能开门。

客人到了退房时间,必须到总服务总台办理退房手续,否则超过住宿有效期,智能钥匙卡开启不了门锁。如需延长住房时间,办完延续手续后,到总服务台将智能卡钥匙修改有效住宿时间即可自由出入。

2.电子门锁选择注意事项

①注意电子门锁的性能。选型时应确定电子门锁是否带有离合器、是否节电、与房门手柄是否一体化设计、记录房门开启次数是否符合需要等。

②选择符合酒店需要的类型。不同类别电子门锁系统的特点不同,各酒店应根据实际需要选择使用。酒店选用的电子门锁系统一般分为三种:磁卡型、IC 卡型和感应型。磁卡的特点是仅能定性而不能定量,开启房门是定性,具有其他消费功能则是定量。对酒店来说,开启房门的功能是最重要的,其他的消费区域由于有电脑软件管理控制,故磁卡不具有消费功能是可以接受的。磁卡的运行成本也有很大的优势,其电池(通常用四节五号碱性电池)寿命可达两年半左右。由于磁卡的制作成本低,可以做到让每个客人都能使用新卡,卫生性较好。感应 IC 卡的运行成本较高,由于采用非接触式设计,功耗加大,同样的电池仅能使用6~10 个月。其卡的制作成本也较高,卡体容易破损且卫生性不高。

③选择合适的品牌。不同型号电子门锁系统的性能不同,各酒店应根据实际需要选择使用。市场上有垂直插入的开放式和水平插入的封闭式,封闭式读卡器的特点是当有异物插入时,插卡口被堵塞,这种情况下是不能打开门锁的;而开放式读卡器的插卡口更像是漏斗,是不怕堵的,可以避免客人将卡遗留在锁中,增加了安全性。除此之外,要根据需要选择开启记录存储容量大小符合的品牌以及有电子门锁系统的离合装置的品牌来防止借助外力强力扭动手柄来打开门锁。

④在选择电子门锁供应商时,应注意记录设备的永久序列号和临时代码,同时要考虑该系统与电脑软件管理系统的接口设置和后期的维护工作。

（七）酒店电脑管理系统

酒店电脑管理系统是把分散到各部门、各销售区域内大量的客人信息和管理信息通过系统软件和硬件互相连接，对信息进行录入、存储、分析、处理、传递和输出以达到信息数据共享及查询的目的，从而使酒店的管理更加科学化、规范化。

1. 酒店管理系统的发展

20世纪60年代末至70年代初期，正是国际酒店业集团化发展的黄金时期，各酒店集团为了强化连锁经营中的各下属酒店管理模式、业务操作流程、报表分析和集中采购等管理模式的一致性，开始大范围使用专业设计研发机构推出的电脑管理系统。

21世纪是信息经济的世纪，采用科学的酒店管理系统，才能为酒店赢取制胜筹码。到了20世纪80年代，国外的酒店电脑管理系统的产品和技术已日趋成熟，并在酒店业内得到了广泛应用。国内的酒店电脑管理系统就是在这个时期从国际酒店集团引进的。由于国内没有替代产品，管理系统的价格较高，仅在一些高档酒店中应用。

随着20世纪90年代中后期电子计算机产业的快速发展，酒店电脑管理系统的技术革新也得到了空前提升。新的系统平台不断问世，系统的功能不断升级，其产品的价格接近平民化，使该产品的应用范围扩大到大多数酒店企业成为可能。

我国酒店管理系统最早发展起来代表软件有：华仪软件、中软好泰、西湖软件、千里马酒店管理系统、北京石基公司等。

2. 电脑管理系统的作用

（1）酒店信息处理的核心

在酒店的日常工作中，一线客服务部门在对客服务中会接触到大量信息比如入住登记时填写的姓名、职务、民族、宗教信仰等资料，客人在餐饮区域消费时的饮食禁忌和习惯、客人在入住客房后所穿拖鞋放在床的哪一侧等生活习惯，客人是否是左撇子等，这些信息应被作为最重要的客史信息加以利用和保存有利于提供个性化服务。而单靠手工记录及人为记忆，很难存储并筛选有用的信息。电脑管理系统通过操作人员录入信息、系统能自动保存或提示该顾客"档案"资料，为个性化服务提供方便。

同时，酒店的二线管理部门可以通过系统对管理信息进行分析，达到降低成本、节约费用的目的，顺利实行优化管理方案。

（2）提高服务效率，全面提升服务质量

通过系统提供的操作平台可以实现快速的预订、登记入住、各销售点的实时挂账、一次性结账、查询等功能，缩短了客人的等候时间，提升了客人对酒店服务的满意度。

（3）数据信息为管理层决策提供依据

系统通过对各部门的数据和信息进行实时统计和分析，可以为酒店决策者提供经营分析、收入统计、同期比较和预算完成情况的说明，为科学决策提供理论和现实依据。

（4）降低成本、提高工作效率

系统操作简单、便捷可以大大提高酒店内各部门业务操作的准确性。通过系统，还可实现酒店办公自动化和无纸化办公。

（5）提供系统化内部管理机制

系统的运行可加强酒店各部门间的信息沟通，使酒店在一个有序的经营环境内运作。

系统提供的多种安全级别,保证了相应级别操作者的操作和查阅权限,也保证了酒店的信息安全和管理机制畅通。

3.电脑管理系统的选型

酒店电脑管理系统主要包括系统硬件、系统软件和应用软件等设备,从应用上可以分为两大模块,分别为一线部门的经营管理模块和二线部门的后勤管理模块。

(1)系统选型应具有的功能

预订管理:包括订单管理、快速订房、预订修改、特殊信息、宾客留言、创建档案、房态管理、订报表、综合查询等。综合查询含预订信息、住店宾客信息、宾客离店情况、客史档案、房态信息、可用房信息、房间订单信息、锁房信息、账户信息、列车时刻表、航班时刻表、各地邮编、电话区号、本地电话查询、周边公共设施分布信息等内容(下同)。

前台接待:包括散客接待、预订接待、团体接待、快速开房、协议客户管理、长途电话管理、宾客留言、换房延住、账户管理、自动挂账、创建档案、特殊账户、特殊数据、修改折扣、房态管理、接待报表、综合查询等。

前台收银:包括散客结账、团体结账、账单打印、交易管理、交易审核、快速挂账、团队挂账、自动挂账、封锁账户、特殊账户、自动转账、转账处理、账单管理、冲账处理、房态显示、综合查询等。

商务中心:包括账单管理、快速挂账、交易管理、综合查询等。

客房管理:包括房态管理、客房查询、洗衣管理、迷你酒吧管理、拾物管理、物品管理、耗品管理、工服棉织管理、综合查询等。

营销管理:包括宾客资料管理、宣传主页、远程预订、VIP客户管理、黑名单客户管理、协议客户管理、团队管理、旅行社管理、应收款查询、销售合同管理、销售活动管理、报表管理、预算完成情况分析等。

餐饮管理:包括餐厅点菜、酒水管理、会议管理、退菜操作、厨房管理、宴会销售、宾客结账、预订管理、成本核算、二级库管理、报表打印、资料管理、会员管理、综合查询等。

康乐管理:包括账户管理、宾客结账、转账管理、点歌系统管理、酒水管理、营业查询等。

财务管理:包括固定资产、库房管理、应收账款、会计科目、收入分析、成本控制、日审夜审、欠款审计、挂账管理、现金报表、特殊付款、应付账款、商品管理、预算管理等。

工程管理:包括设备档案、维保计划、备件管理、报修管理、系统配置等。

人力资源管理:包括员工档案、工资管理、奖惩管理、考勤管理、福利计划、保险管理、后勤餐宿管理、培训管理、职业前景设计等。

安保管理:包括停车场(含车库)管理、自动报警、预案管理、安保培训计划等。

经理查询:包括客源分析、收入分析、房价分析、房态查询、团队分析、散客分析、综合查询、预算分析等。

(2)考虑系统对接的设备

在酒店的实际工作中,还涉及一些应用设备必须与电脑管理系统进行对接。在进行电脑管理系统的选型时,要提前做好相关的咨询工作。需要对接的设备如下。

程控电话系统:包括自动开/关客房电话直播功能、自动计费、话单录入、话单查询、话费管理、分机管理、参数定义、宾客查询、酒店功能等。

磁卡门锁系统:包括客房门锁的自动制卡、房卡挂失、一房多卡、延住处理等。

餐饮点菜系统:包括在餐厅内设置电子点菜机,在厨房和备餐间设置工作站点或远程打印机,通过点菜系统使预先设定的菜品自动显示或打印在相应站点上,包括但不限于餐厅名称、桌号、菜肴名称、菜肴数量、特殊要求等,并可通过预先设置的数据查询其风味特色、主配料表、成本卡等信息,厨房反馈的沽清等信息也可以及时传递。

服务特行登记传输系统:根据当地公安特行的要求把客人资料及时传递到相关终端上,保证酒店合法经营。

三、酒店设计的新思路

刘勰在《文心雕龙·明诗》中说:"人禀七情,应物斯感,感物吟志,莫非自然。"酒店设计是人与空间的对话,设计应赋予空间生命、活力和情感。人的知觉具有整体性是在对环境感性认识的基础上。酒店设计要以人为本,经过判断、思维等过程后所感知的某种风格、意境,从而产生情感上的共鸣,得到美的感受,同时考虑不同的民族文化和时代特征,形成人与自然和谐共生的中国式现代化设计风格。

1.风格艺术化

随着社会物质,精神财富的提高,人们对设计的要求从"材料的堆积"中解放出来,要求室内各类物件之间存在统一整体之美。酒店室内环境设计是整体艺术,它应是空间、形体、色彩以及虚实关系的把握,功能组合关系的把握,意境缔造的把握以及与周围环境的关系协调。艺术上强调整体统一的作品才能呈现出低调的奢华。

2.高度现代化

跟着科学技术的成长,在酒店设计中采用一切现代科技手段,设计中达到最佳声、光、色、形的匹配布局,实现高速度、高效率、高功能,缔造出理想的值得人们赞叹的空间环境来。特别在新冠疫情的催化下,人工智能、大数据、5G时代的到来,智能化技术在酒店服务场景、服务功能的应用,智能化设计、无接触式服务被大幅度使用,顾客对数据化技术带来的有效快捷服务更加青睐。

3.回归自然化

随着人们环境保护意识的增长,人们更加向往自然。尊重自然、绿色健康设计成为酒店设计的趋势。

4.回归民族化

随着民族意识的增强,怀旧感的需要,顾客更希望能感受不同的地域及民族文化。酒店未来的设计应致力于高度现代化与高度民族化体系的结合,传统风格浓郁、新颖,设备、材质、工艺高度现代化,注重室内空间装饰细节更令人着迷。

5.功能空间复合化

酒店不仅仅是住宿饮食的地方,顾客对公共区域的复合型功能需求越来越强烈,比如具有品鉴酒、咖啡、阅读、会议功能的共享办公空间更符合多元化的用户体验需求。

四、酒店规划设计的误区

酒店规划设计中的误区主要表现在以下几方面:

（一）酒店规划设计只是建筑设计和二次设计

酒店的规划设计是一门综合学科，它包含了许多设计组合的理念。

酒店的规划设计除建筑设计还应包含灯光设计、混响设计、弱电设计、安保设计、厨房设计、园林绿化设计、家具设计、服装设计、艺术品设计和 VI 设计等功能。只有综合考虑多类型的设计，酒店的规划设计才可能是完善的、优秀的。

（二）酒店建筑外观必须用高档时尚的建筑材料

建筑精品并不是用高档时尚的建筑材料堆砌成的，建筑风格才是建筑物的灵魂。酒店在使用建筑外观材料上应考虑木材、钢材、石材、玻璃等合理搭配，尽量简约，一味追求高档时尚是不可取的。比如有的酒店建筑外立面大面积使用玻璃幕墙，造成了光污染；有的酒店建筑外立面使用大量高档的进口石材，未考虑雨雪等气候的影响；有的酒店建筑屋顶采用全透光设计，在实际运营中却解决不了能耗散失的问题；有的酒店建筑外观高大突兀，与周边的建筑物不相融合。

酒店建筑的设计要体现时间效应。时间效应是指主要的投资区域是依据客人在酒店内停留时间的长短来决定的。对于酒店的客人来说，其停留时间最长的区域应该是客房区域、餐饮区域和大堂区域，那么资金的投向也应偏重这些区域。

酒店建筑符合节能环保要求是大势所趋。国家在 2005 年 7 月 1 日正式实施的《公共建筑节能设计标准》中规定了超过 2 万 m^2 的建筑在开业前都要进行节能测评，相关规定中要求建筑物的墙面（包括透明玻璃幕墙面积）与窗面积比为 $1：0.7$；屋顶透光面积不应大于屋顶总面积的 20%；外窗可开启面积不应小于窗面积的 30%。

（三）单间客房的造价越高越好

酒店的建设投资总额（不含土地费用）可以按照单间客房造价乘以客房总数来计算，就星级酒店的单间客房造价来说，没有一定的标准，依据以往经验，数据可供参考：

- 一般二星级酒店单间客房的造价约为 500 元/m^2；
- 四星级酒店单间客房的造价为 700 ~ 8 000 元/m^2；
- 五星级酒店单间客房的造价为 10 000 ~ 12 000 元/m^2；
- 国际连锁品牌的经济型酒店单间客房的造价为 2 000 ~ 3 000 元/m^2。

酒店的投资建设应该按照既定的规模、投资标准来实施，对于有预期星级目标需求的酒店，更应参考相应的标准，保证资金能够得到合理使用。

（四）客房的房门相对利于整齐规划

大部分酒店客房建筑设计选择的是客房房门相对，其实，这样设计是不利于保护客人的起居隐私的。客房作为客人出行时临时的"家"，应是一个相对安全、私密的空间。所以，在设计客房时最好能做到房门错开，这样做可能会影响楼道中管井的布局，但出于人性化的设计理念，适当的调整还是很有必要的。

（五）地毯越贵越好

好的羊毛地毯确实可以增加舒适度，但对于酒店来说，大面积铺装羊毛地毯既不经济还容易造成静电，给客人带来不便。如果铺装的是高档羊毛地毯的话，客人就会经常遇到如下尴尬的场面:两个客人在客房走廊中见面,想握手寒暄,但因为有静电,客人在握手之前必须先摸一下墙壁,这岂不是很搞笑。

在铺装地毯时,如果先铺装一层较厚的地垫,上铺较薄的耐磨圈绒尼龙材质的地毯,脚感同样会达到羊毛地毯的标准。尼龙地毯最好选择可以有效防止静电的。出于安全考虑,在酒店客房走廊的拐角处尽量铺设一些带有特殊花纹的地毯以提醒客人路线有变化,防止互相撞倒。

所以,地毯配置除了考虑档次的需要外,材质、使用效果、后期维护都需要考量。

五、酒店建设及预开业行政报批手续

酒店作为公共建筑设施,从项目规划立项到工程建设再到预开业筹备,需要取得政府相关行政管理部门的认证许可,由于各地的政策和标准不同,这里把可能需要报批的行政手续列出来,仅供参考(表3-4)。

表3-4　酒店项目建设报批行政手续

序号	报批项目	审批内容	审批部门
1	项目规划立项	规划许可	规划局
2	节能测评	依据《建筑节能工程施工质量验收标准》(GB 50411—2019),建筑节能性能不得低于国家现行有关建筑节能设计标准的规定,不达标一律不准开业	住房和城乡建设委员会
3	项目组装消防合格	依项目用途提前申报	公安消防管理部门
4	公司营业执照及项目名称预核准	公司性质、经营范围及名称申报,核准的名称保留3个月,可延期	工商行政管理部门
5	卫生许可证	餐饮设施设计规划和客房洗漱间的标准	卫生防疫管理部门
6	公安特行许可证	安保监控系统设置,应急逃生设施设备规划	公安特行管理部门
7	环保评估认证	项目环保规划	生态环境局
8	消防验收合格证	二次装修(精装修)消防设计规划	公安消防管理部门
9	项目竣工备案	项目的竣工验收	住房和城乡建设委员会
10	外事接待安全	符合外事接待安全的规定	公安出入境管理部门
11	税务登记证	税务登记	国税局和地税局
12	电话计费系统认证	酒店电话计费系统符合标准	质量技术监督管理部门
13	电梯运营许可证	电梯年检	质量技术监督管理部门
14	烟草专卖证	烟草商品的进销渠道符合规定	烟草专卖管理部门

续表

序号	报批项目	审批内容	审批部门
15	计量工具合格证	酒店内使用的计量工具符合标准	质量技术监督管理部门
16	市政用水量核准	符合国家对企业用水的规定	用水监察管理部门
17	停车场规划/计费	停车设施规划和计费标准审核	交通管理部门、物价管理部门
18	霓虹灯广告牌设立	符合城市管理相关规定	城管监察部门
19	社保登记	企业用工的社会保险	劳动保障与人力资源部门
20	卫星收视许可证	符合《境外卫星电视频道落地管理办法》(2020年修正)要求	广播电视行政部门和国家安全部门
21	锅炉使用许可证	符合《锅炉安装改造单位监督管理规则》(TSG G3001—2004)规定	质量技术监督管理部门

第三节　VI视觉识别系统设计

【知识框架】

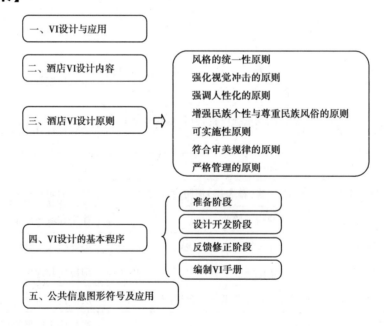

【案例导入】

文华东方 Logo 设计背后的故事

1974 年,在 1963 年开业的香港文华酒店(The Mandarin)基础上成立了文华国际酒店有限公司同时收购了泰国曼谷的"东方酒店",以拓展其国际业务。1985 年在之前收购的基础上,文华国际酒店有限公司正式改组成为"文华东方酒店集团",并由 Pentagram 事务所为其创作了这款全新的扇形 Logo,用以代替香港文华东方酒店之前一直使用的一款毛笔书写"M"Logo。

这个扇形 Logo 一直是文华东方引以为傲的标记,其寓意为扇子既能给人带来凉爽之感,又能给人雍容华贵的感觉。这把扇子从 1985 年起,不仅成了文华东方酒店的 Logo,也为其后来的 Fan(英文单词中兼有扇子和爱好者之意)系列广告埋下伏笔。扇形 Logo 是文华东方酒店集团品牌文化的一部分,11 片扇叶标志,象征着集团秉承的东方传统的 11 道精髓。

一、VI 设计与应用

什么是酒店 VI 设计,在理解酒店 VI 设计前,我们先理解 VI 设计。什么是 VI?VI(Visual Identity)即视觉识别系统,是运用系统的统一的视觉符号系统。视觉识别是静态的识别符号具体化、视觉化的传达形式,是企业识别系统(Corporate Identity System,CIS/CI 系统)最具传播力和感染力的部分,是将 CIS 的非可视内容转化为静态的视觉识别符号设计到位、实施科学的视觉识别系统,是传播企业经营理念、建立企业知名度、塑造企业形象的快速便捷之途。

综上所述我们不难理解酒店 VI 设计所指的是酒店视觉识别系统,酒店 VI 设计就是将酒店 CIS 系统内的非可视内容转化为静态的视觉识别符号。设计到位、实施科学的酒店视觉识别系统是传播酒店经营理念、建立酒店知名度、塑造酒店形象的快速便捷之途。

二、酒店 VI 设计内容

酒店 VI 设计一般包括基础部分和应用部分两大内容。其中,基础部分一般包括:酒店的名称、标志设计、标识、标准字体、标准色、辅助图形、标准印刷字体、禁用规则等等;而应用部分则一般包括:标牌旗帜、办公用品、公关用品、环境设计、办公服装、专用车辆等等。

VI 设计的目的是将该酒店与其他酒店区分开来的同时又确立该酒店明显的行业特征或其他重要特征;以自己特有的视觉符号系统吸引公众的注意力并产生记忆,使消费者对该酒店所提供的产品或服务产生最高的品牌忠诚度;提高该酒店员工对企业的认同感,提高酒店士气。

三、酒店 VI 设计原则

VI 的设计不是机械的符号操作,而是以 MI(Mind Identity,即企业理念识别)为内涵的生动表述。所以，VI 设计应多角度、全方位地反映企业的经营理念。

VI 设计不是设计人员的异想天开而是要求具有较强的可实施性。如果在实施性上过于麻烦，或因成本昂贵而影响实施，再优秀的 VI 也会由于难以落实而成为空中楼阁、纸上谈兵。所以酒店 VI 设计应遵循以下原则：

- 风格的统一性原则；
- 强化视觉冲击的原则；
- 强调人性化的原则；
- 增强民族个性与尊重民族风俗的原则；
- 可实施性原则；
- 符合审美规律的原则；
- 严格管理的原则。

VI 系统千头万绪，因此，在积年累月的实施过程中，要充分注意各实施部门或人员的随意性，严格按照 VI 手册的规定执行，保证不走样。

【知识拓展】

白天鹅宾馆 Logo 的由来

一提起白天鹅宾馆，人们的脑海中会就会浮现出一只徐徐游来的白天鹅，玉洁冰清、高贵优雅。宾馆多年来呈现在世人面前的形象，也确如白天鹅一样散发出尊贵与迷人的魅力，用美丽的白天鹅来形容白天鹅宾馆，是十分贴切和传神的。

在全力推动宾馆设计和建设的同时，霍英东同时也在操心着另一件事：这家即将诞生的代表国家改革开放形势下新形象的大宾馆，应该有怎样一个标识。

标识的设计，也就是这家宾馆商标的设计，既要体现白天鹅宾馆的外在形象；又要体现白天鹅宾馆的经营理念和精神内核。表面上看来似乎就是画个图案，实际涉及文化、美学等多个领域的学问，要做好并不简单。

在 20 世纪 80 年代初，中国刚刚从"以阶级斗争为纲"转向"以经济建设为中心"，国内大部分城市建筑的形象还是一片灰色的"火柴盒"，城市的色彩远远不如今天般绚丽和张扬。至于地标建筑标识设计为何物？很多人还是"一头雾水"，懵然不知。

霍英东深知一个好的商标对一家酒店的重要性，在白天鹅宾馆开业前，他慧眼独具，特意聘请美国著名酒店设计公司——HIRSCH BEDNER ASSOCIATES（以下简称 HBA 公司）为白天鹅宾馆进行设计（HBA 公司同时负责白天鹅宾馆的室内设计）。HBA 当时的设计总监马斯先生在充分了解了白天鹅宾馆所在地的景观、传说和历史由来，又通过一番实地考察之后，设计出一个至今仍被广告界和美术界奉为经典、进入教科书的白天鹅宾馆标识。

当时，国家还未开始受理服务商标的注册，但白天鹅标识已全面应用在宾馆的旗帜、宣传品、广告、印刷品、各种酒店备品、酒店汽车、员工制服、包装和纪念品等等有关的物品上。这在改革开放之初,对没有商标意识的大多数中国人来说是很新奇的。有些人觉得多此一举没必要,有些人觉得画蛇添足瞎花钱,总之众说纷纭。

标识的设计理念源于羊城八景之一的鹅潭夜月。标识图案看似一轮圆月映照下,江面上优雅圣洁的白天鹅,象征着白天鹅宾馆冰清玉洁、优美高雅的企业形象。图案下配宾馆中英文名称,就像白天鹅泛游江面拨起的涟漪以及月亮、天鹅的倒影,整体给人优雅、高贵、宁静的感觉。标识以绣红色为专用色,简洁高雅、韵味悠远。这个标识诞生后,多年来一直受到中外各界的好评,成为商标设计中的精品并进入了大学设计专业的教科书。

不过在当时,这枚标识却饱受争议。有人批评天鹅的头怎么是向下弯的,是不是表示社会主义向资本主义低头?应该昂首挺胸才能反映革命的形象、时代的精神……但经过岁月磨炼和沉淀铸就了一双过人慧眼,具备极高艺术鉴赏力的霍英东先生在经过多种方案的比较后,毫不动摇,充满自信地一锤定音,选择了马斯先生的设计。

随着杂音逐渐消减,在重新审视这个标识时,人们逐渐感受到这枚标识所蕴含的独特韵味。绣红色标识初看像珠江一朵美丽的浪花,但用心品味后才发现,这朵"浪花"原来是在一轮初升的圆月映照下,弯着颈项,凌波而来的一只优雅圣洁的白天鹅。她从容娴雅,沉静而坚强,就如在那一轮皎洁圆月的精华中幻化而出的仙子。一个美国出身的设计师居然深谙中国画"留白天地宽"的技法,将留白的意境运用得如此出神入化;将一个酒店的标识和鹅潭胜景以及背后那美丽的传说完美融合,让人叹服。

就这样,白天鹅宾馆的标识诞生了。白天鹅宾馆高贵、静雅、从容、大气的企业形象也就这样确定了下来,并指引着这家在那改革开放的大潮刚刚涌起的时代诞生的大酒店,优雅而坚定地走到今天。

(来源:《白天鹅宾馆传奇》)

四、VI 设计的基本程序

VI 的设计程序可大致分为以下四个阶段:

(一)准备阶段

成立 VI 设计小组,理解消化 VI,确定贯穿 VI 的基本形式。

搜集相关资讯,以便比较,VI 设计的准备工作要从成立专门的工作小组开始,这一小组由各具所长的人士组成。人数不在于多,在于精干,重实效。一般说来,应由企业的高层主要负责人担任。因为该人士比一般的管理人士和设计人员对企业自身情况的了解更为透彻,宏观把握能力更强。其他成员主要是各专门行业的人士,以美工人员为主体,以行销人员、市场调研人员为辅。如果条件许可,还邀请美学、心理学等学科的专业人士参与部分设计工作。

(二)设计开发阶段

基本要素设计,应用要素设计。VI 设计小组成立后,首先要充分地理解、消化企业的经营理念,把 VI 的精神吃透,并寻找与 VI 的结合点。这一工作有赖于 VI 设计人员与企业间的充分沟通。在各项准备工作就绪之后,VI 设计小组即可进入具体的设计阶段。

（三）反馈修正阶段

调研与修正反馈,修正并定型。在 VI 设计基本定型后,还要进行较大范围的调研,以便通过一定数量、不同层次的调研对象的信息反馈来检验 VI 设计的各细节。

（四）编制 VI 手册

编制 VI 手册是 VI 设计的最后阶段。VI 标识手册共分为四部分:

1. 总论

包括企业经营理念等（一般由企业方提供,设计方整理）。

2. 基础部分

酒店视觉基本要素系统规范（即 A 部分）包括标志、标准字、标准色等基本要素的解说和基本规定等。

3. 应用部分

酒店视觉应用要素系统规范（即 B 部分）由 B-1 酒店内部办公系统应用规范、B-2 酒店外部环境系统应用规范、B-3 酒店形象宣传系统应用规范、B-4 酒店公关形象系统应用规范、B-5 酒店客房管理系统应用规范、B-6 酒店经营管理系统应用规范、B-7 酒店员工管理系统应用规范组成。

4. 再生资源

再生资源附录（即 C 部分）包括标志、标准字、标准色与标准组合等实际使用时间的稿样,以便于印刷较色、分派广告公司制作使用。

酒店视觉各要素系统规范

【知识拓展】

原来酒店品牌取名背后都大有深意

在酒店 VI 设计中,酒店名称的确定与 Logo 设计密切相关,盘点各酒店品牌取名背后的故事,有利于开拓创新思路。

（一）正宗祖传老店

虽然直接以创始人名字来给酒店命名这种方式听上去简单粗暴,但挺多闻名世界的大品牌都是如此。

例如说万豪、JW 万豪、希尔顿、华尔道夫。你说这跟张记酒店,老张酒店,李记酒店、刘记酒店是不是一个意思?

虽然是直译国外的姓氏,依旧还要翻译出一朵花来才行。万豪是香港人对国际品牌

Marriott 的中文翻译。内地早期翻译为马里奥特，香港人根据广东话发音，从 Mar 音译出"万"，从 rio 音译出"豪"。万豪，万豪，倒是有万丈豪情的气势。

也有酒店创始人姓氏就是自带加分，省去翻译的力气。例如说日本的星野酒店集团。星野集团的起源来自星野嘉助于 1914 年在长野县轻井泽营业的日式旅馆。如今传承到第四代的星野佳路手中，是日本代表性的家族经营酒店集团。

（二）走遍天下都不怕的发音直译

就像小时候学英语需要在发音下备注汉字谐音一样，文字不一样，发音无国界。很多酒店品牌选择发音直译，秉承着翻译的信达雅原则，再赋予品牌美好的意义。

星野集团旗下的 Hoshinoya 品牌在国内译作：虹夕诺雅。从"虹，夕，诺，雅"中也能感受到品牌远离凡尘喧嚣，拥抱大自然的高端定位。

英文往中文翻的有，中文套用英文发音的自然也有。在订房网站使用"莱斯酒店""百思特酒店"一搜也能出来不少酒店推荐。

（三）有个美好的心愿

如家：如同回到家一样。酒店希望做客人工作与旅途中可信任的"家"。

华住："华住"是中华住宿的简写，这简单两个字蕴含了公司的伟大愿景：成为代言中华住宿业的世界级酒店集团。

艾美（Le Meridien）："Le"在法语中相当于英语的"The""Méridien"在法语中有"经纬"的意思。"探索世界、揭秘目的地"是艾美酒店的品牌承诺。

四季、全季、七天、戴斯（Days Inn）：从名字来看，是希望客人长住酒店，酒店的生意长盛不衰，住满三百六十五天，一年四季，一周七天，每一天。

（四）品牌的牌设

现在艺人有人设，品牌自然也立了牌设。

索菲特传奇：索菲特传奇系列，全球目前仅五家分店。能成为传奇不容易，光主体建筑必须超过 50 年且要具有一定的历史故事这一条门槛，不是谁都能自封传奇。

丽思卡尔顿隐世："丽思卡尔顿隐世精品度假酒店"品牌于 2009 年丽思卡尔顿酒店品牌推出，非常强调"选址"的精益求精。就偏好那种前不着村后不着店的秘境，意在打造与世隔绝的"世外桃源"。十多年来，全球范围内也不过 4 家。

中国第一家九寨沟丽思卡尔顿隐世精品度假酒店预计将于 2021 年开业。酒店的室内设计由安缦挚爱的已故大师 Jaya Ibrahim 执笔，后续则由 BLINK Design Group 完善并付诸现实。形容一下这家九寨沟隐世有多隐呢？就是不参与万豪礼赏会员计划，不累计积分、不享受升级，基础房甚至高达 4 000 元起每晚。

速 8：1974 年，在美国南达科他州阿伯丁首家开业的速 8 酒店是一间有 60 间客房，价格为每晚 8.88 美元的汽车酒店。很简单，不是 888，不是 88.8，8.88 就叫速 8。

（五）打造理想中的乌托邦

香格里拉：香格里拉来自 1933 年詹姆斯·希尔顿在小说《消失的地平线》，是一片存在许久却人迹罕至的世外桃源，未曾被世俗沾染，神秘的意境令人着迷之地。酒店取名如此，意为世外桃源所寓意的恬静、祥和、殷勤的服务。

唐拉雅秀：香格里拉品牌大获成功之后，海航的自创酒店品牌"唐拉雅秀"很有致敬的意思。据传说和史料记载,念青唐古拉山神又名唐拉雅秀,他统领横贯藏北的数以百计的唐古拉山脉,是世间护法神中最重要的一位。他原是西藏土著神灵,父亲是沃德巩甲,母亲是章翅玉鸟。居住地是当雄,充满了光明,即使是冬天也如同春天一般翠绿。后来被莲花生大师收服为佛教护法神,同时他还被称作"十八掌雹神"之一,被称为财宝守护神。

唐古拉山雄壮圣洁,美丽富饶,冰雪融化并汇集成生生不息的三江源水,孕育了华夏灿烂文明和她的亿万儿女,是纯真天然的代表,更诠释着生命与自然的和谐。

维也纳:维也纳酒店创立于1993年,是全球首家以"音乐艺术"为主题的精品连锁酒店。产品核心价值观为"舒适典雅、顶尖美食、品质豪华、安全环保、音乐艺术、引领健康"。

虽然有声音批评维也纳品牌名字过于崇洋媚外,但小学语文课文《音乐之都维也纳》学过吗?一提到音乐主题会联想到维也纳也很正常。

亚朵:亚朵是云南怒江边上的一个小村庄的名字。亚朵的创业者在一次旅行中,意外走进了亚朵村,为当地的自然、清新、淳朴所触动,那里虽不富足,但人与人之间诚实、信任,心存善意,常怀幸福,故以此为名创立了"亚朵"品牌。

(六)兄弟姐妹排排坐

兄弟姐妹排排坐的名字还是比较受欢迎,很多集团都有使用。有万豪、万丽、万怡、万枫;还有锦华、嘉华、文华、瑞华。

详细说说:凯悦、君悦、柏悦的一家。

Hyatt据说源于苏格兰语,意思是"高大的门"。"t"基本上不发音,一般发音作"嗨呀"。大中华地区第一家凯悦开在香港,粤语中"凯"的发音为"Hy",所以"Hy"就直接翻译成凯了,再翻译就成凯悦了。

君悦英文名叫Grand Hyatt,Grand是"大"的意思,Gran的发音跟广东话"君"几乎一模一样,于是Grand Haytt没有翻译成大凯悦酒店,而是被翻译成了君悦酒店。

再说Park Hyatt,这Par读音跟广东话"柏"一样,为了一家人齐齐整整,"柏悦"品牌横空出世。对应着万豪的万字一家人,凯悦的品牌也凑了个"悦"字系列。

(七)隐藏身世的惊天秘密

锦江酒店集团:锦江酒店集团的锦江二字,来自创始人董竹君女士创立的锦江小餐,因为是川菜馆,故名"锦江"。

因为当时的锦江饭馆名望很大,一起为当时上海的地下党提供了不少便利,建国后周总理都亲切接待过董竹君。

后来上海市政府计划创办一个宾馆级的安全接待机构,于是选定董竹君携锦江川菜馆与锦江茶室两店的所有设备与人员,迁移至长乐路189号华懋公寓(现为长乐路175号)筹备酒店。

1951年6月9日,锦江酒店正式挂牌成立,新中国第一个国宾馆诞生,由董竹君出任锦江酒店董事长。

(八)山寨名

有些酒店为了蹭热度,取了与知名品牌酒店名称类似的名称,但这种方式一般不主张。

(九)引经据典

山泽居度假酒店:"目倦川途异,心念山泽居"。(陶渊明《始作镇军参军经曲阿作》)

花间堂："花间一壶酒,独酌无相亲"(李白《月下独酌四首·其一》)

既下山："闲游殊未遍,即是下山时"。(张籍《游襄阳山寺》)

咸亨酒店:孔乙己去的咸亨酒店的咸亨两字看上去不知所云又普通,其实里面大有深意。咸亨两字出自《易经》的"品物咸亨",意思是表示时世太平,万物欣欣向荣。

琊珀·凯悦臻选酒店:琊珀——"温润如玉,谦尊而光"。

(十)复合使用效果更佳

J酒店——锦江豪华酒店管理公司董事长侣海岩介绍去年刚亮相的世界最高J酒店的品牌寓意时说,J品牌可是有三层含义。

第一,J是白玉兰花开时它的花瓣绽放的造型;第二,J是锦江的拼音首字母;第三,J的谐音文中杰出的杰。

中华文化博大精深,取名讲究吉祥的寓意,还要表达出品牌的内涵,最好体现出深厚的文化底蕴,能够朗朗上口让大家找到记忆点的名字才是好名字。

(来源:酒店圈儿)

五、公共信息图形符号及应用

旅游酒店用公共信息图形符号的行业标准是在《标志用公共信息图形符号》(GB/T 10001.1—2000)的基础上,针对我国旅游酒店设立的服务项目、设施等具体情况,补充设计了《标志用公共信息图形符号》中没有涉及但旅游酒店应具备的部分图形符号,以便旅游酒店向不同国籍的旅客提供准确明晰的服务信息,是对旅游酒店贯彻GB/T 10001.1—2000 的补充。在使用时,各图形符号可与文字配合使用,可根据环境需要选择不同形状、不同尺寸的外观。图形符号的颜色应与背景形成较强的反差。各图形符号应保持在正方形内框中,并注意各图形要素的比例及与边框的位置关系。标准规定了旅游酒店通常使用的公共信息图形符号。适用于我国不同档次的旅游酒店。

(一)旅游酒店用公共信息图形符号

下列图形符号均是旅游酒店用公共信息图形符号。

标志名称:商务中心

英文名称:Business center

国标代码:LB/T 001—1995

简介:表示可提供电传、传真打字、复印文秘、翻译等服务的场所。应安放在商务中心门前明显位置;应在大堂设立的服务指南或酒店印制的宣传资料上标明;可与方向标志组合使用,指示通往商务中心的方向。

标志名称:国内直拨电话

英文名称:Domestic direct dial

国标代码:LB/T 001—1995

简介:表示可以与国内各地直接通话的电话。应安放在有此功能的电话机附近明显位置;应在大堂设立的服务指南或酒店印制的宣传资料上标明;可与方向标志组合使用,指示通往电话机的方向。

标志名称：国际直拨电话

英文名称：International direct dial

国标代码：LB/T 001—1995

简介：表示可以与国外各地直接通话的电话。应安放在有此功能的电话机附近明显位置，应在大堂设立的服务指南或酒店印制的宣传资料上标明；可与方向标志组合使用，指示通往电话机的方向。

标志名称：客房送餐服务

英文名称：Room service

国标代码：LB/T 001—1995

简介：表示可以为住店客人提供送餐的服务。应在酒店印制的服务指南等宣传资料上标明。

标志名称：残疾人客房

英文名称：Room for the handicapped

国标代码：LB/T 001—1995

简介：表示可供残疾人使用的客房。应安放在店内残疾人客房门口的显著位置；应在大堂设立的服务指南或酒店印制的宣传资料上标明；可与方向标志组合使用，指示通往残疾人客房的方向。

标志名称：迪斯科舞厅

英文名称：Disco

国标代码：LB/T 001—1995

简介：表示可供跳迪斯科舞的娱乐场所。应安放在迪斯科舞厅门的显著位置；应在大堂设立的服务指南或酒店印制的宣传资料上标明；可与方向标志组合使用，指示通往迪斯科舞厅的方向。

标志名称：麻将室

英文名称：Mahjong room

国标代码：LB/T 001—1995

简介：表示可以提供进行麻将娱乐服务的场所。应安放在麻将室门口的显著位置；应在大堂设立的服务指南或酒店印制的宣传资料上标明；可与方向标志组合使用，指示通往麻将室的方向。

标志名称：电子游戏

英文名称：TV games Center

国标代码：LB/T 001—1995

简介：表示可以提供电子游戏服务的场所。应安放在电子游戏室门的显著位置；应在大堂设立的服务指南或酒店印制的宣传资料上标明；可与方向标志组合使用，指示通往电子游戏的场所。

标志名称:摄影冲印

英文名称:Film developing

国标代码:LB/T 001—1995

简介:表示可以提供摄像、照相及冲洗胶卷服务的场所。应安放在摄影冲印室门的显著位置;应在大堂设立的服务指南或酒店印制的宣传资料上标明;可与方向标志组合使用,指示通往摄影冲印室的方向。

标志名称:钓鱼

英文名称:Angling

国标代码:LB/T 001—1995

简介:表示可以钓鱼的场所。应安放在酒店钓鱼场所附近的显著位置;应在大堂设立的服务指南或酒店印制的宣传资料上标明;可与方向标志组合使用,指示通往钓鱼场所的方向。

标志名称:划船

英文名称:Rowing

国标代码:LB/T 001—1995

简介:表示可以划船的场所。应安放在酒店划船场所附近的显著位置;应在大堂设立的服务指南或酒店印制的宣传资料上标明;可与方向标志组合使用,指示通往划船场所的方向。

标志名称:骑马

英文名称:Horse riding

国标代码:LB/T 001—1995

简介:表示可以提供骑马娱乐服务的场所。应安放在酒店骑马场所附近的显著位置;应在大堂设立的服务指南或酒店印制的宣传资料上标明;可与方向标志组合使用,指示通往骑马场所的方向。

标志名称:狩猎

英文名称:Hunting

国标代码:LB/T 001—1995

简介:表示可以提供狩猎娱乐服务的场所。应安放在酒店狩猎场所附近的显著位置;应在大堂设立的服务指南或酒店印制的宣传资料上标明;可与方向标志组合使用,指示通往狩猎场所的方向。

标志名称:射击

英文名称:Shooting grallery

国标代码:LB/T 001—1995

简介:表示可以提供射击娱乐服务的场所。应安放在酒店射击场所附近的显著位置;应在大堂设立的服务指南或酒店印制的宣传资料上标明;可与方向标志组合使用,指示通往射击场所的方向。

标志名称：缓跑
英文名称：Jogging track
国标代码：LB/T 001—1995
简介：表示可以进行缓跑的路径或场所。应安放在酒店缓跑场所附近的显著位置；应在大堂设立的服务指南或酒店印制的宣传资料上标明；可与方向标志组合使用，指示通往缓跑路径或场所的方向。

标志名称：贵宾服务
英文名称：VIP
国标代码：LB/T 001—1995
简介：表示专为贵宾提供服务的场所。应安放在专为贵宾服务场所的显著位置；应在大堂设立的服务指南或酒店印制的宣传资料上标明；可与方向标志组合使用，指示通往贵宾服务的方向。

标志名称：团体接待
英文名称：Group reception
国标代码：LB/T 001—1995
简介：表示专门接待团队、会议客人的场所。应安放在团队接待服务场所的显著位置；应在大堂设立的服务指南或酒店印制的宣传资料上标明；可与方向标志组合使用，指示通往团队服务的方向。

标志名称：订餐
英文名称：Banquet reservation
国标代码：LB/T 001—1995
简介：表示客人可订餐的场所或提供订餐服务。应安放在酒店订餐场所的显著位置；应在大堂设立的服务指南或酒店印制的宣传资料上标明；可与方向标志组合使用，指示通往订餐场所的方向。

标志名称：计程车
英文名称：Taxi
国标代码：LB/T 001—1995
简介：表示提供计程车服务的场所。用于公共场所、建筑物、服务设施、方向指示牌、平面布置图、信息板、车站站牌、时刻表、出版物等。

标志名称：自行车停放处
英文名称：Parking for bicycle
国标代码：LB/T 001—1995
简介：表示供停放自行车的场所。用于公共场所、建筑物、服务设施、方向指示牌、平面布置图、出版物等。

标志名称：废物箱
英文名称：Rubbish receptacle
国标代码：LB/T 001—1995
简介：表示供人们扔弃废物的设施。用于公共场所、建筑物、服务设施、方向指示牌、运输工具、出版物等。

标志名称:安全保卫

英文名称:Guard

国标代码:LB/T 001—1995

简介:表示安全保卫人员或指明安全保卫人员值勤的地点,如警卫室等。用于公共场所、建筑物、服务设施、方向指示牌、平面布置图、运输工具、出版物等。

标志名称:紧急呼救电话

英文名称:Emergency call

国标代码:LB/T 001—1995

简介:表示紧急情况下,需要他人救援或帮助时使用的电话。用于公共场所、建筑物、服务设施、方向指示牌、平面布置图、运输工具、出版物等。替代 GB 10001—88(6)

标志名称:紧急呼救设施

英文名称:Emergency signal

国标代码:LB/T 001—1995

简介:表示紧急情况下,供人们发出警报,以请求救援或帮助的设施。不用于发出特殊警报(如火情警报)的设施。用于公共场所、建筑物、服务设施、方向指示牌、平面布置图、运输工具、出版物等。

标志名称:火情警报设施

英文名称:Fire alarm

国标代码:LB/T 001—1995

简介:表示能产生听觉或视觉警报信号的火情警报设施。不代表与消防部门通讯联系的设施。用于公共场所、建筑物、服务设施、方向指示牌、平面布置图、运输工具、出版物等。

标志名称:灭火器

英文名称:Fire extinguisher

国标代码:LB/T 001—1995

简介:表示灭火器。用于公共场所、建筑物、服务设施、工地、厂矿、桥梁、隧道、方向指示牌、平面布置图、运输工具、出版物等。

标志名称:方向

英文名称:Direction

国标代码:LB/T 001—1995

简介:表示方向。用于公共场所、建筑物、服务机构、方向指示牌、出版物等。符号方向视具体情况设置。

标志名称:入口

英文名称:Way in

国标代码:LB/T 001—1995

简介:表示入口位置或指明进去的通道。用于公共场所、建筑物、服务设施、方向指示牌、平面布置图、运输工具、出版物等。设置时可根据具体情况改变符号的方向。

标志名称：出口

英文名称：Way out

国标代码：LB/T 001—1995

简介：表示出口位置或指明出去的通道。用于公共场所、建筑物、服务设施、方向指示牌平面布置图、运输工具、出版物等。设置时可根据具体情况改变符号的方向。

标志名称：紧急出口

英文名称：Emergency exit

国标代码：LB/T 001—1995

简介：表示紧急情况下安全疏散的出口或通道。用于公共场所、建筑物、服务设施、方向指示牌、平面布置图、运输工具、出版物等。设置时可根据具体情况将符号改为其镜像。

标志名称：楼梯

英文名称：Stairs

国标代码：LB/T 001—1995

简介：表示上下共用的楼梯。不表示自动扶梯。用于公共场所、建筑物、服务设施、方向指示牌、平面布置图、出版物等。设置时可根据具体情况将符号改为其镜像。

标志名称：上楼楼梯

英文名称：Stairs up

国标代码：LB/T 001—1995

简介：表示仅允许上楼的楼梯。不表示自动扶梯。用于公共场所、建筑物、服务设施、方向指示牌、平面布置图、出版物等。设置时可根据具体情况将符号改为其镜像。

标志名称：下楼楼梯

英文名称：Stairs down

国标代码：LB/T 001—1995

简介：表示仅允许下楼的楼梯。不表示自动扶梯。用于公共场所、建筑物、服务设施、方向指示牌、平面布置图、出版物等。设置时可根据具体情况将符号改为其镜像。

标志名称：自动扶梯

英文名称：Escalator

国标代码：LB/T 001—1995

简介：表示自动扶梯。不表示楼梯。用于公共场所、建筑物、服务设施、方向指示牌、平面布置图、出版物等。

标志名称：电梯

英文名称：Elevator lift

国标代码：LB/T 001—1995

简介：表示公用电梯。用于公共场所、建筑物、服务设施、方向指示牌、平面布置图、出版物等。

标志名称:残疾人设施

英文名称:Facilities for disabled person

国标代码:LB/T 001—1995

简介:表示供残疾人使用的设施,如轮椅、坡道等。用于公共场所、建筑物、服务设施、方向指示牌、平面布置图、出版物等。设置时可根据具体情况将符号改为其镜像。

标志名称:卫生间

英文名称:Toilet

国标代码:LB/T 001—1995

简介:表示卫生间。用于公共场所、建筑物、服务设施、方向指示牌、平面布置图、运输工具、出版物等。设置时可根据具体情况将符号男、女图形的位置交换。

标志名称:男性

英文名称:Male;Man

国标代码:LB/T 001—1995

简介:表示专供男性使用的设施,如男厕所、男浴室等。用于公共场所、建筑物、服务设施、方向指示牌、平面布置图、运输工具、出版物等。

标志名称:女性

英文名称:Female

国标代码:LB/T 001—1995

简介:表示专供女性使用的设施,如女厕所、女浴室等。用于公共场所、建筑物、服务设施、方向指示牌、平面布置图、运输工具、出版物等。

标志名称:男更衣

英文名称:Men's locker

国标代码:LB/T 001—1995

简介:表示专供男性更衣或存放衣帽等物品的场所,如男更衣、试衣室等。用于公共场所、建筑物、服务设施、方向指示牌、平面布置图、出版物等。

标志名称:女更衣

英文名称:Women's locker

国标代码:LB/T 001—1995

简介:表示专供女性更衣或存放衣帽等物品的场所,如女更衣、试衣室等。用于公共场所、建筑物、服务设施、方向指示牌、平面布置图、出版物等。

标志名称:饮用水

英文名称:Drinking water

国标代码:LB/T 001—1995

简介:表示可以饮用的水。用于公共场所、建筑物、服务设施、方向指示牌、平面布置图、运输工具、出版物等。

标志名称:邮政

英文名称: Postal service

国标代码:LB/T 001—1995

简介:表示出售邮票或邮寄各种邮件的场所;如邮局(邮电局)、商店、宾馆中办理此业务的部门。用于公共场所、建筑物、服务设施、方向指示牌、平面布置图、信息板、运输工具、时刻表、出版物等。

标志名称:电话

英文名称: Telephone

国标代码:LB/T 001—1995

简介:表示供人们使用电话的场所。用于公共场所、建筑物、服务设施、方向指示牌、平面布置图、信息板、运输工具、时刻表、出版物等。

标志名称:手续办理(接待)

英文名称: Check-in; Reception

国标代码:LB/T 001—1995

简介:表示办理手续或提供接待服务的场所,如宾馆、酒店等服务机构的前台接待处,机场的手续办理处等。用于公共场所、建筑物、服务设施、方向指示牌、平面布置图、信息板、出版物等。

标志名称:问讯

英文名称: Information

国标代码:LB/T 001—1995

简介:表示提供问讯服务的场所。用于公共场所、建筑物、服务设施、方向指示牌、平面布置图、信息板、运输工具、出版物等。

标志名称:货币兑换

英文名称: Currency exchange

国标代码:LB/T 001—1995

简介:表示提供各种外币兑换服务的场所。用于公共场所、建筑物、服务设施、方向指示牌、平面布置图、信息板、出版物等。

标志名称:结账

英文名称: Settle accounts

国标代码:LB/T 001—1995

简介:表示用现金或支票进行结算的场所,如宾馆、酒店的前台结账处,商场等场所的付款处等。用于公共场所、建筑物、服务设施、方向指示牌、平面布置图、出版物等。

标志名称:失物招领

英文名称: Lost and found; Lost property

国标代码:LB/T 001—1995

简介:表示丢失物品的登记或认领场所。用于公共场所、建筑物、服务设施、方向指示牌、平面布置图、信息板、运输工具、出版物等。

标志名称:行李寄存

英文名称: Left luggage

国标代码:LB/T 001—1995

简介:表示临时存放行李的场所。用于公共场所、建筑物、服务设施、方向指示牌、平面布置图、信息板、出版物等。

标志名称:行李手推车

英文名称: Luggage trolley

国标代码:LB/T 001—1995

简介:表示供旅客使用的行李手推车的存放地点。用于公共场所、建筑物、服务设施、方向指示牌、平面布置图、信息板、出版物等。

标志名称:洗衣

英文名称: Laundry

国标代码:LB/T 001—1995

简介:表示洗衣场所或服务。不表示干衣、熨衣。用于公共场所、建筑物、服务设施、方向指示牌、平面布置图、信息板、时刻表、出版物等。

标志名称:干衣

英文名称: Drying

国标代码:LB/T 001—1995

简介:表示干衣场所或服务。不表示洗衣、熨衣。用于公共场所、建筑物、服务设施、方向指示牌、平面布置图、信息板、时刻表、出版物等。

标志名称:熨衣

英文名称: Ironing

国标代码:LB/T 001—1995

简介:表示熨衣场所或服务。不表示洗衣、干衣。用于公共场所、建筑物、服务设施、方向指示牌、平面布置图、信息板、时刻表、出版物等。

标志名称:理发(美容)

英文名称: Barber

国标代码:LB/T 001—1995

简介:表示提供理发、美容服务的场所,如理发厅(馆)等。用于公共场所、建筑物、服务设施、方向指示牌、平面布置图、信息板、时刻表、出版物等。

标志名称:西餐

英文名称: Restaurant

国标代码:LB/T 001—1995

简介:表示提供西式餐饮服务的场所,如西餐厅等。不表示中餐。用于公共场所、建筑物、服务设施、方向指示牌、平面布置图、信息板、运输工具、时刻表、出版物等。

标志名称：中餐

英文名称：Chinese restaurant

国标代码：LB/T 001—1995

简介：表示提供中式餐饮服务的场所,如中餐厅、中餐馆等。不表示西餐。用于公共场所、建筑物、服务设施、方向指示牌、平面布置图、信息板、运输工具、时刻表、出版物等。

标志名称：快餐

英文名称：Snack bar

国标代码：LB/T 001—1995

简介：表示提供快餐服务的场所。不表示酒吧、咖啡。用于公共场所、建筑物、服务设施、方向指示牌、平面布置图、信息板、运输工具、时刻表、出版物等。

标志名称：酒吧

英文名称：Bar

国标代码：LB/T 001—1995

简介：表示饮酒及其他饮料的场所。不表示咖啡、快餐。用于公共场所、建筑物、服务设施、方向指示牌、平面布置图、信息板、时刻表、出版物等。

标志名称：咖啡

英文名称：Coffee

国标代码：LB/T 001—1995

简介：表示喝咖啡及其他饮料的场所。不表示酒吧、快餐。用于公共场所、建筑物、服务设施、方向指示牌、平面布置图、信息板、运输工具、时刻表、出版物等。

标志名称：花卉

英文名称：Flower

国标代码：LB/T 001—1995

简介：表示出售各种花卉的场所,如商店的售花部或花店等。用于公共场所、建筑物、服务设施、方向指示牌、平面布置图、信息板、时刻表、出版物等。

标志名称：书报

英文名称：Book and newspaper

国标代码：LB/T 001—1995

简介：表示出售各种书报的场所,如书报厅、书店等。用于公共场所、建筑物、服务设施、方向指示牌、平面布置图、信息板、运输工具、时刻表、出版物等。

标志名称：会议室

英文名称：Conference room

国标代码：LB/T 001—1995

简介：表示供召开会议的场所。用于公共场所、建筑物、服务设施、方向指示牌、平面布置图、信息板、出版物等。

标志名称:舞厅

英文名称:Dance hall

国标代码:LB/T 001—1995

简介:表示供跳舞娱乐的场所。用于公共场所、建筑物、服务设施、方向指示牌、平面布置图、信息板、运输工具、时刻表、出版物等。

标志名称:卡啦"OK"

英文名称:Karaoke bar

国标代码:LB/T 001—1995

简介:表示供卡啦"OK"娱乐的场所,如卡啦"OK"歌厅等。用于公共场所、建筑物、服务设施、方向指示牌、平面布置图、信息板、运输工具、时刻表、出版物等。

标志名称:电影

英文名称:Cinema

国标代码:LB/T 001—1995

简介:表示供观赏电影的场所,如电影院、电影观看室等。用于公共场所、建筑物、服务设施、方向指示牌、平面布置图、信息板、运输工具、时刻表、出版物等。

标志名称:桑拿浴

英文名称:Sauna

国标代码:LB/T 001—1995

简介:表示提供桑拿浴设施的场所,如桑拿浴室等。用于建筑物、服务设施、方向指示牌、平面布置图、信息板、时刻表、出版物等。

标志名称:按摩

英文名称:Massage`

国标代码:LB/T 001—1995

简介:表示提供按摩服务的场所,如按摩室、按摩间等。用于建筑物、服务设施、方向指示牌、平面布置图、信息板、时刻表、出版物等。

标志名称:游泳

英文名称:Swimming

国标代码:LB/T 001—1995

简介:表示供游泳娱乐或比赛的场所,如游泳池、游泳馆等。用于公共场所、建筑物、服务设施、方向指示牌、平面布置图、信息板、时刻表、出版物等。

标志名称:棋牌

英文名称:Chess and cards

国标代码:LB/T 001—1995

简介:表示供棋牌娱乐或比赛的场所,如棋牌室、棋牌间等。用于建筑物、服务设施、方向指示牌、平面布置图、信息板、运输工具、时刻表、出版物等。

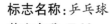
标志名称:乒乓球

英文名称:Table tennis

国标代码:LB/T 001—1995

简介:表示供乒乓球娱乐或比赛的场所,如乒乓球室、乒乓球馆等。用于公共场所、建筑物、服务设施、方向指示牌、平面布置图、信息板、运输工具、时刻表、出版物等。

标志名称：台球
英文名称：Billiards
国标代码：LB/T 001—1995
简介：表示供台球娱乐或比赛的场所,如台球厅、台球室等。用于公共场所、建筑物、服务设施、方向指示牌、平面布置图、信息板、时刻表、出版物等。

标志名称：保龄球
英文名称：Bowling
国标代码：LB/T 001—1995
简介：表示供保龄球娱乐或比赛的场所,如保龄球馆等。用于公共场所、建筑物、服务设施、方向指示牌、平面布置图、信息板、时刻表、出版物等。

标志名称：高尔夫球
英文名称：Golf
国标代码：LB/T 001—1995
简介：表示供高尔夫球娱乐或比赛的场所,如高尔夫球场等。用于公共场所、建筑物、服务设施、方向指示牌、平面布置图、信息板、时刻表、出版物等。

标志名称：壁球
英文名称：Squash/Racket ball
国标代码：LB/T 001—1995
简介：表示供壁球娱乐或比赛的场所,如壁球室等。不表示乒乓球、网球、羽毛球等。用于公共场所、建筑物、服务设施、方向指示牌、平面布置图、信息板、时刻表、出版物等。

标志名称：网球
英文名称：Tennis
国标代码：LB/T 001—1995
简介：表示供网球娱乐或比赛的场所,如网球场等。不表示乒乓球、壁球、羽毛球等。用于公共场所、建筑物、服务设施、方向指示牌、平面布置图、信息板、时刻表、出版物等。

标志名称：健身
英文名称：Gymnasium
国标代码：LB/T 001—1995
简介：表示供健身锻炼的场所,如健身房、健身中心等。用于公共场所、建筑物、服务设施、方向指示牌、平面布置图、信息板、时刻表、出版物等。

标志名称：运动场所
英文名称：Sporting activities
国标代码：LB/T 001—1995
简介：表示供体育活动而设置的场所。用于公共场所、建筑物、服务设施、方向指示牌、平面布置图、信息板、时刻表、出版物等。

标志名称:安静

英文名称:Silence

国标代码:LB/T 001—1995

简介:表示应保持安静的场所。用于公共场所、建筑物、服务设施、出版物等。

标志名称:允许吸烟

英文名称:Smoking allowed

国标代码:LB/T 001—1995

简介:表示允许吸烟的场所。用于公共场所、建筑物、服务设施、运输工具、出版物等。

标志名称:禁止吸烟

英文名称:No smoking

国标代码:LB/T 001—1995

简介:表示不允许吸烟的场所。可安放在酒店的客房或需要禁止吸烟的场所。

（二）旅游酒店公共信息图形符号标志牌的设置

1.标志设置

公共信息图形符号标志按其功能分为说明用标志和指示用标志。说明用标志用以说明某一服务设施、服务单位的功能,应设在设施或单位附近;指示用标志用以指示通向服务设施、服务单位的道路,图形符号可与方向标志组合使用构成指示用标志。

旅游酒店应根据实际需要,首先要确保酒店的主要部位,如大堂、安全通道、消防设施等重要公共场所设置公共信息图形符号标志牌。对电梯、楼梯等设施,如能明显看到,则无须设置相应的标志牌。酒店应着重设置指示用标志指示服务设施所在位置。

标志牌的设置应符合协调统一、便利、醒目、保证照度、避免被遮挡或移动的原则。设置的图形符号既要与环境相协调,又要保证图形符号本身的和谐,在同一场所,各图形符号应尽量保持尺寸、材质、颜色、设置高度的统一。标志牌应设在人们最容易看见的地方,并保持较好的醒目度和足够的亮度,必要时可加辅助光源或使用灯箱。标志牌的正面及其邻近的地方不得有妨碍公众视读的固定障碍物,也不宜将标志牌设在门、窗等可移动的物体上。此外,还应避免滥设标志牌的现象,也要避免出现标志内容互相矛盾或重复现象,尽量用最少的标志展现必须的信息。

说明用标志牌应设在紧靠所说明的服务设施的上方或侧面,或足以引起公众注意的与该服务设施邻近的部位。

2.标志的形状

公共信息图形符号的形状应为正方形(禁止吸烟的符号为圆形)。设置的标志牌可带有标准中规定的图形符号的正方形边框,也可没有边框,但要以其为基础做成与该边框相吻合的正方形标志。正方形标志牌的四角可做成圆角。

各旅游酒店如因特殊要求需采用其他形状的标志牌(如圆、扇形、长方形等),则标志牌中的图形符号应带有提示性的正方形边框。

对于带有箭头的指示用标志牌、多个符号集中呈现的标志牌或带有其他文字信息的组合标志牌的形状可由各单位灵活选择。符号、箭头等信息显示,可采用横向或纵向布置。图形符号与箭头结合使用时,图形符号或文字不要置于箭头的头部,同时箭头两翼宽度不应超过图形符号公称尺寸的 3/5。图形符号与文字一起使用时,不应突出文字的作用,文字总高(宽)一般不应超过符号公称尺寸的 3/5。多个图形符号一起使用时,符号之间的距离至少为符号公称尺寸的 1/5。

3. 标志牌的尺寸

符号尺寸的选择应以观察距离为准。观察距离指要求能看清楚标志牌的最大距离。标志牌的符号尺寸应遵循如表 3-5 所示的尺寸系列。

表 3-5　标志牌的符号尺寸

观察距离/m	正方形标志的边长/m	圆形标志的直径/m
$D \leq 2.5$	0.063	0.070
$D \leq 4.0$	0.100	0.110
$D \leq 6.3$	0.160	0.175
$D \leq 10.0$	0.250	0.280
$D \leq 16.0$	0.400	0.450
$D \leq 25.0$	0.630	0.700
$D \leq 40.0$	1.00	1.110

各旅游酒店除选用上述尺寸系列外,如有特殊需要,可选用以下辅助系列的正方形符号尺寸:0.125、0.200、0.315、0.500 m。

4. 标志牌的材料与颜色

标志牌应使用耐久性材料,如铜板、不锈钢板等。

标志牌的颜色可直接选用制作材料本色为衬底色,图形为黑色;亦可使用黑衬底、白图形。带有色彩的标志牌,可选用绿色或蓝色衬底、白图形的色彩组合。

"灭火器(消防设施)、紧急出口、禁止吸烟"等符号的颜色应符合国家标准《消防安全标志》和《安全标志》中的规定。

没有禁止或消防含义的公共信息图形符号的图形和衬底都不应使用红色;也不应使用安全色的黄色为衬底色。

5. 标志牌的图形

各旅游酒店设置的公共信息图形符号须与国家标准和行业标准保持一致。如有必要,可在图形符号边框外加注文字说明。

【知识拓展 1】

国内外智慧酒店经典案例大盘点

一、法国巴黎 MuranoResort——智能家居式酒店

法国巴黎 MuranoResort 完美地诠释了在智能化时代,什么是真正的智能酒店。在这有

超智能化的指纹锁系统，客人进入房间之前都必须通过认证的智能指纹锁系统；把安全防御做到了极致的同时，在这你不必担心忘带钥匙或没有钥匙进不了房间。而且这家酒店客房最大的亮点在于床头旁的灯光控制器，客人可依据个人生活习惯、喜好来设置多种情景模式，调节不同的色彩从而赋予每个房间不同的个性。

二、日本东京半岛酒店——至臻完美

半岛酒店是浪漫、魅力和时尚的代名词。追求每个细节的至臻完美，为您提供无与伦比的服务，为宾客创造难以忘怀的住宿体验。酒店拥有全城无可比拟的美景，皇宫花园和日比谷公园就近在眼前。知名室内设计师桥本夕纪夫选用大地色、木材、漆器和大理石进行混搭，并在设计中充分考虑到各项设施的功能性，又诠释出日本丰富的文化遗产。为宾客营造奢华舒适的居住环境，被赞为"国际设计闪耀日式精彩"。

酒店最大的亮点之一是酒店设有内部研发部门，20名工程师为客人开发最人性化的智能科技服务。无所不在的按钮以"润物细无声"的方式，将酒店华丽的风格融入其中，只要客人按下了房间走廊的第一个按钮，小屏幕上就会立即显示出室外的天气和湿度，为出门穿衣提供贴心的建议。同时酒店还拥有智能电话接听系统，电话响起时房间内的广播和电视将变成静音，按个钮就能免提接听。

三、中国香港奕居酒店——绿色奢华主义

由建筑师傅厚民倾力设计而成，充分考虑到幽静居住之感，遵循"少即是多"的减法原则，摒弃一切浪费和花哨，却又不失奢华感受。通过特定的笔记本电脑，酒店工作人员可以随时随地为客人办理电子化入住登记。而客人可通过客房内的电视进行退房，酒店就会将账单及资料发送至客人的电子邮箱。轻触 Ipadtouch 或 Ipad 显示屏，多元化的信息接踵而来，酒店介绍、送餐服务、本地旅游资讯、天气情况……

四、美国西雅图 Hotel1000——"请勿打扰"

一系列全天候多用途智能外设基础设施。从登记入住、室内温度到商务工作、居住休闲等，都能通过网络平台来完成，员工可通过门铃下方的智能系统检查房间是否有人入住，以及是否已提醒"请勿打扰"。隐藏在天花板的水箱提供稳定流量的淋浴，让人在舟车劳顿的旅途中得到最大限度的放松。说好的智慧是你永远不要担心有人来打扰。

五、阿联酋阿布扎比——超级智能

阿布扎比酋长国皇宫酒店极尽奢华，与古老的宫殿式外观相比较，酒店内部的高新科技绝对走在世界前沿。除了拥有美轮美奂的景点外，酒店最大的亮点就是遍布100公顷区域内的无线上网，以及无边际游泳池和私人沙滩。而且住在这的客人每人都可以拥有一台超级智能掌上电脑，可通过它设定叫醒电话、下载电影录像、召唤服务员、购买酒店商场内的商品、结账退房等。这夸张的网络构建有专员负责安全监控，包括16个防火墙与侵入探测系统，好的智慧酒店就是一点也不用担心隐私的泄露。

【知识拓展2】

白天鹅宾馆：别出心裁的六维空间设计

设计香港中银大厦、法国卢浮宫前庭、苏州博物馆等世界著名建筑的美籍华人建筑大师

贝聿铭曾到访白天鹅宾馆,当他仔细参观了酒店中庭后,由衷地赞叹说:"在江边建造这样一座宏伟旅馆,在世界上是罕见的,可见中国有天才的设计大师。"

建筑"中庭"这一概念起源于庭院(天井)。据称,希腊人最早在建筑中利用露天庭院这一概念。后来,罗马人在这一基础上加以改进,在天井上加盖屋顶,形成了有顶盖的室内空间的雏形——中庭。一家大酒店的中庭,可以毫不夸张地说是这家酒店最关键的共享空间,是酒店的门面,是酒店天、地、人三要素及所有文化元素的集中体现。

白天鹅宾馆的中庭设计于20世纪70年代末。当时中国刚打开国门,我们的设计大师就能设计出这样一座融合传统与现代,蕴涵深厚文化底蕴的顶级设计作品,是谁也想不到的。1983年2月6日,白天鹅宾馆向世界揭开面纱。现代、通透、大气而又蕴含了深厚中华传统文化的经典中庭立即引起了国内外建筑界的轰动,后来还被引入大学建筑系的教材中。直至现在,这个设计无论在国内外都堪称经典。

任何年代,无论是名流政客、商业精英、旅行客人还是普通市民,他们绝不会拒绝清新的空气、自然的园林和温馨优雅的氛围,而白天鹅宾馆独具特色、融贯中西的中庭设计,刚好提供了这一切。

白天鹅宾馆裙楼从主楼向南挑出,直抵江面,共有三层,其中第二层东接玉带一般环绕沙面南岸的专用引桥,成为宾馆的大堂。按照岭南庭院的布局,由东而西安排前庭、入口大门、小天井、接待大堂,然后是跨越裙楼首层至三层的中庭。佘畯南、莫伯治两位大师以中庭故乡水人造假山瀑布及与其相融合的景观水体、溪流曲桥为主景,围绕中庭以回廊、步梯连接各楼层,营造出"先抑后扬,移步换景,声色共融"的岭南庭园胜景,巧妙地将宾客接待区、大堂酒吧、各餐饮及宴会空间、商场、主楼客房区域安排在这一核心共享空间周边,既对接传统岭南大宅的功能布局,又符合现代人的习惯,构思精巧,尺度恰当,大气高雅,令人叹为观止。

中庭的设计可以说充分表现了岭南园林的精髓,将中庭景物同周边的功能空间乃至江、天、岛融为一体。总体上分而不割,聚则总成格局,散则自成功用,动线流畅,光影自然,水声鸟语盈耳,让人仿佛置身天然山水之间,而又处处感受到妙不可言的玄机。中庭以"水"为核心主题。中庭内石山瀑布、如娟水幕,幕墙外满眼江水滔滔、石桥下小溪潺潺汇流,源出一脉,又汇成一体。站在中庭核心的八角形观景台上,又或站在三层中庭周边的任何位置,处处成景,满眼绿意,让人神清气爽,心旷神怡。

佘畯南大师将他和莫伯治大师所创造的这一经典共享空间理念以"六维空间"理论释之。所谓"六维空间"理论,是在长、宽、高传统"三维"基础上;融合声音、光照和香味的因素,成为"四维";再把活动于其中的人融入,构成"五维";继而通过造景、光影及尺度恰当的动线安排使得建筑、环境和人产生情感上的共鸣,那便达到"六维"了。将天然性、观赏性与实用性巧妙融合成一个和谐美好的人间胜境,这正是中国传统文化中"天人合一"理念在建筑庭院空间的现实表现。

这个"六维空间"设计可谓别出心裁,有些堪舆学家惊诧于大师的智慧非凡;更叹服于这个设计的精妙,从堪舆角度指出这个设计非常注重"内水"与"外水"的配合。大堂内的故乡水飞流千尺,通过玻璃幕墙及曲折小溪与外面的珠江水融为一体,尽纳堂中,加上中庭光篷承接的雨露,令人置身大堂之内亦如临水之滨,可谓"与江为邻,向水皈依,三水归堂,尽收灵气"。

其实,佘畯南、莫伯冶两位大师的设计始终将人的主观感受放在首位,追求不仅要给人以直观的感受,还要激发起人的思想和情感共鸣,引起无限的联想,也就是要达到触景生情、情景交融的艺术熏陶效果。例如客人在前台办好入住手续后,漫步走到大堂,这段距离中,灯光和谐,乐音柔美,加上远处瀑布传来的潺潺水声,营造了一种宁静致远的艺术哲学空间环境。越过回廊的遮挡步向中庭,跟随着渐渐增强的水声,眼前豁然开朗,故乡水瀑布完美展现,自然光线从光篷洒下,瀑布产生的负离子和周边的花香鸟语让人精神焕发,一扫旅途的疲惫,回归自然,回归田园故里的感觉油然而生。从大门,到前厅,到中庭,再到周边的每一个空间,步移景换,宛如一幅徐徐展开的画卷;亦似一首委婉回旋、余韵不绝的诗篇。中国园林的精髓,全被两位大师妙手布局,融入白天鹅宾馆这一现代主义建筑的共享空间中了。

正如一位建筑大师所说的:"一个寓意深远,不可重复的设计,一定传诸永远。"

(来源:张添《白天鹅宾馆传奇》,广东旅游出版社)

【本章小结】

本章介绍了酒店项目工程建设流程;酒店工程规划设计中易出现的误区;如何做酒店功能规划;如何进行酒店工程管理规划;酒店 VI 视觉识别系统设计内容、原则、程序和应用,为酒店项目工程建设和酒店功能规划提供参考。

【课后思考】

1. 酒店建筑设计和施工单位选择采用什么方式,包含几个阶段?
2. 工程建设质量控制包含哪些方面?
3. 建筑规划与设计准则有哪些?
4. 酒店规划设计会出现哪些误区?
5. 如何进行酒店功能规划?
6. 酒店设计有哪些新思路?
7. 酒店 VI 设计原则有哪些?

【实践作业】

【实践名称】酒店布局、装修创新及 VI 设计实验

【实践要求】以小组为单位,对自己的酒店进行装修风格设计、功能布局、根据酒店名称设计酒店 Logo、并进行酒店服务用品 VI 设计,制作 PPT 进行展示。要求原创,融入中国元素、区域文化及现代科技元素。

【案例分析】

南通一酒店"虎景房"引热议
"动物园+酒店"模式行得通吗?

近日,江苏省南通市一动物园酒店内出现老虎观赏房,其独特的装修风格和观赏体验引发热议。当事酒店工作人员表示,可以看到老虎的房间是刚装修好的"猛兽客房",现在还没有投入使用。南通市崇川区文旅局工作人员介绍,该体验项目相关手续齐全合规,不过暂未开放。

2022年恰逢寅虎之年,虎被视为最吉祥的动物。但把有"百兽之王"之称的老虎引入酒店观赏经营项目,这种"动物园+酒店"的业态模式可行吗?

一、与猛兽隔窗而眠

中国城市报记者注意到,"虎景房"热议事件是由一则网传视频引起的,视频拍摄地为江苏省南通市森迪部落树屋酒店。视频中,只见一只老虎在透明玻璃外不断徘徊游走,人与老虎仅有一层玻璃之隔。

酒店工作人员表示,该房型是酒店刚装修好的"猛兽客房",目前还没有投入使用。相似的房型有4间,客人隔着窗户都可以看到饲养的老虎;房间内有相应的防护措施,玻璃采用的是防爆玻璃,安全可以保障。"关于该房型具体的开放时间及定价等问题,大家可以随时关注网上的信息。"该工作人员说。

南通市崇川区文旅局工作人员则回应称,"猛兽房"是南通市森迪部落树屋酒店的一个特色体验项目。"猛兽房"窗外的老虎是动物园里合规饲养的,已通过相关部门检验,饲养手续齐全,项目可以正常经营;参观玻璃采用的是较厚的防爆玻璃,安全程度高。而网上关于该项目叫停的消息属于不明真相人群断章取义,相关部门后续会统一对外答复。

公开信息显示,森迪部落树屋酒店于2021年4月30日开放。其负责人在开业时称,这是国内第一家客人可以和猛兽共眠的酒店。酒店区东面是长颈鹿、斑马客房,西面是狮子、老虎客房。

实际上，这并非森迪部落树屋酒店第一次引发网友热议。2021年11月，森迪部落树屋酒店曾因"小熊猫进入客房"的视频而受到关注。视频中的小熊猫通过露台进入游客房间，不断举起前爪且上床翻滚；而游客向小熊猫投喂苹果并不停地称赞："太可爱了"。事后，名为"物种日历"的微信公众号发文针对"小熊猫进入客房"的视频作了相关科普，称视频内小熊猫"可爱"的动作其实很多都是应激和防御的行为，并不是在"卖萌"。其四仰八叉躺在床上的动作，已经"应激到了极限"。

二、"虎景房"，人与老虎都安全吗？

与老虎隔窗而眠在某种程度上固然能给体验者带来感官的刺激，但"虎景房"是否真的安全也在不少人心中画了一个大大的问号。

其实，在《中华人民共和国民法典》中有相关规定，如"动物园的动物造成他人损害的，动物园应当承担侵权责任；但是，能够证明尽到管理职责的，不承担侵权责任"。

"就目前情况来看，或许园方认为已安装防爆玻璃并作好了游客安全保障预案，同时，人工繁育的老虎也不像野生虎有很强的攻击性，因此有信心做出安全承诺。但这份承诺是否能兑现，仍是个未知数。"法律从业者王少锋告诉中国城市报记者，近年来数起动物园老虎伤人事件就是最好的证明——正常的游览项目尚且无法消除意外，更何况这种与老虎隔窗而眠的设定。

此外，《城市动物园管理规定》也明确指出，动物园设计方案既要符合动物生活习性要求，还要保证动物、游人和饲养人员的安全。

对动物，饲养方不仅要保障其身体安全，也要考虑其心理安全。中国城市报记者仔细观看森迪部落树屋酒店"虎景房"视频，发现该房间老虎活动区域是无花无草的人工造景，似乎不太符合动物的生活习性。这样是否会影响老虎身体健康或引发其心理疾病呢？

对此，广东省科学院动物研究所研究员胡慧建表示，在进入一个新环境后，野生老虎和被饲养长大的老虎所受影响区别较大。如果是野生老虎，新环境对其心理、行为、生理方面的影响都会比较明显；而被饲养长大的老虎，所受的影响较小。"因为这种老虎适应得比较快，也不怕人，干扰会少很多。但酒店方也应重视动物福利，在有限的空间里给老虎一个更

接近自然的环境,让老虎生活得更加自然、舒服。"胡慧建说。

三、"动物园+酒店"发展道路且长

"动物园+酒店"模式在全球旅游业内盛行已久。在国外,甚至有不少以"野性"出名的动物园酒店成为了当地的热门打卡地。

以坐落于澳大利亚国家动物园的贾马拉野生动物旅馆为例,据了解,在保护措施得当的前提下,游客可于贾马拉野生动物旅馆内和野生动物近距离接触,还可以与动物住在一起,使游客能够近距离地喂食并观察动物;动物们则分布在旅馆的各个角落,游客们在不同的房型里可以接触到不一样的动物。

实际上,在酒店中设置动物观赏区域,国内已有不少先例。除广东珠海长隆酒店的白虎餐厅、企鹅餐厅外,浙江湖州龙之梦钻石酒店也在酒店大堂中饲养了数只白虎以供客人观赏;而海南三亚亚特兰蒂斯酒店里可观赏鲨鱼游弋的房型更是受到游客热捧……

经过对比不难发现,上述几个"动物园+酒店"的经营模式颇为相似,都是酒店与同一集团旗下的野生动物园联合运营,要么是酒店毗邻动物园,要么是酒店坐落于动物园内。比如龙之梦钻石酒店和龙之梦动物园同属太湖龙之梦乐园项目,广西雄景生态酒店背靠平南雄森动物大世界,森迪部落树屋酒店则位于南通森林野生动物园深处。

四、那么,"动物园+酒店"的旅游业态模式究竟可行吗?

华美顾问机构首席知识官、高级经济师赵焕焱在接受中国城市报记者采访时说:"这种模式是可以研究的,但动物园与酒店应该是分离的、有一定距离的。动物与客房仅玻璃之隔是不应该的,这样无论对客人还是对动物而言都是不妥当的。"同时,赵焕焱还强调,有较大室外空间的酒店可以在符合动物园规范的前提下研究设置适当的动物乐园,且履行相应的手续。

在北京第二外国语学院旅游科学学院副院长李彬看来,"动物园+酒店"模式属于主题酒店中非常细分、小众的业态,大多走的是高奢精品路线。随着我国亲子游需求的不断释放,再加上现在青年人求新求异的猎奇心态,动物园主题酒店有着非常大的市场空间。

(来源:安徽省酒店网)

思考:

1. 你认为"动物园+酒店"模式的主题酒店可行吗?

2. "动物园+酒店"模式主题酒店在开发经营上应该注意哪些问题?

3. 请搜寻有关"动物园+酒店"模式主题酒店,归纳其共同点和差异?分析利弊。

4. "动物园+酒店"模式的酒店在风格设计、功能规划方面应考虑哪些?请用以本案例的"虎景酒店"为例,设计酒店的建筑风格及功能规划图,并详细说明。

第三部分 酒店开业筹备期

第四章 酒店开业筹备计划管理

【导言】

经过先期筹备期的可行性方案的拟订、酒店工程筹建期的建设与功能布局设计等一系列工作,酒店进入建设尾声、装修阶段,酒店正式进入了开业筹备期。作为一家新开的酒店,尤其是有一定规模的大型酒店,开业前期筹备工作千头万绪,酒店涉及面广,内容多,稍有考虑不周全,将对开业后的运营管理产生很大的影响。由此,酒店要保证正常的运营,在开业前需要拟订了一份周全的开业筹备工作计划,内容越翔实越具体越能有利于开业后的管理。

【学习目标】

> 知识目标:1. 了解酒店开业筹备计划拟订的时间。
>
>   2. 了解酒店开业筹备计划的内容。
>
>   3. 了解酒店开业筹备计划实施的原则。
>
> 能力目标:1. 掌握酒店开业筹备计划的拟订。
>
>   2. 掌握各部门制订开业筹备计划需要注意的事项。
>
> 思政目标:能够在酒店开业筹备计划的制订中树立团队意识。

【案例导入】

某酒店马上就开业,在进行试营业的过程中,餐饮部经理发现全部开放三个餐厅营业时,餐厅楼面的服务人员不够调配,特别是有客人需要送餐服务时,除了人手安排,送餐保温器具及餐车不符合服务的需求。于是,在试营业中员工手忙脚乱,服务用具的不匹配,导致了工作的被动。

酒店开业筹备期的工作涉及面广,无论投资者还是开业筹备者面临的工作千头万绪,如没有周全的计划作为指引,势必会造成筹备工作的遗漏。因此,编制开业筹备工作计划,将主要事务的履行内容和完成期限罗列详细是十分必要的。

酒店运营是否顺利进行,建立合理的经营管理体系是关键。而酒店的运营围绕人、财、物三个方面展开,因此酒店开业筹备计划应以此三个基准点着手考虑。酒店开业筹备计划的制订是否具体、酒店项目经营管理体系的筹建成功与否,决定着酒店开业后正常有序运营的前提条件,具有十分重要的意义。

第一节　酒店开业筹备计划制订的前期工作

【知识框架】

```
一、制订开业筹备工作计划的时间基点

                                        高层管理层级及筹备工作范畴
二、制订计划涉及的人员及工作范畴
                                        部门经理层级及筹备工作范畴

三、经营者制订开业筹备计划前需关注的工程问题
```

一、制订开业筹备工作计划的时间基点

酒店项目经过先期筹划后进入第二个时期——工程建设期。投资者会根据工程建设预期完工时间以及经营需要的有利时机,初步确定酒店的预开业时间,而预开业经营筹备工作也将以这个时间为准有序推进。

二、制订计划涉及的人员及工作范畴

酒店开业筹备是一项非常烦琐、复杂的工作,是为今后酒店成功运营、降低运营成本等打好基础的重要阶段。具体而言,开业筹备的主要工作包括:了解酒店施工进度、制订筹备工作进度计划、人员招聘和培训、经营计划和预算编制、各部门运营手册的编制、物品采购和制作、开业广告和推广计划、证照办理、开业庆典计划、场地验收、模拟营运、开业前的检查等,因此,责任重大且极具挑战性。它要求总经理、管理团队既要协调好各种关系,又要考虑周全,在人、财、物等方面做好充分准备,做到捋顺关系、任务明确、责任到人。

(一)高层管理层级及筹备工作范畴

酒店开业筹备计划涉及酒店运营的各项准备工作,而此项工作需要统筹者进行全面指挥。为确保酒店预开业经营筹备工作顺利有序地实施,一般情况下,投资者会在开业前至少6个月确定酒店总经理人选。由总经理确定未来酒店的经营管理者并于预开业前6个月进入筹建现场开展筹备工作。

1. 做好筹备计划前的人员沟通工作

总经理进驻后,需要捋顺协调好各种关系,包括与业主的关系、与团队内部的关系,还包括与社会各界的关系。

（1）与业主方面的关系

酒店管理公司与业主方的关系，是项目中极其重要的关系。如果双方不能做到相互理解、信任、宽容、接纳，就会在合作过程出现矛盾和摩擦。因此，作为总经理，要向业主阐明彼此之间的目标是共同的，最终获益者实际上是业主。了解业主投资酒店的目的，在制订工作计划与经营策略上才能与业主的目标相一致，有利于确定今后合作策略，有效的推进筹备进程。

（2）与管理团队的关系

管理团队内部的关系是作为一个总经理必须重视的。派驻的管理团队是酒店管理公司管理能力、职业素质的代表，业主随时都在关注着这个团队的和谐和能力。因此，管理团队的建设非常重要，总经理在人员选配、使用上，要以人为本，强调团队内部的团结与对外统一性，把公司愿景与团队目标结合起来，齐心协力做好筹备以及开业后经营工作。

2. 全面了解各项工作进程，指导做好开业筹备计划的制订

（1）了解项目施工进度

在酒店工程筹建阶段，我们知道需要总经理和工程技术人员先期进驻。所以，总经理和工程总监在进驻项目后，为了制订合理准确的开业筹备计划，第一项工作就是要到施工现场多走多看，详细了解工程进度才能准确安排筹备开业的进度，并与施工进度进行有效衔接，避免因步骤不一致而造成的延误和损失。

总经理要与筹建办开会了解工程进度及机电设备状况，索取酒店工程进度表、酒店平面施工图等，以保证各级管理人员进驻酒店后，能依据信息熟悉酒店布局和各自负责的工作场所，编制工作流程和制订本部门的开业筹备计划。

（2）设计酒店组织架构

作为总经理，要根据酒店规模与设施确定落实酒店组织框架，这是今后筹备酒店美好蓝图的基础。只有结合项目情况落实人员编制，才能实施招工计划，并预测每个部门、每个工种所需人员情况及劳动费用支出情况和员工食宿安排情况。

确定人员编制，要科学、合理地设计组织机构，综合考虑各种相关因素，要以既不浪费人力资源，又不影响经营水准的原则进行。要确保酒店顺利开业并使管理走上正常运营的轨道，根据项目进展、规模、经营需要等制订管理团队人员到位计划，人员入职最好按30%、50%、80%比例进入，以便控制成本。

落实员工宿舍等计划。"兵马未动粮草先行"，员工安居才会乐业。行业内酒店员工因为住房和生活条件差而纷纷跳槽的例子并不鲜见。有的酒店工资虽然不高但食宿条件较好，员工往往愿意留下。总经理要说服业主予以配合，在酒店招工前，全面规划好员工宿舍及餐厅等保障设施。

（3）制订经营物品采购清单并协助采购

酒店开业前事务繁多，经营物品的采购是一项非常耗费精力的工作，仅靠某一个部门去完成此项任务难度很大，各经营部门应协助其共同完成。总经理在采购的环节主要做好采购制度的把控，确保采购的物品种类、数量符合建筑的特点、酒店定位和档次要求；确保采购的物品从本酒店的实际出发，质量符合行业标准、管理公司标准要求，还应根据本酒店的目标市场定位情况，考虑目标客源市场对客房用品的需求、对就餐环境的偏爱，以及在消费时的行为习惯来制订采购清单。协助对供应商的招标和定标工作，保证产品质量；做好采购及

库存管理制度的制订；及时沟通资金到位情况，确保采购物品的及时采购，保证开业及运营的需要。

（4）做好酒店物品VI设计风格的把控

酒店物品设计涉及酒店风格定位及品牌形象的推广，传播酒店管理理念，树立酒店知名度，塑造酒店形象，是一种快捷、便捷的方式。将酒店理念、酒店价值观，经过静态的、具体化的，视觉化的宣扬系统，有组织、有方案和正确、准确、快捷地传达出去，并贯穿于酒店的运营行为中，使酒店的精神、思维、运营政策、运营策略等主要性的内容，经过视觉传递的方法使社会公众能一目了然地掌握酒店信息，发生认同感，然后实现酒店辨认的目的。

酒店VI设计的视觉基本要素规范是由标志、中英文标准字及标准色等构成，是整体标识信息和形象识别的核心，由此一旦确立了酒店对外的视觉形象，即应遵照执行，不轻易变更改变。所有的酒店物品及其他相关的标识应用与表现都应遵循既定的标识规范，以树立完整统一的酒店形象。因此，总经理应把控酒店VI设计风格，积极与业主方沟通，确保设计符合酒店定位及整体风格，保证视觉的统一性。

（5）指导各部门制订各类制度、流程、标准

管理酒店就像管理一座城市，除了"宪法"（员工手册）外，必须要有各种辅助性"地方性法规"（规章制度），还要有各部门的具体业务流程（岗位职责、工作程序），使各项管理工作做到"有法可依、有法必依、执法必严、违法必究"。同时，还要搞好企业文化建设。总经理在开业筹备中应适度地指导各部门根据市场定位、接待对象等现实要求制订符合酒店服务特色、企业文化要求的各类制度、流程和标准，确保服务的规范及统一性。

（6）做好调查并制订经营策略

市场调查是每家酒店开业前必须要做的工作，也是酒店制订经营计划、营销策略、行动计划、市场定位、经营决策的基础。总经理应组织管理团队通过对周边市场的考察，了解周边酒店市场的设备、设施、物品、服务、客源、收费及运作情况，并对其进行认真分析，形成调查报告。及时与业主方反馈与沟通，与管理团队一同制订本酒店的经营方针，确定收费标准和建立价格体系，这是做好经营策略的依据。

（7）合理规划各部门管辖区域

各部门经理到岗后，首先要熟悉酒店的平面布局，要实地察看，然后再根据实际情况，确定酒店各部门的管辖区域及主要职责范围，以书面的形式将具体的建议和设想呈报总经理。总经理从大局出发统筹安排，确保区域及责任划分合理性，保证服务提供的便利性及管理及时性。

（8）做好酒店验收工作的总控及协调工作

酒店工程、设备、消防等验收工作关系着酒店是否能正常投入使用。总经理对酒店验收工作进行总把控，督促各部门做好验收方案的制订，亲自参与重要工程、系统、设备的验收，对各部门的验收情况要了如指掌，及时提供指导和工作协助。

（9）督导建立酒店财产档案库

酒店资产的建册立档是完善财务管理的前提，开业筹备期的总经理除了统筹酒店的开业筹备工作、组织经营活动外，应关注酒店资产购置情况，最大限度地提升资产利用率，降低成本的支出，为业主降低开业前成本支出的同时，为日后开业运营后成本核算提供数据基础。所以，开业前建立各部门的财产档案，这对日后酒店各部门的管理，包括各项成本控制、

固定资产保留、各项审计等,都具有特别重要的意义。

(10)安全保障

《中华人民共和国安全生产法》(2021正式版)提出,"安全生产工作应当以人为本,坚持人民至上、生命至上,把保护人民生命安全摆在首位,树牢安全发展理念,坚持安全第一、预防为主、综合治理的方针,从源头上防范化解重大安全风险。安全生产工作实行管行业必须管安全、管业务必须管安全、管生产经营必须管安全,强化和落实生产经营单位主体责任与政府监管责任,建立生产经营单位负责、职工参与、政府监管、行业自律和社会监督的机制"。如一个企业总部,董事长和总经理是主要负责人,就是企业安全生产第一责任人。此外,还有很多副职,比如分管人力资源的副总经理对分管领域的安全要负责任。下属企业里面,安全管理团队配备得不到位、缺人,由此导致的事故这个副职是要负责任的。比如分管财务的副总经理,如果下属企业里安全投入不到位,分管财务的副总经理是要承担责任的。管生产的副总经理不能只抓生产,不顾安全,抓生产的同时必须兼顾安全,抓好安全,否则出了事故以后,管生产的副总经理是要负责任的。

安全是生产的基础,没有了安全,一切都归零,酒店安全工作是"重中之重"的工作。消费者到酒店消费,主要考虑的是安全,包括食品安全、环境安全、人身安全等。因此,作为酒店的第一安全责任人,在酒店开业前要考虑到各种安全问题,要根据酒店项目的需要、环境、特点,建立有效、快捷的安全体系和危机处理体系,以保障酒店、消费者、员工等各方面的安全。特别是酒店开业前最好做一次消防演练,防患于未然。

(11)统筹制订经营预算

酒店预算一般分为筹建期预算和运营期预算。筹建期的预算一般涉及开业启动资金预算、开业运营设备预算、试运营预算、酒店开业经营预算等。作为统筹开业经营活动的负责人,无论哪个阶段的预算,总经理都应全面掌握筹备过程的各个环节及进度,积极与业主沟通,做好相应的指导,尽力避免因与业主的信息不对称带来的理解偏差及偏离酒店实际。

(12)全面掌握各部门模拟运转情况

酒店各部门在各项准备工作基本到位后,即可进行部门模拟运转。这是对前期准备工作的检验,目的为正式的运营打下坚实的基础。总经理应全面掌握各部门模拟运转情况,及时在产品、服务、部门协作上给予指引与协助。

(13)统筹指导开业典礼

开业典礼是筹备工作的最后环节,是正式开门营业、向公众正式展现酒店风采的关键。总经理应带领团队确定开业典礼主题、确定重要嘉宾名单等工作,凭借开业典礼展现酒店特色、推广酒店,建立酒店形象,为日后品牌建立与推广奠定基础。

除此之外,总经理应坚持每天施工现场的巡视,注意观察,提出现场建议;构建业主方、施工单位的三方沟通平台,定时召开工程联席会议,及时处理筹备过程的工程问题等。

(二)部门经理层级及筹备工作范畴

酒店运行管理体系由前场部门及后场部门组成,前场部门负责酒店服务的提供,后场部门负责为前场部门服务。各部门各司其职,在酒店开业筹备工作中发挥着各自的作用。各部门都将根据部门运作的需要进行开业筹备计划的制订。

1.了解项目施工进度

在酒店工程筹建阶段,总经理和工程技术人员先期进驻了解整体情况及施工进度,各级管理人员进驻酒店后,依据信息熟悉酒店布局和各自负责的工作场所,编制工作流程和制订本部门的开业筹备计划。

2. 设计酒店组织架构、制订招聘计划

作为部门负责人,各部门经理应根据酒店规模与设施,在保证经营水准、避免浪费人力资源的原则下,合理地确定人员编制,要科学、合理地设计组织架构。要确保酒店顺利开业并使管理走上正常运营的轨道,根据项目进展、规模、经营需要等安排人员逐步到位。

3. 制订经营物品采购计划

经营物品的采购是确保部门正常运作的物资基础,如何结合建筑的特点、酒店定位和档次要求、运营实际制订合理的物品采购种类、数量是部门经理的一项重要筹备工作。部门经理应进行市场调研,根据本酒店的目标市场定位情况,考虑目标客源市场对客房用品的需求、对就餐环境的偏爱,以及在消费时的行为习惯来制订采购清单。协助对供应商的招标和定标工作,保证产品质量;做好采购及库存管理制度的制订;及时沟通资金到位情况、预开业时间及采购周期,确保采购物品的及时采购,保证开业及运营的需要。

4. 参与酒店物品 VI 设计

酒店物品 VI 设计一般由专业部门负责,但作为经营管理部门负责人,部门经理应参与客人用品、服务用品设计方面的设计,从服务的角度提供建议,确保设计符合酒店定位及整体风格及服务需要。

5. 制订部门工作流程、标准及管理制度

服务的规范及服务特色的设计是对客服务的基础。部门经理进驻后需要根据酒店服务项目设计服务流程、完善服务规范及管理制度,确保为后续员工招聘后的部门培训提供基础。各部门经理在制订服务流程过程中,需要做好部门间的沟通,确保服务的规范及统一性、保证服务的顺畅及服务品质。

比如,按专业化的分工要求,酒店的清洁工作要归口管理,这有利于标准的统一、效率的提高、投入的减少、设备的维护保养及人员的管理。各部门间要及时沟通、确保职责的划分明确,并要以书面的形式加以确定。在全店的基建清洁工作中,酒店各部门除了要负责各自区域的所有基建清洁工作外,还要负责大堂等相关公共区域的清洁。

6. 做好调查并制订经营计划及部门预算

部门经理应对周边市场的考察,了解周边酒店市场的设备、设施、物品、服务、客源、收费及运作情况,结合酒店实际情况,依据管理层的总体经营目标,制订部门的经营计划,包括价格确定、服务项目设计、营销策略等。同时根据市场环境及酒店特色,根据总体预算制订部门经营预算,做好成本及收入预算,以此为依据做好开业前后的营销工作。

7. 合理规划部门管辖区域

各部门经理到岗后,首先要熟悉酒店的平面布局,要实地察看,然后再根据服务项目及服务操作的需求,对管辖区域的功能布局进行合理设计,并呈报总经理审批,确保划分的合理性和安全性,提升酒店服务成效。

8. 各部门皆要参与验收

酒店各部门的验收,由工程部牵头、各部门共同参加。酒店各部门参与验收,能在很大程度上确保装潢质量达到酒店所要求的标准。酒店各部门在参与验收前,应根据本酒店的情况设计一份酒店各部门验收检查表,并对参与的部门人员进行相应的培训。验收后,各部门要留存一份检查表,以便日后的跟踪检查。

9.建立各部门财产档案

酒店开业前,就要开始建立各部门的财产档案,这对日后酒店各部门的管理,包括各项成本控制、固定资产保留、各项审计等,都具有特别重要的意义。若忽视该项工作,将失去掌握第一手资料的机会。

10.安全保障

"没有安全,就没有效益"是酒店人常挂在嘴边的警语。消费者到酒店消费,主要考虑的是安全,包括食品安全、环境安全、人身安全等。因此,酒店开业前,各部门应全面考虑到各种安全问题,制订建立有效、快捷应急方案,以保障酒店、消费者、员工的安全。

11.开荒工作

以最佳的环境、最好的服务开门迎宾是酒店对客服务的初衷。开业前基建清洁工作的成功与否,直接影响着对酒店成品的保护,各部门应在酒店的统筹安排下,共同参与酒店的开荒工作。各部门共同确定基建清洁计划,依据分工做好部门开荒计划的拟订及推进工作。然后由客房部的PA组对各部门员工进行清洁知识和技能的培训,为各部门配备所需器具及清洁剂,并对清洁过程进行检查和指导,确保开荒工作的顺利完成。

12.部门的模拟运转

酒店各部门在各项准备工作基本到位后,即可进行部门模拟运转。这既是对准备工作的检验,又能为正式的运营打下坚实的基础。一般酒店开业前要做至少一次消防演练,防患于未然。

13.制订开业典礼接待方案及接待工作

酒店开业典礼是开门迎宾的最后环节,需要各部门密切合作、共同配合才能顺利进行。各部门应在总经理的统筹下,根据总体方案要求,制订部门的执行方案,合理安排人财物,做好开业前的各项工作,配合做好模拟庆典彩排工作,及时审视纠正出现的问题,做好部门间的沟通与协调,确保开业典礼的顺利。

三、经营者制订开业筹备计划前需关注的工程问题

在前面的章节介绍过工程建设期由于专业性很强,为了更契合酒店运营的需求,会在工程建设前及过程中聘请专业的酒店咨询公司参与酒店的设计。作为未来酒店经营者,虽然未必参与前期的设计工作,但由于在建设中的功能布局和服务流线等优化设计将对酒店的后期经营产生直接影响,许多建筑布局甚至会直接体现经营管理者的思路和经营策略,所以此时介入酒店建设意义重大。这一阶段的经营筹备工作是与酒店工程建设工作相交叉,其优点在于经营管理者可以更好地了解酒店的工程建设情况,对酒店的功能设施也会有直观的认识,便于掌握工程建设的进度并与工程建设方沟通。

(一)开业筹备需要关注的工程问题

开业筹备者需要关注酒店建设工程的许多方面,涉及酒店的粗装修设计、二次装修设计、建设工程进度、设施设备的适用性等。具体讲,开业筹备者应当关注下列工程问题:

- 工程土建结构的设计;
- 给排水系统(包括中水系统);
- 冷热供水设备(包括锅炉、水泵、板式加热器、管道、阀门等);

- 消防水系统(包括喷淋管线、分层阀门、消防水箱等);
- 供电系统(包括配电室规划、强弱电线路分置等);
- 空调系统(包括分体空调或中央空调等);
- 结构化综合布线(包括电话系统、闭路电视系统、宽带接入系统、安保监控系统、电脑管理系统、手机信号增强系统等);
- 消防报警系统(包括烟感器、中控器等);
- 排污系统(包括污水排放、化粪池、隔油池、油烟排放净化装置等);
- 电梯设备(包括观光电梯、自动扶梯、其他客用电梯、员工电梯、食梯等);
- 音响系统(包括背景音乐系统、消防广播系统等);
- 煤气、天然气设备(包括外设气站、管线、表房、泄漏报警器等);
- 应急发电机或双路供电系统;
- 周边绿化带规划(包括绿地、园林、建筑小品等);
- 外部装饰灯带的规划(包括地灯、园林灯、装饰灯带等);
- 中控室、电脑机房设备;
- 餐厅和厨房内部的功能布局设计(包括餐位设计、装饰风格、厨房位置、流线等);
- 窗户金属构架、玻璃安装;
- 地面、墙壁、天花板安装;
- 节水洁具、五金构件安装;
- 灯具安装;
- 洗涤机械设备安装;
- 清洁卫生机械设备安装;
- 厨房机械设备安装;
- 门地弹簧安装;
- 石材(大理石、云石、瓷砖)的初次保养;
- 家具木器安装;
- 锁具安装;
- 电器设备安装;
- 窗帘等布艺品安装;
- 样板间的验收;
- 应急照明及出入口标志安装;
- 消防器材安装;
- 残疾人设施安装(含通道、厕位、客房等);
- 指示用标牌安装;
- 停车场规划施工;
- 外墙粉刷贴面;
- 霓虹灯造型设计及施工安装;
- 工程调试(满负荷运转 24 h);
- 外墙清洗;
- 钥匙移交管理方;

- 工程施工图纸备份移交管理方;
- 工程施工图纸归档;
- 设备启用维护保养和故障排除;
- 各部位维修调试;
- 清理周边环境,清理建筑垃圾;
- 项目环保评估验收;
- 交工投入使用。

(二)开业筹备工程问题不能忽略的专业顾问

酒店从立项、筹建到筹备都离不开专业的酒店顾问,建造完善的建筑、运行良好的设施设备作为开业的前提条件,更需要专业工程技术人员。这些专业顾问贯穿筹建、筹备的全过程,为酒店开业筹备计划的拟订和推进起着关键作用。

1. 土建工程师

要求具有高星级酒店建筑施工经验,能够处理现场施工问题。

2. 结构工程师

要求具有高层建筑结构施工经验,能在符合规范的前提下,最大限度地控制钢含量,对建筑设计院的结构图能够提出优化建议。

3. 室内设计顾问

要求在平面及概念设计方面,提供酒店内装平面方案图;主要公共区域及部分客房效果图。样板间设计方面,提供样板间全部效果图;样板间全套施工图、物料、样板。深化设计方面,提供全部主要区域效果图;次要区域彩色立面图。招标图设计方面,提供室内设计招标图;招标样板、物料手册。施工图及全部设计规范方面,提供室内设计施工图纸;物料手册(活动家具、装饰灯具、洁具、五金、硬装材料)。施工图跟踪及现场服务,发现设计变更,并处理协商;驻场设计师定期进行现场跟踪检查。

4. 灯光顾问

要求在方案设计阶段,同室内设计顾问沟通明确灯光设计要求;提供建议效果方案。扩初设计阶段,提供初步照明配置图、回路控制图及灯具相关资料;进行各灯具预算估价。施工图设计阶段,提供详细灯光配置图、控制图及灯具规范;提供设备清单。招标及施工阶段,配合评估标书、投标样板、施工制造图及控制设备;到现场视察灯具的安装情形,确保安装工程依照设计图进行。验收阶段,提供现场审核报告;审核承包商竣工图。

5. 声学顾问

要求在方案设计阶段,根据各方面要求制订声学设计标准;提供声学设计报告及建筑组件、设备系统基本要求。深化设计阶段,提供声学建议报告,详述建筑师及工程师所提交的研究结果及建议、有关特别建筑条件、接合物、密封物及悬挂装置的图纸及详细数据;提供物料式样。施工图设计审核阶段,对建筑、结构、装修、机电、幕墙等各专业设计进行施工图设计审核;修改有关的声学设计,以达到控制成本的要求。施工检查及系统测试阶段,待项目开始施工后,乙方将配合进行施工指导和质量审查工作;需到现场进行检查验收,并提交最终检查/测试报告,列出结果并提出整改意见。

6. 艺术品顾问

在概念设计阶段,对室内设计的概念理解,调整及补充;提供艺术品方案及点位清单;艺术品概算。扩初设计阶段,提供艺术品单体设计及点位清单;提供大量且代表性点位样板,并提供设计方案详细清单。终版设计文件阶段,说明各区域详细点位及配合条件,设计方案、材料、规格尺度、做法等。施工配合阶段,工地现场艺术品摆放及安装工作,保证所提供的艺术品/文物的品质及规格尺寸符合深化设计要求,并根据效果做出相应点位的补充;每次工地安装验收后提供书面成果报告。质量保修阶段,自项目整体工程竣工验收合格并完成竣工验收备案手续、且通过竣工验收并移交甲方委托的酒店管理公司之日(以最晚时间为准)起计,最少两年为质保期。

7. 给排水工程师

要求具有高星级酒店给排水施工经验,熟悉酒店中水系统,知晓相应施工材料,能够处理现场施工问题。

8. 暖通工程师

要求具有高星级酒店暖通施工经验,熟悉中央空调各类品牌,熟悉管道材料及末端设备的选型、星级酒店筹建工作总体方案是什么基本市场价格,能够处理现场施工问题。

9. 电气工程师

要求具有高星级酒店电气施工经验,熟悉配发电、中央空调、电梯、泵房设备等大功率设备的用电配置,餐饮、会议、客房等经营场所的规范用电标准与实际需求的差距经验等。

10. 弱电工程师

要求具备高星级酒店弱电系统设计、施工经验,熟悉高星级酒店的弱电项目配置,熟悉综合布线、计算机网络、程控交换机、楼宇自控、火灾自动报警及消防联动、安全监控报警、客房 RCU 智能控制(含 VOD 点播)、停车场管理、电子巡更、无线对讲、卫星电视、电子信息显示、多媒体会议、酒店管理等各系统的功能、配置、常用产品性价比。

11. 厨房/洗衣房顾问

要求在概念及初步设计阶段,提供初步设计图、运作流程及设备工程项目的预算估价;基本机电配套设施要求表。工程项目设计阶段,提供厨房/洗衣房设备平面图及有关设备清单;各厨房/洗衣房的机电预估总量。机电点位要求图及招标文件编制阶段,提供机电相关配套设备清单及机电图纸配合;设备规格、规范。评估标书,对投标人征询问题提出答疑意见,并须审阅甲方提交的投标人投标文件,在评标过程中向甲方提供有关投标的评估报告及建议。施工监察阶段,审核厨房/洗衣房承包商提交的施工图纸;定期进行现场检查并协助设备调试。

12. 后勤顾问

要求在平面方案设计阶段,提供后勤区平面、天花、立面方案图以及家具布置图。施工图设计阶段,提供全套后勤区施工图纸;材料样板、物料手册。招标配合阶段,配合招标过程中招标答疑、评标等。技术交底阶段,参加施工单位交底会、对必要问题进行说明。

13. AV 影音设计顾问

在方案设计阶段进行系统功能解说以及系统造价估算。在深化设计阶段,审核分析建筑室内设计图纸,并提供深化图纸,结合建筑电气设计,提交视听系统建筑设计摘要报告。招标文件及补充实施设计阶段,提供系统造价估算报告,招标图纸及文件,所有系统的完整技术规格说明书,并配合招标答疑。施工检查及系统测试方面,审批视听系统厂商的施工细部图样及承包厂商变更规格;监督承包厂商所有设备的现场调试和系统操作,并向甲方提交一份应查事项清单,并配合检查;协调系统培训。

14.消防顾问

在方案设计阶段配合甲方及设计顾问讨论消防系统方案,协助甲方确定方案。扩初阶段,提供各消防系统设计参数和纲要,进行差异分析,对系统和设备进行经济性优化,协调消除甲方、设计顾问和酒店管理公司对各消防系统设计参数和纲要的理解差异。施工图阶段,对设计细节进行优化,协调甲方、设计顾问和酒店管理方,提供解决方案。施工阶段,解决现场问题,必要时提供替代方案,对设备招标提供建议;按甲方要求到酒店工地出差2次(包括参加会议)。现场检查包括中期检查,在主要区域机电安装完成并封板前进行检查,与甲方的项目部人员进行讨论,指导现场施工,并对检查中发现的问题提出书面意见及整改报告。验收测试阶段,在酒店开业前对消防系统进行系统验收测试;实施抽查验收审核,见证消防系统调试运行情况,协助甲方实现酒店在消防及生命安全系统方面,满足酒店管理公司的要求。

15.其他设计顾问

包括标识顾问、景观顾问、装饰灯具顾问、家具顾问、IT顾问、弱电顾问等可视项目的实际情况及相关顾问的服务内容决定是否需要单独聘请。

【知识拓展】

酒店顾问公司对酒店建设过程提供服务的内容描述

一、建设前期

1.项目建设的可行性研究(综合性报告)

周期:3个月收费:50万~100万元

内容:市场调研及分析、区域经济分析、项目定位分析、项目收益分析、项目功能定位建议、项目市场定位建议、项目流线、比率、风格要求建议等。

2.项目酒店的市场定位研究(分项:市场调研)

周期:1个月收费:20万~50万元

内容:综合性报告的一部分。

3.项目酒店的功能配置研究(分项:功能定位及收益分析)

周期:1个月收费:20万~50万元

内容:综合性报告的一部分。

4.前期业主顾问(提供专业意见咨询:审议各类方案、协助选择专业团队,如:建筑设计/园艺设计/内装设计/管理公司/调研公司/CI设计/厨房设计)

周期:6~12个月(到酒店公司进驻现场截止至大约建筑封顶)收费:5万元/月

内容:提供专业团队顾问服务,包括每月上门、远程会议、书面报告、差旅等,比如:完成设计任务书。设计任务书将包括但不限于如下内容:

A.项目定位描述;

B.功能需求(涉及建筑设计的项目面积、建筑形式、风格、柱距、层高等);

C.布局需求(涉及项目的平面交通、垂直交通、四种动线、各功能比率等);

D.特色需求(根据管理模式提交差异性功能方案);

E.分区要求(使用角度,如:动静分区、脏净分区、干湿分区、内外分区、宾客员工分区);

F.设备要求(使用角度,主要是厨房、洗衣房、办公系统、管理系统等);

(此顾问最佳做法是,业主聘请一家酒店顾问公司从项目规划到酒店开业前,一般2年周期。酒店开业部分交给酒店管理公司完成)。

二、建设过程

1.项目酒店建造技术支持顾问服务

周期:整个建设周期(约1.5年)收费:2元/(m²·月)

内容:在室内设计、建筑工程、工程造价等方面提供全面的设计咨询及技术支持

2.酒店洗衣房设计、设备购置、施工一揽子服务

周期:6个月收费:按工程收费

内容:酒店规划设计时要预留洗衣房位置,建筑封顶前请设备公司按照管理要求提供设计及设备选型,签订购买合同,酒店内装前设备安装施工。

3.酒店厨房设计、设备购置、施工一揽子服务

周期:1年收费:按工程收费

内容:酒店建筑设计过程中需要厨房设备公司提供设计(涉及承重、楼板厚度、强电上下水位置),否则无法进行此部分施工。而厨房设计前需要酒店管理团队提供厨房设备要求,比如:菜系、设备种类和数量、功率、位置要求。

三、内装及筹备

1.酒店CI设计(不含制作)

周期:4个月,收费:30万~50万元。

内容:企业Logo,分项目Logo(约10个);主色设计;字体设计;标识设计;印刷品设计;客用品设计(设计项目约超过150个)。

2.酒店员工制服设计制作一揽子服务

周期:6个月,收费:30万元。

内容:根据酒店CI设计要求,服装设计单位提供设计及制作。

3.酒店物品采购一揽子服务

周期:6个月,收费:30万元。

内容:提供采购列项(超过1万种。如家私、电器设备、厨房设备、洗衣房设备、办公设备、物料用品、低值易耗品、棉织品、制服、玻瓷银器、维修工程材料、客用品、标识牌、前后台管理系统等);提供本项目采购物品数量和质量标准要求,提供供应商名录,发招标书,组织招投标,制作过程管理,验收。

4.酒店开业筹备顾问

周期:6个月,收费:10万元/月。

内容:

(1)确定酒店的管辖区域及责任范围。

(2)确定酒店各区域主要功能及布局。

(3)设计酒店组织机构;制订员工手册、规章制度、服务程序、岗位职责等。

(4)物品采购:列采购列项、寻找供应商、比价、看样品、招标、并与供应商签订采购合同。

（5）员工招聘：总经理、工程经理（内装开始前到岗），中层管理团队（开业前6～8个月到岗），基层管理团队及骨干员工（开业前6个月到岗，并外派其他开业中酒店培训）、员工（开业前3个月全部到岗）。

（6）建立餐饮档案、验收等，制订特色菜单、团队服务等，并做成完整资料送销售部。

（7）建立销售团队、开展市场公关活动至少开业前6个月组建销售团队，并完成如下工作：

A. 产品定位、产品组合、产品包装；

B. 宣传文件准备；

C. 制定价格策略；

D. 制订销售策略；

E. 完成SALESKIT（销售手册）；

F. 销售拜访；

G. 签订合约公司和销售渠道商；

H. 发布宣传广告；

I. 组织公关推广活动。

（8）举办公关活动，以提高酒店对外知名度：

A. 组织宣传文件；

B. 确定CI系统；

C. 完成VI制作安装；

D. 客用、员工用印刷品全部完成；

E. 拍照片、摄像；

F. 参与酒店装饰布置；

G. 开业庆典策划、执行；

H. 制作礼品、宴请客户；

I. 发布酒店广告及宣传稿件；

J. 可能的危机公关。

（9）酒店消防安全、控制体系建立，收集安全通道、疏散路线图；安排供应商对安全部员工进行培训，并开始接受酒店保卫消防工作。

（10）确定家具物品安放位置。

（11）综合布线情况的跟踪及测试；配合电脑供应商彻底完成电脑系统的安装；消防主机、湿式消防系统、烟感消防系统、消防联动柜加压风机及排烟机等的测试。

（12）办理酒店开业所必需的各种营业执照许可证等。

（13）验收酒店电梯；验收广播、闭路、背景音乐等系统；验收酒店监控系统；验收供电系统；验收酒店整套空调系统，进行测试。

（14）各部门各岗位人员全面上岗，酒店进入试营业状态。

（15）开业前开荒卫生工作。

四、开业

主要是酒店开业顾问。

周期:3 个月,收费:15 万。

内容:酒店开业活动策划、设计、制作、执行;酒店开业宣传策划、媒介购买的设计、执行;开业行业嘉宾邀请。

第二节　开业筹备工作计划的拟订

【知识框架】

```
┌─────────────────────────────────────────┐
│ 一、开业筹备工作计划的形式                  │
└─────────────────────────────────────────┘

┌─────────────────────────────────────────┐
│ 二、开业筹备工作计划制订主要内容            │
└─────────────────────────────────────────┘
```

1.确定经营管理团队的组织机构	23.编排客房房号
2.完善经营管理团队的办公条件	24.酒店电话号码资源配置
3.编制酒店中长期发展计划纲要	25.编制经营部门详细营销方案及实施计划
4.设计酒店名称和标志	26.编制经营预算
5.进行市场调研,搜集相关资料	27.编制酒店装饰方案
6.确认酒店的产品架构和功能配套	28.提出酒店 VI 标志设计要求
7.制订价格政策	29.协助投资方办理开业行政审批手续
8.编制酒店简介	30.规划和设立酒店库房
9.编制酒店的年度经营方案	31.采购计划的完成
10.编制酒店组织机构与人员定编	32.固定资产的建账造册
11.编制酒店用工制度	33.配合投资方进行四方验收
12.编制工资标准及级差分配原则	34.接收酒店钥匙
13.组织员工招聘	35.工程竣工图纸备份、存档
14.编制酒店开业前经营筹备预算	36.接收机电设备资料
15.编制酒店各项管理制度、服务标准、流程	37.组织酒店开荒
16.员工后勤区域的前期准备	38.申请流动资金
17.编制酒店整体培训计划	39.编制开业庆典计划
18.实施培训计划	40.设立经营账
19.对客房样板间提出具体要求	41.调试酒店设备
20.编制经营用品采购计划	42.外墙清洗与杀虫处理
21.协助投资方审核确认酒店设备选型方案	43.组织满负荷试运转
22.实施采购计划	44.实施酒店开业典礼

一、开业筹备工作计划的形式

在确定了酒店预开业时间的前提下,负责经营管理的筹备者通常采用倒计时的形式来编制酒店预开业筹备工作计划。以预开业时间为计划目标,设置工作内容、完成时间、具体执行人等工作流程,以保证酒店预开业经营筹备事项按时完成。

为了更加清晰地表述酒店开业筹备的各项工作进展需求,计划一般以表格的形式展现,包括工作任务、负责人、完成期限、工作计划(时间进度)等,该表采用的不是通常的倒计时计划,而是常规的表述方式(如表4-1 酒店开业筹备工作任务安排 、表4-2 酒店筹建筹备期工作清单及要点)。

表4-1 酒店开业筹备工作任务安排

序号	工作任务	负责人	工作期限	工作计划				
				前2月	第3月	第4月	第5月	第6月
1	进行市场调研,搜集相关资料	经营部门	15个工作日	1√	2	3		
2	协助投资方确认内装修设计方案	各部门	10个工作日	4√	5	6		
3	提供对样板间的具体要求	客房部	2个工作日	7√	8	9		
4	编制酒店的经营方案与价格政策	各部门	15个工作日	10	11√	12		
5	编制酒店组织架构与人员编制	各部门	5个工作日		√			
6	编制酒店用工制度	各部门	5个工作日		√			
7	编制工资标准及级差分配原则	各部门	5个工作日	13	14√	5		
8	编制经营预算	各部门	15个工作日		16	17√		
9	组织员工招聘	人力资源部	40个工作日		18√	19√		
10	编制采购计划	各部门	10个工作日	20	21	22√		
11	协助投资方审核确认酒店设备选型方案	各部门	20个工作日	23		√		
12	编制酒店开业前经营筹备预算	各部门	5个工作日	24	√	√		
13	提出酒店开业前经营筹备资金使用计划	财务部	7个工作日	25		√		
14	编制酒店各项管理制度、服务标准、操作流程	各部门	20个工作日	26	27	28√	√	
15	编制酒店整体培训计划	各部门	10个工作日	29	30	31√		
16	员工后勤区域的前期准备工作	行政部	10个工作日	32	33	34	35√	36
17	提示投资方办理酒店开业相关行政审批手续	行政部	15个工作日	37	38	39√	√	

续表

序号	工作任务	负责人	工作期限	工作计划				
				前2月	第3月	第4月	第5月	第6月
18	提出酒店 VI 标志设计要求	总经理	10 个工作日	40	41	42	√	
19	编制经营部门的详细营销方案与实施计划	经营部门	20 个工作日	43	44	45√	√	
20	编制酒店装饰方案	各部门	5 个工作日	46	47	48	√	
21	编制房号与电话号码排序	客务部	10 个工作日	49	50	51	√	
22	组织采购物品的收货、验货、入库与摆放	各部门	根据采购到货时间	52	53	54	√	
23	固定资产建账造册	财务部	10 个工作日	55	56	57	58	√
24	配合投资方进行四方验收	各部门	5 个工作日	59	60		61	√
25	接收酒店钥匙	总经理	5 个工作日	62	63		64	√
26	工程图纸备份、存档	工程部	5 个工作日	65	66		67	√
27	机电设备资料的移交	工程部	5 个工作日	68	69		70	√
28	组织酒店开荒	总经理	20 个工作日	71	72	73√	√	
29	编制流动资金的申请报告	财务部	5 个工作日	74	75		76	√
30	编制开业庆典计划	总经理	5 个工作日	77	78		79	√
31	设立经营账户	财务部	5 个工作日	80	81		82	83√
32	酒店设备调试	工程部	8 个工作日	84	85		86	√
33	外墙清洗与杀虫处理	客务部	5 个工作日	87	88		89	√
34	组织满负荷试运转	总经理	48 h	90	91		92	√
35	开业典礼的实施	总经理	1 个工作日	93	94		95	√

表 4-2　酒店筹建筹备期工作清单及要点

该清单及要点共有 14 大项 185 小项，每一项均至关重要，缺一不可。

大项	序号	小项	完成日期	责任人
一、可研报告	1	项目立项		
	2	找第三方咨询顾问公司进行可行性研究		
	3	出具报告、论证		

大项	序号	小项	完成日期	责任人
二、规划设计	4	总规设计		
	5	建筑设计		
	6	园林景观设计		
	7	机电设计		
	8	灯光设计		
	9	声控设计		
三、土建施工	10	土建施工		
	11	封顶		
	12	外立面		
四、室内装修施工	13	客房样板房		
	14	客房装修		
	15	餐厅装修		
	16	娱乐装修		
	17	员工宿舍、员工餐厅装修		
	18	其他装修		
五、机电工程		5.1　强电工程		
	19	高低压配电柜		
	20	变压器		
	21	低压供电电缆、母线+/−0.000 s 下照明		
	22	强电分区配电柜、箱、消防照明(楼梯)		
		5.2　消防工程		
	23	消防栓、喷淋管路		
	24	消防泵组		
	25	消防排烟风机、柜		
	26	消防排烟风管		
	27	防火分区卷帘门		
	28	防火门工程		
	29	管道煤气接入及检漏系统		
	30	机房、厨房专用灭火系统		
	31	系统调试		

续表

大项	序号	小项	完成日期	责任人
五、机电工程		5.3　弱电工程		
	32	电话、网络布线工程		
	33	内部无线对讲系统		
	34	智能"一卡通"		
	35	公共广播及背景音乐系统		
	36	卫星接收及有线电视系统		
	37	安全防范系统		
	38	停车场管理系统		
	39	门禁/考勤系统		
	40	多功能会议系统		
	41	酒店智能照明系统		
	42	酒店客房智能门锁系统		
	43	酒店管理系统		
	44	机房工程		
	45	程控交换机		
	46	网络设备		
	47	火灾自动报警与消防联动		
	48	手机信号覆盖		
		5.4　空调工程		
	49	空调冷水机组		
	50	空调风柜及盘管机组		
	51	空调水管、风管		
	52	冷却塔、水泵组		
	53	系统调试		
		5.5　给排水工程		
	54	给排水泵组、阀组		
	55	热水给水泵组		
	56	生活热水热交换器及水箱		
	57	冷、热水给水管网系统		
	58	系统调试		

续表

大项	序号	小项	完成日期	责任人
		5.6 专项工程		
五、机电工程	59	洗衣房设备		
	60	洗衣房工程		
	61	客用电梯安装		
	62	厨房设备及工程(含冷库等)		
	63	泛光照明工程		
	64	货梯工程		
	65	招牌、轮廓灯工程		
六、管理团队组建	66	总经理到任		
	67	业主方委派副总经理到任		
	68	餐饮总监到任		
	69	房务总监到任		
	70	人力资源总监到任		
	71	市场营销总监到任		
	72	财务总监到任		
	73	工程总监到任		
	74	保安经理到任		
	75	中层管理人员到任		
	76	基层管理人员及员工到任		
七、物资筹备	77	采购渠道的建立		
	78	餐厅厨具的选样、定版、封板		
	79	餐厅家私的选样、定版、封板		
	80	餐厅餐具的选样、定版、封板		
	81	餐厅布草的选样、定版、封板		
	82	餐厅其他物资的选样、定版、封板		
	83	餐厅电器的选样、定版、封板		
	84	餐厅印刷品的定版、封板		
	85	餐厅管事部物品的选样、定版、封板		
	86	宴会、会议用品、设施、设备的选样、定版、封板		
	87	餐厅其他用品、设备、设施的选样、定版、封板		
	88	客房家私的选样、定版、封板		

续表

大项	序号	小项	完成日期	责任人
七、物资筹备	89	客房布草的选样、定版、封板		
	90	客房电器的选样、定版、封板		
	91	客房用品的选样、定版、封板		
	92	客房印刷品的选择、定版、封板		
	93	客房一次性用品选样、定版、封板		
	94	PA清洁设备的选样、定版、封板		
	95	洗衣房设备的选样、定版、封板		
	96	客房其他用品、设备、设施的选样、定版、封板		
	97	娱乐家私的选样、定版、封板		
	98	娱乐设备、设施的选样、定版、封板		
	99	娱乐布草的选样、定版、封板		
	100	娱乐其他用品、设备、设施的选样、定版、封板		
	101	其他部门印刷品的选样、定版、封板		
	102	电脑设备的选样、定版、封板		
	103	酒店管理系统的选样、定版、封板		
	104	酒店网络交换机及所有系统的选样、定版、封板		
	105	酒店电话交换机及所有系统的选样、定版、封板		
	106	酒店消防器材的选样、定版、封板		
	107	酒店工程维护设备、设施的选样、定版、封板		
	108	酒店员工用品、设施、设备的选样、定版、封板		
	109	办公设备、设施、用品确定		
	110	员工制服的选样、定版、封板		
	111	酒店其他用品、设施、设备的选样、定版、封板		
	112	拟制物资申购清单		
	113	餐厅物资的招投标		
	114	客房物资的招投标		
	115	其他物资、设备的招投标		
	116	确定供货商,所有用品的申购		
	117	物资到货最后日期		
	118	酒店各类设备、设施的安装、调试		

大项	序号	小项	完成日期	责任人
八、总经理工作要点	119	导入运营管理标准化管理体系		
	120	酒店筹备期资金使用预算、计划		
	121	后勤区域的确定和流程		
	122	拟制客房、餐厅产品当地市场调研,出具市场调研报告		
	123	与分管政府职能部门衔接		
	124	酒店内外包或合作项目确定		
	125	每周召开一次施工现场协调会		
	126	每天召开一次部门负责人沟通会		
	127	每天至少与项目经理做一次工作沟通		
	128	每天至少与业主方代表做一次简短的工作汇报及交流		
九、人力资源工作要点	129	编拟组织架构		
	130	各部门职责分工确定		
	131	仅适合本项目的管理制度核定		
	132	招聘渠道的开发		
	133	拟制薪酬体系并批准执行		
	134	员工招聘计划及实施招聘		
	135	拟制员工培训计划		
	136	实施员工培训计划		
	137	实施员工考核、评估体系		
	138	员工膳食、住宿、生活等安排		
	139	开业员工文艺晚会筹办		
	140	协助完成员工制服的选样、定版、封板、申购、验货等工作		
十、市场营销工作重点	141	对当地同业以及市场的咨询掌握		
	142	VI设计、申购、制作、到货		
	143	拟制品牌推广方案		
	144	结合总部营销资源		
	145	拟制开业前期市场营销方案及实施		

续表

大项	序号	小项	完成日期	责任人
十、市场营销工作重点	146	开业前三月市场预测报告		
	147	开业典礼的筹划		
	148	开业记者招待会		
十一、餐饮筹备工作要点	149	本部个性产品及服务的研究		
	150	餐饮物资的选样、定版、封板		
	151	餐饮物资的收货、验货		
	152	本部门员工的招聘		
	153	本部门员工的培训		
	154	本部门员工的考核、评估		
	155	协助市场营销部做好本部门宣传方案		
	156	协助总经理确认物资申购清单,严格把好收货关		
	157	餐饮软件管理系统选样、申购、验收、安装		
十二、房务、娱乐筹备工作要点	158	个性产品及服务的研究		
	159	客房、娱乐物资的选样、定版、封板		
	160	客房、娱乐物资的收货、验货		
	161	协助市场营销部做好营业部门宣传方案		
	162	协助总经理确认物资申购清单,严格把好收货关		
	163	本部门员工的招聘		
	164	本部门员工的培训		
	165	本部门员工的考核、评估		
	166	绿化植物种植、摆放		
	167	全酒店各部门新布草过洗		
	168	客房、娱乐软件管理系统选样、申购、验收、安装		
	169	旅业治安管理系统的安装		
十三、其他工作要点	170	酒店能耗节能措施		
	171	开荒清洁		
	172	开业前第一次消杀		
	173	开业前第二次消杀		
	174	满负荷试运行		
	175	消防验收		

续表

大项	序号	小项	完成日期	责任人
十三、其他工作要点	176	卫生系统验收		
	177	开业工程系统验收		
	178	开业运营系统验收		
	179	项目所有设备、设施档案、图纸、使用说明书、设备清单等移交		
	180	项目所有物资移交		
	181	项目所有钥匙移交		
十四、试营业工作要点	182	出席嘉宾的人数确定		
	183	发送请柬		
	184	礼仪公司选定、对接		
	185	开业当天全程跟办、服务		

二、开业筹备工作计划制订主要内容

1. 确定经营管理团队的组织机构

按照酒店预期的经营管理模式确定酒店未来经营管理团队的组织机构。包括任命酒店的决策层和管理层，建立经营管理者和投资者的沟通渠道，确定业务往来汇报和批复的形式及程序等工作内容。

2. 完善经营管理团队的办公条件

包括设立筹备处办公地点和准备相关的办公条件等工作，为经营管理团队将要开展的经营筹备工作创造良好的环境。

3. 编制酒店中长期发展计划纲要

管理方组织经营管理团队学习、领会由投资者确定的酒店项目前期策划市场预案；保证经营筹备计划的目的与市场预案一致，贯彻预先确定的经营方针，并依据本思路编制酒店中长期发展计划纲要，其内容包括酒店的中长期目标、酒店企业的责任、达到目标的思路和经营过程控制方案等。

4. 设计酒店名称和标志

包括设计酒店的中英文名称、字体、主体色调和标志等，设计完成后，为保证市场形象不受非法侵害，一般应申请商标注册。

5. 进行市场调研，搜集相关资料

管理方组织各部门管理人员对区域酒店市场进行调研，掌握区位旅游资源情况、酒店业产值、酒店数量、酒店经营情况、周边区域客源主体、客人的消费习惯、具有一定规模的社会餐饮娱乐企业的数量、执行的价格体系和酒店市场的发展前景等资料。找出和分析竞争对手或潜在的竞争对手，着重分析其客源结构、产品定位、价格政策、平均房价、出租率、服务特点、餐饮菜系、酒水喜好、人均消费、娱乐项目的设置和收费标准等经营方面的数据。

6. 确认酒店的产品架构和功能配套

包括酒店客房的体量、各种房型规划、餐饮娱乐设施的规模和相关的配套服务设施等。

7. 制订价格政策

在酒店项目前期策划的市场预案和市场调研的基础上制订酒店的价格体系,包括所有对客收费项目的价格及成本说明,并对价格政策、价格控制等进行相关说明。

8. 编制酒店简介

经营筹备期的酒店简介主要用于员工招聘和培训及酒店对外租赁项目的招商等,待酒店开业的所有准备工作完备后,再增加实景图片等内容可成为酒店的主要对客宣传资料。酒店简介包括酒店的名称、类型、投资方介绍、管理模式、基本对客设施、地理位置、周边旅游资源、经营地址、邮政编码、预订电话、传真、网址、客房价目表和经营特色等具体内容。根据客源结构的具体情况还要有英文、日文、韩文或其他国家的语言文字注释。

9. 编制酒店的年度经营方案

以酒店项目前期策划的市场预案和市场调研的结论为依据编写,大致包含了11个方面的主要内容:经营管理概述、酒店的经营目标、成本控制、产品分析、市场定位、市场细分与目标市场的选择、经营战略选择、经营战略的核心、产品开发策略(总体功能设计与产品定位)、营销策略、经营方案的实施计划等。

10. 编制酒店组织机构与人员定编

根据酒店的经营方案设置组织机构系统,明晰管理层级和管理方向。酒店的管理层级一般分为决策层、管理层、执行层、操作层四部分,不同类型和标准的酒店,其管理层级是不同的,管理方要依据实际情况设计绘制酒店整体组织机构图。人员定编时应考虑到经营方案中的酒店市场定位及部门设置,配置以下限为准,要因事设岗,不要因人设岗。人员定编要充分考虑到人力成本对酒店经营成果的影响,客房数量与员工人数的比例应符合酒店发展规律。

11. 编制酒店用工制度

根据酒店各部门的营业和办公时间,合理安排员工的班次和工作时间。酒店用工制度必须符合国家和地方劳动保障部门的法律法规。酒店应在《员工守则》中说明相关制度。

12. 编制工资标准及级差分配原则

根据酒店经营所在地和酒店业态的实际情况,核定本酒店各级人员的工资标准,合理规划工资结构。级差分配以多劳多得、效益第一为原则。

13. 组织员工招聘

根据酒店的组织机构和人员定编核定招聘人数,结合酒店用工制度,由相关业务部门出台员工招聘标准,充分利用酒店所在地与相邻区域的人才市场和旅游学校的生源,并根据酒店的预开业经营筹备进度列出相应的招聘人员的到岗时间。对于专业性强的业务部门如厨房,可采取工资包干的方法组织队伍,保证人员的整体素质和服务质量。

14. 编制酒店开业前经营筹备预算

酒店开业经营筹备涉及资金使用的一般有几大项:开办费、人员招聘及培训费、标志体系设计费、开业典礼费用、人员工资及相关的交通、考察、通信、食宿、办公等费用。在确定了酒店开业前经营筹备预算后,可行文向投资方申请这部分资金。考虑到可能存在的不确定因素,需要增加一部分不可预见的费用,约为总费用的10%。酒店开业前的经营筹备资金总体上要实行"宽打窄用"的原则,以最大限度地节约成本,创造收益。

15．编制酒店各项管理制度、服务标准、操作流程

按照酒店的经营方案和管理要求编写酒店的管理制度、服务标准和操作流程,并整合为《酒店运作手册》经审批后执行。

16．员工后勤区域的前期准备

招聘员工到岗前应做好后勤准备工作,包括确定食宿场所、培训教室、培训用品、服务人员及相关的后勤管理制度等。

17．编制酒店整体培训计划

培训计划包括管理人员专业培训、员工入店培训、礼节礼貌培训、服务质量标准培训、业务知识培训、消防安保培训、食品卫生培训、相关法律法规培训等。

18．实施培训计划

根据培训计划要求,开设不同阶段的培训课程,分为公共课、专业课、实际操作课程等。在实施过程中,应列出培训讲师、培训要求、培训时间、课程安排、培训效果调查、培训阶段测试等实施方案,确保培训计划实施的有效性。

19．对客房样板间提出具体要求

管理方要求酒店的建设施工方对酒店的各种房型提供样板间,并对房间布局、家具配置、卫生间洁具、照明灯具、客用品配置、棉织品配置、电器、艺术品配饰、空调排风系统、消防设施、门锁系统、防盗装备等提出具体要求,检查合格后封门,作为酒店客房验收的标准。

20．编制经营用品采购计划

根据前期的经营方案和酒店的市场定位编制采购计划。采购范围包括办公用品、棉织品、电器、会议影音设备、店内服务车辆、玻(璃)瓷(器)银(器)、机电设备、清洁用品、印刷品、客用品、家具货架、工装、员工餐宿用品、厨杂用品、食品原材料、生鲜调料、工艺装饰品、管理系统软件、消防器具、保安工具、维修备件、开荒用具、低值易耗品、车辆等项目。编制经营用品采购计划时,应标注品名、数量、规格品牌产地、质量要求、估算价格、采购周期和到货时间等详细内容。

21．协助投资方审核确认酒店设备选型方案

为便于开业使用和维修保养,酒店管理方应协同投资方做好设备的选型工作。酒店设备选型方案主要涉及工程机电设备、消防设备、家具用品、厨房设备、洗衣房设备、通信设备、清洁机械、管理系统软件、磁卡门锁等项目。

22．实施采购计划

具体的采购计划可由投资方根据不同的采购项目采取招标的方式执行,由管理方负责确定样品的质量。由于不同的地区市场供给规模不同,对于采购项目中的一些小件用品也可用当地自采的形式解决,以节约采购成本。

23．编排客房房号

根据酒店客房楼层情况编排客房序号。编排时,应注意当地消费者和国际通行的数字禁忌,比如大部分欧美客人忌讳"13"这个数字,意大利客人认为"17"这个数字不吉利,中国

客人忌讳"4"这个数字。在号码排序上应统一归类,不同楼层相同的房型设置相同的号码后缀,方便客人和酒店工作人员识别。

24.酒店电话号码资源配置

统筹电话号码资源,划分客用、自用的相应线路号码,规划直拨和分机号码分布,制订酒店自用电话号码的使用规定。

25.编制经营部门的详细营销方案及实施计划

在经营方案的基础上细化经营部门的营销方案,包括开业促销计划、贵宾卡发行计划、餐饮营销计划、节日促销方案等。

26.编制经营预算

在经营方案的基础上编制经营预算,用常规表格的形式分别表述酒店经营部门的营业收入、经营成本、经营费用、经营利润等项目的测算和管理部门的管理费用的测算。

经营预算先规划制订讨论稿,其预算成果应略高于投资方预期的投资回报要求。经批复执行的经营预算,在执行过程中每季度或每半年根据实际经营和市场变化情况再做调整。

27.编制酒店装饰方案

装饰方案包括酒店的主体色调选择方案、鲜花绿植装饰方案、艺术品摆放方案、装饰画布置方案等。主要设计重点在酒店外围环境装饰、大堂装饰、客房装饰、餐区特色装饰、娱乐区域装饰和公共区域装饰等具体方案。

28.提出酒店Ⅵ标志设计要求

酒店一般请专业公司提出Ⅵ标志设计方案,方案主要包括酒店标志、中英文字体主体色调、霓虹灯设计、印刷品标志、标志牌设计、艺术品摆放等内容。

29.协助投资方办理开业行政审批手续

办理行政手续这项工作涉及的大部分资料是由投资方提供的,管理方在这方面所掌握的资料很少,所以常见的情况是由管理方来协助投资方办理此项业务。酒店的经营所在地不同,政府部门对酒店企业申请设立的要求也不同,酒店可依据当地具体情况办理相关手续。

30.规划和设立酒店库房

采购计划开始实施后,管理方应督促工程建设方先期完成酒店库房的施工工作,合理规划和设立各部门库房和酒店总库,并做好相应的采购物品的接收计划。库房区域的货架、小型运输车辆等设施设备应按期提前到货。

31.采购计划的完成

采购计划实施完毕后,大量的物资物品将陆续到店,管理方应根据采购计划中不同物品的到货时间,组织人员收货、验货,并由专人负责登记造册。各部门根据采购计做好物品的入库、直拨、入位和摆放工作。在存放物品时,应留意物品的保质期和储藏方法,最大限度减少损耗。酒店管理方还应指定废旧包装和垃圾的存放地点,并派专门的清理小组对可回收的垃圾进行分拣处理。

32.固定资产的建账造册

各种设备和采购物品到货后,酒店应对所有的固定资产进行盘查甄别,做好酒店的各级账目管理和各部门二级明细账目的建账造册工作,建立各级资产的保管员制度和相应的管理制度,核定固定资产的盘点期限。

33. 配合投资方进行四方验收

酒店工程建设完工后,管理方将配合投资方参加由酒店项目审批方、投资方、建设方和监理方组织的对酒店工程质量的四方验收工作。管理方验收的重点是,查验客房和其他功能区域的施工质量和建筑工艺是否符合标准,其中,客房的验收标准是看客房的施工标准是否与样板间的工艺一致。由于管理方将是酒店设施的实际使用者,故应妥善保管验收报告并及时复印归档,如发现施工质量问题,应及时与工程建设方联系,规划整改方案和执行时间。

34. 接收酒店钥匙

酒店的工程建设大多采用的是"交钥匙工程",工程建设方把钥匙移交给管理方后即视为施工建设结束。酒店管理方可派保安部负责并在财务部人员的监督下与工程建设方的钥匙交接工作,具体操作人员应本着高度负责的态度,逐一核对,登记归档,预留备份钥匙后由各部门领用,并制订钥匙管理制度。

35. 工程竣工图纸备份、存档

工程竣工图纸是酒店今后进行工程维修和更新改造的最重要的第一手资料,酒店应妥善保管竣工图纸并备份和存档。酒店管理方可派行政管理部门负责与投资建设方进行工程竣工图纸的备份移交,移交后的所有图纸必须登记归档造册,并制订相关的图纸管理提档制度。

36. 接收机电设备资料

由酒店工程部负责与投资建设方进行机电设备资料的移交工作。接收相关资料后,应登记归档,并由相关业务部门根据实际情况列出所有设备的保修期和维修保养计划。

37. 组织酒店开荒

开荒计划一般分为三次:第一次为初步开荒,主要工作是清除酒店外围和内部的建筑垃圾和清理卫生死角;第二次为中度开荒,主要在初步开荒后强化卫生状况,摆放办公家具及用品。第三次为精度开荒,主要工作是保证酒店所有区域清洁卫生达标,使酒店达到待客营业状态。

38. 申请流动资金

酒店管理方根据批复后的经营预算,核定酒店的流动资金用量,制订流动资金使用计划,并以行文申请的方式提交投资方。

39. 编制开业庆典计划

开业庆典计划包括开业庆典的时间、地点、受邀嘉宾、主持人、剪彩嘉宾、庆典仪式、庆典活动、会场布置、广告宣传、参观路线、庆典宴会安排、陪同人员、迎送程序、庆典礼品、请柬送达和车辆安排等具体事宜。

40. 设立经营账

由酒店的财务部根据投资方拨给的流动资金合理安排资金的使用,设立酒店的经营账户,并做好经营预算的指标分解下达工作。

41. 调试酒店设备

酒店管理方对酒店设备进行试运转,主要涉及对配电、空调、上下水、机电、照明、电信、厨房、洗衣等设备进行调试。在调试过程中,应充分考虑到设备运行中可能出现的跑、冒、滴、漏现象和安全问题。调试时,应通知工程建设方到场并做好应急预案。

42.外墙清洗与杀虫处理

联系专业的清洁公司对酒店进行开业前的外墙清洗工作,并联系当地卫生防疫部门做好酒店内外围的防虫、杀虫工作。

43.组织满负荷试运转

酒店管理方组织酒店各部门进行48 h满负荷试运转,同时制订应急预案。酒店的所有员工均按照正常工作班次在岗。满负荷试运转时,各部门发现问题应及时报告并按应急预案处理。满负荷试运转是酒店开业前的最后一次大练兵,在此期间,管理方可邀请投资方及业界专家来酒店试吃试住,搜集他们对酒店设施设备和服务的反馈意见,从而更好地进行预开业经营准备。

44.实施开业典礼

酒店管理方按照投资方批复的开业典礼计划,按部就班地实施开业典礼,做好酒店开业的所有准备工作。

至此,酒店项目的预开业经营筹备工作也就告一段落,酒店将正式进入市场经营期。

第三节　酒店开业筹备计划管理

【知识框架】

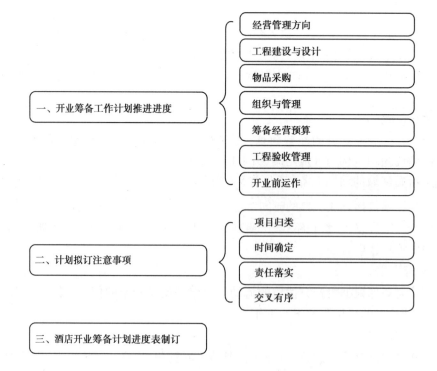

一、开业筹备工作计划推进进度

由于开业筹备工作涉及内容广,可以根据工作的性质进行分类及拟订推进时间。本进度以总经理在开业前 6~8 个月进驻,总监、经理级开业前 5~6 个月,主管级开业前 4 个月,员工开业前 2~3 个月进驻来考虑。

（一）经营管理方向

①确定经营团队的组织机构(开业前 6 个月)。

②完善经营管理团队的办公条件(开业前 6 个月)。

③编制酒店中长期发展计划纲要(开业前 6 个月)。

④设计酒店名称和标志(开业前 6 个月)。

⑤进行市场调研,搜集相关资料(开业前 6 个月)。

（二）工程建设与设计

①确认酒店产品架构和功能配套(开业前 6 个月)。

②对客房样板间提出具体要求(开业前 6 个月)。

③编制酒店装饰方案(开业前 5 个月)。

④规划和设立酒店库房(开业前 5 个月)。

⑤制定价格政策(开业前 5 个月)。

⑥编制酒店简介(开业前 5 个月)。

⑦编制客房房号(开业前 3 个月)。

⑧酒店电话号码资源配置(开业前 3 个月)。

⑨提出酒店 VI 标志设计要求(开业前 2 个月)。

（三）物品采购

①编制经营用品采购计划(开业前 5 个月)。

②协助投资方审核确认酒店设备选型方案(开业前 5 个月)。

③实施采购计划(开业前 4 个月)。

④采购计划的完成(开业前 2 个月)。

（四）组织与管理

①编制酒店组织机构与人员定编(开业前 5 个月)。

②员工后勤区域的前期准备(开业前 5 个月)。

③编制酒店用工制度(开业前 5 个月)。

④编制工资标准及级差分配原则(开业前 5 个月)。

⑤编制酒店整体培训计划(开业前 5 个月)。

⑥组织员工招聘(开业前 3~4 个月)。

⑦编制各项管理制度、服务标准、操作流程(开业前 4~5 个月)。

⑧实施培训计划(开业前 2~3 个月)。

（五）筹备经营预算

①编制酒店年度经营方案(开业前 5 个月)。

②编制经营预算(开业前 4 个月)。

③编制开业前经营筹备预算(开业前 4 个月)。

④编制经营部门的详细营销方案及实施计划(开业前 3 个月)。

（六）工程验收管理

①固定资产的建账造册(开业前 2 个月)。

②配合投资方进行四方验收(质监、施工、监理、建设)(开业前 1 个月)。

③接收酒店钥匙(存放情况)(开业前 1 个月)。

④工程竣工图纸备份、存档(开业前 1 个月)。

⑤接收机电设备资料(开业前 1 个月)。

⑥协助投资方办理开业行政审批手续(开业前 2 个月)。

（七）开业前运作

①组织酒店开荒(开业前 2 个月)。

②申请流动资金(开业前 1 个月)。

③设立经营账号(开业前 1 个月)。

④调试酒店设备(开业前 1 个月)。

⑤外墙清洗与杀虫处理(开业前 1 个月)。

⑥组织满负荷试运转(开业前 1 个月)。

⑦编制开业庆典计划(开业前 1 个月)。

⑧实施开业典礼。

二、计划拟订注意事项

1. 项目归类

在制订开业筹备计划时应根据工作性质合理进行分类及归属对应部门,确保对应的部门能根据工作的内容进行推进。

2. 时间确定

每项筹备工作需要根据开业时间倒计时进行落实,各部门应根据工作完成需要的时间长度合理地拟订开始和完成时间。

3. 责任落实

每项筹备工作需要落实到部门、具体到人才能保证计划的有效推进。拟定计划时,应在对工作分类的同时,填写负责人,落实责任。

4. 交叉有序

每项筹备工作在推进的时候并不是独立的,各部门、各项工作的负责人应多沟通,了解工程施工进度及物品采购进度,有序的交叉推进,确保每项工作能按时落实。如遇特殊情况影响计划的进度,应及时向上一级管理者反映,寻求协助,如无法计划推进则要及时调整计划时间。因不可避免的因素造成预开业时间推迟或提前,要及时调整计划,确保筹备的正常运行及避免成本的浪费。

三、酒店开业筹备计划进度表制订

依据预开业时间,各部门在制订开业筹备计划时应认真思考每项工作的计划及进度,以便依照计划检查工作的落实情况。以下是某酒店的酒店开业筹备计划进度表范例。

表 4-3　酒店开业筹备计划进度表

序号	时间　　项目	10月	11月	12月	1月	2月	3月	4月	时间起始节点	备注
	管理人员工作方面									
1	项目负责人到岗								9月中旬	√
2	各部门总监、经理招聘面试选定				√	√			2月3—10日	
3	成立筹备组(各部门总监、经理到岗)					√			2月10日	
	员工招聘到岗及相关事宜方面									
1	确定组织机构、人员编制					√			1月6—10日	√
2	编写招聘广告			√					1月15日	√
3	做网络、保值广告招聘				√				1月21日	
4	招聘会(具体根据商榷进度决定)				√				1月3—13日	
5	制订求职登记表				√				1月21日	
6	管理人员宿舍确定				√				1月18—24日	
7	确定军训人员及场地					√			2月15日	
8	确定军训人员服装					√			2月20日	
9	确定员工食宿场所及标准规定					√			2月15—25日	
10	确定岗位及人数							√	4月18日	
11	发放酒店制服							√	4月26日	√
	员工培训考核方面									
1	确定员工培训、食宿、规定				√				1月15—25日	
2	制订出各部门具体培训计划、方案及相关安排提交至总经理					√			2月11日	
3	员工培训(公共课、技能以及实际操作)					√	√		3月8日	
4	参照各部门培训进度安排实际操作实习地点					√			3月1—8日	
5	确定外出实习的地点和时间					√	√		2月25日—3月1日	

续表

序号	时间 项目	10月	11月	12月	1月	2月	3月	4月	时间起始节点	备注
员工培训考核方面										
6	所有员工进入酒店进行实地操作							√	4月20—25日	
7	进行消防相关培训,进行消防演习							√	4月10—18日	
8	培训相关员工电脑操作及制订相关操作程序							√	4月20—25日	
9	PA设备到位、安排供应商进行保养及操作培训							√	4月16—26日	
10	理论技能培训考核							√	4月21日	
工程技术支持方面										
1	筹建筹备期间管理技术支持	√	√	√	√	√	√	√	9月中旬至开业前	
2	筹建筹备期间工程技术支持	√	√	√	√	√	√	√	9月中旬至开业前	
3	筹建筹备期间财务技术支持	√	√	√	√	√	√	√	9月中旬至开业前	
4	筹建筹备期间房屋技术支持	√	√	√	√	√	√	√	9月中旬至开业前	
5	筹建筹备期间餐饮技术支持	√	√	√	√	√	√	√	9月中旬至开业前	
6	筹建筹备期间营销技术支持	√	√	√	√	√	√	√	9月中旬至开业前	
工程及其他工作方面										
1	协助跟进工程进度	√	√	√	√	√	√	√	开业前	
2	制订物品采购详细清单					√			2月12—15日	
3	确定供应商,进行全面采购					√			2月12日—3月10日	
4	确定工装款式,安排制作						√		3月25日—4月5日	
5	配合调试所有设备正常运作(具体时间依照工程进度)						√	√	4月10—15日	
6	配合验收酒店消防及保安系统							√	4月10—18日	
7	完成电脑系统的安装							√	4月15—25日	
8	确定酒店所需绿化布置,与花卉供应商签订合同							√	4月15—25日	
9	测试、验收酒店监控系统(具体时间依照工程进度)							√	4月26日	
10	验收供电系统(具体时间依照工程进度)							√	4月22日	

续表

序号	时间 项目	10月	11月	12月	1月	2月	3月	4月	时间起始节点	备注
	工程及其他工作方面									
11	登记记录购进门锁系统							√	4月24—26日	
12	确定所有灭火器到位							√	4月24—26日	
	酒店运营管理管理方面									
1	制订服务标准操作细则			√					12月31日	
2	编写酒店简介			√	√	√			12月30日—2月8日	
3	确定工资福利待遇、面试期权及相关规定				√				1月5—20日	
4	确定开业筹备方案					√			2月10—15日	
5	编制市场考察方案、预算计划					√	√		2月15—20日	
6	编排各分部门运营程序					√	√		2月8日—3月8日	
7	进行市场调查了解当地客源市场和消费整体的水平和习惯					√			2月11—20日	
8	督办各种证照						√	√	3月1日—4月25日	
9	了解周边酒店的客源价格和销售策略					√	√		2月20日—3月1日	
10	确定房间及其他收费标准						√	√	3月20日—4月10日	
11	制订服务标准操作细则						√	√	3月30日—4月5日	
12	编写酒店服务指南,审核通过交采购部统一印刷							√	4月1—11日	
13	财务营销进行市场预算(营业额及成本核算))							√	4月5—15日	
14	财务部进行试营业费用分析和成本分析							√	4月5—15日	
15	审核并最终确定客房及娱乐场所价格							√	4月10日	
16	制订各部门接收工作计划(具体时间依照工程进度)							√	4月10—20日	
17	适时安排员工进行一次卫生清除工作							√	4月20日	

续表

序号	时间　　项目	10月	11月	12月	1月	2月	3月	4月	时间起始节点	备注
酒店运营管理管理方面										
18	财务部对酒店各项物资进行登记造册							√	4月20—25日	
19	各部门领取开业所需一切物资妥善保管							√	4月25—27日	
20	制订各部门营业时间							√	4月26日	
酒店运营制度方案方面										
1	制订试营业阶段的促销方案							√	4月2—12日	
2	制订开业方案							√	3月5日—4月1日	
3	市场营销方案							√	3月5日—4月1日	
4	客房营销方案							√	3月5日—4月1日	
5	消防应急预案							√	3月5日—4月1日	
6	制订酒店内部用餐制度							√	4月20日	
7	制订酒店打折权限							√	4月22日	
8	制订会议制度							√	4月22日	
酒店运营设计方面										
1	VI设计					√	√		2月10日—3月2日	
2	设计酒店运转所需表格					√			2月10—15日	
3	印刷所有表格						√	√	3月20日—4月15日	
酒店运营开业方面										
1	制订酒店开业费用							√	4月16—20日	
2	开业动员大会							√	4月28日	
3	试营业							√	4月29日	
4	试营业开幕典礼计划							√	4月20—25日	
5	确定参加开业典礼名单							√	4月22—26日	
6	准备开业礼品							√	4月15—25日	
7	发放开业典礼邀请函							√	4月26—28日	
8	落实开业典礼方案所有工作已经完成							√	4月27日	
9	举行开业典礼							√	5月1日	

酒店开业筹备计划的制订是一项繁杂的工作,每家酒店的情况不一样,需要管理层依据酒店实际情况合理安排人员的进场、物品的配置及采购等各方面事项,按工程进度适当调整各项工作计划的进度,以契合酒店开业的同时,有效的控制筹备期间的成本。

【本章小结】

　　本章介绍了开业筹备计划制订涉及的内容及注意事项。制订计划应依据预开业时间以倒计时的方式拟订;经营管理者需要提前六个月的时间进驻;计划的工作内容涉及人财物三个方面,制订时一般需要分类,以表格的形式将工作内容、负责人、完成时限、工作计划罗列出来。计划推进需要严格按照计划时间交叉有序推进,落实到人,因故需要调整应及时反映并做出调整方案。

【课后思考】

　　1.酒店开业筹备各部门需要做哪些工作?

　　2.酒店开业筹备计划应从哪些方面着手?

　　3.开业筹备计划项目分类的目的是什么?

　　4.开业筹备计划拟订注意事项有哪些?

【实践作业】

　　【实践名称】开业筹备计划的拟订

　　【实践要求】

　　1.以小组为单位,根据之前小组拟订的酒店制订一份开业筹备计划,请以表格的形式展现并说明。

　　2.请查找一家酒店制订的开业筹备计划,分析说明计划制订思路及存在的问题并提出修改方案。

第五章　开业物品采购管理

【导言】

随着在线旅游代理在国内的日渐兴起、酒店消费者理性消费的背景下,酒店业处于微利时代,如何提高利润成为酒店业者迫切需要思考的问题。酒店的运营需要在开业前在人财物方面做好充分的准备。而开业物资的合理配置与采购则是开业筹备工作中的重点之一。本章将从开业物品配置、采购及物资管理方面进行探讨。

【学习目标】

> 知识目标:1. 了解酒店开业物资的配置原则及内容。
>
> 　　　　　2. 了解酒店开业物资采购计划的制订。
>
> 　　　　　3. 了解酒店物资的管理。
>
> 能力目标:1. 掌握酒店各部门物资的配置。
>
> 　　　　　2. 掌握如何制订酒店物资采购计划。
>
> 　　　　　3. 掌握如何对采购物资进行管理。
>
> 思政目标:能够在酒店开业前采购计划的拟定中加深对酒店各部门的认知,树立职业
>
> 　　　　　责任感和全局意识。

【案例导入】

某酒店开业了十年,酒店的很多操作已经由原来的手工写单改为了无纸化办公,现任的前厅部李经理想趁年终盘点之机对仓库进行清理。通过清理,仓库里还有很多手工空白报表及早餐券,为了减少浪费,李经理交代前台如有会议用餐则使用早餐券代替正餐券;而手工空白报表则裁成记录纸片供客人咨询时使用。如此安排足足用了一年的时间才消耗掉库存。

第一节　酒店开业物品配置

【知识框架】

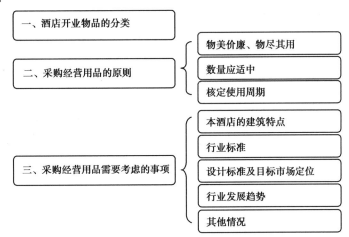

酒店开业前事务繁多,酒店物品涉及各部门各区域的配置,物品采购是一项非常耗费精力的工作,仅靠采购部去完成难度很大。各经营部门需要审慎地思考部门所需各项物品并拟定采购计划,协助采购部共同完成采购工作,并做好物品回货管理才能顺利保证酒店的正常开业。

酒店开业物品包含开业前与开业后经营物品,在保证酒店开业前及经营后运作的前提下,合理配置,减少成本的浪费。

一、酒店开业物品的分类

就酒店经营物品的类别来说,大致可分为以下 35 大类,即:

家具类、储物柜架类、电器类、机械设备类、消防器材类、开荒用具类、工程备件类、运输车辆类、店内服务用车辆类、通信器材类、安保设备类、康乐设备类、音响设备类、应用软件类、玻(璃)瓷(器)银(器)用具类、厨杂用品类、干货调料类、酒水烟草类、食品原材料类、商品货物类、棉织品类、印刷品类、清洁用品类、客用品类、低值易耗品类、医疗卫生用品类;办公用品类、标志名牌类、员工服装类、装饰用品类、绿植鲜花类、劳保用品类、培训用品类、员工餐宿类、其他杂品类。

以上用品涉及酒店装饰、工程装饰、经营用品、客用品、办公用品等,意味着所有的物品采购需要各部门参与,根据实际的开业与经营需要做好合理的采购。

二、采购经营用品的原则

酒店应根据经营规模、酒店档次和建造标准确定采购原则。
①采购物品应物美价廉、物尽其用。

②采购物品的数量应适中，如果量大将造成积压，不仅占用资金，对后期经营也将产生不利影响。

③对消耗类物品可以核定一个使用周期，一般采购半年的用量就可以了。

三、采购经营用品需要考虑的事项

在制订物品采购计划前，无论是采购部还是酒店各部门，在制订酒店各部门采购清单时，都应考虑到以下一些问题。

1. 本酒店的建筑特点

采购的物品种类和数量与建筑的特点有着密切的关系。例如，客房楼层通常需配置工作车，但对于某些别墅式建筑的客房楼层，工作车就无法发挥作用。再者，某些清洁设备的配置数量，与楼层的客房数量直接相关，对于每层楼有 18 ~ 20 间客房的酒店，客房部经理就需决定每层楼的主要清洁设备用一套还是两套。此外，客房部某些设备用品的配置，还与客房部的劳动组织及相关业务量有关。

2. 行业标准

1996 年 7 月发布的"星级饭店客房客用品质量与配备要求"的行业标准是客房部经理们制订采购清单的主要依据。酒店在采购物品时应根据酒店实际要求参照星级评定要求适度采购。

3. 本酒店的设计标准及目标市场定位

酒店管理人员应从本酒店的实际出发，根据设计的星级标准，参照国家行业标准制订采购清单，同时还应根据本酒店的目标市场定位情况，考虑目标客源市场对客房用品的需求，对就餐环境的偏爱，以及在消费时的一些行为习惯。

4. 行业发展趋势

酒店管理人员应密切关注本行业的发展趋势，在物品配备方面应有一定的超前意识，不能过于传统和保守。例如，酒店根据客人的需要在客房内适当减少不必要的客用物品就是一种有益的尝试。餐饮部减少像金色、大红色的餐具与布置，增加一些雅致的安排等。

5. 其他情况

在制订物资采购清单时，有关部门和人员还应考虑其他相关因素，如出租率、酒店的资金状况等。采购清单的设计必须规范，通常应包括下列栏目：部门、编号、物品名称、规格、单位、数量、参考供货单位、备注等。此外，部门在制订采购清单的同时，就需确定有关物品的配备标准。

第二节 酒店开业物品采购

【知识框架】

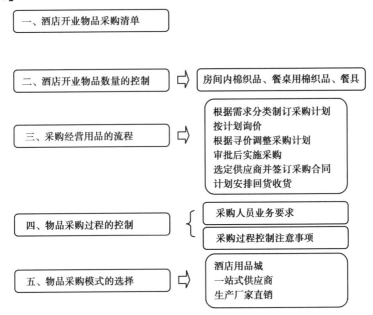

一、酒店开业物品采购清单

二、酒店开业物品数量的控制 ⇨ 房间内棉织品、餐桌用棉织品、餐具

三、采购经营用品的流程 ⇨ 根据需求分类制订采购计划
按计划询价
根据寻价调整采购计划
审批后实施采购
选定供应商并签订采购合同
计划安排回货收货

四、物品采购过程的控制 { 采购人员业务要求
采购过程控制注意事项 }

五、物品采购模式的选择 ⇨ 酒店用品城
一站式供应商
生产厂家直销

一、酒店开业物品采购清单

每家酒店间存在着类型、客房体量、服务设施、功能布局、装饰风格上的差异,在开业前制订酒店的经营用品采购计划是有区别的。酒店在采购物品的分类、用途和使用部位仍有很多共同之处,区别仅在于物品的规格、质地、档次有所不同。所以酒店在制订采购计划时一定要根据酒店的档次、规模、品质要求做好对应的物品配置,拟定合理的采购计划,一般包含以下几个方面:

1. 家具类用品采购清单

2. 储物柜架类用品采购清单

3. 电器类用品采购清单

4. 器皿用具类用品采购清单

5. 棉织品类用品采购清单

6. 印刷品类用品采购清单

7. 办公类用品采购清单

8. 标志名牌类用品采购清单

9. 机械设备类用品采购清单

10. 清洁类用品采购清单

11. 客用品类用品采购清单

标准的三星级
以上酒店经营
用品采购计划

12. 低值易耗品类用品采购清单

13. 店内服务用车辆类用品采购清单

14. 消防器材类用品采购清单

15. 员工服装类用品采购清单

16. 装饰类用品采购清单

17. 劳保类用品采购清单

18. 开荒用具类用品采购清单

19. 培训类用品采购清单

20. 厨杂类用品采购清单

21. 工程备件类用品采购清单

22. 干货调料类用品采购清单

23. 酒水烟草类用品采购清单

24. 食品原材料类用品采购清单

25. 商品货物类用品采购清单

26. 运输车辆类用品采购清单

27. 医疗卫生类用品采购清单

28. 绿植鲜花类用品采购清单

29. 通信器材类用品采购清单

30. 安保设备类用品采购清单

31. 康乐设备类用品采购清单

32. 音响设备类用品采购清单

33. 应用软件类用品采购清单

34. 员工餐宿类用品采购清单

35. 其他杂品类采购清单

二、酒店开业物品数量的控制

根据运营需要,考虑使用、洗涤及备用的因素,在考虑开业采购数量时可以根据以下配置进行合理控制。

1. 酒店客房房间内棉织品

采购量一般按 3 倍量计算(在用、洗涤、备用各一套)。

2. 餐饮餐桌用棉织品

采购量一般按 4 倍量计算(两套在用,一套洗涤,一套备用)。

3. 餐具

一般按照座位数的 1.5 倍采购。

三、采购经营用品的流程

1. 根据需求分类制订采购计划

在确定了采购原则下发各部门后,酒店应要求各部门根据客房体量、餐饮康乐接待能力、部门设置、后勤管理的需要,分项制订出经营用品采购计划。各部门在提交经营用品采购计划时,应按照酒店规定的统一类别制订计划。单项采购物品必须标明品名、型号、材质、规格、数量、产地等具体特征,有条件的还可以标明参考价格。

2.按计划询价

各部门提交了经营用品采购计划后,酒店可安排采购部门按计划的具体内容分别进行市场寻价,寻找供应商并确定物品的样品与采购需求是否相同。

3.根据寻价调整采购计划

各申购部门根据询价情况及时调整采购计划,得出采购所需资金总额,形成一份完整的采购计划,报上级主管部门审批。

4.审批后实施采购

采购计划获得批准后,应决定实施采购的方式。由于采购物品涉及的类别繁多,具体单项可能达到上万种之多,其数量也较大,而且这些物品专业性强,所以在实施采购时,可根据不同类别的项目采取不同的采购方法,具体为:

①对诸如办公用品、工程备件、低值易耗品、装饰用品、医疗卫生用品、酒水烟草、劳保用品、运输用车辆等比较简单、适用性广的类别,建议采用自采的方式,由采购部经过市场价格比对后,选择物美价廉的直营店解决。

②对于家具电器、机械设备、消防器材、康乐设备、音响设备、应用软件等比较重要的大型设备和管理系统,最好直接联系厂家,实行招投标的方式,选择适合酒店的产品。

③对于玻(璃)瓷(器)银(器)用具、棉织品、印刷品、标志名牌、客用品、厨杂用品、通信器材等物品,可以采用寻找几家信誉好、业务能力强的代理商参与采购报价,通过比质比价选择其产品。

5.选定供应商并签订采购合同

酒店方应对计划中不容易辨别质量标准的物品进行封样保管,保证供应商提供的货品与订货时的物品样式、质量完全相符。签订合同时,还应特别关注某些采购物品的保修期,并注明采购物品的到货时间及运输方式。一般物品采购时间为3~5天,而印刷品、客房一次性用品、布草等需要提前一个月下单采购,一般情况下所有的采购物品均可在40天内到货。

6.计划安排回货收货

酒店根据开业倒计时计划,安排各项采购物品的到货时间,并制定入库时间表和相应的到货、验收制度,确保整个经营用品采购计划,顺利完成。

四、物品采购过程的控制

酒店开业采购的物品繁多、采购程序环节较多、供应商的确定及物品的质量把控是采购的关键。要确保采购物品符合酒店规模及档次要求,作为采购部经理应对采购人员及采购过程及时了解与掌控。

(一)采购人员业务要求

采购人员的道德素养及对业务的熟练程度是采购工作顺利完成的关键。要做好对采购工作的管理与控制,采购部经理必须抓好以下9个方面的工作。

图 5-1　采购报批流程

（来源：安徽省酒店网）

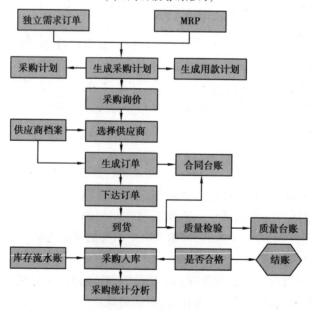

图 5-2　采购流程图

1. 重视采购员的思想教育工作

经理对采购工作的管理主要表现在对采购员的管理上，针对采购工作的特点，采购经理首先要加强对采购人员的法制教育，职业道德教育；提高其抵制不正之风的自觉性，树立坚定的组织观念和严明的纪律性，同时，要培养其企业主人翁的责任感，不谋私利，不徇私情，秉公办事的思想作风。

2. 明确分工与职责，明确权利与义务

科学明确的分工是良好协作的基础和有效管理的手段，而合理授权则是实现职责的必要条件。对采购员在明确其业务及职责范围后，要充分信任与授权，使之有独立自主处理问

题的权力,不必事事请示,但要有事事汇报制度,采购员应将每天工作中遇到的问题、处理的方法以及每天的到货情况等登记在每日工作汇报簿,以便经理检查,发现问题时随时解决。

3.指导采购员掌握商品知识以及采购技能

采购员必须掌握必要的商品知识,至少是他所分管范围的商品知识,包括商品的特性,产地、规格、用途、质量、价格、供应商状况等。此外,要搞好物品采购工作,还必须掌握物品采购的基本理论,基本知识和基本技能,要了解掌握物品供求信息,了解各类物品的特性和分类方法,善于与供应商洽谈业务,商定供货条款,了解采购国外不同物品的采购程序,熟练采购手续等。

4.了解市场行情,控制采购成本

物品的价格根据其特点而定,特别是时令物品因供求情况价格变化快,采购人员要及时了解市场行情,随时掌握其变化。对季节性强的物品,如鲜贝、对虾等,需摸清生产周期,掌握采购最佳时期;对大批量的日用品,要进行专题调查,根据采购的质、量、时间要求进行选择,如从外地进货还要了解运输的情况和运输费用的高低。

"没有调查就没有发言权",要了解市场行情,就要进行调查分析。首先,要货比三家不吃亏,即采购时应尽可能多找几家了解行情,特别是多数物品采用市场调节方式销售,由各售货单位自行作价,对此要特别注意比价;其次,使用部门经办人员,采购部人员,成本控制部人员都要参与市场调查工作;再者,要集中分析市场调查收集到的信息,这样采购部人员才能避免盲目采购和供应商乱报价的行为。市场调查是保证采购质量,避免采购人员营私舞弊、中饱私囊,控制采购成本的有效途径。

5.控制商品的采购价格

无论是单体酒店采购还是集团集中采购,对市场价格的了解及对采购价格的控制是采购中非常重要的环节。实践证明,以下几条价格措施是行之有效的。

①规定采购价格:通过详细的市场价格调查后,酒店对餐饮所需的某些食品提出购货限价,采购员必须在限价以内进行采购。

②规定购货渠道和供应商:采购部门只能从指定的供货商购货,或者只许购置来自规定渠道的食品,如香烟、洋酒等。

③控制大宗和贵重食品的购货权:贵重食品和大宗食品的价格是影响餐饮成本的主体。因此,由餐饮部门提供使用情况的报告,采购部门可根据需求情况增加购货量和改变购货规格,大批量采购,要降低单价,这也是控制采购价格的一种策略。

④向生产单位直接采购:对采购批量大的物品,应尽可能向生产单位直接采购,并要求按优惠价格供应。

⑤根据市场行情适时采购:当某些食品在市场上供过于求,价格低廉,又是酒店大量需要的,只要符合质量要求并可储存的应适当多购进,以备价格回升时使用。当应时食品上市,预计价格可能下跌,采购量应尽可能地减少,只要适应需求即可,等到价格稳定时再进行添购。

(二)采购过程控制注意事项

采购过程需要避免由于管理纰漏而造成的损失,一般问题的出现可能是以下原因造成:

1.领导一言堂,缺乏价格比较

采购物品原料领导说了算,少数人说了算,缺乏对商品原料的质量价格比较,熟人面子难以拒绝,人情采购甚至是白花钱的问题时有发生。

2.采购部门缺乏计划,盲目采购

开业筹备时,由于对客源市场预测不准确或采购部门主管对物品的需求没有合理预算,导致采购数量过高,库存量大,库损高,造成浪费和流动资金呆滞。

3.采购人员业务不熟练、缺乏责任心

缺乏相关知识,信息不灵,责任心不强,图省事,怕麻烦,采购前未货比三家,季节差价、时段差价掌握不准,加大了酒店经营成本。厨房鲜活原料采购多以半成品为主,海干货采购多以市场发制好的为主,对原料优劣缺乏鉴别能力,导致增大了厨房成本还影响了菜肴的质量。

4.任人唯亲,疏于管理

酒店业主或管理层由于人情关系选派熟人或亲戚朋友作为采购员,而这些采购员业务不熟或有私心,很容易造成酒店的损失。而往往发现问题时也是大事化小,小事化了,长此以往,漏洞会越来越大。有些酒店对采购有权监督的部门失察,或碍于面子,或另有原因,财务也不会问采购成本高低,只要符合手续,照单付款。

5.利用管理漏洞公饱私囊

职业道德不好的采购员很容易通过管理的漏洞公饱私囊。比如,与供应商勾结做假账;吃回扣;大件商品采购暗箱操作,现金交易,未能实行公开竞标;大宗低值易耗品采购,以次充好,质次价高,造成酒店物品质量无法保证,成本增加。

6.采购人员与管理人员形成利益关系,造成损失

开业筹备的酒店在采购的环节应避免采购人员与采购部门管理者相互形成利益关系,部门管理者充当有劣迹采购员的保护伞,放松质量检验关或不把控价格关,导致酒店资金的损失。

7.不建立稳定的采购供应链

构建相对稳定的供应链,有利于采购成本的降低。但有些大型酒店进货采购打游击战,无法享受供货方的批零差价,更无法稳定采购成本支出。

8.采购人员缺乏市场调查

采购人员缺乏市场价格的调查与分析,对价格走势分析不透彻或不分析,缺乏同行业比较分析,预见性差,无意中造成的损失也不容忽视。

总而言之,采购进货是酒店经营成本控制的主要内容,酒店采购过程中会出现这么多的问题。采购管理就要未雨绸缪,在选人用人上公正、公开、公平。挑选合格、各方面条件比较适宜做采购工作的人员是做好采购工作的基础。

有些酒店为了避免造成不必要的损失,在开业筹建期会请酒店采购顾问,对采购工作进行相关咨询与把控。

五、物品采购模式的选择

酒店用品的采购是一个复杂且十分有技术含量的工程,因为酒店用品门类繁多、品种复

杂、手续复杂,所以了解各个采购渠道的特点,掌握必要的采购技巧十分重要。

目前酒店用品的采购模式主要分为以下三个方面:

1.酒店用品城

现在很多城市的酒店用品城如雨后春笋般出现,但越来越多的采购人员都有这样的感受:做酒店采购,逛酒店用品城或者去酒店用品展会是最忙最累的。原因很简单,那种场合面积太大,商户太多,如果没有重点漫无目的地跑,累是肯定的,效果也不好。同时,酒店用品城的商户受商铺租金和各种运营成本偏高的影响,其产品往往性价比不高。

2.一站式供应商

这是近年来酒店用品供应的新模式,类似于一个浓缩版的"酒店用品城",正好可以弥补酒店用品城的诸多弊端。一般的一站式供应商都会精选自己产品,形成较完善的供应方案,免去了酒店自己选购的麻烦,同时酒店整体对应一个供应商也有利于责任追究和售后保障。但一站式供应同样有缺点,就是价格偏高,其实原因也很简单,支撑那么大的盘子,其人力资源成本和运营成本都会偏高,而且一站式供应商大都是较为大型的企业,资金较为雄厚,导致酒店采购的议价权降低。

3.生产厂家直销

很明显,厂家直销压缩了产品流通成本,可以说是最质优价廉的采购渠道,这点是毋庸置疑的。但其缺点也很明显,酒店用品种类太多,如果什么用品都找厂家,那么采购工作的人力成本就会变高,而且售后服务也会变得难于管理。同时,很多厂家本身的市场能力不足,有些可能根本就没有网站、店铺等营销渠道,要找到最适合的厂家也有一定的难度。

综上所述,以上三种采购方式都各有不足,进行酒店用品采购工作时建议采用二八定律原则,也就是"重点产品找厂家、边沿产品找一站式"的方法规避缺点,实现采购效果的最优化。

【知识拓展】

客房物品采购知识

(一)合理分配投资比例

客房纺织品大约有十几个大类,如毛巾类、浴衣类、被芯类、枕芯类、被套枕套类等等,以上品种又分易耗品和非易耗品两大类,被芯、枕芯、床垫、床尾巾等为非易耗品,毛巾、浴衣、被套、枕套、床单等为易耗品。

易耗品因为需经常洗涤,一般3~5年就会报废(差的面料2~3年就报废),且档次高的被套、床单(如60支)反而更不耐洗,而被芯枕芯、床垫、床尾垫等非易耗品填充料很重要,好的被芯枕芯能用十年以上,差的使用寿命还不如被套床单,所以被芯枕芯、床垫等一定要选购质量好的(包括面料和填充料)。相反,被套床单则宜选用40支高支高密漂白面料,实用耐洗,因为60支的产品注重于手感和档次,但并不耐洗。总之,一定要把有限的资金用好,把资金重点放在非易耗品上,如觉得易耗品档次不够,可以通过其他产品来弥补,如床尾巾和装饰靠垫的使用可以大幅度提高客房档次。

（二）注重面料的品质

客房用酒店布草不同于家用纺织品，需要有很强的耐洗性，对面料的内在品质要求高。品质好的面料价格贵不了多少（5%～10%），但使用寿命要长得多（长60%），面料的品质指标很多，最主要是一定要选用：

①精梳面料。精梳面料比普梳面料光洁，强度大，耐洗，不易起毛起球。

②高支高密面料。如床单至少选用40S/110×90面料。

③烧毛过的面料。烧毛过的面料布面美观，不易起毛。

④过氧化氢漂白的面料。用过氧化氢漂白的面料比用次氯酸盐漂白的面料手感好，布料受漂白剂损伤小，强力下降小。

（三）合理确定易耗品的配比

一般的易耗品配比为1:3，即一套在用，一套在洗，一套在库。（注：枕套的使用损耗最大，因为住客头上有头油和焗油用的染料，所以配比最好为1:4或1:5）

酒店客房越少（100套以下），配比越大；客房数越多，配比越小。因为客房数越多，可互相调剂，客房数少则调剂不过来。所以对客房数较多的新酒店来讲，开业时可根据具体情况适当减少配比，边营业边补充。

（四）慎选染色或印花面料

近年来流行酒店家庭化，但酒店毕竟不是家庭，且从客房的实际使用情况上来讲质量差的染色和印花面料相对漂白面料而言存在四大问题：

①因染料的原因（如甲醛含量大）色牢度有所下降。

②所有全棉染色和印花织物都存在褪色问题，褪色后易产生陈旧感。被套的使用过程中还存在新旧不能混合使用问题，使用过一段时间的被套和新使用的被套存在较大色差，不能用于同一房间，加大了服务员的工作量。

③洗涤方面的问题，如果被套上产生了顽固污渍时，洗涤工厂会使用类似84消毒液的强力洗涤剂局部预洗，造成被套局部发白，严重影响美观。

④染色或印花面料因需要用甲醛等固色，所以对人体有害，且不利于环保。

（五）使用饰品提升客房档次和个性化

很多酒店在客房装修时，可以降低地毯的档次（只着重于花型），把多余的钱花在纺织品和装饰品上，这里重点谈一下床裙、床尾垫和装饰靠垫。

首先是床裙，很多酒店在改造和重新装修时并没有更换席梦思底座，只是配了新床裙，一样给人以全新的感觉。近年来床尾垫和装饰靠垫也非常流行，即使使用最普通的被套，配上它们后也能立竿见影地提高客房的档次。

（六）被套枕套选择合适款式及开口形式

业主在选择被套枕套款式时不能一味只考虑美观，还要考虑耐用性和服务员的工作效率。

以开口形式为例：国内的被套枕套的开口方式很多，每种开口都有其优点，通过几年来对酒店客房使用情况的调研，综合实际使用和美观两方面的因素，强烈建议客户使用飞边正反平齐开口（无布带）式被套和1/4开口飞边压舌式枕套，因为飞边正反平齐开口（无布带）

式被套可以正反用,不用布带简洁美观,服务员更换被套方便。枕套1/4处开口既方便服务员更换枕套,又美观大方。

(来源:甘涌酒店研究院)

第三节 酒店开业物品管理

【知识框架】

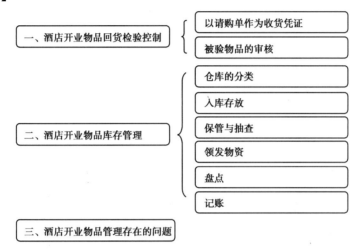

一、酒店开业物品回货检验控制

1. 以请购单作为收货凭证

验收员必须根据已获批准的请购单、合同清单复印件等,由采购部根据不同到货时间,交收货部作收货凭证,无任何收货凭证的货物,验收员有权拒收。

如果没有经过验收方的验收,酒店的供货商却直接将物品送到使用部门,那么供货商将没有收货凭证作为收款依据,财务也不认可供货商将货物直接送到使用部门。

2. 被验物品的审核

被验物品的品种、规格、质量、数量必须与随货凭证、被批准的请购单相符,包装的食品原料应注明厂家名称、厂址、商标、生产日期、保质期限、质量标准、包装规格等;进货物品如有合同或小样,应根据合同标准和封存小样进行验收;送货数量上下浮动不得超过10%。

二、酒店开业物品库存管理

1. 仓库的分类

酒店的仓库总的来说有:

①餐饮部:鲜货仓、干货仓、蔬菜仓、肉食仓、冰果仓、烟酒仓、饮品仓。

②商场部:百货仓、工艺品仓、烟酒仓、食品仓、山货仓。

③动力部(工程):油库、石油气库,建筑,装修材料仓。

④管家部:清洁剂、液、粉、洁具仓。

⑤绿化部:花盆、花泥、种子、肥料、杀虫药剂仓。

⑥工程部:机械、汽车零配仓,陶瓷小货仓,家具设备仓等。

2. 入库存放

①验收后的物资,除直拨的外,一律要进仓保管。

②进仓的物品一律按固定的位置堆放。

③堆放要有条理、注意整齐美观,不能挤压的物品要平放在层架上。

④凡库存物品,要逐项建立登记卡片,物品进仓时在卡片上按数加上,发出时按数减出,结出余数;卡片固定在物品正前方。

3. 保管与抽查

①对库存物品要勤于检查,防虫蛀、鼠咬,防霉烂变质,将物资的损耗率降到最低限度。

②抽查。

a. 仓管员要经常对所管物资进行抽查,检查实物与卡片或记账是否相符,若不相符要及时查对。

b. 材料会计或有关管理人员也要经常对仓库物资进行抽查,检查是否账卡相符、账物相符、账账相符。

4. 领发物资

(1)领用物品计划或报告

①凡领用物品,根据规定需提前做计划,报库存部门准备。

②仓管员将报来的计划按每天发货的顺序编排好,做好目录,准备好物品,以便取货人领取。

(2)发货与领货

①各部门各单位的领货一般要求专人负责。

②领料员要填好领料单(含日期、名称、规格、型号、数量、单价、用途等)并签名,仓管员凭单发货。

③领料单一式三份,领料单位自留一份,单位负责人凭单验收;仓管员一份,凭单入账;材料会计一份,凭单记明细账。

④发货时仓管员要注意物品先进的先发、后进的后发。

(3)货物计价

①货物一般按进价发出,若同一种商品有不同的进价,一般按平均价发出。

②需调出酒店以外的单位的物资,一般按原进价或平均价加手续费和管理费调出。

5. 盘点

①仓库物资要求每月月中小盘点,月底大盘点,半年和年终彻底盘点。

②将盘点结果列明细表报财务部审核。

③盘点期间停止发货。

6. 记账

①设立账簿和登记账,账簿要整齐、全面、一目了然。

②账簿要分类设置,物资要分品种、型号、规格等设立账户。

③记账时要先审核发票和验收单,无误后再入账,发现有差错时及时解决,在未弄清和更正前不得入账。

④审核验收单、领料单要手续完善后才能入账,否则要退回仓管员补齐手续后才能入账。

⑤发出的物资用加权平均法计价,月终出现的发货计价差额分品种列表一式三份,记账员、部门、财务部各一份。

⑥直拨物资的收发,同其他入库物资一样入账。

三、酒店开业物品管理存在的问题

一个新的酒店,所需物品不仅种类繁多,而且数量巨大。提前购置又无处存放,所以,一般都会在酒店开业前期集中到货。大批物品的集中抵达酒店,必将组织突击的验收、突击的搬运、突击的入库,有时甚至来不及入库,来不及开包检查就直接由使用部门领走。这样一连串的突击工作,必然导致物品存放和发放的混乱,导致使用部门物品领错或找不到。

解决此问题的关键,在于组织好验收和分发。无论物品到得再多,时间多么仓促,都要这样做:

首先,要有仓管员依照到货清单逐一进行清点,即便是来不及打开包装核实的,也要有详细的登记。

其次,各使用部门对已领至二级库的物品,由部门专人进行逐一的清点登记,包括已配置到岗位上的物品。

最后,对那些必须使用而又未能找到的物品,再依照入库单、验货单、订货单、合同的顺序,进行一步步的查找、落实,来确定在哪个环节出现了问题。如确实未订购,按采购程序加紧申购即可。

【本章小结】

本章从采购物品的分类、采购计划及物品管理三个方面进行阐述。酒店经营物品一般分为35类,采购要根据酒店规模、档次确定,遵守物美价廉、物尽所用、数量适中、核定一定周期购买的原则。本章还对酒店各部门的采购清单提供了参考,并对采购流程、物品验收、仓库管理及过程存在的问题进行了阐述。

【课后思考】

1. 采购物品进货时间为什么要与开业时间相关?

2. 采购经营用品应遵守哪些原则?

3. 采购物品应注意哪些事项?

4. 请写出物品采购的流程。

5. 物品采购一般有哪些模式?

6. 物品库存管理包含哪些方面?

【实践作业】

【实践名称】开业物品采购计划的拟定

【实践要求】请小组根据小组设计的酒店规模、定位,根据老师分配的部门(前厅、客房、餐饮、康乐、后勤部门、办公室)制订采购计划(包括采购内容、人员安排、回货计划)

【案例分析】

国际酒店采购内控案例

2007年10月1日,国际酒店在鲜花的簇拥和鞭炮的喧嚣中正式对外营业了。这是一家集团公司投资成立的涉外星级酒店,该酒店不仅拥有装潢豪华、设施一流的套房和标准客房,下设的老宁波餐厅更是特色经营传统宁波菜和海派家常菜肴,为中外客商提供各式专业和体贴的服务。由于集团公司资金雄厚实力强大,因此在开业当天,不仅社会各界知名人士到场剪彩庆祝,更吸引了大批新闻媒体竞相采访报道。一时之间,国际酒店门前是人头攒动,星光熠熠。

最让人感到骄傲和荣耀的是酒店大堂里天花板上如天宇星际一般的灯光装饰,和一个圆圆的、超级真实的月亮水晶灯,使得整个酒店绚丽夺目、熠熠生光。这些天花板上装饰所用的材料以及星球灯饰均是由水晶材料雕琢而成,是公司王副总经理亲自组织货源,最终从瑞士某珠宝公司高价购买的,货款总价高达150万美元。这样的超级豪华水晶灯饰不仅是在全国罕见,即使是国外,也只有在少数几家五星级酒店里能见到。开业当天,来往宾客无不对这个豪华的水晶天花板灯饰赞不绝口,称美不已。尤其是经过媒体报道,更成为当天的头条新闻,国际酒店在这一天也像那盏水晶灯饰一样"一举成名",当天客房入住率就达到了80%以上。

王副总经理也因此受到了公司领导的高度赞扬,一连几天,王总的脸上都洋溢着快乐而满足的笑容。

然而,好景不长。两个月后,这些高规格高价值的水晶灯饰就出了状况。首先是失去了原来的光泽,变得灰蒙蒙的,即使用清洁布使劲擦拭都不复往日光彩。其次,部分连接的金属灯杆出现了锈斑,还有一些灯珠破裂甚至脱落。人们看到这破了相的水晶灯,议论纷纷,这就是破费百万美元买来的高档水晶灯吗?鉴于情况严重,公司领导责令王副总经理限期内对此事做出合理解释,并停止了他的一切职务,这个时候,王副总经理是再也笑不出来了。事件真相很快就水落石出,原来这盏价值百万美元的水晶灯根本不是从瑞士某珠宝公司购得的,而是通过南方某地的奥尔公司代理购入的赝品水晶灯。王副总经理在交易过程中贪污受贿,中饱私囊。虽然出事之后,王副总经理不无例外地得到了法律的严惩,然而国际酒店不仅因此遭受了数千万元的巨额损失,更为严重的是酒店名誉蒙受重创,成为同行的笑柄。这对于一个新开业的酒店而言,不啻是个致命的打击。

思考:国际酒店怎么会发生这样的悲剧,在以后的企业经营中又如何防范呢?

第六章　酒店开业组织管理

【导言】

　　酒店开业前的筹备工作主要是建立部门运营框架,并为酒店开业以及日后的正常营业,在人、财、物等各方面做好充分的准备。如何在精简、统一、效能的原则下制定符合酒店运营需要的组织架构;在合理的时间内招聘合适的人员参与酒店开业筹备工作;制定符合酒店运营管理的酒店管理制度,是保证酒店正常开业与运营的前提条件。

【学习目标】

　　知识目标:1. 了解酒店组织架构及人员定编的方法。
　　　　　　　2. 了解酒店工作流程的内容。
　　　　　　　3. 了解酒店相关管理制度及绩效管理方法。
　　能力目标:1. 能根据酒店档次要求制定酒店组织架构及人员编制。
　　　　　　　2. 能以经营为依据,制定酒店管理制度。
　　　　　　　3. 能用批判的眼光分析酒店的绩效制度。
　　思政目标:1. 了解酒店组织架构规划的内容及注意事项,掌握酒店人员定编的方法,树立全局观、人文精神。
　　　　　　　2. 掌握酒店岗位职责、工作内容及流程、培养科学观、职业道德、制度观念和服务意识。
　　　　　　　3. 掌握酒店管理及绩效制度的内容,树立人文素养和制度意识。

【案例导入】

　　小李是在酒店预开业筹备期间招聘进来的,在面试时前厅部经理承诺开业三个月后将其工资调整为领班级工资。但开业后三个月前厅部经理没有兑现承诺,又过了一个月,还是没有动静,小李鼓起勇气向前厅经理提起调薪一事,前厅部经理给他的回复是他的考核不符合调薪要求,所以没有调整薪资。可从来没有人对小李进行考核,小李觉得酒店的管理很混乱,没有任何的调薪依据,仅凭口头承诺且不按期兑现,于是小李辞职离开了这家酒店。

第一节　组织架构与人员招聘

【知识框架】

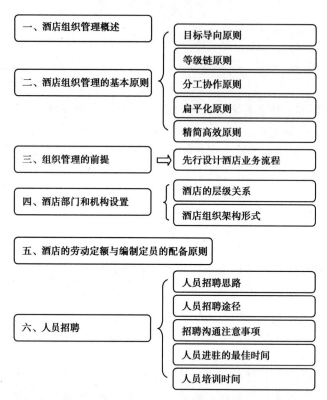

　　酒店的组织管理,就是根据酒店企业的战略发展规划和计划管理的各项任务要求,按照责、权、利相结合的原则,将所有员工编排设计成一个分工协作的工作管理体系,以实现员工、工作、物质条件及外部环境的优化组合,从而使各层级员工更好地完成既定的经济任务和经营目标。

　　酒店开业后,为了保证经营运作,需要合理地安排人力;在运营过程中,员工需要依据相应的流程提供规范的服务,酒店需要制定一定的制度约束员工的行为。所以做好酒店组织架构、人员定编及制度管理,是保证服务提供的前提条件。

一、酒店组织管理概述

　　酒店组织管理(Managing Hospitality Organisations)就是通过运用各种管理方法和技术,发挥酒店组织中各种人员的作用,把现代酒店中的有限资金、物资和信息资源转化为可供出售、有形的或无形的酒店产品,以达到酒店管理的目的。

　　酒店组织管理实际上就是对酒店所承担的任务在全体成员之间的分工合作进行管理。

组织机构决定酒店的整体功能,并牵制着酒店管理的效率与效能。酒店组织管理涉及酒店各层面及具体事务的推进与落实,根据酒店实际,有效的将人、财、物做好安排,才能保证酒店运营的顺畅、更高效地为顾客提供服务。

具体来说,酒店组织管理的内容包括以下四个方面:

①根据酒店的实际情况和计划制订的目标要求,建立合理的组织机构并进行人员配备。

②按酒店业务性质进行分工,确定各部门和各岗位的责、权、利关系并予以监督。

③明确酒店各项工作上下级之间、同级之间及个人之间的隶属和协作关系,形成酒店的指挥和工作体系。

④建立并健全各种规章制度,使酒店组织效能得到最大发挥,以保证酒店计划的完成。

二、酒店组织管理的基本原则

酒店业是一个特殊行业,由于其产品生产、销售的同时性和业务流程的独特性,决定了酒店的组织形式必须适合业务运转的需要。

酒店的组织管理是为酒店的经营管理目标服务的,任何一家酒店的经营管理目标都是由许多可变因素决定的,如酒店的地理位置、建筑布局、所有制类别、市场定位、客源结构、产品特色、管理水平、服务特点、员工素质等。酒店的各部门、班组的设立应完全根据酒店的具体业务状况而定,不可千篇一律,也不能墨守成规。

酒店的组织管理要本着"市场营销、战略发展、优化结构"的原则,依据科学化系统化和规范化的方法来实施。酒店组织以层级管理为主要手段,任何员工都只能有一个主管上级,用一句话表述就是:"下级对上级不能越级汇报、可以越级申诉;上级对下级不能越级指挥、可以越级检查。"

酒店是劳动密集型组织,其工种多、人员多、管理难度大。要建立科学的组织机构来保障组织目标的实现,需要遵循目标导向原则、等级链原则、分工协作原则、扁平化管理原则、精简高效原则五项组织管理原则。

1. 目标导向原则

酒店各部门的经营活动是相关的,离开目标的组织毫无意义。因此酒店的组织结构必须服从酒店的经营目标,以提高酒店的效率和效益为目的。酒店的各个岗位都应是为完成总目标而设立的,组织设计要把酒店的全体成员组成一个有机的整体,以便发挥每个人的积极性,实现酒店的社会、经济效益。

2. 等级链原则

管理学家法约尔提出了等级链的原则。每一个组织必须有一个最高权威,同时从最高权威到组织的每一个人之间,要有一个明确的权利层次,即所谓的"等级链"。其特点是:组织是有层次、有等级的;链条上的各环是垂直而相互联系的;这根链条是一条权力线。等级链明确了组织管理中的权力和责任、命令发布、指挥控制和信息反馈的途径。

酒店作为一个组织系统,从最高到最低的职位必须组成一个连续的等级链,各职位的权责明确、沟通渠道明晰,命令层层下达,工作层层汇报,从而形成一个连续的程式化的指挥系统。

3. 分工协作原则

分工是将各种不同性质的工作分配给专业部门去完成,同时将职工安排到与其职务有关的工作岗位上,有利于发挥每一位员工工作熟练的优势,从而提高工作效率。因此,无论是操作工还是管理人员都应进行较细分工,并把相关的协作关系做出制度化规定,协调一致,才能形成整体优势,实现酒店整体利益。

4. 扁平化原则

扁平式管理或称扁平化管理,是指企业管理层级的减少和效率提升。传统企业管理模式一般呈现层级较多,效率相对较低的金字塔结构。管理者要有效领导、监督、指挥直接下属受管理者的岗位、素质、业务复杂程度及酒店空间分布等因素的制约,需要合理地设置部门的管理机构数、管理层级及各级人数。针对酒店组织的特点,在实践中一般是高层小于中层,中层小于基层比较合理。同时还要建立授权和权力的制约机制。

随着酒店管理的积累以及人工成本的增加,很多酒店会重新审视传统的组织机构层级关系,保证沟通渠道的直接与通畅,一般会减少不必要的中间层级,特别是民宿、经济型酒店等中小型酒店。我们把这种组织层级管理称之为扁平化管理。扁平化管理可以有效的减少管理层级;上级层级能映射更大面积的下级,从而提高管理效率;特殊的下级职能会被越级关注。

5. 精简高效原则

酒店组织结构的设置,应在高质量完成酒店目标的前提下,用最少的人、最适宜的组织形式,达到最有效的管理。精简、高效的组织反应快、应变能力强,有利于提升竞争能力。

三、组织管理的前提

组织的设置是为了经营的正常运作,所以,在设置组织机构前,首先应当围绕酒店的战略发展目标、市场定位和产品定位进行业务流程的总体设计(图6-1),并使流程达到最优化,这是酒店组织管理的起点和终点,也是检验酒店组织管理设计成功与否的根本标准。

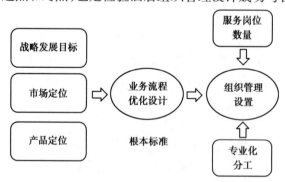

图6-1 组织架构设计关系图

酒店开业的最终目的是通过运营获取利益,无论是经济利益还是社会效益,都是通过对顾客的服务过程体现的。而服务过程需要通过一系列的流程设计、产品制作及服务展示过程作用于顾客,这个过程需要各部门各层级人员的共同配合。所以在进行组织架构的设计前,部门经理首先要根据酒店整体发展目标、市场定位、产品定位等对酒店的服务资源和流程行为进行系统的优化设计,对酒店各种服务流程和服务行为间的衔接接口进行系统设计,尽量减少接口以减少跨职能障碍。构建适合酒店运营的组织架构,目的就是要建立上下级间、岗位间和部门间的信息交流平台,减少跨岗位、跨级别的管理干预,使员工的工作信息和可能影响工作的私人信息都有发布和交流的窗口,实现酒店服务体系内信息的自由流动。因此,先行设计酒店业务流程是进行组织管理的前提。

四、酒店部门和机构设置

确定了酒店业务流程后,应当按照优化后的业务流程设计服务岗位,根据服务岗位数量和专业化分工的原则确定管理岗位和部门机构。这是组织结构的基本单位,通常用组织图来表示。

酒店一般选择以层级管理为基础的业务区域制、直线管理职能制作为主要的组织架构,随着集团化酒店的发展,事业部制也日趋成熟。在设计管理层级时,应当按照参与酒店管理的不同职能来进行。

1. 酒店的层级关系

一般来说,中高星级酒店会设置四个层级:

第一层级:以酒店总经理、副总经理或总经理助理、驻店经理等最高管理领导组成的决策层。

第二层级:以酒店各部门总监、经理或副经理等中层管理干部组成的管理层。

第三层级:以酒店各部门主管、领班等基层管理人员组成的执行层。

第四层级:以酒店各部门员工组成的操作层。

这四个层级构成了酒店的组织架构,通过逐级领导、层层负责管理机制,实现酒店的有效运营。

2. 酒店组织架构形式

根据酒店目标,建立组织机构,合理分配人员,明确责任和权利,协调各种关系,有效实现组织目标的过程。

酒店组织结构要素一般是一定的权利结构即责权关系,形成组织的保证体系构成。一个酒店的组织结构是否顺畅,首先,需要合理地做好权利结构的构建,确定权利主体并赋予一定的权利,但需要注意权力的均衡;其次,建立合理的责任权利关系,考虑各层级的利益推动、责任约束、保证各层级的权力;再者,一旦组织结构确定,各层级应严格按照管理要求执行,形成有效的组织保证体系。

酒店组织架构在制订时一般采用直线制和直线职能制两种形式,很多时候这两种形式是交叉使用的。随着分工与管理的精细化,在直线职能制的基础上演变衍生了事业部制组织结构。

(1)直线制组织结构

直线制组织结构也称以层级管理为基础的业务区域制,是以业务区域为管辖范围进行层级管理的划分形式,也称直线垂直领导的组织形式。它的特点是组织中各个层次按垂直系统排列,酒店的命令和信息是从酒店的最高层到最低层垂直下达和传递,各级管理人员对所属下级拥有直接的一切职权,统一指挥兼顾各种业务。直线制组织结构可以是无职能部门,或设一两个职能部门,或一个职能部门兼有多种管理职能。如办公室是一个职能部门,但它兼有行政、人事、保安、财务等几项职能。

直线制组织结构的机构较为简单、统一指挥、职责清楚、信息沟通迅速,但缺乏专业分工,如业务扩大则难以应对。比较适合规模小、业务较单纯的经济型酒店、民宿等(图 6-2)。

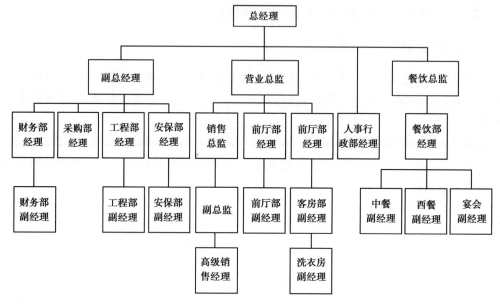

图 6-2　直线制组织架构图

(2)直线职能制组织结构

直线职能制组织结构是以直线管理职能划分,体现各岗位的上下层级管理的组织形式。目前,我国酒店大多采用直线职能制的组织结构。直线职能制较适合有较齐全的旅居功能而无其他多种经营的酒店。直线职能制的特点是把酒店所有的部门分为两大类:一类是业务部门(也称直线部门),业务部门按直线的原则进行组织实行垂直指挥。如酒店的前厅部、客房部、餐饮部、娱乐部、工程部等均属于业务部门。一类是职能部门,职能部门按分工和专业化的原则执行某一类管理职能。酒店的办公室、人事部、财务部、保安部均属职能部门。直线部门管理者在自己的职责范围内有对业务的决定权,能对其所属下级实行指挥和命令而负全部责任。职能部门的管理者,只有对业务部门提供建议和相关管理职能的业务指导,不能指挥和命令业务部门。直线制和职能制的结合形成了直线职能制的组织结构。

酒店的直线职能制组织结构可以有多种形式,目前还有一种较常用的形式是总监制。总监制是指酒店的组织结构在总经理和部门经理之间加一个管理层次——总监。总监可以分管某一方面的业务工作如:客房总监、餐饮总监等,也可以分管几个部门的工作。总监制是根据组织的宽度原则因总经理的管理宽度过大而设立的。如在一些规模较大的酒店,客房超过 500 间,又有很大的洗衣房和园林绿化,酒店客房部的组织机构太庞大,就设置房务总监统管客房部和前厅部。总监制的设置要慎重,设置不当会造成机构重叠。规模不大的酒店一般不宜采取总监制。

直线职能制分工专业,指挥统一,权力高度集中,但下级缺乏必要自主权,各系统沟通较少、协调较困难。该结构多适合中大型酒店,如图 6-3 所示。

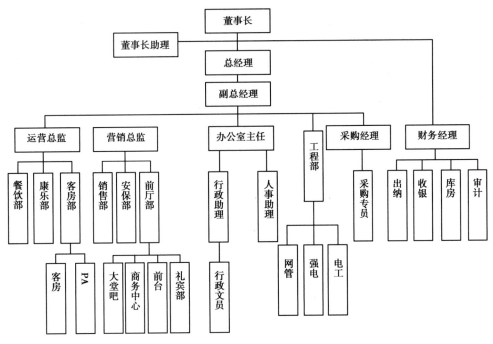

图 6-3 直线职能制组织架构图

（3）事业部制组织结构

事业部制也称分权制结构，是一种高层集权下的分权管理体制。此类型主要按产品大类或地区设立事业部，公司统一领导下实行独立核算，自负盈亏，具有相当自主权。一个事业部通常是一个酒店，各事业部相对独立。此类组织结构多适用于大型酒店和集团化连锁经营。一般酒店层级分为决策层、职能层、基础层。以某连锁集团酒店的层级结构为例：

职务等级：

Band 1：General Manager　第一级：总经理

Band 2：Hotel Manager/Resident Manager　第二级：酒店经理/驻店经理

Band 3：Executive Committee（Board of Management）　第三级：行政委员会

Band 4：Department Heads　第四级：部门经理

Band 5：Line Management-Assistant Department Heads　第五级：一线管理层—部门经理

Band 6：Line Management-Secton Heads/ Outlet Managers　第六级：一线管理层—分部门经理/餐厅经理

Band 7：Supervisors/Shift Leaders　第七级：主管/领班

Band 8：Senior Line Staff/Administrative Staff/ specialised Skills Staff　第八级：高级员工/行政职员/技工

Band 9：Line Staff Level 1-Front of House　第九级：一线一级员工—前台

Band 10：Line Staff Level 2-Back of House-Manual Duties Staff　第十级：一线二级员工—后台/勤杂工

五、酒店的劳动定额与编制定员的配备原则

酒店管理者应对每个岗位进行工作目标与工作任务分析，规定每个岗位的工作标准、职

责、内容、作业程序,然后按照岗位工作的需要确定相应的人员编制。尤其应确定岗位所需人员的业务素质要求,因为它将直接影响工作效率和服务水平以及酒店的发展。

酒店一般选择劳动定额与编制定员的配备方法,通常是按照酒店客房总数与员工总数的合理比例确定的。酒店的主要产品是服务,而服务需要由人去完成。酒店员工总数的多少往往决定了服务品质的优劣。

比如客房统筹定员,即是酒店在安排人员的时候,需要考虑酒店客房总数量、楼层分布、每层房数、预计每人做房数、预计领班查房数、值班台设置、客房年平均预计出租率、工作制的入住率(上座率),酒店的工作制(每周几天、几小时),法定节假日,年假天数,病事假天数、员工流失率、淡旺季等,在综合了这些因素之后,酒店才能制订出较为人性化的人员配置。

劳动定额公式:

$$n = \frac{\left(Q_n \cdot r \cdot \dfrac{F}{Q} \cdot f \right) \cdot 7}{5}$$

式中　Q_n——桌位总数或客房总数;

　　　r——座位利用率或客房出租率;

　　　F——平均班次;

　　　Q——每人服务的桌数或客房数;

　　　f——出勤率;

　　　7——七天;

　　　5——出勤天数。

一般来说,酒店的星级越高,提供的服务越完备,其用工人数也就越高,四五星级酒店的客房总数与员工总数的比例可能会达到1∶2以上。低星级酒店或经济型酒店由于压缩了管理层次,缩短了管理跨度,客房总数与员工总数的比例甚至可以达到1∶0.4左右。

酒店应根据市场定位、服务设施配备、业务流程设计等规划劳动用工的合理比例,找到最佳的结合点进行经营。

六、人员招聘

酒店作为劳动密集型服务行业,随着从业人口结构的变化、行业迅速的发展,酒店的人力成本逐年上升,酒店市场竞争激烈,人员招聘面临较多的障碍与挑战。据不完全统计,一线城市五星酒店的人力成本已经接近甚至超过营收的40%,二、三线城市也已经超过30%甚至35%,中端酒店的人力成本同样也超过了25%甚至30%,导致酒店对人力成本的压缩与控制会超出常规标准,从而进一步压缩了招到合适人才的成本空间。人力资源部门应清晰地掌握行业动态、人员结构的变化及人力市场动态,及时调整招聘策略,确保招聘符合酒店运营需求的人才。

(一)人员招聘思路

1.尽量招收本地员工

酒店应立足地方经济发展,肩负服务地方经济的社会责任,要为地方就业工作做出应有贡献。从另一个角度看,本地员工作为相对稳定的群体,对酒店的稳定发展有一定的促进作用。

2.与商业性服务公司合作进行临时服务人员的补充

随着社会的进步在于生产的规模化和分工的专业化,近些年来,各地的家政服务公司、安保公司、商业性洗衣店的管理渐趋正规,服务比较规范,收费也较合理。由于酒店人员流动及经营实际情况的波动,同时考虑服务质量及成本,部分技术含量低、操作性较强的岗位可以考虑与商业性服务公司合作进行临时服务人员的补充。酒店可以先期考察,选择合适的服务公司签署合同,根据酒店客情和不同时期的客源统计提前给对方下任务,每月末按照完成对应的工作和对方结账。服务公司负责员工的所有薪酬待遇和各项保险,酒店只需负责派管理人员跟踪检查工作质量,必要时可对服务公司的服务人员进行酒店服务标准的培训,这就可以收到事半功倍的效果。

3.适当招聘学校实习生

学校实习生一般在学校接受过系统专业教育、有较强的服务意识和接受能力,吃苦耐劳,并且热爱酒店行业,可塑性较大,稍作培训能较快适应酒店服务需要。实习生成本较低但实习时间较短,对于新开业的酒店招聘在校实习生只能作为人员的适当补充,人员占比不能太多,避免实习期结束后人员衔接不畅。

4.充分考虑人员年龄结构,拓宽招聘范围

酒店用人部门及人力资源部门应改变只招聘年轻人的观念,虽然年轻人有闯劲,朝气蓬勃,但年长者有经验,做事踏实,稳定性更强,应该合理进行年龄结构的搭配,发挥各个年龄阶段的人员的作用。另外,从担负社会责任来讲,为四五十岁的劳动力提供适当的就业机会,助力地方就业问题,社会因而更加和谐,同时也有利于酒店树立良好的社会形象。

(二)人员招聘途径

明确招聘人员的特点及招聘难点后,对于大规模基层岗位人员的招聘,要了解各类人员求职的聚集地才能选择较为合适的招聘途径。

1.网络渠道

一般基层岗位对人员的专业度及经验要求较浅,可选择基础型的综合招聘网站进行人员招聘,例如智联招聘、前程无忧、58同城等。在进行自主招聘时,要不断优化岗位介绍吸引应聘者,增加简历投递量,并主动下载合适简历联系候选人,优化邀约话术,进行人员招聘。

2.校园招聘

因基层岗位的性质,一般企业都很愿意招聘应届毕业生,容易培养且便于管理。很多学校都有就业办及官网可以查看学校双选会的安排,也可联系相关就业办老师,联系校企合作等事宜。校招中需要比较注意的是如何吸引学生前来应聘,以及如何管控学生就业风险等。

3.专场招聘会

一般来说,每个区域都会定时举办一些招聘会,这也是基层岗位人员的招聘来源,但这样的招聘会由于人才针对性不够高,可能到场的人并不是目标群体,耗时且招聘效果一般。如果要参加则应选择针对性较强的专场招聘会,这种情况下会有较好的效果。

4. 选择招聘供应商

一旦招聘量十分大,且要求人员迅速到岗,而人力部门内部人员不足以满足完成此项工作量时,一定要及时向管理层汇报并寻求其他解决途径。此时合适地招聘供应商将是一个非常好的选择。向公司提出外包需求时,一定要有相应的数据支持。

(三)招聘沟通注意事项

在愈来愈激烈的人才招聘市场,酒店要招聘合适的人才并吸引人才留下来,要关注招聘沟通的技巧。

1. 明确岗位的优势与劣势

要用实事求是的态度与候选人沟通,不要故意美化及夸大公司的岗位情况,这样导致的后果会是新员工入职后的逆反及流失。招聘人员可以将实际情况据实相告,但适当避重就轻,多谈优势,劣势可简单带过。

2. 关注员工的基本需求

应聘者一般来说较为关注薪资及福利待遇等基本需求的问题,酒店招聘时应明确此岗位定的薪资是否符合市场行情,如低于市场行情太多,一定要为候选人适当进行争取,以达到人才招募的目的。其次在谈薪资时,可以以发展的眼光来和候选人沟通,假若公司福利不错,可以重点讲述福利情况以吸引候选人。

3. 关注职业发展规划

"不想当将军的士兵不是好士兵"。虽然并不是每位员工一定会在工作岗位上获得升职的机会,但大部分应聘者对个人的职业发展有一定的期待。酒店在招聘时,应将公司有哪些相应的职业技能培训、职业晋升制度以及轮岗制度等明确地告知候选人,要实事求是、切记不要夸大其词。这对后期减少新员工的流失、加强员工稳定性也非常重要。

(四)人员进驻的最佳时间

合理地确定人员到岗时间,可以有效控制人力成本。酒店开业筹备中,不同层级人员招聘的时间及数量将根据运营需要合理安排。

1. 部门经理和部分重要技术岗位骨干人员招聘时间

现代酒店筹备工作从酒店装修工程开始,总经理到岗最佳时间是在开业前的 6~8 个月。总经理(决策层)在拟定组织架构图和所需职工人数并报董事会批准后,财务部、人力资源部负责人到岗一般在计划开业时间前 6~8 个月,部门经理(管理层)人员在开业前 3~6 个月招聘到位。

2. 服务人员招聘时间

部门经理到位后,待大堂、客房、餐厅等装修工程进展到 2/4(或 3/4)以后,开始招聘是较适宜的时机。由于人工成本及工程进度情况,各部门主管级、工程部、前厅部和销售部全部人员开业前 3~4 个月到岗,部门基层主管较员工提前半个月或 1 个月进驻,以便参与服务流程编制及培训计划的拟定;最理想的是全体员工在开业前 3 个月进驻,基层员工要参与培训及开荒工作。

随着现代酒店人工成本不断上升、推迟开业现象较多,为了节约开支,业主会缩短人员进驻的时间,目前一般总经理会在开业前 6 个月进驻,部门经理在开业前 3 个月进驻,各岗位主管级在开业前2个月到岗,员工开业前1个月到岗。

图6-4是一般国际五星级酒店开业筹备人员进驻的倒计时表,仅供参考。

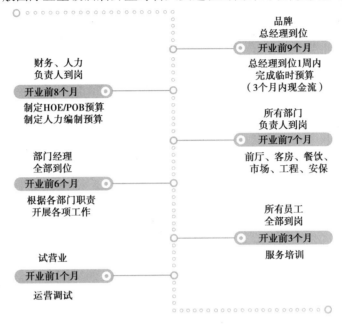

图6-4　某国际五星级酒店开业筹备人员到岗倒排图

3.招聘人员数量按实际而定

不能完全照搬定编计划,应视酒店具体开业楼层、项目所需人员数而定。许多新建宾馆、酒店并不是把一切都建好后推向社会的,因资金或工程的原因,往往是先开部分楼层,或先开客房、餐饮,后开娱乐、茶楼、桑拿等娱乐项目。在这种情况下,人员的招聘最好本着精简高效的原则来进行,先招部分,随着酒店其他项目、楼层的逐步营业而不断补充人员,逐步培训到岗、到位。酒店全部完工,推向市场,全面开业,也要考虑到新酒店有个顾客认知和熟悉的过程,刚开业前半年的生意不见得有多好,在开房率不一定很高的情况下,可按定编的70%~80%来招聘服务人员,待生意红火时,再逐渐增员。这样,可以节约一部分工资费用、固定成本,又可使新到岗的服务人员工作量达到满负荷,不至于造成一个人的工作2~3人来完成的现象,也避免了酒店人浮于事,刚开业不久就要裁员的社会负面影响。

(五)人员培训时间

新员工的培训以多长时间为宜?前面说过,在计划开业时间倒推1~2个月时将所有新员工招聘到位,也就是说,新员工的培训时间以1~2个月为宜,如果条件允许,3个月最为理想。在这期间,部门主管依据培训计划,从合理安排专业培训、员工素质养成团队精神培养等方面着手,激发新员工对酒店工作的热爱和兴趣。

一般在开业前一个月酒店需要做好开荒工作,培训将与开荒工作结合起来,交叉进行。在酒店开业典礼实施前,酒店要进行试运转演练,新员工在此期间适应场地、熟悉客人、熟练技能,这期间的培训进入实质性操作检验的过程,是酒店的硬软件磨合的过程。磨合达到一定标准后,酒店再进入正式营业期。

员工培训时间要适当安排,不宜过短或过长。过短容易匆忙培训匆忙开业,对树立酒店

形象造成很大的影响;时间过长,容易产生工作懈怠感,周而复始的培训容易单调乏味,容易导致员工对酒店开业的疑虑甚至导致另谋他职的行为。

【知识拓展】

酒店组织结构扁平化,应这样实施,事半功倍

中国酒店业在经过"减员增效"之后,酒店一线服务人员已经很难再减了,从管理组织结构创新上来压减固定劳动成本是应对飞快上涨的薪酬和福利费用的需要,实现组织结构扁平化是降低固定劳动成本的良方,实施组织结构扁平化是更深层次的"减员增效"。本文建议实施组织结构扁平化的架构、编制和薪酬原则,大胆提出和论证了"一线部门不设领班,二线部门不设主管,部门不设副职"等措施,并介绍了配合实施组织结构扁平化的一系列管理创新实践,如"自我导向小组"(Self-directed Work Teams)、"走动式管理"(Managing by Walk Around)、"伙伴系统"(Buddy System)和"委派培训者岗位"(Designated-trainer Position),以及员工授权(Employee Empowerment)对于组织结构扁平化的必要补充。

任何国家都会有个官与民的比例关系,中国"吃皇粮的与老百姓人数相比,2003年约为1:26,据说日本目前的官民之比为1:236",所以机构要精简(王安"中国经济十年疾行"《南方周末》2003-10-13)。不解决好酒店中的"官与民"问题,飞快上涨的薪酬和福利费用,将再次把很多酒店推向亏损的悬崖! 中国酒店业在经过"减员增效"的阵痛之后,很多酒店实际服务人员已经很难再减了。怎样从管理组织结构创新上来压减固定劳动成本?

(一)管理人员多导致酒店薪酬负担加大

中国酒店业如果通过"减员增效"把客房与员工之比降低到1:5以内,就从用工人数上基本达到了可经营的水平。但是仅仅保持这种正常比例还不足。因为酒店中领班工资是员工工资的1.3倍或更多。总监和经理的工资至少是员工工资5~10倍,减少一位管理人员与减少一位员工同样是少了一个人,在劳动力成本上不同的是减少一位管理人员可能相当于减少几位员工。控制好管理人员与员工的比例才能从结构上保持人工费用的合理水平。不同类型的酒店要求不同的组织结构,规模不同则构成模式也不同。

酒店组织结构中管理人员与员工的比例(manager-to-staff ratio)到底应该是多少呢? 查遍手边的中外酒店人力资源教科书仍无答案,看来大师们不屑于回答这么"简单"的问题,只好回到实践中探寻。香港某个类同于国内四星级水平的酒店中,员工对领班级(含)以上管理人员比例是16:1;国内管理的三星级以上酒店普遍的是4:1左右;较好的是8:1;较差的只有2:1。资料显示丽兹·卡尔顿酒店(集团)曾经从15:1改进到了50:1,从中看出我们的差距很大。管理人员多的一般规律是,酒店星级越高管理人员越多;公有体制特征越强管理人员越多;酒店规模越大管理人员越多;酒店经营时间越长管理人员越多。

(二)实现组织结构扁平化是降低固定劳动成本的良方

"总经理必须致力于开发出反应迅速的组织结构来促使员工更加努力"。"组织结构扁平化"就是适当减少管理层次和增加管理幅度,是现代的管理结构创新。国内酒店从业人员

的知识水平普遍提高,局域网办公信息化的普及和酒店内通信手段多样化,为实现组织结构扁平化提供了催生剂。管理幅度是指向管理人员或监督人员汇报的人的数量,较大的管理幅度会形成扁平组织。即许多人向一个人汇报;较小的管理幅度会形成纵深组织,一小部分人向一个人汇报,还需要大量的监督人员。组织结构扁平化的特征是减少组织结构的中间层次。"酒店和旅馆组织的管理幅度正在变大,这些趋势潜在的目的就是发展一种更扁平的、更具反应能力的组织结构,在这种组织结构中决策的制定无须通过各级管理部门"主要优点是:

①酒店内部作业流程缩短,信息沟通畅通有效。机构少一层,效率高一级。酒店等级制的金字塔状组织结构,管理学的定律是越往上层其管理难度越大,而管理幅度则越小。

②管理人员更贴近员工和顾客,能够根据员工和顾客的要求及时调整经营。

③在员工工资水平不降、一线员工不减的情况下,同等薪酬福利水平,劳动生产效率增高,又不会影响对客人的服务。

④由于撤消部分管理岗位,节省出来的办公场地可改造成营业场所或商务房,增加收入。还有减少"内耗",减少文秘,减少办公费用的效应。

⑤根据哈默和钱阀指出的理论:扁平化的组织结构有利于企业应对多变的市场,能使企业对市场变化做出快速的应变。

实现组织结构扁平化理由充分、好处显而易见,关键是怎样实施。可以说,实施组织结构扁平化是更深层次的"减员增效",其深刻意义将在今后几年伴随着大面积实践逐渐显现出来。

(三)实施组织结构扁平化的架构、编制和薪酬原则

1. 在管理架构层次上减少一层

酒店管理的金字塔架构是总经理叫部门—主管—领班—员工,它的最上层和最下层显然是不能再精减了。部门一级是独立的收益或组织服务的单位,很难取消。但是在主管和领班这两个层次上却可以减少一层。美国"大型饭店总经理以下设两级管理,就到了钟点工",较大而标准的酒店结构是"总经理—前厅部—接待主管—员工"。

(1)一线部门不设领班

对于直接向客人提供服务的部门,餐饮部和客房部这样的大部门,每班都由主管甚至经理在现场组织协调,领班的管理功能不明显,常常是以技能特长为重要客人服务。而一些小的服务部门如礼宾、小商场,当班人少、地点分散,不必要配备领班。

(2)二线部门不设主管

比较典型的是财务部、工程部、人力资源部、洗衣部等、特点是办公地点集中,班次集中,大部分时间经理或领班都在位,有领班就没必要再设主管。

在北京,近年来大型国际酒店连锁管理的豪华酒店已经有了成功的实践。回顾20世纪80年代初,北京某国际酒店集团连锁管理的著名四星级酒店"被迫"这样做了。当时北京只有几家开业不久的合资酒店,招不到可以当领班或主管的人。这座刚开业的合资酒店,进店工作清一色都是没有服务经验的学生,所以只好由外籍经理或主管直接管理新员工,回顾这段"被迫"进行的酒店人力资源管理理论超前的实践,恰恰是那座酒店赢得声誉最多的时期,也是利润率最高的时期。

2. 在每一层次减少级别

例如,总经理室,正、副经理就能保证管理的不间断性。如果再加一个"总经理助理"就人为地多了一级,这方面国际连锁的酒店集团几乎都是只设一人或两人。美国中等规模的酒店总经理一般有五个部门的负责人直接向他汇报,他的"管理幅度"就是五个下属,如果酒店规模再加大,有八九个部门向他汇报工作的时候,才配备一位"驻店经理",以减小总经理管理幅度。许多大型或豪华酒店部门设有"总监",如果在总监下再加一位"经理",也是立马的多了一级,即增加了"组织的纵深"。

3. 所有部门不设副职

酒店里没有哪个部门是离开经理十几天就不行的。酒店一般有十多个部门。这加与减之间就至少是50~60名员工的薪酬,要是有几十名员工有名无实地放在酒店中闲着,谁都看不过去。但是十来个部门的副经理可有可无地待在那就是天经地义的吗?笔者无意贬低副职,只是认为从管理结构来说不设最好,部门设副职是一种明显的人力资源浪费!

世事无绝对,本文是对一般规模的酒店而言。一个管着十多个餐厅、酒吧的餐饮部,只设经理不设副经理当然是不行的。

4. 技能性强但不管人的岗位不称管理职务

这类的有美容、电脑网络管理、美工等,对他们不妨加个"××师"作为称呼和职务;不论手艺多么好的美工,称"美工师"比称"美工主管"要好。关键在于薪酬机制是不是非得有个"主管"头衔才可以发到与主管级相应的工资。要使"官本位"越加淡化,应该设立技能工资体系对酒店内技能高但不担任管理职务的人评定合理薪酬,而不要非得戴上"乌纱"才可以涨工资。

(四)配合实施组织结构扁平化的一系列管理创新实践

1. 自我导向小组(Self-directed Work Teams)(或译自我管理团队)

丽兹·卡尔顿酒店(集团)1993年开始的一项创新实践。主要内容是"一线服务员自我负责排班,自我确定工作任务,减少管理职位"。具体方式是由前厅所有员工签署"任务表",从前厅经理手中拿到管理权做一年的实验。酒店将节省下来的一半薪酬分给大家,合计约每人每小时工资增加1美元。

尽管有管理职务取消,没有员工被炒掉,新职位分配给留下的管理人员和被授权的小时制员工。酒店管理当局在全过程中予以顾问指导和保证使他们充分获得管理信息。成功后从1995年推向系统内的其他酒店。

1998年晚些时候"巨石度假村"(The Boulders Resort)开始进行的另一项类似实践是,由三人组成的"自我导向客房小组"。经过培训小组领导者并将小组增加到四个,为期三个月的实验过去了,经理的评价是既能更加有效地操作,又更好地留住和激励客房员工。成果是加快查房速度,客人私人用品被侵犯减少,员工道德水平提高。丽兹·卡尔顿酒店(集团)总的实践成果是,1993—1994年员工流失率减少一半,1998年降至25%;减少工资支出;减少管理者与员工的比例,从 1:15 到 1:50 大幅度提高了员工满意度。

　　这项实践被美国康奈尔大学酒店管理学院教授会评选为"酒店业人力资源最佳实践"之一,评语里"员工彼此互相培训,分享专业知识,帮助提高团队全体的技能水平。将责任扩展到操作全过程"。有的理论家认为"团队参与的最高形式是自我管理工作团队,他们管理自己和自己的工作"。这就为组织结构扁平化做了好的补充。

　　2. 倡导走动式管理(Managing by Walk Around),弥补减少管理人员产生的管理和服务盲区

　　"走动式管理"是在 1985 年出版,由彼德和奥斯汀所著的《追求卓越》中得到完善的,他们列举了这种领导方式所发生的三种主要活动:(1)倾听;(2)提供方便;(3)教—带。管理层通过亲临第一线,及时沟通,及时发现问题、解决问题,随时掌握酒店的运作情况。这种管理形式并非酒店业发明,但是著名的马里奥特酒店管理集团伴随发展走动式管理而发展壮大,"小比尔·马里奥特仍然把他的一半时间与员工交谈和沟通"。全球最大的零售商沃尔玛的董事长兼首席执行官花去自己大半工作时间,"关键就是要深入商店听听下属们到底想说什么"。丽兹·卡尔顿酒店(集团)也倡导这种管理形式。美国酒店业对于酒店经营有一个形象的说法:"饭店如戏",要想把戏演得精彩,就绝不可以老坐在办公室里。许多好的酒店管理者都把深入服务一线当作自己工作的习惯,深入到前厅、客房、餐厅、销售各个环节中去,了解情况并解决问题,使客人能在最短时间内得到所需服务或解决投诉。美国阿波罗酒店(1 200 间房)总经理理查德·詹姆斯信服"勤能补拙","每天早上六点钟都要去饭店转悠"。

　　谁都知道足球场上跑动最积极的球队总是无懈可击!笔者建议总经理可以买一个"计步器"佩戴,如果您每天下班的时候看到自己一天的步数少于 5 000 步;那就是办公室里待的时间长了,走动得少了。有的酒店更演化出"一步到位"的走动式服务大使。如果您找到"一步到位"服务大使指酒店内的路,它会带您走到位而不是仅仅指给您方向。

　　3. 依靠"伙伴系统"和"在岗培训程序"提高员工服务水平,弥补减少领班后的培训需要

　　四季酒店在每个部门创立"委派培训者岗位(Designated-trainer position)",由培训经理拟定的一线在岗培训材料(On-line training program OLTP)作为支持,这套 CD 资料包括 100 个以上的岗位培训,每个不同的酒店培训者结合材料并联系本酒店的具体岗位和客户进行培训,使一线员工在岗培训协调一致,成效显著。先从西雅图酒店试验后再向全部四季酒店推广开来。海岸酒店集团原是一个小的集团,没有实力建立培训中心为新接收的酒店员工培训,就创造了"伙伴系统"(Buddy System),从老酒店借员工来培训新人。新员工短期内学会了服务知识,老员工得到了个人成长机会,而且有资格当培训者的获得了一定的补贴使得收入上升,员工流失率下降,改善了运作,客人得到了更好的服务享受。因此当海岸酒店集团不再是一个小的集团以后,他们依然沿用这种"伙伴系统"。

　　可以看出这些实验就像我们熟悉的"一帮一、一对一"的互帮互学小组。这项实践也被美国康奈尔大学酒店管理学院教授会评选为"酒店业人力资源最佳实践"之一。

4. 员工授权(Employee Empowerment)

加大员工对客人要求的快速满足权力,不再需要等待批准,有助于组织结构扁平化的酒店做好服务工作。授权是将职责和控制权由管理层向从事企业核心工作的员工转移的一种观念、授权并不意味着委托责任,而是将责任与权力永久交给一线员工。

在明尼阿波利斯的圣保罗希尔顿酒店产生的"Just do It"(尽管去做)!——一种有趣的员工授权方法。他们允许一线员工去做任何使客人满意所需做的事。这个实践最早开始于前厅,缘起于员工们对在解决客人关注的事情时传统的延迟决策体系感到失望。一些主管犹豫于推行这样的实践将危及到他们的权力,员工们则担心所做的决定会被事后批评,经理举行了前厅部员工会议,宣布任何人当即解决问题都不会被责难,总经理支持了这个实践,酒店在两个月内就看到"客人意见卡"上反映出的巨大改进。正如推动这项"最佳实践"的辛普森经理所观察到的,"授权使员工在对客交往时散发出充满信心的能力,这反过来让顾客自信留在酒店将是对这种信心答谢的体验"。

丽兹·卡尔顿酒店(集团)同期也进行员工授权的实践。所有员工都有权力在2 000美元的范围内尽可能去满足客人的要求。"员工自己决定什么时间,怎样在他们认为合适的钱数内,来取悦一位不满意的客人,或给重要客人一个惊喜!"

"通过授权为员工提供更加有趣的工作",所以员工被授权后不会抱怨反而增加了对工作的满意度。因为授权对那些充满成就感和渴望得到发展的员工是莫大的鼓励。配合实施组织结构扁平化的一系列管理创新实践,是对于组织结构扁平化的必要补充,是有机的互补。如果没有充分的员工授权,传统的架构中减少了管理人员就使客人的要求更难以及时解决。自我导向小组和在岗培训就对减少管理人员后的员工自我培训、自我管理提供了好的典范。走动式管理不仅在管理上扁平化了总经理与一线的距离,更是在全酒店的空间上扩大了管理的幅度,时间上消除了决策者的任何延迟。酒店管理体制是一个大的系统,单单搞组织结构扁平化还是会产生出许多问题,必须吸收中外酒店业已有的实践经验来全面地完善管理机制,才能在酒店中实现组织结构扁平化。

(五)结束语

请不要一提"组织结构扁平化"就说是"信息化时代的产物",其实,毛泽东主席在延安就提出过"精兵简政",邓小平主持军委工作后几次大的裁军更是不折不扣的"组织结构扁平化"。中国人民解放军一贯要求作战"指挥靠前",也就是另一种形式的"走动式管理"。在21世纪,相信我们中国的酒店业管理精英们也会创造并完善有中国特色的酒店业扁平化组织结构。

(来源:甘涌酒店研究院)

第二节 酒店制度管理

【知识框架】

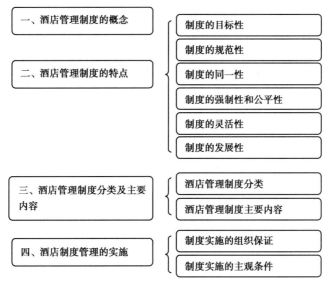

《孟子·离娄上》中写道:"离娄之明,公输子之巧,不以规矩,不能成方圆。"意思是:"像从前离娄那样精明的眼睛,公输般那样的巧匠,不凭规和矩,是画不成方圆的"。在"城邦""国家"形成以前,原始人类的群居生活就具有一定的制度,即形成原始社会,经历了母系氏族和父系氏族社会。制度对于人类社会来说是很重要的约束机制,每个人的个体不同,其思想行为方式都不尽相同,很难保证人与人之间都能和谐共处,而仅靠内心的道德来约束人们的行为往往是不够的,这个时候就需要制度来作为道德的底线和公正的标准,来约束个体行为,保证社会和国家的和谐发展。

一、酒店管理制度的概念

有敬畏才知行止,国有国法,家有家规,企业也有企业的制度。酒店管理制度就是用文字形式对酒店各项管理工作和服务活动做出的规定,是加强酒店管理的基础,是全体员工的行为准则,是酒店进行有效经营活动必不可少的规范。建立制度是对酒店管理工作中的基本事项、要素关系、运作规程及相应的联系方式进行原则性规定,对整个组织形式进行标准制宜、目标导向、完善管理。

酒店服务由一系列的活动构成,与其他服务行业相比,酒店行业表现出很强的综合性特征。顾客在酒店一次完整的服务体验需要得到酒店内各个部门、各个岗位的服务支持,任何一个环节的低水平服务都会影响顾客的整体感受。服务产品的综合性要求各岗位员工必须协同合作,每一个员工的服务都必须完整与合格,其整体质量与每一个环节的服务质量密切相关。以顾客在酒店的一次用餐体验为例,酒店服务从顾客拨打预订电话就开始,包括进入餐厅时的问候、引座、点菜、上菜、餐间服务、结账等多个环节,到顾客离店方结束。在整个过程中,就会遇到预订员接听电话是否及时、热情;迎宾员是否能主动引领顾客;餐厅服务员是否熟悉菜单,上菜技巧与服务技能是否娴熟,能否针对顾客需求提供个性化关怀;收银员结账是否迅速、准确;等等。如果其中有一个员工提供的服务没有达到要求的服务标准,就会破坏整个服务效果。

二、酒店管理制度的特点

建立制度才能更好的加强跨岗位、跨部门的交流,通过培训甚至跨岗位、跨部门的联合培训,可以加强不同岗位和部门间的理解,减少员工间存在的从事专业、工作文化、服务习惯上的差异,减少合作障碍的重要方式。酒店应注重酒店服务产品、标准和行为体系的协调性,减少不同部门间因为格调、标准和行为差异而导致的客人感知差异,以营造标准化的服务氛围和服务产品。所以,参与酒店筹备的经营管理人员一定要对酒店管理制度有正确的认知,确保制度建立的规范和配适度。在制定之前,首先要了解酒店制度的目标性、规范性、同一性、强制性和公平性、灵活性、发展性的特点。

1. 制度的目标性

酒店实行制度管理是为了实现酒店目标,制度必须为目标服务。酒店目标表现为两个效益,表现为各子系统目标的综合。制度要为两个效益服务,要服从总目标的需要。

2. 制度的规范性

制度的直接目的是规范员工的行为进而规范组织行为,制度具有规范性。制度规范性有两个方面的含义:一是制度对对象要起到规范作用,制度要全面完整并具有可操作性,切实可行;二是制度本身的科学性,制度是根据酒店的每项业务、每个职能的运行规律,用文字的形式来反映规律的,制度的制定要有客观依据和法律依据,要能广泛吸收国内外的先进范例和经验,要能体现时代精神。

3. 制度的同一性

制度的同一性是指制度反映了酒店投资方、管理方、员工方等各方面的共同要求和目标。组织的成员都希望组织有个有章可循的运行秩序,有井然有序的工作环境。这就要靠制度来保证,于是就产生了对制度的共同要求。从这个角度认识,制度不应该被认为是由上级制定、下级执行的行为束缚,而应该成为根据各方共同要求而达成的有关共同行为规范的协议。制度要成为酒店各方的自觉要求和习惯行为,而不要成为负担。

4. 制度的强制性和公平性

制度是由正式组织明文规定的,具有强制的力量,组织依靠这个力量规范每个成员的行为,组织成员违反制度就会受到组织的处罚。同样组织具有公平性,组织成员在制度面前人人平等,谁都没有凌驾于制度之上的权力,人人都应该遵守制度。

5. 制度的灵活性

制度有其严肃性,但在酒店,在一定的条件下制度应该有一定的灵活性。酒店业务的随机性、宾客需求的随机性,酒店应以人为本、以宾客的满意为宗旨,在保证规范的大前提下,在具体操作上做灵活的处理。

6.制度的发展性

酒店制度是酒店管理意识的反映,酒店的发展和管理的变化要求制度也应随之变化,酒店制度变化的原则是让制度真正发挥积极的作用,因此制度变化主要在三个方面:新制度的诞生、现行制度的修改、过时旧制度的淘汰。

三、酒店管理制度分类及主要内容

(一)酒店管理制度的分类

酒店管理制度是对管理工作中的基本事项、要素关系、运作规程及相应的联系方式进行原则性的规定。它对整个酒店组织形式进行标准制宜、目标导向,并从根本上完善酒店作为企业的整体形象。

酒店实行制度化管理,依靠行政指挥系统、行为规范、技术标准及组织权威等手段实现管理。酒店的规模越大,分工越细,部门与员工之间的相互依赖关系就越强,就越需要运用制度化管理稳定生产经营秩序,保证酒店基本的运作效率。

酒店制度规范种类繁多,按其内容和针对对象来分可分为四大类。

①基本制度:包括经济责任制、岗位责任制、酒店管理方案和员工手册等。

②部门制度:包括业务运转责任制、设备实施管理制度、服务质量标准、部门纪律、劳动考核制度和财务管理制度等。

③专业管理制度:包括行政性制度、人事制度、安全保卫制度和财务制度等。

④酒店工作制度:包括会议制度、酒店总结制度、决策和制定计划制度、质量监督制度等。

本章节介绍的酒店管理制度主要包括主导性管理制度、员工守则、部门化运营规范、各级岗位工作说明书、服务程序标准说明书、工作技术标准说明书、酒店质量管理文件、酒店各级人员的职务工资和奖励级差的分配原则等。

(二)酒店管理制度的主要内容

1.主导性管理制度的主要内容:

- 预算管理制度;
- 例会管理制度;
- 礼貌服务标准;
- 基本决策管理制度;
- 安全应急预案及处理制度;
- 行政值班管理制度;
- 办公室管理制度;
- 印章管理和使用制度;
- 文件资料密级管理制度;
- 档案图片管理制度;
- 凭证管理制度;
- 礼品奖品管理制度;

- 营销管理和价格政策制度；
- 前台办理登记管理制度；
- 会客登记制度；
- 物品捡拾处理制度；
- 库房管理制度；
- 二级库管理制度；
- 物品消毒及检验管理制度；
- 棉织品管理制度；
- 物品报废管理制度；
- 卫生管理制度；
- 厨房食品成本控制制度；
- 员工培训制度；
- 员工考评管理制度；
- 设施设备管理制度；
- 钥匙管理制度；
- 采购管理制度；
- 资本性支出管理制度；
- 应收账款管理制度；
- 现金及支票管理制度；
- 固定资产管理制度；
- 费用开支管理制度；
- 报销管理制度；
- 发票、收据及预收款凭证管理制度；
- 合同管理制度；
- 流动资金管理制度；
- 各级人员签免折扣制度。

2. 员工守则的主要内容

员工守则是酒店管理的基本文件之一,体现酒店对每位员工的管理要求,明确酒店的经营方针和管理理念,阐述用工和劳动薪酬标准,公布相应的奖惩条例。

员工守则主要包括下列要素：

(1)总经理致辞

包括总经理欢迎辞、酒店的任务、酒店的经营方针、管理理念和酒店的社会责任等。

(2)酒店及其基本设施介绍

包括作为酒店经营主体的公司构成、成立时间、投资方、管理方和主要业绩介绍。

酒店的建筑面积、投资总额、建设标准、客房体量、主要配套服务功能、地理位置、星级或预备星级标准等基本情况介绍。

(3)劳动条例

包括招聘原则、应聘手续、劳动合同说明、试用期限、工作时间、调动与晋升、辞职与离职、除名与开除等劳动用工程序。

（4）福利待遇

包括工资制度、社会保险、个人所得税说明等相关规定,依据国家和地方劳动保障行政管理部门要求,结合酒店的具体情况制订的工作时间、各种假期、医疗、计划生育、劳保政策、员工培训、精神文明建设活动、退休制度和酒店对员工的其他特殊优惠政策等内容。

（5）员工设施设备使用

包括员工餐厅、员工宿舍、员工活动室、员工培训教室、员工沐浴室、员工更衣室、医务室、理发室、员工制服管理等相关内容的说明。

（6）工作准则

包括仪容仪表、行为举止、表情神态、服务用语、名牌名卡的使用、如何处理投诉等内容。

（7）奖惩条例

包括酒店规定的奖励和违规种类、奖励和违规条件、奖励和违规程序、奖励和违规执行办法、员工申诉的渠道和方式等内容。

（8）安全守则

包括酒店制订的各种防火、防爆、防盗安全应急预案和操作说明等内容。

3.运营管理规范

部门化运营规范是酒店针对各部门日常业务所制订的控制手段和范围,它规范了各部门在开展业务经营活动时的操作方式、执行程序等具体内容。

（1）前厅部

- 贵重物品保管箱使用规定;
- 礼宾部工作规范;
- 行李寄存管理规定;
- 大堂经理服务规范;
- 总机服务规范;
- 接待员服务规范。

（2）客房部

- 区域卫生清洁要求;
- 设施设备保养细则;
- 洗衣房工作规范;
- 绿化工作要求;
- 布巾室工作规范;
- 低值易耗客用品发放使用规定;
- 二级库管理规定;
- 部分物品再利用管理规定;
- 垃圾清运管理规定。

（3）餐饮部

- 班前会制度;
- 日常培训规定;

- 食品饮品报损制度；
- 玻(璃)瓷(器)银(器)器具管理规范；
- 环境卫生及器具消毒管理规定；
- 食品卫生检验制度；
- 仪容仪表服务规范；
- 成本核算管理制度；
- 原材料领用制度；
- 菜品质量控制规范。

(4)康乐部

- 环境卫生管理规范；
- 礼貌服务规范；
- 设施设备安全操作规范；
- 日常管理制度；
- 在岗培训规定；
- 值班制度；
- 对客服务须知；
- 突发事件的应急预案。

(5)销售部

- 销售访问及落实检查细则；
- 协议客户检查细则；
- 商务活动前期准备规定；
- 部门行政管理制度；
- 销售人员责任制度；
- 销售价格管理规范；
- 营销分析会议制度；
- 销售工作报告制度；
- 客史档案管理细则；
- 重大活动资料留存管理细则；
- 公共关系联络规范；
- 宣传品制作规范。

(6)总经办

- 公文制作规范；
- 公务接待行为规范；
- 酒店信息汇编制度；
- 秘书工作规范；
- 会务操作规范；
- 用车管理规范。

（7）人力资源部

- 各级人员业务考核内容；
- 员工设施使用规定；
- 考勤管理办法；
- 工资管理规定；
- 培训管理制度。

（8）工程部

- 设施设备档案资料管理规范；
- 零备件使用规定；
- 库房管理制度；
- 维修保养检查细则；
- 设备机房卫生环境规范；
- 设施设备安全操作规范
- 值班制度；
- 交接班制度；
- 设备运行管理规范；
- 设备台账管理规范；
- 设备动态管理规范；
- 维修工具管理制度；
- 计划检修规定；
- 维修服务规范；
- 三级保养制度；
- 外协施工管理制度；
- 计量管理制度。

（9）安保部

- 礼貌服务规范；
- 业务素质要求；
- 处理各种突发事件的应急预案规范；
- 内保警卫工作规范；
- 巡视工作规范；
- 纠正不法行为规范；
- 钥匙管理制度；
- 消防器材使用保养规定；
- 车场服务规范。

（10）财务部

- 财务管理总则；
- 流动资金管理规范；
- 物资管理规范；

- 采购管理规范;
- 物品的验收、入库及报账规定;
- 物品出库规定;
- 固定资产管理规定;
- 物品盘存规范;
- 合同管理规范;
- 票据凭证管理规范;
- 库房管理规范;
- 差旅费用管理规定;
- 现金及支票管理规定。

（11）采购部

- 采购供应商的选择规定;
- 采购物品报价规定。

4.岗位工作说明书

酒店制定各级岗位工作说明书的主要目的是保证管理的科学性、有效性、平等性使各级人员岗位工作的责、权、利划分清晰,管理层级关系明确,工作内容清楚。

一般应从四个方面表述岗位工作说明书:层级关系、任职条件、岗位职责和工作内容。在岗位职责描述中,应本着"谁主管谁负责、谁在岗谁负责、谁操作谁负责"的原则制订相关内容。

（1）决策层各级岗位工作说明要点

说明要点:决策层应在董事会的领导下,全面负责酒店的经营管理工作。遵守国家和地方的法律法规,守法经营,努力完成预期的各项经营管理指标,提高酒店的服务和管理水平,创造良好的社会效益和经济效益。

工作内容:确定酒店的经营方针和管理理念,制订酒店中长期发展规划,制订酒店的年度经营预算并组织实施,建立健全酒店的组织系统、运行机制和规章制度,协调各部门的协作,审定价格政策,根据市场趋势调整营销策略,审定财务制度和分配方案,指导各部门业务工作并进行质量控制,领导安全应急管理工作,组织接待重要客人和重大公关活动,带头遵守店规店纪等。

（2）管理层各级岗位工作说明要点

说明要点:在酒店决策层的领导下,主持各部门的业务经营管理工作,主持本部门的各项会议,执行既定的经营预算,建立健全本部门的组织系统、运行机制和规章制度。

工作内容:协调各班组的日常工作,加强与各部门的沟通和协作,制订并实施本部门的培训计划,提高本部门的服务质量和管理水平,监督下级的工作质量,改善工作环境,遵守店规店纪。

（3）执行层各级岗位工作说明要点

说明要点:完成主管上级交办的工作,保证业务经营管理工作有序进行,按照酒店规定的服务和管理程序工作。

工作内容:督导下级日常经营管理工作,提高服务质量和管理水平,主持本班组的班前会,负责本班组的考勤管理工作,处理投诉,负责例行的工作检查,对下级员工进行基础培训。

(4)操作层各级岗位工作说明要点

说明要点:完成上级交办的工作,热情礼貌地投入到实际工作中,按照服务程序和技术标准进行业务操作,遵守店规店纪。

工作内容:认真完成职责范围内的各项工作。

5.服务程序标准说明书

服务程序标准说明书主要针对的对象是酒店的直接对客经营部门,主要内容涉及:

(1)前厅部

- VIP 接待程序;
- 客人投诉处理程序;
- 客人丢失物品处理程序;
- 客人损坏酒店财物处理程序;
- 客人受伤处理程序;
- 账项争议处理程序;
- 电话预订程序;
- 团队预订程序;
- 取消预订程序;
- 担保预订程序;
- 超额预订程序;
- 客户档案建立程序;
- 团队房间分配程序;
- 散客房间分配程序
- 预订散客入住接待标准;
- 团队客人入住接待标准;
- 客人换房程序;
- 续住程序;
- 查询服务;
- 留言处理;
- 客人留物转交程序;
- 散客行李服务程序;
- 团队行李服务程序;
- 函件处理程序;
- 接机服务;
- 委托代办服务;
- 商务中心服务标准;
- 电话业务服务标准;
- 秘书及翻译服务。

（2）客房部

- 迎送客人服务标准；
- VIP 接待标准；
- 迷你吧服务标准；
- 客衣洗涤服务标准；
- 开夜床服务标准；
- 加床、擦鞋及托婴服务标准；
- 客房清洁标准；
- 茶具、杯具消毒标准；
- 大堂及公共区域清洁标准；
- 公共区域卫生间清洁标准；
- 地面清洁保养标准；
- 电梯清洁保养标准；
- 绿化布置与清洁标准；
- 钥匙管理；
- 客人遗留物品处理程序；
- 征询客人意见程序；
- 客房维修保养标准；
- 床垫的翻转使用标准；
- 清洁机械的使用保养标准；
- 工服收发标准；
- 布草收发标准；
- 洗涤设备使用标准；
- 房务中心服务程序。

（3）餐饮部

- 餐饮服务六大技能；
- 中餐零点服务标准；
- 中餐宴会服务标准；
- 迎送客人标准；
- 酒水服务标准；
- 西餐早餐服务标准；
- 西餐正餐服务标准；
- 酒吧服务程序；
- 雪茄烟草服务标准；
- 结账服务标准；
- 撤台服务标准；
- 备餐间服务程序；
- 团队用餐服务标准；

- 自助餐服务标准；
- 鸡尾酒会服务标准；
- 大堂酒吧服务标准；
- 咖啡厅服务标准；
- 客房送餐服务标准；
- 会议服务标准；
- 特殊客人的服务程序；
- 分单的服务程序；
- 客损物品处理程序；
- 打包服务程序；
- 食品外卖服务程序；
- 客人投诉的处理程序；
- 餐饮器具清洁标准；
- 厨房卫生清洁标准；
- 餐具盘存标准；
- 食品原材料加工程序；
- 冷菜制作程序；
- 热菜烹调程序；
- 面点制作程序；
- 厨房设备清洁保养标准。

（4）康乐部

- 歌舞厅服务标准；
- 卡拉 OK 厅服务标准；
- 桌球室服务标准；
- 棋牌室服务标准；
- 电子游艺厅服务标准；
- 室内球类项目服务标准；
- 室外运动项目服务标准；
- 游泳池服务标准；
- 桑拿按摩室服务标准；
- 美容美发厅服务标准；
- 健身房服务标准；
- 客人意外受伤处理程序；
- 客损物品处理程序。

（5）销售部

- 销售访问程序；
- 电话销售程序；
- 带客参观程序；

- 团队预订及接待程序；
- VIP 等级和划分程序；
- 散客预订程序；
- 签订协议客户程序；
- 宣传活动组织及接待程序；
- 广告制作与策划。

6. 工作技术标准说明书的主要内容

工作技术标准说明书主要针对的对象是酒店的行政和后勤管理部门，主要内容涉及：

(1)总经办

- 公文信函收发处理程序；
- 总经理访客接待程序；
- 宾客意见书的处理程序；
- 会务操作程序；
- 档案立卷程序；
- 档案借阅程序；
- 车务工作标准。

(2)人力资源部

- 员工招聘办理程序；
- 定岗定编办理程序；
- 新员工入职办理程序；
- 员工调动办理程序；
- 员工辞职办理程序；
- 员工升迁办理程序；
- 员工内部调整办理程序；
- 员工评估程序；
- 工资薪金发放程序；
- 奖金、津贴发放程序；
- 考勤统计程序；
- 劳动争议处理程序；
- 员工档案管理；
- 奖惩处理程序；
- 培训计划实施程序；
- 承接外来人员培训程序。

(3)工程部

- 设施设备日常保养标准；
- 报修程序；
- 设备检修程序；
- 设备故障处理程序；

- 设备购置程序；
- 设备报废程序。

（4）安保部

- 大堂保安员工作程序；
- 车场保安员工作程序；
- 安保巡视程序；
- 押送提取款项程序；
- 火警处理程序；
- 接警处理程序；
- 文件管理程序；
- 各种突发事件应急预案的处理程序。

（5）财务部

- 餐厅收银工作程序；
- 前厅收银工作程序；
- 原始单据的使用程序；
- 作废账单的处理；
- 现金、信用卡、支票的收受程序；
- 外币兑换工作程序；
- 夜审工作程序；
- 日审工作程序；
- 会计工作程序；
- 出纳工作程序；
- 成本控制工作程序；
- 库房工作程序；
- 呆账、坏账处理程序。

（6）采购部

- 采购物品工作程序。

（7）酒店质量管理文件

（略）

四、酒店制度管理的实施

酒店制订制度的目的是实施制度，使制度作为管理的一部分而为组织目标服务。酒店制订制度固然不易，但执行制度难度更大。制度实施也是酒店组织管理的一个重要内容，依靠行政指挥系统、行为规范、技术标准、组织权威的手段实行管理。

（一）制度实施的组织保证

制度实施的组织保证是指能使制度贯彻执行的客观条件和环境条件，主要有以下几点。

1. 法纪和制度教育

酒店要坚持不懈地对全体员工进行法纪和制度观念教育。通过各种形式向员工灌输和

培养规范意识和制度观念,使员工对法纪、制度有一个深刻全面的认识,牢固树立法纪、制度意识,并把这种意识作为自我约束的动机,自觉规范自己的行为。

2.营造优秀的企业文化

酒店企业文化要塑造全体员工的价值观念、共同信念和行为准则。企业文化对实施制度有两方面的作用,一是优秀的企业文化能使员工在良好风气的熏陶中不断得到优化和激励,使酒店形成一种浓厚的自觉执行制度的氛围,使井然有序和遵章守纪蔚然成风;二是企业文化对组织行为的影响,能使非正式组织的群体行为和执行制度的组织要求相吻合,从而产生执行制度的群体行为。

3.实行严格公正的考核和奖惩

制订了制度,酒店要对制度执行情况进行检查考核。酒店的管理系统就是制度执行情况的检查考核系统。监督、检查、考核是保证制度实施的重要组织手段。考核必须公正,要以客观公正的态度对待每一个人和每一件事。对考核结果要有结论,并要根据结论进行奖惩,奖惩也可以和经济责任制结合进行。

(二)制度实施的主观条件

制度实施的主观条件是指制度执行者的自身条件,主要有以下两点。

1.员工的基础素质

酒店在招收员工时应确定员工基础素质标准。基础素质好的员工较易于塑造,也就具备了执行制度的原始素质。一般旅游院校的学生、应届毕业生、在良好环境中成长的年轻人的基础素质比较好。这些对象应成为酒店员工的主要来源。

2.员工素质的塑造

素质塑造是一个艰苦的过程,一方面酒店要通过培训、通过企业文化、通过实践锻炼培养和塑造员工的综合素质;另一方面要引导员工进行自我塑造和自我提高。经过内、外因的共同作用,使员工对执行制度从外界制约升华到自觉要求,这样酒店制度的实施才有可靠的保证。

第三节　酒店绩效管理

【知识框架】

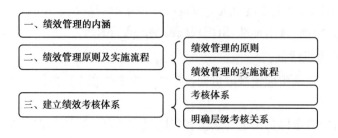

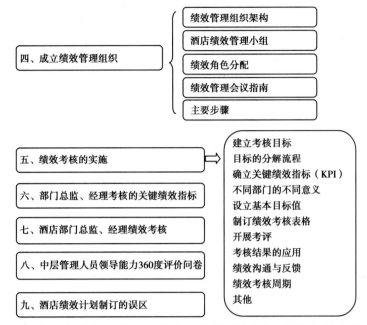

近年来,如何提高酒店中高级管理人员的工作效率与酒店整体收益水平,越来越受到酒店高层和投资人的重视,绩效管理也被提到了一个非常的高度。

下文就详细介绍一下如何制订和推广绩效管理方案。

一、绩效管理的内涵

1. 目的

更好地把绩效管理与酒店战略和总体营运计划紧密联系起来,充分调动各方面的积极性,形成科学合理与薪酬挂钩的绩效考核机制,通过提高员工业绩,推动酒店整体业绩提升,从而实现酒店的总体营运计划。

2. 定义

绩效管理是通过对企业战略的建立、目标分解、业绩评价,将业绩成效用于企业日常管理活动中,以激励员工持续改进并最终实现组织战略以及目标的一种正式管理活动。

3. 目标

• 把酒店的经营目标转化为详尽的、可测量的标准。

• 把酒店宏观的营运目标细化到员工的具体工作职责中。

• 用量化的指标追踪跨部门的、跨时段的绩效变化。

• 及时发现问题,分析实际绩效表现达不到预期目标的原因。

• 对酒店的关键能力和不足之处提供分析依据。

• 为酒店的经营决策和执行结果的有效性提供有效支持信息。

• 鼓励团队合作。

• 为制订和执行员工激励机制提供工具。

4. 适用范围

本手册主要适用于酒店中高层管理人员。

员工考核由各酒店参照相关制度和本手册自行制订。

5.实施

本手册自正式颁布之日起实施。

6.修改

本手册由人力资源部负责解释并修改。

7.使用

本手册由所属各酒店人力资源部保管和使用。

二、绩效管理原则及实施流程

1.基本原则

- 酒店总体战略目标逐层分解,强化目标一致性。
- 关键绩效指标和基本目标值设定相结合,强化关键绩效导向。
- 考核与指导、反馈相结合,加强双向沟通、增强考核效果原则。
- 坚持客观、公正、公开、实事求是。
- 以财务性数据为主,定量和定性相结合。

2.实施流程(绩效管理循环)

绩效考核只是绩效管理的一个环节,它不是独立的,而应该与其他环节组成一个管理循环,才能充分发挥其作用。绩效管理循环主要包括以下几个部分:

- 绩效计划的制订。从上到下逐层分解酒店经营目标,制订个人绩效考核指标。
- 发绩效考核表。
- 绩效辅导与培训。
- 绩效考核实施与执行。
- 绩效沟通。
- 绩效考核结果的运用。

三、建立绩效考核体系

1.考核体系

建立一套科学的考核体系,是酒店高层管理者的重要工作目标,建议组建一个层级分明、职责明确的考核体系。

2.明确层级考核关系

依据由上一级考核下一级的原则:

①管理公司考核所属各酒店总经理。

②总经理及驻店经理考核其分管部门总监及经理。

③各部门总监(经理)考核该部门下设岗位人员。

四、成立绩效管理组织

1.绩效管理组织机构

(略)

2. 酒店绩效管理小组

为能真正有效地抓好绩效管理工作,发挥绩效考核的作用。各酒店可以成立绩效管理小组主要成员:

- 由酒店总经理、驻店经理(副总、总助)、绩效考评主管(兼)及财务部人员组成。
- 总经理担任组长。
- 驻店经理(副总、总助)负责具体的考核工作。
- 各酒店在人力资源部设置一名绩效考评主管(由行政主管兼任),具体负责数据收集、日常行为记录和绩效考评档案管理工作。
- 绩效管理小组主要职能。
- 负责组织召开考评会议。
- 对整个酒店的考评结果负责,并具有最终考评权。
- 负责平衡各部门绩效分数。
- 确定各绩效等级的薪酬系数。
- 对被考评人的行为及结果进行测定并确认。
- 负责考评工作的布置、实施、培训和检查指导。

3. 绩效角色分配

(1)人力资源部

人力资源部下属绩效管理岗负责落实绩效管理的具体工作。

运用绩效管理结果,制订人力资源开发计划。

(2)部门协调员

各部门分别指派一人为绩效管理协调员(可由部门文员等兼职),为人力资源部的绩效管理工作提供支持。

主要负责按时收集绩效考核表,并提供、收集绩效考核所需的数据和参考意见。绩效管理协调员名单报人力资源部备案。

部门总监负责组织召开本部门考评复核会议,对本部门的考评结果负责。

各级管理人员负责对直接下属考评,参与本部门考评复核会议。

4. 绩效管理会议指南

(1)绩效管理月度例会指南

每月召集一次绩效审视会议(地点由会议召集人决定),会议召集人为绩效管理负责人。会议参加人员为酒店部门总监、经理、绩效考核主管。

月度会议要讨论的主要事项:

- 汇总本部门的绩效记录。
- 审视绩效业绩。
- 研究下月绩效指标实现的可靠性。
- 确认绩效考核的结果。
- 如有争议,提交上级解决。
- 人力资源部备案。

（2）绩效管理半年度、年度会议指南

每半年度、年度召集一次绩效审核会议（地点由会议召集人决定），会议召集人为酒店总经理。会议参加人员：总经理、驻店经理、总经理助理、酒店部门总监、经理、绩效考核主管，会议由绩效考核主管记录。

（3）半年度、年度会议主要讨论事项

- 审核年度绩效表现。
- 确认年度绩效达成结果。
- 下一年度的绩效指标确定。
- 酒店人力资源部备案。
- 总经理将根据绩效成绩进行绩效面谈。

5. 主要步骤

步骤1：部门总监、经理完成绩效考核自我审核，并上交至绩效管理小组组长。

步骤2：部门总监、经理与上一级领导一起对考核业绩（月度会议或单独考核）。

步骤3：直接领导与部门总监、经理座谈并提供反馈。

步骤4：部门总监、经理提出意见并在考核表上签字。

步骤5：复印绩效考核表及结果交人力资源部。

步骤6：人力资源部与部门总监对员工业绩加以审核。

步骤7：人力资源部跟踪员工发展、接班人的职业进程。

五、绩效考核的实施

1. 建立考核目标

考核期初（一般在下一考核周期的前一个月度，酒店下一年度工作目标确立之后），由考核者与被考核者进行沟通，制定双方认可的考核目标。

要遵循的原则：

部门总监、经理级的考核指标要尽可能突出战略规划、年度工作计划的重点，体现共性和基础性的管理要求，而不追求面面俱到。

与总经理考核指标保持基本一致，只要做相应分解；考核内容、范畴和权重根据各部门特性而有所不同。

可以量化，有明确的衡量标准，具有相当的客观性，有时间限制。

2. 酒店经营目标的分解流程

部门总监、经理的考核指标是通过分解酒店经营总目标而来。

目标分解和酒店绩效考核表制订是绩效管理的基础工作。

是上下级双向沟通，并由上级领导进行确认的过程，以达到对酒店战略目标进行逐层分解的目的。

经营目标分解流程：

- 酒店每年在下达的工作目标和综合计划的基础上，编制并下达各酒店年度综合经营计划，作为酒店本考核期内的经营目标。
- 总经理办公室成员与其分管部门总监、经理根据酒店下达给部门的经营目标以及部门的年度工作目标和综合计划,提出并确认部门经理的工作重点,确定考核期内部门经理的关键绩效指标和基本目标值及相应权重,填写部门经理绩效考核表。

● 所有部门的年度关键绩效指标及关键工作计划的总和应大于或等于酒店总目标,这样才能保证酒店整体目标的实现。

3. 确立关键绩效指标(KPI)

对部门总监、经理的考核以关键绩效指标来体现。

关键绩效指标是用来衡量工作绩效表现的量化指标,是对工作完成效果的最直接衡量方式,是对考核目标的具体描述。

设立原则:关键成功因素是酒店实现战略目标的关键领域。对关键目标进行评价的一个原则就是看该目标是否有助于酒店战略目标的实现。

● 关键绩效指标基于公司的整体业务战略而设定。

● 与酒店当年的经营目标相关,反映了酒店所期望达到的目标。将酒店的战略目标转化为明确的行动内容。

● 关键绩效指标应该是与被考核者岗位职责直接相关的工作成果,被考核者通过自己的努力可以对指标的结果产生影响。每一个关键绩效指标都是某一个关键成功因素的最佳指示器,每一个关键成功因素必须至少有一个关键绩效指标来描述。

● 关键绩效指标将被考核者工作成果进行量化,使得对被考核者的工作成果的衡量更加客观。

● 关键绩效指标应该体现各岗位工作的重点,不宜过多。关键绩效指标应该确保可以衡量。

关键绩效指标主要分为四类:财务类指标、客户类指标、营运/执行类指标、学习与成长类指标。

4. 绩效考核指标对不同部门的不同意义

同样的指标,对不同的部门总监、经理而言,其具体内容、权重设置、涉及范畴都有可能是不同的。

①具体内容不同。如“成本控制”对人力资源总监、经理而言,主要是指劳动力成本;对工程部经理而言,主要是能耗成本或维修成本;对市场总监而言,是指销售费用成本。

②权重不同。如对人力资源总监、经理而言,其员工考核指标部分可以作为核心的考核部分;而对经营性部门而言,财务绩效、营运考核两大部分指标应作为重要的部分。

③范畴不同。如“员工满意度”指标,对人力资源总监、经理而言,是指酒店整体的员工满意度;对市场总监而言,是指市场部(包括销售部、公关部)的员工满意度。

5. 设立基本目标值

基本目标值是指刚好完成酒店对岗位某项工作的期望时应达到的绩效指标完成标准,通常反映部门总监、经理在正常情况下应达到的绩效表现(如要求员工满意度达到80%)。

(1)设立的原则

基本目标值的确定,可根据批准的年度计划、财务预算及岗位工作计划,由相关部门提出,总经理和酒店绩效管理小组最终审核确定。

基本目标值的设定,侧重考虑可达到性,如基本目标能完成,则意味着岗位工作达到酒店期望的水平。绩效管理基本目标值一般遵循价值驱动原则、一致性原则、突出重点原则、可行性原则、共同参与原则、客观公正原则、综合平衡原则、岗位特色原则。

- 价值驱动原则:要与提升酒店价值和追求利润回报最大化的宗旨一致,突出以价值创造为核心的企业文化。
- 一致性原则:与酒店发展战略和年度经营计划一致,一定要围绕酒店发展目标,自上而下逐层分解、设计和选择。应结合酒店战略侧重点,服务于酒店关键经营目标的实现。
- 突出重点原则:在选择 KPI 和确定基本目标值时,要选择那些与酒店价值、与岗位职责结合更紧密的绩效指标和基本目标值。
- 可行性原则:考核目标一定是可以控制的,同时,目标要有挑战性,有一定难度但又可以实现。
- 共同参与原则:在考核表的设计过程中,管理者和管理层都要参与。
- 客观公正原则:要实施坦率、公平、跨越组织等级的绩效审核和沟通,保持绩效透明性,做到绩效评估系统、客观。
- 综合平衡原则:通过合理分配 KPI 和基本目标值的权重,实现对岗位全部重要职责的合理衡量。
- 岗位特色原则:考核表内容的选择、目标的设定要充分考虑不同业务、不同部门中类似岗位各自不同的特色和共性。

可参考过去类似指标在相同市场环境下完成的平均水平,并根据情况的变化予以调整。也可参照一些行业指标、技术指标、监管指标、国际指标,确定合理的水平。

(2)权重分配

在做目标值权重分配时,对公司和酒店战略重要性高的指标权重高;对被考核者影响直接且显著的指标权重高;综合性强的指标权重高。

权重分配在同级别、同类型岗位之间应具有一致性,又兼顾每个岗位的独特性,因此具有一定的浮动范围。目标值分配要注意典型通用指标在各部门所占权重均保持统一,以体现一致性。每一项的权重一般不小于 5%、不大于 50%,以免对综合绩效的影响太弱或太强。分配步骤为先确定四大类关键绩效指标权重,再确定各类关键绩效指标中具体指标的权重(表 6-1)。

表 6-1　权重分配建议

部门	关键绩效指标	权重分配/%
经营性部门	财务类指标	40 ~ 60
	客房类指标	20 ~ 30
	营运/执行类指标	20
	学习与成长类指标	10
非经营性部门	财务类指标	20 ~ 40
	客房类指标	10
	营运/执行类指标	30 ~ 60
	学习与成长类指标	10 ~ 20

6.制订绩效考核表格

当确定了绩效指标和权重后,即可制订绩效考核表。

考核表由酒店和考核方签字后由人力资源部绩效考核主管备案。

7.开展考评

- 人力资源部将绩效合同、绩效考核表分发至相应部门,也可制作统一表格张贴在行政人员会议室。

- 考核者每月根据相关资料及被考核者考核期内表现填写被考核者 KPI 的实际完成情况,由各部门绩效协调员及人力资源部绩效考核主管汇总绩效考核表,计算绩效分数。

- 考核者确定被考核者的绩效结果,并由被考核者签字确认,统一报备人力资源部。

- 有争议的,由绩效管理小组裁定。

- 考核领导小组按照正态分布原则确定绩效等级的分布。

- 资料存档。

- 绩效管理工作领导小组确定绩效结果。

8.考核结果的应用

相关政策:年度的绩效考核结果要求上报管理公司人力资源部。

绩效考核的结果将作为酒店在经营管理决策中的重要参考依据。其结果将运用于以下方面:

- 作为酒店总经理审批酒店各部门总监、经理年度奖金的参考依据。

- 作为酒店聘任、管理公司审批酒店总监(经理)职位晋升的重要参考依据。

- 作为评选年度部门经理级管理人员劳动模范的参考依据。

- 作为对酒店总监(经理)进行提高培训的依据。

- 作为寻找经营管理短板、实施管理改进的依据。

- 用于工资调整和奖金分配。

- 用于晋升调配和职位置换。

- 用于培训教育。

- 用于个人发展计划。

9.绩效沟通与反馈

相关政策:得出每周期绩效考核分数后,考核者与被考核者要进行一次绩效沟通。

- 沟通要安排在下一周期绩效考核之前。

- 会谈时间确定后,应提前告知被考核者。

- 建议在封闭的会议室沟通,并准备茶水等,在融洽的气氛中进行。每次沟通不少于 1 h。

- 会谈讨论被考核者在上一考核期工作中存在的优缺点,针对发现的缺点设计改进方案,规划个人下一考核期的初步发展计划。

- 被考核者对考核结果进行确认。

10.绩效考核周期

根据指标评估的时间性,对部门总监、经理的考核主要有月度考核和年度考核。

月度考核:酒店对部门经理、总监级的过程性考核指标,逐月考核、年末汇总,如营业收入、GOP（经营毛利润）、员工投诉、顾客投诉、员工面谈、成本控制,质量检查等。

年度考核:管理公司统一考核的将按年度进行考核。以下这些指标一般将按年度评估,如员工满意度、顾客满意度、核心员工保留、安全、卫生及产品最低标准等。

考核周期:年度考核周期从每年的 1 月 1 日开始至 12 月 31 日结束。

11. 其他

（1）岗位变动时的绩效管理

• 考核期内发生岗位异动,工作交接时,在原岗位工作 3 个月以上的进行原岗位绩效考核,经过考核、复核和反馈达成一致意见后,报人力资源部备案。

• 考核期内发生岗位异动,形成两份或两份以上工作时间超过 3 个月的绩效考核结果时,以加权重平均值为参考值,最终结果由考核领导小组确认。

• 公司内调动,调动前的考核结果将纳入年度考核成绩。

（2）绩效指标的调整

• 受酒店业务发展计划的变更、组织结构的调整、市场外部环境的重大变化,或一些不可抗拒因素等非个人主观可控因素的影响,绩效考核表可以在执行过程中进行修改。

• 对绩效考核表进行修改以前,原绩效考核表仍然有效。

六、酒店部门总监、经理考核的关键绩效指标

1. 部门总监、经理考核指标的设立

为统一和强化具有共性的、基础性的管理模式与标准,塑造酒店的品牌形象;便于对管理者进行业绩的横向对比与分析,从而为晋升、年度奖金发放、职业培训等人力资源管理工作的开展提供客观的参考依据;便于通过对比寻找差距,推动酒店之间的交流与学习,寻求管理的不断改进与持续提高。

对酒店部门总监、经理的考核分为公司年度统一评估考核(年度)和酒店自行考核(月度)。

酒店部门总监、经理的关键绩效指标共分两大部分:公司年度统一评估的基础考核指标、建议酒店自行评估的基础考核指标(仅供酒店参考)。

2. 公司年度统一评估考核的指标

营业指标:酒店有预算的目标。

客户忠诚度(含暗访):管理公司开展的每年一度的宾客意见调查和暗访。

员工忠诚度:管理公司开展的每年一度的员工意见调查。

关键员工流失率:人力资源部年终统计结果。

消防、安全、卫生,标准:按管理公司制订的最低标准进行检查。

民意测评:按公司统一下发的测评表进行,由酒店组织。

3. 建议酒店实施过程评估的基础考核指标

（1）财务类指标

财务类绩效指标,是体现酒店价值创造成果的最直接的效益指标,可显示出酒店和部门的战略及其实施和执行是否正在为最终经营结果(如利润)的改善做出贡献。

经营性部门与非经营性部门选择财务类指标不同,主要考核指标为:

- 营收指标:保证酒店年度经营目标的实现。
- GOP 指标:满足酒店营利性要求。
- 成本率执行:加强成本控制。
- 人均劳动效率:提高生产效率和经营效率。
- 应收账款:保证合理的现金流量,防止财务危机。
- 存货额度。
- 能耗。

(2)客户类(顾客和员工)指标

客户类指标,是检视满足核心客户的关键指标,酒店应以目标客户和目标市场为方向,关注于是否满足核心顾客需求。

主要考核指标:

- 顾客满意度:酒店定期调查。
- 客户管理。
- 目标市场占有率:相对竞争对手。
- 员工满意度:酒店定期调查。
- 员工流失率、核心员工流失率。
- 人才培养与输送(接班人计划计划执行)。
- 客户投诉。
- 市场信息。
- 员工投诉。
- 客户维系、流失。
- 客户开拓。
- 离职面谈、五必谈、员工定期面谈。

(3)营运、执行类指标

营运、执行类指标,是实现酒店价值增长的重要营运操作控制活动效果的衡量指标是紧密结合不同岗位特色,体现其直接工作效果的指标。

营运、执行类指标应该反映该岗位独特的工作成果。运营绩效考核应以对客户满意度和实现财务目标影响最大的业务流程为核心。运营指标既包括短期的现有业务的改善,又涉及长远的产品和服务的革新。

注意不要选择两个相似的指标考核同一项具体工作。选择的指标应能体现整个部门的主要年度目标,指标数量不应太多,一般不超过 5 个。

选择营运类指标时要特别考虑目标值的设定以及数据收集的途径,确保可实施性。

主要考核指标:

- 计划制订及完成。
- 质量主题活动策划、执行。
- 责任事故、安全生产。
- 营销主题活动策划、执行。
- 核心员工流失率。

● 设施设备保养计划、执行。

（4）学习与成长类指标

学习与成长类指标用来评估员工管理、员工激励与职业发展等保持酒店长期稳定发展的能力，它为财务类指标、客户类（顾客和员工）指标、营运、执行类指标提供基础构架，是驱动三个指标获得卓越成果的动力。

学习成长类指标在同级岗位上的设置必须保持一致性。

削减对企业学习和成长能力的投资虽然能在短期内增加财务收入，但由此造成的不利影响将在未来给企业带来沉重打击。

主要考核指标涉及员工的能力、信息系统的能力、激励、授权与相互配合，具体为：

● 培训计划执行。

● 培训满意度。

● 人均受训时间。

● 部门协作（信息传递）。

● 员工技能抽查合格率。

七、酒店部门总监、经理绩效考核

1. 公司统一评估

餐饮总监绩效考核

房务总监绩效考核

工程部经理绩效考核

市场总监绩效考核

人力资源总监绩效考核

保安部经理绩效考核

康乐部经理绩效考核

销售部经理绩效考核

公关部经理绩效考核

管家部经理绩效考核

前厅部经理绩效考核

2. 酒店月度评估

酒店部门总监、经理月度考核表

● 综合得分（P）的分值等级

由酒店按各项指标的要求进行设置。如客户满意度要求为95%，如达成则满分为5分，每下降3个百分点减1分，以此类推。但下降到一定值如80%时，则为零分。

● 内容设置定义

目标值：指该关键指标要实现的标的，如客户满意度要求不低于95%。

权数（D）：根据各考评项目的重要性，给各考评项目赋予的系数。如应收账款率为5，占总权重设置为5%。

项目得分：是综合得分和权数的乘积。如综合得分为5，该项目权重10，即该项目得分为 5×10＝50 分。

备注:说明一些需要补充的内容,如果是 A 或 E 需要举记录案例。

总分:是所有项目得分相加得到的总分。总分根据考核习惯可设置为 500 分值,也可设置为 100 分值。不影响考核结果。

● 其他

由于本表是按月填写,建议可利用自动化办公系统,创建电子文档。

● 特别要求

总监级考核成绩连同工作总结计划每月 6 日前上传公司相应部门。

八、中层管理人员领导能力 360 度评价问卷

领导能力评价模型介绍:360 度调查是一种用于评估个人领导和管理技巧的方法和机制。包含四种被调查对象:被评估者,他、她的上司,同级和下属。本调查是对被测评人的综合评价,为保证测评结果的公正性,至少需要 8 名人员参与测评。以中层或基层管理人员为例,参与测评的人员中,上司不少于 1 位,同级不少于 2 位,直接和间接下属不少于 5 位。

调查过程分为四步:问卷调查—问卷分析—对策制订—行动跟进。

1. 内容

问卷内容包括四部分:管理技能,领导能力,交流技能,公司价值观。

四个被调查对象群都需对这四部分内容作答。

2. 分析

对问卷进行统计分析:各参与角色的平均分将按一定的权重比例计入总结分,具体权重由各酒店决定。可参考的比例为,上司:同级:下属＝40:10:50。

编写反馈结果报告:在反馈报告中将重点分析被评估者的自我评估与他人评估间的相似点和相异点。报告也将对被评估者有待发展的领域提出建议。

每位调查参与者都可得到一份反馈报告,报告包括对其分析的详细描绘。

问卷的填写是保密和匿名的,问卷填写者即使给出的评估很低也不必担心上司会知道。

所有同级和下属参与者的评价被整合成一个部分,反映在反馈报告中。

上司的评价一般会被单独列出以便管理者本人将自我评定同上司的评定相比较。

3. 致填写者

您的评估将有助于被评估者清楚地了解自己的管理力度和发展需要。

您的反馈将作为被调查对象核心职业发展的基础,并帮助其成为一位更富有效率的管理者和领导。

非常感谢您抽出时间与我们合作!

请写明您与您所评价的人之间的关系:

(　)您自己　　　(　)您的上司　　　(　)同事　　　(　)下属

4. 总体评价

指导语:

所有参与评价的员工都被要求根据被评价者的实际情况完成该部分问卷。

每个问题只选一项。

如果问题未涉及被评估者的工作和行为或者您对该被调查者的此项行为活动不清楚,则回答"不适用"。

根据您对所评定的管理者的观察与了解,对下面的每一陈述都要做出选择。

5.确定重要领导因素

指导语:

● 只有被评价者本人及其上级主管被要求完成该部分问卷。

● 重新阅读第一部分问卷。基于被评价者的工作职位要求以及这些领导技能对该工作职位的重要程度,请您从中选出最重要的5～10个能力。

● 请注意,对这些能力的重要性的判别只能依据该工作职位对能力的要求,而不能依据被评价者个人的工作绩效。

附:

相关名词解释

酒店营业总收入:核算每一会计年度酒店在销售商品、提供劳务及让渡资产使用权等日常活动中所产生的收入,包括客房、餐饮、康乐、商场、商务中心、其他收入等。

酒店营业总支出:核算酒店经营性销售商品、提供劳务过程中发生的费用,以及非经营性部门发生的日常费用支出。

酒店营业总利润:简称GOP。

$$GOP=酒店营业总收入-酒店营业总支出$$

客房营业总收入:核算酒店客房经营的各项销售收入,包括房费收入、服务费收入、客房小酒吧商品销售收入、客房区域会议室场租收入、除上述收入项目外的其他收入,以及客房部发生的与其经营无直接关系的各项收入,不含与固定资产清理相关的收入,包括盘盈变卖净收入、罚没收入、废品收入、其他收入。

客房部营业总支出:在每一会计年度经营部门直接发生的各项支出,包括工资及相关的福利费、工会经费、职工教育经费、物料消耗、低值易耗品摊销、修理费、公务费、广告费、业务宣传费、差旅费、服装费、洗涤费、邮电费、劳动保护费、社会保险费(此费用按部门直接发生的人员进行会计核算)、住房公积金(性质同上)、特许权管理费、基本管理费、保险费(公共责任保险及其他业务经营保险)、运杂费、地方税费、演出费、员工宿舍住宿费、防疫费、外聘人员劳务费、其他费用(因客房营运而直接产生的费用)、财务费用(仅指金融机构手续费)、营业外支出(指客房部发生的与其生产经营无直接关系的各项支出,不含与固定资产清理相关的支出,包括非常损失、赔偿违约金、罚款、捐赠支出、其他支出)。

客房营业总利润:简称客房GOP。

$$客房GOP=客房营业总收入-客房营业总支出$$

餐饮总收入:核算酒店餐饮经营的各项销售收入,餐饮收入应该按每个餐厅来确认。包括餐费收入;酒类、饮料类等可准确计量的食品、饮料收入;咖啡、果汁、茶水等无法准确计量的食品、饮料收入;餐饮区域的会议室、场租等收入,除酒水饮料、咖啡以外可准确计量的各类商品收入;餐饮部提供的各类服务收入,包括按销售收入的百分比增加到客人账单中的费用以及进入消费场所设备使用费、开瓶费、宴会布置等特别服务费;除上述业务以外的其他零星收入,以及餐饮部发生的与其经营无直接关系的各项收入,包括盘盈变卖净收入、罚没收入、废品收入、其他收入。

餐饮部营业总支出:参照客房营业总支出,另外增加燃料费,此燃料费仅指餐饮部消耗的管道煤气、瓶装煤气、酒精等费用。

餐饮营业总利润:简称餐饮 GOP。

$$餐饮 GOP = 餐饮营业总收入 - 餐饮营业总支出$$

能耗控制:核算酒店日常经营耗用的烘焙、水、电费用,其中,燃料指燃煤、管道煤气、瓶装煤气、重油、柴油等其他烘焙支出。

维修费用:酒店劳动所发生的各类财产的维修支出和用维修的设备零配件费用及其他相关费用支出,包括机电(指机械、电器、电话)、灯具、房屋、门窗、电脑、锅炉、家具、管道、洁具、空调、通风设施、消防设施、设备小工费(指设备部外请人员修理所支付的劳务费)、车辆(指日常修理、年检年审、预计大修)等。

人力成本:核算支付给员工的基本工资、奖金、福利费、职工教育经费、工会经费、养老保险、医疗保险、失业保险、工伤保险、女工生养基金、劳动保护费、员工餐费等费用。

销售指标:反映酒店市场部销售业绩的总金额。

绩效考核检讨(年度、半年度)

审核概述

Ⅰ. 半年度关键绩效指标达成

_____

_____

_____

Ⅱ. 主要绩效评价(自我评价)

_____

_____

_____

Ⅲ. 绩效面谈并提供反馈,改进措施

_____

_____

_____

_____

被考核人签名: 时间:

审核人签名: 时间:

九、酒店绩效计划制订的误区

目前很多酒店在绩效计划的制订过程中存在误区,典型的几种误区有:关键绩效指标设计与酒店发展战略不一致;关键绩效指标设计不合理;缺乏绩效标准;KPI 权重的设计不合理;考核周期的设定不科学。

1.关键绩效指标设计与酒店发展战略不匹配

酒店的战略是酒店所有工作开展的核心,是酒店经营管理的"风向标"。而酒店筹备开业在制作绩效管理方案时,不能忽视战略的导向作用。各部门(特别是营运部门)在设立绩效考核指标时,应将酒店的整体战略目标分解到各个层次,形成具有一致性的酒店整体战略目标、部门目标、个人目标。员工绩效考评体系应从组织的总体战略目标出发,部门经理在制定考核指标时,应及时和总经理协调,根据酒店总体战略制定目标要求。只有与酒店发展战略相一致的绩效目标设立,才能促进工作和业绩提升,否则将对酒店经营管理起到负作用。各部门根据发展战略制定考核,才能达到考核的真实性和公平性,有助于部门间的协调与沟通,共同达成酒店经营目标。

2.关键绩效指标设计缺乏合理性

(1)关键绩效指标内容单一

有些酒店设置的关键绩效指标只关注经营利润的过程,比如销售额和利润率两项纯财务上的指标,绩效指标的覆盖面窄且单一。作为服务性行业,酒店的服务质量体现在顾客的满意程度上。而顾客获得服务满意程度与酒店的硬件设施和软件服务密不可分。酒店有酒店的产品包括住宿的服务质量、就餐的环境、娱乐及宴会等相关设施的配备外,顾客对服务态度、住宿环境等的满意度也是至关重要的。酒店注重硬件设施的维护保养、客房的布置设计、酒店餐饮新菜品的研发,同时要关注各类别的服务人员能否获得有效的培训才能提高服务质量,才能提升酒店的行业竞争力,是长期稳步发展的关键。如果单从财务指标上考评公司的绩效情况,会使公司管理人员出现短视现象。他们在销售额和利润率这些短期行为指标的压力下,放弃对那些于公司长期发展具有重要意义的非财务指标的关注,如客户满意度、员工的培训发展、菜品质量的改进、服务水平的提高等,从长远看阻碍了酒店未来的发展。

(2)企业与部门及个人间的绩效目标脱节

部门绩效指标在企业与员工个人绩效目标之间起着承上启下的作用,企业的绩效目标只有分解到各个部门,再由各部门分解到员工个人,才能使企业的宏观目标转变成具体可操作的员工个人绩效目标。现实中,在某些酒店,除了采购部、餐厅服务部、团宴销售部有简单的考核指标外,其他部门都没有考核指标,这就造成了企业目标和部门及员工绩效目标的脱节,无法将企业的绩效目标切实地贯彻下去。另外,一些部门绩效指标过于单一、片面。以某酒店采购部为例,由于对该部门进行考核时,只有采购成本这一项指标,结果采购人员出于成本的压力,一味地考虑采购的价格,甚至不惜以次充好,采购一些质量较差的原材料,结果采购成本的绩效指标虽然达到了,但顾客的居住品质和餐饮质量都受到了较大的影响。

(3)各岗位缺乏针对性的绩效指标

不同的岗位所从事的工作性质是不同的,工作产出差别也很大,所以在设置各岗位的绩效指标时,不同的岗位应设计不同的绩效考评指标。而在部分酒店除了对服务员制订了一套服务规范,或者对销售人员等有一些简单绩效指标外,其他各岗位只是笼统地分成管理人员和一线员工两大类,并全部用同样的指标分别从绩、能、德、勤四个方面加以考评,这样一来,绩效指标没有针对性、实用性,绩效工作也失去了本来的意义。

3.绩效标准不规范

绩效指标设计不规范、过于简单容易造成考核的清晰度不够。所以制订绩效考核标准是要确定考核指标,明确从哪些方面对工作进行衡量或评估。明确考核目标,规定在各个绩效指标上分别应该达到什么样的水平,并且给出各个水平的评分标准。绩效标准是制订和修订绩效计划的前提也是整个绩效管理工作的开端。在一些酒店的绩效考评表中,只给出了考评指标,没有对各指标所做的程度加以分级,也就是说没有给出严格的绩效标准。比如:"工作实绩"一项为 5 分,那么做得怎样才能得 5 分,做得怎样又只给 2 分呢? 因为没有标准,评价者主观随意性大,准确度相应降低。

4.KPI 权重的设计不合理

作为用于奖励发放依据的绩效考评,在设置绩效指标时,应该以工作业绩的考核为主,在所有的考核项目中,工作业绩的权重应该占较大的比例,但在某酒店的员工绩效考核表中,业绩指标仅占 10% 或比较小的权重,这显然是不合理的。以采购人员为例,"采购的原料质量、成本"两项应该占较大的比例。还有些指标权重的设计未考虑岗位关键职责,如对于人力资源总监而言"酒店营业收入"指标占到了 15% ,人力资源总监作为高层,直接挂靠结果指标是可行的,但是权重设计过高,不符合人力资源总监这个职位的工作内容和实质,未体现根据不同岗位的工作重点来设计指标权重的原则。

5.考核周期的设定不科学

很多酒店在考核周期方面没有差异性,无论新进员工还是老员工、基层人员还是管理人员,在考核的周期上过于统一。作为层级分明、分工明细的酒店行业,不同层级的员工其工作重心不一样。其中,高层管理者更多地关注最终的结果产出,中层管理者主要关注上下的沟通与协调,而一般基层员工则专注于任务执行。因此,考核周期的设计应该结合不同部门和岗位的特征来设计,而不是采用"一刀切"的形式,对所有的员工都采用相同的考核周期。但是有些酒店在考核上流于形式,考核体系的覆盖范围比较狭窄,只涉及经理级以上管理人员,且只有月度考核,没有年终考核,这显然是不合理的。

【知识拓展】

酒店员工绩效考核应该这样设计

为了规范酒店管理,全面提高管理人员参与经营的意识,增强工作积极性,特拟定此考核方案,具体如下:

一、考核周期

绩效考核以月份为周期,按月考核,次月兑现。

二、考核通用内容

利润考核和综合指标两个部分。

三、利润考核

1.上缴利润指标

完成上缴内部利润指标,对经营者绩效提成为基薪的 1 倍;对职工兑现核定的人均绩效工资。超额完成上缴内部利润指标,对经营者每超 1% 增加 10% 基薪,以基薪的 50% 为限额。对职工,超缴利润在 5% 以内,每超 1% 增加 10% 绩效工资;超缴利润在 5% 以上,其超缴部分(即 5% 以上部分),另按超缴额的 20% 增加职工绩效工资。

完不成上缴内部利润指标,每欠 1% 扣减 5% 经营者年收入,累计扣减至基薪为止;对职工按每欠 1% 扣减 5% 职工绩效工资,以绩效工资 50% 为限额。

2. 应收账款指标

以下达的应收账款控制限额为基数,对经营者,按期末应收账款节(超)比例,同比例增加(扣减)基薪,以基薪的 15% 为限额;对职工,按期末应收账款节(超)比例,同比例增加(扣减)绩效工资,以绩效工资的 15% 为限额。

四、综合考核

主要包含精神文明建设指标、"三基"工作指标("三基"指的是:基层建设;基础工作;基本功训练)人力资源管理指标、财务预算符合率指标、内控制度执行情况指标、安全管理指标。具体权重如下:

(一)财务预算符合率指标考核权重 10%(10 分)

财务预算符合率每差一个百分点扣减当月 10% 的绩效工资。

(二)基础工作考核权重 10%(10 分)

需要确保按照酒店领导班子的要求对各项目标任务,准确,及时传达酒店各项规定,对自己部门员工百分之百了解。如未完成领导班子下达的各项目标任务,或在推行酒店各项规定中,执行过程中有重大失误,给各项工作的推行带来了负面效应的视情节轻重给予相应扣分。

(三)工作效率考核权重 10%(10 分)

要求员工工作积极主动,提前完成任务给予适当的奖励,对于工作效率较低,工作不积极或在部门领导的催促下才能完成工作的,视情节轻重给予相应扣分。

(四)设备养护考核权重 10%(10 分)

对于卫生,服务,设施设备维护质检过程中被发现违反规定的,视情节轻重予以相应扣分。

(五)基本功训练考核权重 10%(10 分)

需要有效、准时地做好各部门的培训工作,且培训效果需达到优良效果。对未进行培训或培训效果不好的部门相关责任人视情节轻重给予相应扣分。

(六)部门配合考核权重 10%(10 分)

需要积极配合相关部门工作,并及时完成与之相应的工作,对于不能与其他部门合作,工作相互推诿的视情节轻重给予相应扣分。

(七)员工稳定考核权重 10%(10 分)

需要重视员工队伍建设,积极与员工沟通,部门员工流动率控制合理。对员工沟通不良,员工抱怨较多,出现越级反映情况的部门,视情节轻重给予相应扣分。较为重视员工队伍建设,能与员工沟通,部门员工流动率基本正常。

(八)行为规范考核权重 10%(10 分)

对于部门员工出现违反公司规定的视情节轻重予以相应扣分。

（九）内控考核权重 10%（10 分）

在内控检查中对扣分单位给予取消奖金外，还与员工上岗挂钩。上级内控检查被扣分员工，作下岗处理。

（十）安全管理考核

安全管理考核为否决项，对出现安全问题的部门和员工，除处以相应纪律处分外，将取消一些评优资格，对产生经济损失的追究赔偿及法律责任。

五、各部门特色考核项目

①机关部门及辅助部门：机关部门包括党政综合办公室、人力资源部、财务资产部、经营管理部、服务质量监督部；辅助部门包括采购供应部、安全保卫部、锅炉房、洗衣房。此类部门不直接承担内部利润指标，重点考核综合考核项目（占权重的 70%），利润考核项目以上级对本酒店的综合考核得分为依据（占权重的 30%）。注：工程部自 2014 年起，纳入辅助部门进行管理。

②生产经营部门：包括客房部、餐饮一部、餐饮二部、餐饮三部、外部项目部。以对上缴内部利润指标考核为主（占权重的 70%），综合考核为辅（占权重的 30%）。注：旅行社自 2014 年起，纳入生产部门管理。

③全面完成承包指标，对经营者绩效提成为基薪的 1.2 倍；对职工兑现核定的人均绩效工资。以成本为基数，费用节余，对经营者每节 0.5% 增加 20% 基薪，以基薪的 40% 为限额；对职工每节 0.5% 增加 20% 绩效工资，以绩效工资的 40% 为限额。

④完成内部利润指标增加经营者基薪和职工绩效工资 40%。

⑤其他单位，以经费为基数，经费节余，对经营者每节 1% 增加 20% 基薪，以基薪的 40% 为限额；对职工每节 1% 增加 20% 绩效工资，以绩效工资的 40% 为限额。

⑥对社会化服务单位，超额完成上述限额指标的，另按超缴（节余）额的 15% 增加职工绩效工资。

⑦利润（经费）欠缴（超支），每欠（超）1% 扣减 5% 经营者年收入，累计扣减至基薪为止；对职工按每欠（超）1% 扣减 5% 职工绩效工资，以绩效工资 30% 为限额。

六、考评计分方法

单位的综合考评得分等于各职能部门对其考评得分之和除以参与其考评的职能部门之和，即：

A 级：考评得分达到 90 分以上（含 90 分）；

B 级：考评得分达到 80～90 分（含 80 分）；

C 级：考评得分达到 70～80 分（含 70 分）；

D 级：70 分以下。

年终考评结果为 A 级、B 级、C 级时，对单位职工（经营者）分别增加 20%、10%、5% 绩效工资（基薪）；考评结果为 D 级，对单位职工（经营者）扣减 5% 绩效工资（基薪）。

年终评价结果为 A 级、B 级、C 级时，对单位职工分别按年绩效工资额的 25%、15%、7% 增加绩效工资；年终评价结果为 D 级时，对单位职工既不增加也不扣减绩效工资；年终评价结果为 E 级时，对单位职工按年绩效工资额的 5% 扣减绩效工资。

七、管理指标

考核等级:分为主管层、领班、员工层三个层面。

主管级绩效考核表内容包括:岗位职责、标准化工作流程的执行、顾客投诉、综合表现几方面。

领班级绩效考核表内容包括:岗位职责、标准化工作流程的执行、顾客投诉、综合表现几方面。

基层员工绩效考核表内容包括:岗位职责、标准化工作流程的执行、顾客投诉、综合表现几方面。

①主管级以上绩效奖金主要是在月绩效考核浮动工资中体现,以处罚单和考评表并用形式执行;第一档(优秀档)分数为90分;第二档(良好档)分数为75分;第三档(及格档)分数为60分。

②主管级以下(不含主管级)绩效奖金主要是在月绩效考核浮动工资中体现,以处罚单形式执行;第一档(优秀档)分数为90分;第二档(良好档)分数为75分;第三档(及格档)分数为60分。

③累计12月绩效考核为一个年度周期,每月1日至月底最后一日为一个整月的考核周期,各部门月内每周一和第二个月1日前将处罚单按岗位分类汇总,上报人事部进行统计。

④领班级以上(含领班级)绩效考核分数为百分制,扣分执行,月底汇总;绩效奖金具体发放金额是根据月绩效考核成绩剩余分数汇总,达到相对应档位分数,领取相应的绩效奖金;未达标月绩效奖金取消;若月绩效考核分数出现负数,负分部分将按照5元1分的标准在固定工资中扣罚。

⑤基层员工绩效考核以绩效奖金一档为基础分数,采取倒扣形式;月底剩余分数为绩效奖金;若月底绩效分数出现负分,负分部分按照5元1分的标准进行扣罚。

八、考核权限

1.有权取消员工绩效奖金的管理人员:总经理、行政人事部经理。

2.奖惩权限最高为100分/人的管理人员:总经理、人事部经理。

3.各部门奖惩权限最高为100分/人的管理人员:财务经理、人事部经理。

4.权限为30分/人的管理人员:各部门经理。

注:各级管理人员严格按照此规定,行使权限;如超出权限,可向自己直属上级申请执行;如公司各部门经理空岗,由总经理指定该部门下一级管理人员暂为执行此权限;见习岗位的各级管理人员,直接可以行使此权限。同级别管理人员之间行使奖惩权限,必须由直属上级管理人员签字确认;行政人事部经理除外。管理人员不得以累计奖惩的形式,规避权限行使。

九、奖惩细则

(一)个人奖励部分

各部门员工凡符合下列条件之一者,当月予以2~20分奖励:

行政检查多次受到表扬者;顾客给予口头、书面、电话表扬;对提高业务技术水平和工作效率有所发明、创造、改革、提出合理建议被采纳、成效突出者;爱店如家、积极工作、热情服务,为本店赢得荣誉者;妥善帮助客人处理困难,受到客人高度赞扬者;在特殊情况下为公司挽回重大经济损失者;拾到客人遗失的贵重物品或现金上交或归还失主者;检举损害本店利益或其他不法行为,经查属实者;向公司举报本店管理人员违反规章制度经查属实者。

(二)部门奖励部分

①年度汇总绩效考核优秀率达 8 次,年度绩效考核加 5 分。

②年度汇总绩效考核优秀率达 10 次,无须考评可直接晋级。

(三)处罚部分

①月考勤汇总,有一次旷工记录当月绩效考核奖金取消;未按照制度请病、事假超过三天(不含三天),当月绩效奖金按照 50% 领取;未按照制度请病、事假超过七天(含七天)取消当月绩效奖金。(国家法定假日补休或制度规定的假日除外)

②年汇总出勤率,有旷工记录;年累计病、事假超过 20 天,取消年度晋级考核资格。

③顾客表扬奖励,需经前厅经理或店长证实真实性,报行政人事部审核后方可给予奖励;如出现虚假顾客表扬奖励,该职员当月岗位工资按照 80% 领取,取消当月所有浮动工资和年度晋级考核资格。

④本年度工作出现严重失职事件,给企业造成 1 000 元以上(含 1 000 元)的经济损失和名誉影响,取消年度晋级考核资格。

⑤连续两个月绩效考核不合格,该员工第三个月岗位工资按照 80% 领取。

⑥年度汇总绩效考核不合格率达 6 次,给予降级处理。

⑦年度出现顾客到社会行政部门投诉服务质量或产品质量,给企业造成名誉影响或 1 000 元以上(含 1 000 元)的经济损失,取消店长年度晋级考核资格。

十、员工考核

1. 月薪制员工的薪资结构

由原来的工资总额分为固定部分、绩效考核、营业额考核、利润考核四部分。

(1)固定部分占 60%(基本工资+岗位工资+企业补贴 179 元)

(2)绩效考核占 10%(每季度根据上级主管对其绩效考核的成绩)

(3)营业额考核占 5%(每月根据连锁店完成营业额进行考核)

(4)利润考核占 25%(每月根据连锁店完成利润进行考核)

2. 月薪制

(1)绩效工资按岗位绩效考核的成绩执行(新进员工本季度按 100% 计算)

(2)营业额考核工资

完成当月预算营业额考核工资的 100%,未完成预算营业额按未完成比例扣除。

如某店预算月营业额为 240 000 元,如完成 240 000 元以上得 100%,如完成 221 000 元则得 221 000/240 000＝92%,则得营业额考核工资部分的 92%。

(3)利润考核工资(含减亏)

完成上月预算利润指标得利润考核工资 100%,未完成预算的按未完成比例扣除。如完成 50 000 元得 100%,如完成 45 000 元得 45 000/50 000＝90%,则得利润考核部分的 90%。

3. 超额利润的分配(含减亏)

①每季度核算一次,按超利润部分的 50% 返回门店。

②完成当年预算和利润,而年度员工工资总额(按预算百分比)有节余的,节余部分的

70% 按以上办法分配。

③每年的 4 月、7 月、10 月和次年 1 月考核发放上一季度的超额利润（含减亏），奖励发放时以当日在册人员为准，不论何种原因离店都不列入发放范围。

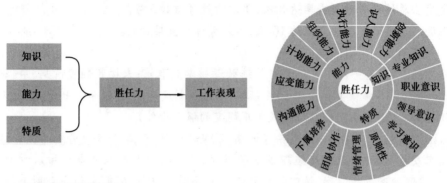

十一、相关规定及说明

①各部门在次月 2 日前，将各种考核表报送至人力资源部。

②各部门每月必须将考核结果向被考核人公开，向员工反馈，重点指出存在的问题和不足，帮助分析原因，制定改进措施。

③考核申诉，如员工对当月考核结果有异议，可向本部门申诉，对于解释工作双方未达成共识的，员工可向人力资源部申诉。

④本办法自下发之日起执行，原执行的绩效考核办法同时废止。

⑤解释权归人力资源部，自公布之日起开始执行。

（来源：甘涌酒店研究院）

【本章小结】

本章节主要介绍酒店组织管理、制度管理及绩效管理。酒店组织管理（Managing Hospitality Organisations）就是通过运用各种管理方法和技术，发挥酒店组织中各种人员的作用，把现代酒店中的有限资金、物资和信息资源转化为可供出售、有形的或无形的酒店产品，以达到酒店管理的目的。其需要遵循目标导向原则、等级链原则、分工协作原则、扁平化管理原则、精简高效原则五项组织管理原则。酒店一般选择直线制（即以层级管理为基础的业务区域制）、直线管理职能制作为主要的组织架构，随着集团化酒店的发展，事业部制也日趋成熟。

酒店管理制度就是用文字形式对酒店各项管理工作和服务活动做出的规定，是加强酒店管理的基础，是全体员工的行为准则，是酒店进行有效经营活动必不可少的规范。建立制度是对酒店管理工作中的基本事项、要素关系、运作规程及相应的联系方式进行原则性规定。参与酒店筹备的经营管理人员一定要对酒店管理制度有正确的认知，确保制度建立的规范和适配度。在制订之前，首先要了解酒店制度的目标性、规范性、同一性、强制性和公平性、灵活性、发展性的特点。酒店管理制度主要包括主导性管理制度、员工守则、部门化运营规范、各级岗位工作说明书、服务程序标准说明书、工作技术标准说明书、酒店质量管理文件、酒店各级人员的职务工资和奖励级差的分配原则等。

绩效管理是通过对企业战略的建立、目标分解、业绩评价,将业绩成效用于企业日常管理活动中,以激励员工持续改进并最终实现组织战略以及目标的一种正式管理活动。能充分调动各方面的积极性,形成科学合理与薪酬挂钩的绩效考核机制,通过提高员工业绩,推动酒店整体业绩提升,从而实现酒店的总体营运计划。绩效管理基本目标值一般遵循价值驱动原则、一致性原则、突出重点原则、可行性原则、共同参与原则、客观公正原则、综合平衡原则、岗位特色原则。目标值分配要注意典型通用指标在各部门所占权重均保持统一,以体现一致性。每一项的权重一般不小于5%、不大于50%,以免对综合绩效的影响太弱或太强。考核按时间性划分,一般分为月度考核和年度考核。

【课后思考】

1. 酒店的运行需要建立哪些部门和岗位? 其层级关系是怎样的?
2. 酒店组织管理的基本原则有哪些? 请举例说明。
3. 为什么说先行对服务流程的设计是组织管理的前提?
4. 酒店开业筹备定员及招聘需要注意哪些方面?
5. 酒店管理制度有哪些特点?
6. 绩效制度制订对酒店经营管理有什么影响?

【实践作业】

【实践名称】酒店组织管理及制度管理的思考

【实践要求】分组继续上一实验所负责的部分,分别前厅、餐饮、客房、康乐等部门的组织架构、其中一个职位的岗位职责及一项服务的工作流程。分析实习酒店在绩效方案中存在的问题,阐述酒店绩效方案应注意的事项并提出创新想法。

【案例分析】

一个关于升职的故事

到公司工作两年多了,比我后进公司的同事陆续都得到了升职的机会,我却原地踏步,心里很不是滋味。在想他们运气都这么好,也许关系比较硬吧,又或许是老板看我不顺眼。

有一天,我冒着被解聘的风险,找到老板理论"老板,我是否有过迟到、早退或乱章违纪的情况?"我问。老板干脆地回答"没有啊,你一向很遵守规矩"。

"那是公司领导对我有看法吗?"老板先是一怔,然后说"当然没有,我们都觉得你是个好员工。"

"为什么比我进公司晚、比我资历浅的人都可以得到重用升职,但我却一直在一个微不足道的岗位上工作了两年多,也没得到老板赏识,没有升职也没有加薪?"

老板一时不知道说啥好,愣住了,不一会笑笑说:"你的事咱们等会再说,我这里有个急事,要不你临时先帮我处理一下?"

原来,公司一家客户准备到公司来考察产品和实力状况,老板叫我联系他们,问问啥时

候过来。

"这真是个非常重要的任务。"出门前,我不忘调侃一句。心里在想,老让我干这种芝麻小事。

20分钟后,我回到老板办公室汇报工作。

"联系好了吗?"老板马上问。

"联系到了,他们说可能下星期才能过来。"

"具体是下星期几?"

"这个我倒没有细问,不清楚。"

"他们一共多少人来啊。"

"啊? 您没让我问这个啊!"

"那他们是坐火车、飞机还是怎么来?"

"这个您也没让我打听啊!"

老板不再说啥了,他打电话叫朱开山过来。朱开山比我晚到公司近一年,但现在已经是一个部门的负责人了,老板交给他刚才相同的任务。大概10分钟后,朱开山回来了。

"哦,老板,是这样的……"朱开山开始汇报:"他们是坐下星期三下午5点的飞机,大约晚上8点钟到,他们一行8个人,由采购招标部袁经理领队,我跟他们说了,我们会安排接机。

另外,他们打算考察三天时间,具体行程到了以后双方再协商。为了工作方便,我建议把他们安排在附近的宾馆,既方便又有档次和诚意,如果您同意,明天我就提前预订房间。

再有,下周天气预报有阵雨,我会随时跟他们联系,如果行程有变,我随时跟您汇报。"

朱开山出去后,老板拍了拍我的肩膀说:"嗯,现在我们来继续谈谈你提的问题。"

"额,不用了,我已经明白了,谢谢老板,打搅您了。"

我突然明白,没有人天生就是担当大任的材料,都是从最简单、最平凡、最不起眼的小事做起。不能做那种小事不想做,大事做不好的人,现在为自己贴上的标签,就决定了以后是否会被委以重任。

思考:请问为什么她升不了职? 如果用绩效考核方法激励的话,你认为应该从哪些方面设置考核指标。

第七章　酒店经营预算

【导言】

当前我国酒店业面对的是成熟的市场环境。一方面,酒店产品已经基本定型,不同酒店之间产品和服务的差异化程度不断下降,同质化竞争削减了整个产业的最终利润潜力。另一方面,来自供应商及人力资源等方面的压力,使酒店经营成本逐年呈结构性上升;来自客户的压力,不可避免地要求酒店在价格、质量和服务内容上作出更多让步;另外,大量的替代竞争对手和潜在进入者也合力挤压现有酒店的市场空间。在此情况下,酒店要想做大、做强单靠扩大市场份额是不够的,必须对外寻求市场空间,发现潜在宾客群体,寻求新的利润增长点。

【学习目标】

> 知识目标:1.了解酒店产品价格体系及影响酒店产品价格的因素。
> 　　　　　2.了解酒店市场定位及营销策略。
> 　　　　　3.了解酒店预算的目的及必要性。
> 能力目标:1.掌握酒店价格拟定的方法。
> 　　　　　2.掌握预算的主要指标,并掌握如何编制预算以及编制过程的注意事项。
> 思政目标:能够在财务预算的制定中融入节能环保意识、法律意识,培养全局观、职业素养。

【案例导入】

"十一"旅游景区宾馆价格疯涨个别涨至平时 5 倍

随着"十一"黄金周旅游旺季的来临,热门旅游地宾馆价格开始大幅度上涨,有的地方甚至出现"一房难求"的情况。

官方曾预测,2016 年国庆长假旅游市场预计将接待 5.89 亿人次,比去年增长 12%。游客出行数量较多,订房需求量大。

中国网记者通过调查发现,九寨沟、张家界、凤凰古城、大理等多个热门旅游目的地的宾馆,从9月30日至10月7日房间预订非常紧俏,大部分宾馆房间基本都被预订,并且房间价格也较平时有很大上涨,有的宾馆价格甚至调整为平时的5倍。

梁女士在"十一"期间准备和父母一起到张家界旅行,但预订酒店的时候发现,之前梁女士在武陵源景区看好的某四星级宾馆家庭套间已从1 195元/天涨至2 121/天。

对此,梁女士感到很惊讶,"其实知道十一期间宾馆会涨价,但是没想到能涨1 000元,虽然是四星级宾馆,但是价格已经完全可以入住五星级宾馆的套间了,而其他平常200元左右的客栈都已涨到600~700元一间,以后还是尽量避开高峰时期旅行",梁女士告诉中国网记者。记者通过搜索发现,一些热门景区的宾馆已"一房难求",如大理双廊地区的海景房几乎已经排满。此外,热门景区的住宿价格,无论是星级宾馆,还是普通家庭客栈都有不同程度的上调,有的涨了一倍,甚至更多。如凤凰古城里的诸多家庭客栈,涨价相对较高,平时100元左右即可入住的标间,在10月1—7日已涨至567元起一间,是平时价格的5倍。这也让多数网友感叹"十一"出游"真难"。

"十一"黄金周各地的宾馆价格上涨情况,是由于"十一"期间的需求量变大;同时,对于企业来说用人成本会有一些增加,按照我国规定要付给员工三倍工资,所以价格的上涨也是情理之中。黄金周旅游旺季需求量变大,部分涨幅是可以理解的,但是如果是多倍上涨,甚至涨得有些离谱,主管部门应该进行一定的调控,发挥其监管作用。

思考:上述案例说明了什么?

第一节　酒店价格管理

【知识框架】

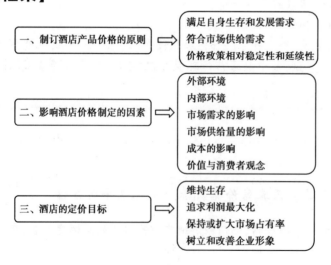

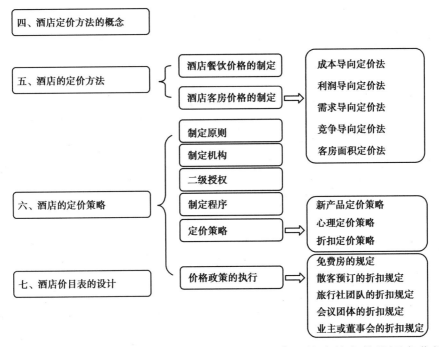

酒店对外营业首先要对酒店产品及价格进行制订,合理的产品定价是酒店获得目标市场竞争份额的关键。

一、制订酒店产品价格的原则

酒店企业的实质是运用经营资产和资金,通过业务经营活动取得收益,使其投资得到相应的回报。在这一过程中,为酒店所销售的商品制定一个合理的价格,则是满足这一经营目标的重要前提。当价格体系的运转符合市场和自身发展的需求时,酒店才能得到预期的利润。

制订酒店产品价格体系应遵循下列原则:

(一)满足自身生存和发展需求

酒店产品的价格体系必须保证能够产生预期的利润,也就是说,这个价格体系的设计和制订就是酒店的预期自我价值评价,表现为酒店所销售商品的价格高低与其价值高低是成正比的。

(二)符合市场供给需求

在评价酒店所销售商品的价格体系时,市场供给需求才是最重要的决定因素,即所谓的价值决定价格。

对于价格来说,影响其上升或下降的主要因素是看市场的供求关系。例如,在供应总量不变的前提下,当市场供大于求时,整体价格必然会趋于下降;相反,当供小于求时,价格杠杆必然发生作用,此时的整体价格必然会上涨。

对于酒店的消费者来说,总是希望以相对低的价格购买酒店所销售的商品,而酒店经营者的想法则刚好相反,但这都不能是一厢情愿的,只有消费者预期的需求价格和酒店经营者的供给价格相一致时,酒店的商品销售才能实现,需求价格和供给价格才能转化为成交价格。

（三）价格政策必须保持相对稳定性和延续性

市场可以影响价格,但对于酒店所销售的商品价格而言,决定其价格的永远是价值。酒店的自我价值评价与市场评价是互动的,酒店在日常经营所要做的,是把价值发挥到极限以满足消费者的价值观。

每个酒店在经营中都会有明确的客源目标市场,而具有相同价值观的消费者构成了酒店的客源结构主体,这部分主体对酒店的价格体系十分敏感,如果酒店的价格经常变动,甚至超过了他们的预期,将造成主体的连带性波动,并产生不利的后果。所以,酒店的价格政策必须保持相对的稳定性和延续性,在此基础上,酒店再根据市场的变化做出适当调整。

二、影响酒店价格制定的因素

（一）外部环境

影响酒店价格制定的外部因素包括但不限于以下因素：
- 酒店所处的地理位置（交通、环境、风景）；
- 经济发展形势；
- 旅游市场发展趋势；
- 旅游市场透明度（价格与服务方面的比较）；
- 市场需求的波动；
- 季节的变化；
- 商旅游客的消费心理；
- 同一区域内的酒店供给量；
- 消费者的习惯；
- 竞争对手的价格体系；
- 消费者的质量预期。

（二）内部环境
- 建造总成本因素；
- 市场定位；
- 预期投资收益率；
- 定价理由（价格决定成本）；
- 短期变化（为某活动提供的特别价格）；
- 价格政策；
- 提供有区别的服务；
- 最高利润指标；
- 最低成本目标。

酒店产品的价格是指酒店消费者购买酒店产品所支付的货币量,一般价格由成本、税收、利润三部分构成。酒店产品的价格要由酒店产品的价值来决定,但是,两者并不完全相等。价格由于受到供求关系、竞争状况等因素的影响,市场会出现偏离价值、围绕价值上下波动的情况。

（三）市场需求的影响

市场需求对酒店产品定价会产生很大的影响。首先，消费者的需求具有波动性，这种波动性影响着酒店产品的定价。由于消费者的需求在一周、一个月或一年内会产生很大的波动，营销人员就要考虑多种价格，增添了定价的难度。面对不同的目标市场，需求的价格弹性不一样。所谓需求的价格弹性就是指消费者对价格的敏感程度。若价格变化幅度很小，但引起的需求变化很大，那么说明需求的价格弹性大。需求弹性大的目标市场，其客人对价格的敏感程度也强。因此，营销人员需要针对不同的目标市场制定不同的价格。

顾客对酒店产品的需求受到多种因素的影响。其中除自身价格外，影响需求上升或下降的因素还有以下几点，如表7-1所示。

表7-1　影响客户需求量的因素分析

需求上升的因素	需求下降的因素
竞争对手房价的上升	竞争对手房价的下降
顾客经济收入上升较大	顾客经济收入下降
酒店产品对顾客偏好的满足	客源市场的偏好发生转移
酒店内互补产品质量的提高	酒店内互补产品质量降低
客源国经济状况好转	客源国经济萧条
政府鼓励消费，银行利率下调	政府鼓励储蓄，银行利率上升
通货膨胀	经济衰退及萧条
旅游旺季来临	旅游淡季来临
大型节庆活动、国际会议、展览在本地举行	失业

（四）市场供给量的影响

市场上的供给总量会对酒店价格产生影响，而供给总量同样受到各种因素的影响，如表7-2所示。我们假设除价格外其他因素均无变化，那么供给量与价格之间成正比关系，即价格上升，供给量就会上升；价格下降，供给量也会下降。

表7-2　影响客房供应量的因素分析

供应量上升的因素	供应量下降的因素
国家或地方政策明显对酒店有利	国家或地方政策明显对酒店不利
政局稳定	政局动荡
经济增长	经济萧条
生产成本和经营费用大幅度上升	生产成本和经营费用下降
投资者预测未来的旅游需求会有很大增长	投资者无法预测未来的旅游需求是否会增长

（五）成本的影响

酒店产品的成本是指酒店在一定的时期内为生产酒店的各种产品而发生的各种消耗和支出的表现，也就是酒店生产的成本费用。成本是酒店定价时的主要依据，包括固定成本、变动成本。固定成本是指在既定生产经营规模范围内,不随产品种类和数量的变化而相应变动的成本,如管理人员的工资、办公费、财产保险费、不动产税、按直线法计提固定资产折旧费、职工教育培训费等。变动成本是指随产品种类和数量的变化而相应变动的成本,如直接材料费、产品包装费、按件计酬的工人薪金、推销佣金以及按加工量计算的固定资产折旧费等。

（六）价值与消费者观念

这里价值是指是否物有所值,酒店产品价值包含广泛的内容:硬件、软件、形象、位置、客人的消费感受等,如舒适的客房为客人带来宁静、惬意的夜晚;美味佳肴让客人度过浪漫而美好的时光;员工的服务使客人体验到人间的温情;地理位置的优越为客人带来方便;产品形象维护客人应有的社会地位。还应注意,不同的顾客具有不同的价值等级,如商务市场将地点视为重要因素,度假市场将价格放在重要位置。

三、酒店的定价目标

（一）维持生存

如果酒店企业所面临的市场竞争激烈、产量过剩、消费者的需求发生变化的话,这个时候维持企业自身的生存能力会比追求利润最大化、销售增长率、销售收入最大化更加现实和重要,则需要把维持生存作为主要目标。

这是一种维持酒店生存,避免倒闭破产的定价目标。当酒店在经营过程中遇到严重困难,或产品严重滞销时,这种定价目标是不得不实施的,此种定价目标,酒店几乎毫无利润空间而言,甚至会出现亏本的现象。

（二）追求利润最大化

1. 最大利润目标

这一目标是指酒店以获取最大限度的利润为目标。为达到这一目标,酒店将采取高价政策。其重点在于短期内的最大利润,仅仅适合于酒店产品在市场上处于绝对有利地位的情况。

2. 满意利润目标

这一目标是指酒店在掌握的市场信息和需求预测的基础上,按照已达到的成本水平所能得到的最大利润,这种最大利润是相对于企业所具有的条件而言的,因此,满意利润也就是酒店的目标利润。

（三）保持或扩大市场占有率

市场占有率是一个企业经营状况和企业产品在市场上的竞争能力的直接反映,关系到企业的兴衰存亡。

1. 市场占有率目标

市场占有率是酒店经营状况和产品竞争力状况的综合反映,较高的市场占有率可以保证酒店的客源,巩固酒店的市场地位,提高酒店的市场占有率,可以排除竞争,又可以提高利润率。

2.销售增长率目标

销售增长率目标是以酒店产品的销售额增长速度为衡量标准的一种定价目标,当酒店以销售增长率为定价目标时,往往会采用产品薄利多销的定价策略。

(四)树立和改善企业形象

良好的酒店企业形象是酒店的无形资产和宝贵财富,它直接代表了酒店提供服务的质量及在顾客心中的价值定位,一个具有良好企业形象的酒店往往能在竞争中处于优势地位,因而很多酒店把维护酒店形象作为定价目标。酒店不因具体的淡旺季和偶然的波动而轻易改变其定价策略。

以树立和维护企业形象为定价目标,需要注意以下两个方面:首先要考虑价格水平是否能被目标消费者所接受,是否有利于企业整体策略的有效实施;其次,价格要使人感到质价相称,货真价实。从定价整体而言,应具有一定的特色,或以价廉物美著称,或以价格稳定见长。企业定价要依照社会和职业道德规范,不能贪图一时的蝇头小利而损害消费者的利益,自损信誉,自毁形象。

四、酒店定价方法的概念

酒店为了实现酒店定价目标,就要采取合适的定价策略和方法,以便最终实现既定的酒店产品定价目标。酒店会通过制定特定水平的价格以实现其预期目的,以此获得尽可能高的销售利润;通过制定此政策来更加完美、有效地完成酒店定价决策。

定价方法是指酒店企业在特定的定价目标指导下,依据对影响价格形成的各因素的具体研究,运用价格决策理论,对产品价格进行测算的具体方法,是确定每一项独立的酒店产品和服务的基本价格水平的具体方法。

定价方法的选择和确定是否合理,关系到企业定价目标能否实现和定价决策是否最终有效。

五、酒店的定价方法

(一)酒店餐饮价格的制定

酒店餐饮部所销售的商品主要是菜肴和酒水,对于这两种商品的价格,可以采用成本定价法来制定。

成本定价法是以商品的所有成本(含变动成本和固定成本)作为定价基础的,其计算方法是:

$$餐饮价格 = \frac{原材料成本}{1 - 内扣毛利率}$$

$$内扣毛利率 = \frac{销售价格 - 原材料成本}{销售价格}$$

菜品的原材料成本是由主料、配料和调料三部分组成的。酒水的原材料价格指的是进货单价,毛利率的确定必须保证每份出品都能获得平均利润的分摊额。一般来说,菜品的毛利率可以控制在50%~60%,酒水的毛利率可以高些,为55%~65%。

例如,鱼香肉丝的原材料成本为:

原料	投量	单位	成本价
猪肉	100	克	3 元
配料	投量	单位	成本价
清水笋	30	克	1.1 元
木耳	10	克	0.2 元
葱	7	克	0.08 元
蒜	5	克	0.06 元
调料	投量	单位	成本价
食油	适量		
辣酱	适量		
盐	适量		
糖	适量		
味精	适量		

调料计:0.7 元

内扣毛利率为50%　　合计:5.14 元

那么,鱼香肉丝的价格$=\dfrac{5.14}{1-50\%}=10.28$(元)

在酒店餐饮部的实际运营中,并不会出现每一个菜品或酒水的毛利率都相同的情况。例如,某些高档菜品或酒水的加价率低、销售量少,不可能按照原定的毛利率来计算其价格,因为这样得出的价格是不被市场接受的,那么就要降低毛利率的水平。青菜类菜肴或软饮料酒水的加价率高、销售量大,可以增加毛利率的水平。总之,经营管理者需要平衡日常业务中的进、销、存这三者间的关系,保证将综合毛利率控制在合理的水平上。

(二)酒店客房价格的制定

酒店客房的价格制定方法有很多,这里仅提供几种较常见的模式。

1.成本导向定价法

成本导向定价法是一种以客房成本为基础,从而制定价格的方法,这种方式能比较准确地计算各等级客房价格的标准,是最直观、最客观、最稳妥也最容易(但不一定最可行)的定价方法。

(1)成本加成定价法

$$产品单价=单位产品总成本×(1+成本加成率)$$

具体步骤:

①计算产品的成本;

②估计产品成本加成百分比一,根据以往经验估计;

③用100%除以产品的成本百分比,得出成本系数;

④产品的成本乘上成本系数,得出最后产品价格。

例:某电视机厂生产2 000台彩色电视机,总固定成本600万元,每台彩电的变动成本为1 000元,确定目标利润率为25%。则采用总成本加成定价法确定价格的过程如下:

单位产品固定成本为 6 000 000/2 000 = 3 000 元

单位产品变动成本为 1 000 元

单位产品总成本为 4 000 元

单位产品价格为 4 000×(1+25%) = 5 000 元

此方法的优点是计算方便,可保证酒店获得正常的利润;其缺点是以生产为导向,只考虑了酒店的成本因素,而没有分析需求弹性与消费者心理,不能使酒店获得最长远的利益。

(2)因素定价法

此方法是根据酒店产品所包含的组成因素来确定产品的价格,适合酒店的餐饮部门。酒店餐厅定价很少只根据原料成本这一单一因素定价,要结合多种因素来制定最合适价格,如知名度、声誉、地理位置等。

(3)实际成本定价法

这种方法不是用来计算产品单价的,而是用来为酒店餐厅产品的成本确定一个上限。

(4)收支平衡定价法

收支平衡定价法是运用损益平衡实行的一种保本定价方法,它以盈亏分界点为依据来确定酒店产品的价格。

2.利润导向定价法

(1)千分之一定价法

千分之一定价法是国际上较为通用的一种计算方法,主要是根据酒店的总建造成本来制定客房的价格。千分之一定价法是指按酒店总造价的千分之一来划定酒店客房产品的平均价格。其计算公式为:

$$每日客房价格 = \frac{\dfrac{酒店建造总成本}{酒店客房总数}}{1\ 000}$$

其中,酒店建造总成本包括土地使用费用、建设安置成本和经营用品采买成本等。

例如:某五星级酒店的建造总成本是 5 亿元人民币,规划客房总数为 500 间/套,那么它的每间客房价格就是 1 000 元人民币。

需要说明的是:①千分之一定价法是在假定酒店平均开房率为 70% 条件下制定的,在这一条件下,单是酒店的客房收入就可赚取酒店毛利的 55% ;②该方法算出来的价格是每日客房平均房价;③千分之一定价法的经济含义是用三年的时间,建造总成本可以通过客房销售收回来。

通过千分之一定价法计算出来的客房价格只是客房的平均价格,由于客房类型不同,客房的销售单价也是有区别的。面积大、投资高的高级客房如套间等客房产品的销售价格肯定会高于这个平均价格,而投入相对经济的客房价格肯定会低于这个平均价格。

千分之一定价法是以酒店的总建造成本为基本依据来测算平均房价的,此方法只能作为酒店经营定价的一个基点或参考,它未考虑其他诸多因素对房价的影响,但由于其方法简单,可以作为筹备者制定房价的基本工具来使用。

(2)赫伯特定价法

赫伯特定价法是 20 世纪 50 年代美国酒店和汽车旅馆协会主席罗依·赫伯特先生创立

的。这种定价方法以目标收益率为定价的出发点,在已确定营业期各项成本费用及酒店利润指标的基础上,通过计算客房部的营业收入来确定房价。在计算过程中,它结合了国际酒店业通用的统一会计制度,通过参照资产负债表和损益表中反映的收支状况,在预测成本支出的前提下来制定客房价格。其计算方法如下:

①测算酒店投资总额。

②确定正常情况下的目标收益率,计算出目标利润额。

$$目标利润额 = 总投资额 \times 目标收益率$$

③测算税金、保险费和折旧。

④测算行政管理费、能源消耗、维修保养费用和营销费用。

⑤计算酒店营业总收入。

⑥测算各部门(不含客房部)的利润。

⑦计算客房部应取得的利润。

⑧测算客房部的营业费用。

⑨计算客房部应取得的营业收入。

$$客房部营业收入 = 目标利润 + 酒店营业费用 + 酒店管理费用 -$$
$$其他部门利润 + 客房营业费用$$

⑩确定客房预期销售量。

⑪计算客房平均房价。

$$平均房价 = \frac{客房营业收入}{预计出租间夜数 \times 365 \times 年平均出租率}$$

用这种定价方法得到的结果比较准确,但需要大量的市场信息和准确的资料,从计算方式上看,它更适用于已经走上正常经营轨道的酒店企业,对于没有任何经营数据可以参照的新酒店来说,是不现实的。

3.需求导向定价法

需求导向定价法是以消费者需求变化及消费者对酒店产品价值认知和理解程度作为定价的依据,主要包括以下两种定价法:

(1)按理解价值定价

根据消费者认知的酒店产品价值以及对该价值肯定程度的高低来定价。关键是企业要正确地估计消费者对产品的认知价值。

(2)需求差别定价法

需求差别定价法是指同一商品在同一市场上制定两个或两个以上的价格,强调根据消费者需求的不同特性进行差别定价。其中,差别定价的适用条件有以下六点:

①市场必须是可以细分的,而且各个细分市场有着不同的需求程度。

②低价购买某种产品的顾客没有可能以高价把这种产品倒卖给别人。

③竞争者没有可能在企业以较高价格销售产品的市场上以低价竞销。

④细分市场和控制市场的成本费用不得超过因实行价格歧视而得到的额外收入。

⑤价格歧视不会引起顾客反感。

⑥采取的价格歧视形式不能违法。

4. 竞争导向定价法

定价时以竞争对手的价格为参考,普遍采用的是追随定价法。

(1)随行就市定价法

随行就市定价法是以市场上竞争者的同类产品价格为主要参考因素,并随市场竞争状况和需求状况的变化调整产品价格的方法。

酒店经营筹备者选择随行就市法定价是最简单的,它既能降低企业的市场风险,增强企业的竞争力,对于快速进入目标市场也是最有效的方法。但是,每个酒店企业的运作、管理和盈利模式还是有很多不同之处,这就需要各酒店综合考虑自身情况后加以实施。

(2)主动竞争定价法

主动竞争定价法是指酒店根据自身经营状况和市场需求情况而领衔定价的一种定价方法。

5. 客房面积定价法

客房面积定价法是先确定客房预算收入,然后计算出单位面积的客房应得收入,再确定每间客房应得的收入,从而确定客房价格。其计算公式为:

$$每间客房价格=\frac{客房预算总收入}{营业天数×客房总面积×平均出租率}×某间客房面积$$

例如,酒店客房全年预算总收入为 5 000 万元,酒店客房总面积为 10 000 m²,预计客房年平均出租率为70%,套用上述公式,可计算出面积为 20 m² 的标准间客房的价格约为400 元。

用这种定价方法测得的结果不是平均价格,而是可以根据需要按照各种不同类型的客房来分别测算。它是以客房预算总收入和平均出租率的预测数据为主要依据的,其他计算条件相对简单,这就要求筹备者对市场和预算的敏感度较高,因为一旦预测数据与实际情况差距较大,就会出现算偏差。

酒店的经营筹备者不论采用哪种方法制定房价,都不能忽略一个重要信息,那就是与本酒店位于同一竞争区域内并同档次、同规模、已处于市场运营中的酒店企业的客房价格。

参考同业酒店的客房价格对新开业的酒店有重要意义:首先,这个价格能够存在,本身就说明了它是合理的、是被类似的客源市场所接受的;其次,这个价格是由具有相同酒店客房商品的多个供应企业和适用于这个市场的消费者群体共同决定的,基本不存在运作风险;最后,这个价格是合理的客房商品的平均成本、平均利润和营业税金的总和,是买者与卖者之间形成的彼此都会接受的"预期价格",因而具有竞争力。

六、酒店的定价策略

(一)酒店价格政策的制定原则

酒店价格政策的制定原则就是要规范在实际经营中谁是授权者、授权的对象、授权的权限标准和具体内容、执行者如何操作等一系列问题,保证酒店价格体系完整有效,并按计划顺利实施。

(二)酒店价格政策的制定机构

酒店应成立相应的管理机构主管所有有关价格政策的工作,这个机构一般被称作"价格政策管委会"。"管委会"由酒店总经理授权财务部组建。"管委会"的主管领导由总经理担任,副职则由副总经理、财务部经理担任,直接向总经理负责。委员包括各部门的经理、财务部门业务主管和销售部高级客户代表等。

（三）制定价格政策的二级授权

酒店价格政策的一级管理授权是由总经理授权部门经理,二级执行授权是由部门经理直接授权给具体业务的操作人。此外,由于业务管理对口,财务部经总经理授权后,拥有价格政策执行过程中的监督权。

任何一个层级的授权者都必须以酒店既定的经济任务为目标,以正确执行价格政策为己任,逐级负责、逐级落实、逐级检查。

（四）酒店价格政策的制定程序

制定酒店的价格政策是由销售部提出预期方案开始的。方案主要包括:市场调研相关信息、同档次规模酒店的价格体系分析、酒店的经营方针、预期收益率、经营状况、预期价格体系、调整价格的计划、价格政策的具体方案等。

销售部的方案成型后,报价格管委会进行专题讨论,分析研究方案中预期价格体系和价格政策的可行性,提出意见和建议,经整改后由总经理批准形成酒店"年度价格政策执行方案",然后下发到各业务部门执行。

（五）酒店定价策略

酒店定价策略是否适当,往往决定着产品能否为市场所接受,并进而影响产品在市场上的竞争地位与所占份额,关系到酒店的兴衰成败。酒店定价策略是定价目标的策略性体现,它决定着酒店在进行定价时选择什么样的具体定价方法。定价策略就是指为实现定价目标而采取的一些必要的价格手段和定价技巧。下面是三种常用的价格策略:

1. 新产品定价策略

制定新产品最初价格时常采用的策略有:

（1）撇脂定价策略

在酒店产品上市之初将价格定得较高,尽可能在短期内赚取最大利润,同时还可以提高酒店身份,建立市场形象。

运用这种定价策略时必须符合以下条件:①顾客的人数足以构成当前的高需求;②小批量生产的单位成本不至于高到无法从交易中获得好处的程度;③开始的高价未能吸引更多竞争者进入;④高价有助于树立优质产品的形象。

采用这种定价策略的优点有:①充分利用新产品的独特性和优越性,在消费者认知范围内用高价刺激需求;②迅速获取利润同时树立产品品牌形象;③便于在以后的价格竞争中实行降价竞争。缺点有:①诱发激烈竞争;②可能带来高期望值低效用的负面作用。

（2）渗透定价策略

这是一种低价策略,新产品上市之初定价较低,以便市场渗透,获得较大市场占有率。此策略的优点有:产品价格低于市场价,薄利多销,压低成本,减少环节,增加销售。缺点有:投资回收期长,价格回旋余地不大。

2. 心理定价策略

心理定价策略是一种针对顾客心理习惯和行为倾向而制定价格的技巧。其应用基于一个基本假定:价格会对消费者起到某种心理暗示作用,如高价格意味高质量。酒店业的心理定价是利用服务的无形性而赢得顾客的手段之一。心理定价策略主要有下列几种形式:

(1)尾数定价策略

该策略指专门用价格尾数加以心理暗示的一种定价策略。根据心理学的分析和市场调查的统计数据显示:4.9元与5元,9.9元与10元,38元与40元的对比定价,在理性认识时,这些价格近似一致,但在消费者的心目中,他们对这些价格的心理反应还是不一样,他们认为4.9元比5元,9.9元比10元,38元比40元便宜得多。因此,针对消费者不同的心理反应,产品的定价应遵循一定的要求,通常有奇数和偶数两种尾数定价法。

(2)整数定价策略

该策略主要是针对高质量、高档次,显示消费者的高地位、高品位的商品。指企业给商品定价时取一个整数,给人一种一分钱一分货的感觉,提高商品在消费者心目中的形象。

(3)分档定价策略

该策略将产品按档次分为几级,不同档次制定不同价格,满足不同层次消费者的需求心理。其核心在于通过价格创造消费者对产品的质量差异感。

(4)声望定价

该策略指酒店凭借其在消费者心中良好的声誉及消费者对高档产品"价高质优"的心理,以高价吸引顾客购买的定价方法。

(5)招徕定价

该策略指酒店利用部分顾客求廉心理,特意将几种商品的价格定得较低以吸引顾客到店里来,借机带动其他商品的销售,以扩大销售业绩。

3. 折扣定价策略

折扣价格是根据不同交易方式、数量、时间、条件等给基本价格以适当的折扣而形成的价格,其实质是减价策略。其主要策略有以下四种:

(1)数量折扣

数量折扣是指企业给那些大量购买某种产品的顾客的一种折扣,以鼓励顾客购买更多的货物。大量购买能使企业降低生产、销售等环节的成本费用。根据消费者购买产品的数量或金额总数不同而给予消费者不同的价格折扣。购买数量越多,折扣越大。例如,住店达到16间只收15间房费,酒店订餐"12桌免1桌"等。

(2)现金折扣

现金折扣指的是酒店企业对及时付清账款的购买者的一种价格折扣。酒店对及时或提前付款的消费者或团体经常给予现金折扣。现金折扣的表示方式为:2/10,1/20,n/30。例如,A公司向B公司出售商品30 000元,付款条件为2/10,n/60,如果B公司在10日内付款,只需付29 400元,如果在60天内付款,则需付全额30 000元。

酒店实行现金折扣有三个因素需要考虑:1)现金折扣率;2)现金折扣的有限期限;3)付清房款期限。

（3）季节折扣

季节折扣又称季节差价，鼓励顾客"反季节"购买，即酒店在淡季给予顾客的折扣优惠。由于酒店产品不可存储性等特点，酒店有时不得不通过这种方法刺激淡季需求以求分摊全年固定成本，均衡生产。

（4）同业折扣及佣金

同业折扣及佣金主要是指酒店给予旅行社的价格折扣。酒店根据具体情况给予旅行社等优先订房权及一定的折扣和佣金。

表7-3为经济型酒店客房的定价标准，仅供参考。

表7-3　经济型酒店客房的定价标准

定价标准	具体内容
价格政策	（1）酒店客房价格应根据当地的经济状况、酒店设施、所处区域确定； （2）设施相同，位于同一区域的酒店的客房定价应一致； （3）位于省会、直辖市的酒店，如果设施相同，客房定价应一致； （4）沿海地区大城市的酒店的客房定价应比直辖市的酒店的客房定价低10～20元； （5）二、三线城市的酒店的客房价格应比省会、直辖市的酒店的客房价格低20～40元
门市定价政策	（1）中介价格应为门市价的9.5折；中介结算底价应为中介售价减去佣金价格，佣金一般为30元，税后价格为27元； （2）公司协议价格应为门市价格的9折； （3）会员卡的价格应为门市价格的9.2折，会员金卡的价格应为门市价格的8.8折； （4）酒店预订系统的非会员价格应为门市价格的9.5折； （5）团队价格：应由公司总部制定最低的团队价格，或者各个酒店根据市场价格实行一团一议； （6）长住客价格：长住客是指连续入住3个月以上的客人，长住客的客房价格应为门市价的8折
促销、调价	店长要提前两周将促销方案提交至公司市场部进行审批。如果按照季节调整房价，店长要提前1个月将调价方案提交公司市场部；如果是调整门市价，店长要提前2个月将调价方案提交公司市场部。需要注意以下事项： （1）新店不应以价格促销为主要促销手段； （2）为了扩大知名度，新店可以选择赠送早餐或礼品等促销方式； （3）开业3个月内，新店可为中介提供最高50元的佣金返现政策，以快速扩大市场、聚集人气，将新客转变为会员；开业3个月后，恢复最高30元的返佣政策； （4）促销协议价经公司市场部审批后执行，促销价签约期不得超过6个月
内部员工价	（1）酒店员工在酒店住宿、用餐可享受员工价； （2）酒店员工在国家法定节假日住宿可享受门市价5折优惠；平时在酒店住宿、用餐可享受7折优惠； （3）员工价仅限员工本人使用，最多可同时订两间客房； （4）员工享受员工价需经该店店长确认，由员工直接向店长提出申请，店长根据公司最新通讯录名单确定员工是否为本公司员工；或者各酒店员工可由本店店长向使用店店长提出享受员工价的申请，再由使用店店长进行确认

续表

定价标准	具体内容
价格权限	(1)所有价格调整都要经过公司市场部的同意才能执行,酒店不能擅自调整; (2)前台折扣、中介价格、协议价格、团队价格及长住客价格都是最低价,酒店可以这些价格为基础自行控制调价幅度; (3)店长及店长助理拥有前台最低9折的折扣权限,如果22:00之后的折扣比9折低,只允许入住一天: ①会员价格以门市价相应折扣计算后按照四舍五入原则取整,其他价格尽量接近0、5、8; ②淡旺季价格、促销价格要根据市场变化情况确定; ③酒店开业初期的促销价格经公司市场部审批后才能执行

（六）酒店价格政策的执行

1. 免费房的规定

申请酒店免费房必须由酒店副总经理以上领导批准后方可执行,任何部门和任何人不得以任何借口私自开设免费房。经批准执行的免费房应走正规的登记手续。未经批准执行的免费房由当事人按门市价格自行付款。

2. 散客预订的折扣规定

酒店销售部、前厅部经理最高房价折扣权限是:旺季时为门市价的20%,淡季时为门市价的30%。前厅部预订员、大堂经理、销售代表的最高折扣权限(即柜台价)是:旺季时为门市价的10%,淡季时为门市价的20%。特殊情况需升级开房时,必须由大堂经理或接待主管批准并登记注明原因,且房间升级的标准只能在原房型的基础上提高一个等级。原则上,行政客房、高级套房不能作为升级目标。

3. 旅行社团队的折扣规定

旅行社团队及散客的房价按照酒店与旅行社事先签订的协议价格执行,低于协议价格的需请示价格管委会决策领导,获得批准后方能执行。旅行社陪同按照一陪同一床的标准和协议价格执行,如协议中规定陪同所入住的为免费房,应及时填写审批单。

4. 会议团体的折扣规定

酒店接待会议团体的房价,应按照销售部与会议团体事先签订的协议价格执行,其餐饮及娱乐消费折扣也应遵照协议执行,低于协议价格的需请示相关领导,获得批准后才能执行。

5. 业主公司或董事会预订的折扣规定

酒店接待业主公司或董事会的预订,应按照事先签订的协议价格标准执行。在同等条件下,上述人员享有对酒店设施的优先使用权。

6. 其他

除上述被授权的业务人员外,酒店其他人员均无房价折扣权,各被授权人必须按照规定正确执行价格政策。

如对酒店的价格政策有调整建议,必须通过正常渠道提出申请,经批准后方可按照新的标准执行。任何人不得擅自更改价格政策中的相关规定。

七、酒店价目表的设计

设计酒店价目表的作用是把酒店确定的客房商品市场销售价格通过宣传册的形式传递给目标客源市场的消费者,使消费者对酒店客房商品的结构、档次、特点等信息有一个全面的了解,从而引起消费者的购买欲。

酒店价目表的设计风格要与酒店的整体 VI 设计和 CI 设计相符。

价目表主要包含以下内容:

①酒店店名、店标、管理品牌等。

②价目表主语。

③公共信息,含地址、预订电话、传真、网址或主页、邮箱、邮编等。

④客房价格信息。一般采用表格的形式,纵向栏目为酒店的客房类型和等级(包括加床价格等),横向栏目是门市价格等。

⑤其他信息。如房价中是否包含早餐价、客房退房时间、酒店接受的付款方式、预订保留的时间、服务费收取比例、其他收费项目、几岁以下的儿童与父母同住一间客房可享受免费待遇等。

⑥特色服务。包括客房中收费或免费的服务项目、其他配套服务信息等。

⑦多语言表述。根据酒店的目标客源市场选择适合的语种印刷宣传册。

第二节　酒店开业预算

【知识框架】

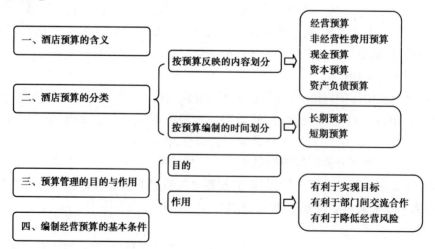

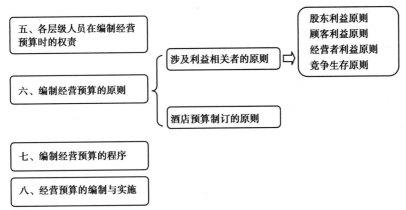

新开业的酒店,由于没有内部历史资料可供参考,所以在开业后的最初几年中往往会觉得编制预算很困难。在这种情况下,可以参考开业前做过的可行性研究资料以此作为编制预算的基础,也可以参考现实因素、行业因素或相似类型大小的酒店所预测的平均值来编制预算。预算管理是科学合理地利用市场环境资源,优化酒店人、财、物的配置,提高管理效率及经济效益的重要手段。

一、酒店预算的含义

酒店预算是以货币计量形式,预计酒店在预算期内各个经营领域所要达到的利润目标,以及为实现这一目标如何运用酒店资金、资源的一项综合性计划。

酒店财务预算是利用货币度量对酒店某个时期的全部经济活动正式计划的数量反映,也是对酒店未来某个时期财务报表所列项目计划的一种数量反映。它具有预见性、适用性和波动性的特点。通过预算的制订,可以明确工作目标、协调各部门之间的关系、控制各部门日常活动、考核各部门工作业绩。

一般来说,酒店的财务预算的方法有固定预算与弹性预算、增量预算与零基预算、定期预算和滚动预算。酒店财务预算必须明确编制预算的方针、掌握和收集有关资料和数据、注重预算的连贯性和长短性的衔接。

二、酒店预算的分类

(一)按预算反映的内容划分

1. 经营预算

经营预算也被称为收入和费用预算或损失预算,指酒店在一个经营周期基本活动中所发生的收入和成本费用的预算。其中最主要的是销售预算,其他的各项成本、费用则是根据销售预算的业务量分别编制的。经营预算不仅包括客房、餐饮、康乐、商场和其他收益中心部门的预算,还有行政管理、营销、财务、人力资源、设备管理等服务中心的预算。

2. 非经营性费用预算

非经营性费用预算是指酒店业主承担的非经常性支出预算,是由酒店财务部配合业主财务总监,在业主财务总监的指导下编制的。它主要包括固定资产折旧、房屋使用占用费、房产税、财产保险、无形资产、上缴集团的管理费、装修及大修理费、贷款利息支出等各项支

出预算。

在一些采用委托管理方式的酒店,需要单独考虑非经营性费用预算。其他管理方式的酒店可将此内容并入经营预算中。

3. 现金预算

现金预算表明在预算期内对现金的需要量,它是以收入和支出预算中的基本数据为基础编制的。现金预算并不一定能显著改变酒店的利润额,但它有助于保证酒店流动性资金。

4. 资本预算

资本预算又称资产重置预算,是对酒店的固定资产的购置、扩建、改造、更新以及其他投资等所作的预算。资本预算一般是由酒店工程部会同财务部共同编制,主要包括:固定资产购置、基建投资和更新改造预算。编制的内容包括:资产购置或投资的时间、内容、资金的来源、可获得的收益、现金净流量、投资回收期等。在实行委托管理的酒店里,由经营管理者提出每个年度所需要固定资产购置、更新改造等资本性支出预算草案,经业主审批后由业主提供预算资金。

5. 资产负债预算

资产负债预算是财务预算中的决策性预算,是在预算期末时点上,对各项资产占用、各项负债及所有者权益情况的预算,它是根据酒店经营损益预算中的营业收入预算以及为完成营业收入目标需要占用的资产量和现金预算等有关数据编制的。它反映预算期末和期初比较各项资产的增减变化量、负债及所有者权益的增减变化量。编制资产负债预算,实际上就是对资金筹资、资金投放、各项资产利用以及利润分配的全面检查和修正,保证酒店业务经营活动顺利进行,完成营业收入指标,最终完成既定的利润目标。

(二)按预算编制的时间划分

1. 长期预算

长期预算为预算期在一年以上的预算,包括长期销售预算和资本支出预算,有时还包括长期资金筹措预算和研究与开发预算。

2. 短期预算

短期预算为预算期在一年以内的预算,一般是指年度预算,或者时间更短的季度或月度预算。

三、酒店经营预算管理的目的与作用

(一)酒店经营预算管理的目的

酒店的三重收益是指酒店的经营收益、不动产收益和资本收益,它们分别对应酒店经营管理者、酒店业主和酒店资本市场的投资者,角色的差异造成了他们对酒店收益的需求有所不同。酒店经营管理者注重的是经营毛利润(GOP),业主和投资者则更关注投资回报率。但是,不管是经营毛利润还是投资回报率,都是通过酒店每个经营年度的经营预算体现出来的,从另一个方面说,每一个年度的经营预算就是酒店这个年度的利润计划。

酒店开业筹备的一个重要目标是使进入市场的酒店企业能够按照预期创造经营效益,完成既定的经营管理目标,而这个预期就是指经营预算的具体指标和要求。对于酒店的投资者

来说,经营预算的完成情况是衡量经营管理者业务水平与能力的标尺;而对于经营管理者来说,经营预算就是酒店经营计划的核心,实行经营预算管理本身就是实行计划管理的一部分。

（二）酒店经营预算管理的作用

1. 有利于实现预期发展战略目标

酒店立项时对发展有整体的战略规划,作为营利性企业,酒店需要实现经济和社会双效益,而经济效益作为企业维持与发展的基础,需要有计划地推进与实施。在经营过程中能否有效地达到经营目标,需要一定的度量手段,故预算是最为可靠的途径和方法,是实现预期发展战略目标的保障之一。

2. 有利于部门间交流合作

酒店通过制订预算,明确相关部门的工作职责与任务,在实施过程中需要部门之间的沟通、交流与合作,为达到预算目标而相互协作。故预算有利于加强部门的交流与合作,提高酒店运行效率,有利于酒店的资源优化配置及利用。

3. 有利于降低经营风险

由于各部门在实施预算的过程中需要对内部管理进行有效控制,需要对出现的问题及时地调整与规避风险。故制订预算和实施,有利于规范酒店内部管理,通过各部门的协作实现风险规避与平衡,有效共同提高风险防御能力。

四、编制经营预算的基本条件

经营预算编制的时段是以一个标准的财务年度来计算的,一般与公历的 1 年相同,即从每年的 1 月 1 日至 12 月 31 日。

编制经营预算,应建立在详尽市场调研的基础上。需要编制者最大限度地掌握市场动态,准确预测市场价格变化,根据客源结构的变化而做出市场预测。酒店的经营部门必须完成相应的年度经营计划,管理部门则制订出费用控制计划,并分析可能影响经营预算执行期间业务活动的内外部因素,从而为确定经营预算找出合理的依据。

编制经营预算不能脱离市场。出于发展的需求,对市场的预测可以是乐观的,但预算的经济任务指标不能定得过高,应在力所能及的目标上适当体现力争上游。尤其是新进入市场的酒店,发展规律应符合酒店市场发展的普遍规律,即任何一家酒店都要经过市场开拓期、市场发展期,最后才能达到市场成熟期,而从第一个时期到第三个时期之间是要有一定的时间性的。一般来说,市场开拓期需要 1~2 年才能形成,市场发展期也需要 2~3 年的时间,故对酒店经营初期过高的预期会产生反作用力,甚至会使管理人员只重视经济任务,而忽略酒店的其他基础建设,使酒店的可持续发展动力下降或难以形成。

酒店应在每年的 10 月开始制订下一年的经营预算,经过讨论与修订,12 月初左右形成完整的预算方案报业主公司或董事会审批,经审批通过的预算方案将在下一年度实行,并在预算的执行期间做一到两次的调整,以保证预算中既定的各项指标符合市场变化的需要。

对酒店经营管理者来说,一个好的经营预算在没有大的市场变化的前提下,其完成率应与前期预算各项指标相差不大,是可控的。如果实际的完成情况与前期预算差距过大,不管其经营指标超过还是落后于预期指标,都不能被看作是一个合格的经营预算。

五、各层级人员在编制经营预算时的权责

酒店经营预算管理实行的是三级管理制,即酒店决策层、部门执行层和班组操作层。

酒店可以通过设置预算编制组的形式来规划编制经营预算的组织机构,即由酒店总经理为主导,协同副总经理、驻店经理、总经理助理等决策领导形成酒店决策层,负责经营预算的统筹安排;由作为酒店经营部门的前厅部、客房部、餐饮部、康乐部、销售部等和作为酒店管理部门的公关部、总办、工程部、安保部、财务部、人力资源部等各部门经理级管理人员组成部门执行层,负责经营预算的具体分类编制工作;由各部门的基层管理人员和广大员工一起组成班组操作层,负责预算的落实执行。

（一）酒店决策层的权责

①遵守国家和地方的各项法律法规,依法开展业务经营活动,按照酒店行业的发展规律制订经营预算的各项目标任务。

②执行酒店既定的经营思想和经营方针,努力完成业主公司或董事会确定的财务目标,提高资金使用率,提高资产运营水平,使酒店的业务活动在可控制的范围内又好又快地发展。

③督导酒店各部门严格执行预算,对阶段的执行结果加以分析研究,并根据市场变化及时做出相应调整,保证管理有效、经营顺畅。

④依据市场经济发展趋势、市场调研和酒店的中长期发展目标,确定酒店营业收入、营业成本、营业费用、管理费用和经营毛利润（GOP）等各项指标。

⑤做好预算指标的分解和综合平衡工作。

⑥按照业主公司或董事会批准的预算方案,合理调配酒店的人、财、物,提高酒店经营效益。

⑦分析预算基础数据的合理性,包括酒店市场定位、客源结构预测、价格政策体系、成本费用控制体系等。

⑧在预算执行过程中协调各部门的业务关系,及时解决预算执行中出现的问题,考核分析预算阶段完成情况,并根据完成情况进行奖惩。

（二）部门执行层的权责

①根据酒店决策层领导对本部门预算管理的要求,结合本部门的实际情况,编制本部门的经营预算。

②认真做好预算前期的调研分析,掌握市场动态变化,分析市场需求,制订合理的经营管理计划。

③贯彻落实上级下达的经营预算,在本部门内进行各项指标的再分解,组织部门所属各班组实施预算管理工作。

④对于预算要求的人、财、物等所有涉及业务活动的支出,必须按照预算要求进行控制,保证预算中既定的各项指标和经济任务顺利完成。

⑤结合下发的预算方案,制订本部门中的成本和费用控制方案。

⑥按照预算要求,制订预算完成的日计划、周计划、月计划,督导所属班组执行预算。

⑦考核分析预算指标的阶段完成情况,对指标在本部门内的完成情况进行奖惩。

（三）班组操作层的权责

①知晓本部门本班组的经营预算指标。

②带领本班组的员工按预算中既定的经济任务进行业务经营活动。

③贯彻执行部门的成本和费用控制方案。

④对预算执行过程中出现的问题有建议权。

六、编制经营预算的原则

（一）涉及利益相关者的原则

酒店经营预算的编制需要平衡投资者、经营者、顾客和市场这四个重要的维度利益，确保预算的合理、公正及酒店经营的持续。依据涉及利益相关者的原则一般分为股东利益原则、顾客利益原则、经营者利益原则、竞争生存原则。

1.股东利益原则

作为投资方，更多地希望短期内达到销售最大化、成本最小化的理想状态，尽量缩短投资回报期，及时回笼资金，获得投资收益。制订预算时，要与投资方积极沟通，分析市场、探讨经营策略、汇报管理方向，达成共识，共同为经营目标出谋划策，促进预算目标的达成。

2.顾客利益原则

顾客作为消费方，通过消费支出期望获取满意的服务体验。顾客在消费的过程中，会关注产品的性价比、产品服务附加值的认同以及在服务中的获得感。酒店在制订经营预算时，需要制订合理的价格政策、产品策略及做好收益管理，以提升顾客体验价值。

3.经营者利益原则

经营者关注的是预算目标的达成，而酒店的价格政策、产品策略及员工的工作状态、管理者的管理技巧都直接影响着市场的占有比重以及经营利润增长。所以在制订预算时，需要正确地了解市场需求与产品的市场可行性，做好详细的策略；同时，需要对员工及管理者制订合理的激励政策、做好内部系统化管理，确保整体的运营管理符合预期目标要求。

4.竞争生存原则

随着酒店大规模的扩张，市场竞争的激烈，酒店要在行业中占竞争优势，必须在产品、服务及管理上与时俱进，及时了解市场需求及市场变化，取长补短，积极探索及创新。特别是新开业的酒店，在市场前景不明朗的情况下，更要关注内部的管理与服务，守正创新，制订适合自身发展和提升市场竞争力的有效策略，在激烈的市场竞争中发挥自身优势，提升市场占有率、达成预期目标。所以，制订预算时要充分评估竞争环境、战略目标及策略，切实制订符合自身条件的预算。

（二）酒店预算制订的原则

酒店开业筹备管理者在编制酒店开业后第一个经营年度的经营预算时，应遵循以下原则

1.统筹兼顾、全面安排

酒店预算制订时，决策者要树立全局观念，对整个酒店各部门的情况要全面掌握，根据各部门的经营特点对预算进行合理规划、安排。

2.实事求是、综合平衡

酒店每个部门的特点及服务规模不相同，在预算制订时，要根据市场、酒店规模、各部门

服务产品及服务设施情况,实事求是地制订预算。过于高或过低的预算对经营实施的指导会出现偏差,不能真实地反映经营管理的实际,同时会损害业主利益。故需要对市场、各部门的承接能力进行综合预测,综合平衡各部门的预算。

3. 先进合理、措施充分

预算的方法要与时俱进,利用大数据时代相关的数据进行合理的数据化分析,制订合理的有效的预算。根据预算情况,在产品、设施、服务方面给予部门有效的支持,在宣传推广方面推出促进预算达成的方案,要为充分达成预算调动一切有效的资源和措施。

4. 指标分解、责任落实

预算制订要进行指标分解,按照类型及目标要求落实到各部门,各部门根据最终的预算,一般按部门、按月进行分解,以便落实责任,确保预算目标的实施。

5. 强调控制、保障有力

预算要在调研分析的基础上制订,在制订的过程中要合理控制各部门成本预算,力求正式不浮夸。在实施的过程中,酒店管理层面要确保提供有力的保障,及时地了解运营的实际情况,及时审视预算的合理性,提供必要的协助。因不可控因素造成的大幅度异常状况,比如受全球新冠疫情的客观大环境的影响导致客流量大幅度减少,应及时进行调整,应适应市场的变化。一般情况下,预算制订后不做调整。

经营预算作为酒店最重要的一项利润计划,包含了酒店在经营年度中所有的收入来源、成本及费用支出项目,它是酒店经营管理者关注的计划管理的重中之重。预算管理既然是计划管理的重点,就应体现出管理者对其控制体系能否准确把握。

在预算编制的过程中,酒店内的所有经营管理者都会亲身参与从制订、执行到完成这一过程,它使酒店高层、中层和基层管理人员的经营目标更加一致,协作也更加紧密,从而让任何一级的管理人员不是被动接受这些指标,而是更加主动地去完成这些计划。

七、编制经营预算的程序

①作为预算编制组的最高管理者,总经理根据酒店的中长期发展规划和业主公司或董事会的要求,做出《酒店年度经营计划任务书》,召开由酒店决策层和部门执行层全体人员参加的预算编制会议,提出酒店开业后下一经营年度的经营指标,并交会议讨论。

②年度经营计划经讨论后,实行主指标分解并下发各部门,由各部门在规定的时间内提交经营计划和成本费用控制计划。

③各部门负责人在接到下发的经营指标和任务要求后,展开市场调研和分析,编写各部门的预算报告,并上报酒店预算编制组决策层。

④酒店预算编制组决策层汇集各部门的预算报告,就报告内容的可操作性进行审批,对照原任务书中的指标进行调整并征询各部门的意见和建议。如果部门的预算不符合决策层的经营方针,决策层必须把要修正的部分退回到部门并要求重新调整,经调整后,部门应在规定时间内再次上报预算。

⑤经讨论成型后的各部门预算报告如基本合格,可交财务部整理出台《酒店经营预算草案》,再次提交预算编制组进行讨论。

⑥各部门在接到《酒店经营预算草案》后,继续搜集编制预算综合平衡所需要的各种数

据和资料,提出整改方案。

⑦酒店预算编制组根据整改后的《酒店经营预算草案》正式形成《酒店经营预算方案》。

⑧酒店总经理把《酒店经营预算方案》提交业主公司或董事会审批。

⑨经批复后的《酒店经营预算方案》如无改动,则形成正式经营管理文件,由决策层就其主指标进行正式分解,形成《酒店经营预算部门执行方案》下发各部门。在方案中,应明确规定各阶段业务活动安排、负责人、执行人等条款。

八、经营预算的编制与实施

(一)预算编制会议应解决的问题

编制经营预算时,应召开酒店预算会议。会议应讨论确定下列主要议题:

1. 编制计划任务书

任何一家酒店企业都会有明确的投资回报计划和中长期发展计划,这些计划应反映酒店企业发展的客观规律,明确酒店企业在某一发展阶段内的经济任务。

总经理根据业主公司或董事会提出的经济任务和市场的发展趋势提出参考性的意见和建议,并尽可能与领导机构达成共识,再综合计划指标情况,为酒店制订框架性的任务书。

任务书应包含以下主要内容:营业收入预测、营业收入的结构、营业成本的构成及比例、营业费用的构成及比例、管理费用的构成及比例、经营毛利润(GOP)的预测、经营毛利润率等。

2. 分析酒店的经营条件

宏观上,会议应对经济形势和政治条件进行分析。经济形势分析包括诸如区域旅游行业的发展是否迅速、入境旅游和国内旅游客源增长是否可以为酒店提供更多的机会等;政治条件分析可以揭示国家和地方的政策与立法有无变化,例如新的《中华人民共和国劳动合同法》的实施是否会增加人力资源成本等问题。

微观上,会议应对酒店的预期经营进行分析,找出酒店经营的优势、劣势、风险和机会等因素,对能够产生影响的潜在因素应制订相应的防范预案。

3. 研究竞争市场

对酒店所在区域周边酒店市场进行研究,包括有无新开业的同档次、同规模的酒店企业,列出主要的竞争对手,分析竞争对手的市场经营情况和特点,找出同竞争对手之间的主要优劣势等。

4. 制订价格政策

根据本酒店的硬件设施和软件服务进行价格分析,结合市场需求确定最合理的价格体系。该体系主要包括客房销售价格、会议会展价格、餐饮产品价格、康乐产品价格和其他产品的价格,建立可行的最优化的价格组合,并对价格的调整制订一个相应的时间表。

5. 分解主指标

经过讨论,酒店预算计划任务书中的各项主指标定型后,由决策层根据对应业务部门实行主指标分解,分解后的指标作为分指标由各部门在随后的预算报告中进行细化。

(二)部门预算报告编制的注意事项

①编制部门预算报告时用到的各项指标必须是在预算编制会议上确定的数据。

②财务部门负责向其他部门提供一份有关成本和费用的基本信息。这些信息通常包括工资薪金标准、福利计划、保险计划、税金标准等。

③经营部门在制订部门预算时,测算收入和支出的依据是本部门提交的经营计划;管理部门在制订部门预算时,测算费用支出的依据是本部门提交的费用控制计划中的相关数据。

④部门预算报告应以月度计划的形式加以体现,结合行业经营特点,特别是淡、平、旺季经营的特点预测经营情况。

⑤在制订部门预算时,相关部门搜集整理的资料和数据必须真实有效,并应妥善保管、存档。

⑥部门预算报告中涉及特别项目额外增加成本和费用的,必须说明其来源和出处,保证所有的项目都是合理的。对于重大收入计划,应说明其可操作性和必要性。

（三）经营预算的执行

①酒店总经理根据审批下发并执行的《酒店经营预算方案》做出收支预测,由财务部编制流动资金使用计划并做好资金申请工作。

②部门执行层应由主要负责人对《酒店经营预算部门执行方案》进行签收,并做好对部门班组的方案讲解工作。

③酒店决策层制订预算执行的审批权限和贯彻措施。

④决策层和执行层分别就预算指标和预期完成情况制订经济责任奖惩考核办法。

⑤决策层制订预算执行的控制预案,保证预算顺利实施。

⑥对预算指标完成情况的考核工作可分解到月,有营业收入的经营部门收入指标可分解到周,班组收入指标有条件的可分解到日,管理部门的指标分解到周。对重大业务经营活动的支出和收入必须具体详细,并附实施方案说明。

⑦在预算执行过程中,决策层可根据市场变化情况和实际需求对《酒店经营预算方案》进行调整,调整后的方案要报业主公司或董事会同意后方可执行。

（四）经营预算实施过程的控制

对经营预算的实施过程进行控制,其目的在于分析和研究预算数据和实际经营结果之间是否存在较大偏差,以及产生较大偏差的原因和解决偏差的行动方案。

在酒店的实际经营活动中,几乎所有的预算执行结果都会与预测指标有所偏差,这是很正常的事情,当二者之间存在较大偏差时,管理者就应采取相应措施。

预算指标与实际结果间产生较大差异的原因有许多,除去宏观不可控的市场因素外,酒店管理者应该更加关注酒店内部环境变化对预算的影响,如销售手段是否符合市场需求、价格政策的制订是否符合目标客源市场的需求、酒店的业务流程设计是否合理、经营用品的损耗是否增加等。

为了使预算能够被有效地用于控制,酒店决策层应该为部门提供一个标准,即当月度实际经营结果与月度预算指标出现多少百分比的差异将被视为"较大偏差",这将有助于各部门及时确认偏差的程度并采取相应措施。

（五）经营预算的主要指标

1.经营毛利润（GOP）

对于酒店经营管理者来说,其所能控制的酒店收益就是经营毛利润（GOP）,衡量酒店经营业绩的主要指标也是经营毛利润,而非经营费用(如固定资产折旧、无形资产摊销、其他资产摊销、土地使用费、董事会费用、房产税、保险费、审计费、律师费、上缴管理费、利息净支出等费用)是不受酒店经营管理者控制的。非经营费用应在产生经营毛利润(GOP)后由业主公司或董事会进行计算和提取。

有关经营毛利润和经营毛利润率的计算公式如下列算式所示:

$$经营毛利润(GOP)=营业收入-营业成本-营业费用-营业税金-管理费用$$

$$经营毛利润率(GOP\ 率)=\frac{经营毛利润额}{营业收入总额}\times100\%$$

2. 营业收入

酒店营业收入,是酒店年度业务经营活动中,由于提供劳务或销售商品等所取得的收入。在实际经营中,酒店通常会根据取得收入的部门来计算营业收入总额。营业收入包括客房收入、餐饮收入、康乐收入、商品收入、洗衣收入、电信电话收入、商务服务收入、车船出租收入、出租营业场所收入和其他收入等。

3. 营业成本

酒店营业成本,是酒店在经营过程中发生的各项直接支出,它是对应产生这部分成本的直接收入而言的。营业成本通常包括客房成本、餐饮成本、康乐成本、商品成本等。客房成本主要是指客房内迷你吧(小酒吧)的成本,其他费用不应计入客房成本中去,这也是酒店客房成本从数据上看通常很低的主要原因。

4. 人力资源成本

酒店人力资源成本,是酒店经营中用于人力资源的各项支出。包括工资总额、效益工资(奖金)、福利费、工会经费、教育附加费、培训费、劳动保护费、五险一金、置装费、工作餐费等。

人力资源成本率的计算公式如下:

$$人力资源成本率=\frac{人力资源成本合计}{当期营业收入总额}\times100\%$$

5. 营业费用

酒店营业费用,是酒店各经营部门在业务经营过程中发生的各项费用。营业费用主要包括营业费用中人力资源成本、洗涤费、办公费、差旅费、广告宣传费、装饰用品费、包装费、保管费、装卸费、运输费、租赁费、修理费、邮电费、能源消耗费、物料消耗、低值易耗品推销、通信费、表演费、音乐制品费、娱乐管理费、版权使用费、商品消耗、养路过桥费、行车补助费、出团住宿费、交际应酬费、清洁卫生费、绿化费、其他营业费用等。

6. 管理费用

酒店管理费用是为组织管理经营活动而发生的管理部门和由酒店统一负担的各项费用。管理费用包括管理费用中人力资源成本、洗涤费、办公费、差旅费、会议费、交际应酬费、外事费、广告宣传费、咨询费、诉讼费、技术转让费、坏账损失费、存货损失费、运输费、通信费、保管费、修理费、邮电费、能源消耗费、物料费、员工住宿费、租赁费、网站维护费、低值易耗品摊销、排污费、绿化费、清洁卫生费、各种税费、管理公司管理费等。

（六）经营部门指标测算的主要科目

1.客房部经营预算指标测算

（1）客房资源测算

客房资源包括客房总数、各房型数量（含总统套房、行政套房、套房、标准间、单人间等）、可出租天数、团队入住间天数、散客入住间天数、月平均房价、年平均房价、月平均出租率、年平均出租率等。

（2）客房营业收入预算

客房部营业收入是将所测算的客房资源状况交由销售部并配合销售部进行预算细化。这部分营业收入包括客房收入、迷你吧收入、洗衣收入和其他收入四个部分。

$$客房收入＝客房总数×年平均房价×年平均出租率×可出租天数$$

$$迷你吧收入＝平均日销售收入×可出租天数$$

$$洗衣收入＝平均日收入×可出租天数$$

其他收入包括公寓写字楼出租收入、服务费收入等项目。

（3）客房营业费用预算

客房营业费用包括固定营业费用和变动营业费用两部分。

固定营业费用基本不受客房出租率的影响。这部分费用是客房部在日常经营中所必须列入的费用，包括人力资源成本中相对固定的部分（剔除效益工资和临时用工产生的人力资源成本）、差旅费、办公费、低值易耗品摊销、物料消耗、清洁卫生费、邮电费、通信费和其他符合此标准的费用。

变动营业费用的主要发生额取决于客房经营情况的好坏。这部分费用的变化与客房出租率成正比，包括人力资源成本中变动的部分（主要指效益工资和临时用工产生的人力资源成本）、清洁卫生费、洗涤费、物料消耗和其他符合此标准的费用。

（4）客房部经营利润

客房部经营利润包括客房部保本点出租率测算、客房部营业收入保本点测算、目标出租率测算及目标营业收入测算等。

$$客房部经营利润＝客房营业收入－营业成本－营业费用－营业税金及附加$$

2.餐饮部经营预算指标测算

（1）餐饮资源测算

餐饮资源包括餐厅吧室数量、各餐厅吧室餐位数量、年经营天数、各餐厅吧室上座率、各餐厅吧室人均消费、会议会展设施，宴会设施等。

（2）餐饮营业收入预算

$$餐厅收入＝餐位数量×上座率×人均消费×年经营天数$$

$$吧室收入＝吧室座位数量×上座率×人均消费×年经营天数$$

测算会议会展收入和宴会收入时，应根据经营计划书中所列出的活动方案进行。

（3）餐饮营业成本预算

餐饮营业成本是指餐饮业务经营中耗用的食品、饮品原材料的直接费用，酒店通常会对餐饮业务经营的食品和饮品的毛利率限定一个相应的指标，即食品毛利率和酒水毛利率，对同时销售食品饮品的餐厅还要设定一个综合毛利率，以保证餐饮的经营利润。

食品成本率一般在40%~50%。从整体上看,中餐的成本率略高于西餐和其他风味餐。食品成本率是由厨师长根据菜单上所有菜品的加工制作及用料流程先行编制食品成本卡来进行测算的,成本卡是食品成本率的设定依据。卡中应明确标明菜品的主料、配料、辅料和调料的名称、用量及简述加工制作手法。酒水成本率同样由酒水部的负责人提交酒水成本卡,表明销售的各种酒水的名称、用量及简述加工制作手法。

成本卡编制完成后,交财务部留存以备经营中根据实际销售情况查验和分析,或按照财务规定的标准成本法进行测算。

$$餐饮营业成本 = 餐饮收入 × 综合成本率$$

（4）餐饮部营业费用预算

餐饮部营业费用包括固定营业费用和变动营业费用两部分。

固定营业费用的发生基本不受餐饮收入和上座率的影响,是餐饮部开展业务经营必需的费用。它包括人力资源成本中相对固定的部分(剔除效益工资和临时用工产生的人力资源成本)、差旅费、办公费、广告宣传费、租赁费、装饰用品费、低值易耗品摊销、物料消耗、清洁卫生费、邮电费、通信费、音乐制品费、版权使用费、娱乐管理费和其他符合此标准的费用。

变动营业费用的主要发生额取决于餐饮收入和上座率,这部分费用的变化与餐饮收入成正比。它包括人力资源成本中变动的部分(主要指效益工资和临时用工产生的人力资源成本)、包装费、燃料费、表演费、商品消耗、交际应酬费、清洁卫生费、洗涤费、物料消耗和其他符合此标准的费用。

（5）餐饮部经营利润

餐饮部经营利润包括餐饮部保本营业收入测算及目标营业收入测算等。

$$餐饮部经营利润 = 餐饮营业收入 - 营业成本 - 营业费用 - 营业税金及附加$$

3. 康乐部经营预算指标测算

（1）康乐部资源预算

对康乐部资源进行预算时,可按其对客设置的娱乐项目进行分项统计,包括但不限于保龄球、乒乓球、台球、沙狐球、壁球等室内球类项目,高尔夫、网球等室外球类项目,卡拉OK厅、歌舞厅等歌舞类项目,桑拿、保健按摩、健身房等保健项目,美容美发厅、视听室等配套服务项目。

（2）康乐部收入预算

进行康乐部收入预算时,要对应酒店所设置的娱乐项目进行分项测算,测算的依据是估算日接待人数和人均消费。

（3）康乐部营业成本预算

康乐部营业成本主要指康乐部业务经营中耗用的食品、饮品、原材料,可采用营业收入与成本率相乘的方法进行测算。

（4）康乐部营业费用预算

康乐部营业费用包括固定营业费用和变动营业费用两部分。

固定营业费用的发生基本不受营业收入和接待人数的影响,是康乐部开展业务经营工作过程中必需的费用。它包括人力资源成本中相对固定的部分(剔除效益工资和临时用工产生的人力资源成本)、差旅费、办公费、广告宣传费、租赁费、装饰用品费、低值易耗品摊销、

物料消耗、清洁卫生费、邮电费、通信费、音乐制品费、版权使用费、娱乐管理费和其他符合此标准的费用。

变动营业费用的主要发生额取决于康乐收入和接待人数,这部分费用的变化与收入成正比,包括人力资源成本中变动的部分(主要指效益工资和临时用工产生的人力资源成本)、包装费、燃料费、表演费、商品消耗、交际应酬费、清洁卫生费、洗涤费、物料消耗和其他符合此标准的费用。

4.商品及商务服务项目的经营预算指标测算

商品部及商务服务项目的经营预算比较简单。其中,营业收入可以简单采用住店客人消费预测的方法,商品收入可按其进价计算其成本等。

【本章小结】

酒店预算是以货币计量形式,预计酒店在预算期内各个经营领域所要达到的利润目标,以及为实现这一目标如何运用酒店资金、资源的一项综合性计划。本章主要介绍了制订酒店产品价格的原则,酒店的定价目标,酒店的定价方法及策略,酒店预算的分类,酒店经营预算管理的目的;阐述了影响酒店价格制订的因素,各层级人员在编制经营预算时的权责,编制经营预算的原则、基本条件及程序等。通过本章的学习,使学生能够对酒店经营预算的编制有个基本了解。

【课后思考】

1.影响酒店产品定价的因素有哪些?

2.价格制订的方法有哪些?

3.客房的定价策略有哪些?

4.价格政策执行涉及哪些方面的规定?

5.制订经营预算的目的和作用是什么?

6.酒店的预算应该从哪些方面来考虑?

7.编制经营预算的原则有哪些?

8.请讨论一下酒店企业面对散客应用哪种折扣定价更有可能取得良好的效果?

【实践作业】

【实践名称】开业经营预算制订

【实践要求】请小组为创建的酒店各类房型拟定房价并为各经营部门(餐饮部、客房部、康乐部等)编制相应预算

【案例分析】

这样的筹建算不算成功?

在一个中型迅速发展的城市里,某老板打算建一个酒店。首先,酒店附近都是企业单

位,应该说是商机无限。他先把自己的全部家当抵出去得了贷款 400 万元,自己也进行了考察,决定投资建一家 4 000 m² 左右的中档酒店。他先花 20 万元贷款买了辆车,然后将自己多年商场上的朋友都叫来,笼络了一个建筑设计院的朋友,以朋友名义感化,只交了点管理费就做好了酒店的建筑设计,按 20 元/m² 计,省了 8 万元。然后选了一家知名建筑建造单位为酒店施工,以市场价 450 元/m² 的价格打包给这家单位建造,条件是建筑建成一年后付剩余 40% 的费用。当然在施工期间由于拨款不及时,工人半年没发工资等因素,一个 4 000 m² 的建筑盖了一年多。当工程进行到第 8 个月时,出现排风管道由于过梁太粗和层高太低无法安装等问题,第 9 个月时开始内装饰招标,当然是自己的关系,让这些朋友亲戚来投标装饰,条件是免费设计,40% 的工程款在完工一年后支付,节省了设计费。

为了给亲戚朋友面子,将预计投入 170 万元的装饰项目分成 4 个标段,由 4 家公司分别施工。在第 11 个月时建筑工程尚未结束的情况下,装饰公司进入工地。第 12 个月,工地因资金不足一度停工,装饰工人没有活做,除了留下看门的人,其余基本走光,同时这个老板意识到设计问题很多,请专人来做设计修改,并聘请管理公司展开招聘与培训,预计两个半月后完成施工开业。由于建筑工期迟迟不能完成,一直到冬季过后装饰公司重新进入工地,此时已是工程进度的第 16 个月了,装饰工地终于忙碌起来了,期间建筑安装收尾的同时,装饰公司也在忙着拆除不合理的墙体,整改不合理的门,重新布置强电等。由此废弃的无法安装的排风系统就高达 10 万元,更不用算那些因又粗又笨的过梁和柱子浪费的钢材了。

此时工地开始出现材料大量丢失的现象,不过老板只看到了商机浪费这一项。在这期间由于老板每隔数日要到清华大学学习管理,不能及时签字拨款,装饰公司停工 3 次,又因很多主要材料业主提供不及时而耽误装饰公司进度,又停工数次,当然主要材料的供应商大都是老板的亲戚朋友和在清华学习的同学。当工程进行到第 18 个月时,由于装饰公司和业主关系紧张,施工进度缓慢。到第 19 个月,酒店管理公司退出酒店,解除了与这位老板的合作,培训好的员工已经换了走、走了换,全是新面孔了。第 20 个月装饰基本进入尾声,老板招来亲信负责采购酒店用品,中间出现采购质量不合格退换数次耽误工期等现象。直到第 21 个月,酒店终于开业了。

一个仅仅 4 000 m² 的酒店,从开工到开业一共经历了 1 年零 9 个月。这个老板充分利用了自己的亲戚朋友资源,把预计 400 万元的项目做到了 1 000 万元。而对手比他起步晚的却基本与之同时进入市场。当他在忙碌筹建时也看到了问题所在,但他看见的只是局部,再让他重新来一次也不一定能成功,因为其中的奥妙可不是他一个人猜得透的。他连基本的环节都没弄清楚,更不用说各环节的搭配了。

(资料来源:李伟清. 酒店运营管理[M]. 重庆:重庆大学出版社,2018:57-58.)

思考:

1. 分析以上案例,这样的酒店筹建是成功的还是不成功的?

2. 该酒店在筹建中发生了哪些失误?

3. 成功的酒店筹建应该包括哪些内容?

【知识拓展】开业预算表范例

附表 1　酒店管理费用预算（1—12 月）

单位：元

序号	名称	%	预算	1月	2月	3月	4月	5月	6月	7月	8月	9月	10月	11月	12月
1	薪金工资	25.27	864 000.00	72 000.00	72 000.00	72 000.00	72 000.00	72 000.00	72 000.00	72 000.00	72 000.00	72 000.00	72 000.00	72 000.00	72 000.00
2	福利费	3.54	120 960.00	10 080.00	10 080.00	10 080.00	10 080.00	10 080.00	10 080.00	10 080.00	10 080.00	10 080.00	10 080.00	10 080.00	10 080.00
3	工作餐	3.56	124 800.00	10 400.00	10 400.00	10 400.00	10 400.00	10 400.00	10 400.00	10 400.00	10 400.00	10 400.00	10 400.00	10 400.00	10 400.00
4	水费、排污费	11.54	394 596.00	32 883.00	32 883.00	32 883.00	32 883.00	32 883.00	32 883.00	32 883.00	32 883.00	32 883.00	32 883.00	32 883.00	32 883.00
5	电费	26.61	909 792.00	75 816.00	75 816.00	75 816.00	75 816.00	75 816.00	75 816.00	75 816.00	75 816.00	75 816.00	75 816.00	75 816.00	75 816.00
6	印刷品	0.28	9 600.00	800.00	800.00	800.00	800.00	800.00	800.00	800.00	800.00	800.00	800.00	800.00	800.00
7	招待费	2.11	72 000.00	6 000.00	6 000.00	6 000.00	6 000.00	6 000.00	6 000.00	6 000.00	6 000.00	6 000.00	6 000.00	6 000.00	6 000.00
8	办公费	0.62	21 272.04	1 772.67	1 772.67	1 772.67	1 772.67	1 772.67	1 772.67	1 772.67	1 772.67	1 772.67	1 772.67	1 772.67	1 772.67
9	制装	0.00	—	—	—	—	—	—	—	—	—	—	—	—	—
10	工服洗涤	0.36	12 288.00	1 024.00	1 024.00	1 024.00	1 024.00	1 024.00	1 024.00	1 024.00	1 024.00	1 024.00	1 024.00	1 024.00	1 024.00
11	电话费	1.26	43 200.00	3 600.00	3 600.00	3 600.00	3 600.00	3 600.00	3 600.00	3 600.00	3 600.00	3 600.00	3 600.00	3 600.00	3 600.00
12	广告宣传费	1.32	45 000.00	15 000.00	—	—	5 000.00	10 000.00	—	—	—	5 000.00	5 000.00	5 000.00	—
13	装饰费	0.00	—	—	—	—	—	—	—	—	—	—	—	—	—
14	低值易耗品	0.07	2 400.00	200.00	200.00	200.00	200.00	200.00	200.00	200.00	200.00	200.00	200.00	200.00	200.00
15	清洁用纸	0.04	1 230.00	130.00	130.00	130.00	130.00	130.00	130.00	130.00	130.00	130.00	130.00	130.00	130.00
16	差旅费	0.83	28 400.04	2 366.67	2 366.67	2 366.67	2 366.67	2 366.67	2 366.67	2 366.67	2 366.67	2 366.67	2 366.67	2 366.67	2 366.67

序号	项目	比例(%)	合计	1月	2月	3月	4月	5月	6月	7月	8月	9月	10月	11月	12月
17	管理公司费用	8.93	305 324.07	5 671.27	3 468.63	16 903.79	25 938.64	31 703.05	30 192.99	26 432.24	28 671.37	36 276.73	33 572.41	31 222.92	35 270.04
18	员工宿舍用品	0.18	6 000.00	500.00	500.00	500.00	500.00	500.00	500.00	500.00	500.00	500.00	500.00	500.00	500.00
19	汽车使用费	1.05	36 000.00	3 000.00	3 000.00	3 000.00	3 000.00	3 000.00	3 000.00	3 000.00	3 000.00	3 000.00	3 000.00	3 000.00	3 000.00
20	汽车维修费	0.14	4,800.00	400.00	400.00	400.00	400.00	400.00	400.00	400.00	400.00	400.00	400.00	400.00	400.00
21	交通费	0.60	20 400.00	1 700.00	1 700.00	1 700.00	1 700.00	1 700.00	1 700.00	1 700.00	1 700.00	1 700.00	1 700.00	1 700.00	1 700.00
22	培训费	0.00	—	—	—	—	—	—	—	—	—	—	—	—	—
23	工会经费	0.00	—	—	—	—	—	—	—	—	—	—	—	—	—
24	教育经费	0.73	24 894.00	2 074.50	2 074.50	2 074.50	2 074.50	2 074.50	2 074.50	2 074.50	2 074.50	2 074.50	2 074.50	2 074.50	2 074.50
25	职工保险	8.47	289 536.72	24 128.06	24 128.06	24 128.06	24 128.06	24 128.06	24 128.06	24 128.06	24 128.06	24 128.06	24 128.06	24 128.06	24 128.06
26	设备设施大修	0.00	—	—	—	—	—	—	—	—	—	—	—	—	—
27	维修费	1.61	55 000.00	4 583.33	4 583.33	4 583.33	4 583.33	4 583.33	4 583.33	4 583.33	4 583.33	4 583.33	4 583.33	4 583.33	4 583.33
28	卫生防疫	0.34	11 580.00	965.00	965.00	965.00	965.00	965.00	965.00	965.00	965.00	965.00	965.00	965.00	965.00
29	垃圾清运	0.21	7 200.00	600.00	600.00	600.00	600.00	600.00	600.00	600.00	600.00	600.00	600.00	600.00	600.00
30	消防维修费	0.25	8 400.00	700.00	700.00	700.00	700.00	700.00	700.00	700.00	700.00	700.00	700.00	700.00	700.00
31	财务费用	0.00	—	—	—	—	—	—	—	—	—	—	—	—	—
32	其他	0.00	—	—	—	—	—	—	—	—	—	—	—	—	—
33	合计	100.00	3 419 002.87	276 394.50	259 191.86	272 627.02	286 661.87	297 426.28	285 916.22	282 155.47	284 394.60	296 999.96	294 295.64	291 946.15	290 993.31

附表 2　酒店经营预算（1—12 月）

单位：元

序号	项目	%	预算	1 月	2 月	3 月	4 月	5 月	6 月	7 月	8 月	9 月	10 月	11 月	12 月
	一、营业收入														
1	客务收入	84.66	10 339 835.60	186 426.60	107 415.04	571 641.64	888 144.60	1 099 716.40	1 031 401.20	895 654.40	968 924.80	1 239 437.44	1 124 270.80	1 036 858.48	1 189 944.20
2	餐务收入	15.34	1 873 127.32	40 424.00	31 330.03	104 509.90	149 400.96	168 405.66	176 318.40	161 635.07	177 930.10	211 631.92	218 625.44	212 058.48	220 857.36
3	营业收入合计	100.00	12 212 962.92	226 850.60	138 745.07	676 151.54	1 037 545.56	1 268 122.06	1 207 719.60	1 057 289.47	1 146 854.90	1 451 069.36	1 342 896.24	1 248 916.96	1 410 801.56
	二、营业成本														
4	客务成本	0.11	11 349.29	204.18	117.86	627.14	974.82	1 207.12	1 132.18	982.93	1 063.49	1 360.79	1 234.04	1 138.14	1 306.58
5	餐务成本	60.00	1 032 280.61	22 128.00	17 117.81	57 726.96	81 566.16	91 663.20	97 032.96	88 636.80	98 022.00	116 523.36	120 775.20	117 318.96	123 769.20
6	营业成本合计		1 043 629.90	22 332.18	17 235.67	58 354.10	82 540.98	92 870.32	98 165.14	89 619.73	99 085.49	117 884.15	122 009.24	118 457.10	125 075.78
	三、营业税金及附加														
7	客务税金	5.50	568 690.96	10 253.46	5 907.83	31 440.29	48 847.95	60 484.40	56 727.07	49 260.99	53 290.86	68 169.06	61 834.89	57 027.22	65 446.93
8	餐务税金		103 022.00	2 223.32	1 723.15	5 748.04	8 217.05	9 262.31	9 697.51	8 889.93	9 786.16	11 639.76	12 024.40	11 663.22	12 147.15
9	营业税金合计		671 712.96	12 476.78	7 630.98	37 188.33	57 065.01	69 746.71	66 424.58	58 150.92	63 077.02	79 808.81	73 859.29	68 690.43	77 594.09
	四、工资及福利														
10	薪金工资	6.51	795 600.00	66 300.00	66 300.00	66 300.00	66 300.00	66 300.00	66 300.00	66 300.00	66 300.00	66 300.00	66 300.00	66 300.00	66 300.00
11	职工福利	0.91	111 384.00	9 282.00	9 282.00	9 282.00	9 282.00	9 282.00	9 282.00	9 282.00	9 282.00	9 282.00	9 282.00	9 282.00	9 282.00
12	工作餐	1.35	165 360.00	13 780.00	13 780.00	13 780.00	13 780.00	13 780.00	13 780.00	13 780.00	13 780.00	13 780.00	13 780.00	13 780.00	13 780.00
13	工资及福利合计	8.78	1 072 344.00	89 362.00	89 362.00	89 362.00	89 362.00	89 362.00	89 362.00	89 362.00	89 362.00	89 362.00	89 362.00	89 362.00	89 362.00
	五、营业费用														
14	低值易耗品	0.00	—	—	—	—	—	—	—	—	—	—	—	—	—
15	布草洗涤	2.30	281 085.95	8 566.73	4 023.25	17 558.68	24 851.98	28 545.75	27 225.52	25 504.54	26 897.44	29 783.25	29 535.75	27 373.02	31 220.04
16	棉织品	0.00	—	—	—	—	—	—	—	—	—	—	—	—	—

序号	项目	比例	合计	1	2	3	4	5	6	7	8	9	10	11	12
17	客用品	3.20	390 577.31	11 227.24	4 973.89	23 867.67	34 250.66	39 377.30	37 844.32	35 224.80	37 423.01	41 839.11	41 623.56	38 816.26	44 109.50
18	清洁用品	0.87	106 767.31	3 258.02	2 459.58	6 487.26	8 974.42	9 863.55	9 735.28	9 630.51	10 538.18	11 336.43	11 212.26	11 867.52	12 096.29
19	印刷品	0.36	44 142.33	1 487.77	574.67	2 897.99	3 812.90	4 499.42	4 237.37	4 048.84	4 198.17	4 721.83	4 843.30	4 414.98	4 405.08
20	制装	0.00	—	—	—	—	—	—	—	—	—	—	—	—	—
21	电话传真	0.34	41 984.76	1 895.61	1 082.67	2 965.59	3 647.46	4 213.56	3 941.22	3 820.86	3 898.89	4 259.46	4 346.16	3 973.75	3 939.53
22	玻瓷银	0.06	7 598.57	217.49	110.73	467.47	635.27	736.23	723.48	679.66	722.30	831.96	855.99	802.00	815.97
23	差旅费	0.00	—	—	—	—	—	—	—	—	—	—	—	—	—
24	办公费	0.11	13 107.81	397.69	184.13	824.69	1 108.15	1 292.35	1 251.49	1 182.53	1 246.20	1 424.00	1 463.63	1 358.99	1 373.95
25	装饰与鲜花	0.12	14 400.00	1 200.00	1 200.00	1 200.00	1 200.00	1 200.00	1 200.00	1 200.00	1 200.00	1 200.00	1 200.00	1 200.00	1 200.00
26	餐饮炊具	0.00	—	—	—	—	—	—	—	—	—	—	—	—	—
27	燃料费	0.84	102 000.00	8 500.00	8 500.00	8 500.00	8 500.00	8 500.00	8 500.00	8 500.00	8 500.00	8 500.00	8 500.00	8 500.00	8 500.00
28	工服洗涤	0.22	26 400.00	2 200.00	2 200.00	2 200.00	2 200.00	2 200.00	2 200.00	2 200.00	2 200.00	2 200.00	2 200.00	2 200.00	2 200.00
29	招待费	0.10	12 000.00	1 000.00	1 000.00	1 000.00	1 000.00	1 000.00	1 000.00	1 000.00	1 000.00	1 000.00	1 000.00	1 000.00	1 000.00
30	其他	0.00	—	—	—	—	—	—	—	—	—	—	—	—	—
31	营业费用合计	8.52	1 040 064.04	39 950.55	26 308.93	67 969.34	90 180.85	101 605.16	98 192.68	92 714.74	97 340.20	107 174.04	107 086.66	100 680.53	110 860.36
六	经营利润	68.66	8 385 212.02	62 729.08	1 792.51	423 277.76	718 396.72	914 537.87	855 575.20	727 442.08	797 990.18	1 056 840.35	950 579.05	871 726.90	1 007 909.34
七	管理费用	27.99	3 419 002.88	276 394.50	259 191.86	272 627.02	286 661.87	297 426.28	285 916.22	282 155.47	284 394.60	296 999.96	294 295.64	291 946.15	290 993.31
八	利润总额	40.66	4 966 209.14	213 666.42	260 984.37	150 650.74	431 734.85	617 111.59	569 668.98	445 286.61	513 595.58	759 840.39	656 283.41	579 780.75	716 916.03

第八章　酒店开业筹划

【导言】

　　酒店的筹建阶段是一个酒店成长过程中的基石阶段,也是酒店专业功底的重要体现。酒店预开业筹备期间的工作千头万绪,十分繁杂,投资者和开业筹备者往往不知道该从何处着手。因此,编制预开业经营筹备工作计划,罗列出详细的主要事务的履行内容和完成期限是十分必要的。

　　简单说,酒店项目预开业经营筹备计划工作是从人、财、物三个基准点入手,进行经营管理体系的筹建。酒店项目经营管理体系的筹建成功与否,是决定酒店开业后进入经营期正常有序运营的前提条件,具有十分重要的意义。

　　然而,人、财、物到位酒店就可以开业运营吗? 价格及预算拟定后,酒店还需要进行对外宣传、开业前清洁、试运营后,才能正式开业。本章将从酒店开业前营销推广、开荒、试运营及开业典礼四个方面进行说明。

【学习目标】

知识目标:1.了解酒店开业营销推广方案的拟定及实施细节
2.了解开荒内容及注意事项
3.了解试运营的细节
4.了解开业典礼方案内容及细节
能力目标:1.能制订酒店开业宣传方案
2.能合理安排开荒工作
3.能安排试运营工作
4.能制订酒店开业典礼方案并实施
思政目标:能够在开业筹划与实施过程,树立全局观、安全意识、民族自豪感,提升职业素养

【案例导入】

2018 年 6 月以来,特别是在 10—12 月各大网络平台密集争相报道关于阿里巴巴首家未来酒店菲住布渴(FlyZoo Hotel)将于 2018 年 12 月 18 日开业的消息,各大媒体以吸引眼球的标题,"阿里首家未来酒店开业:科技感满满 客房价 1 399 元起""阿里未来酒店开业,无人酒店会是未来吗?""未来酒店即将开业,网友:又有一大波人要失业了?""阿里首家未来酒店开业在即,满满黑科技让人非住不可"等铺天盖地的报道。在旅游市场形成了强大的心理攻势,人们对这家筹备两年的由阿里巴巴集团建设、运营,支持全场景身份识别、大面积使用 AI 智能,刷脸乘电梯开房门、机器人送餐送鞋调酒等科技感十足的服务的未来酒店充满了好奇和期待。

第一节 酒店开业前营销推广

【知识框架】

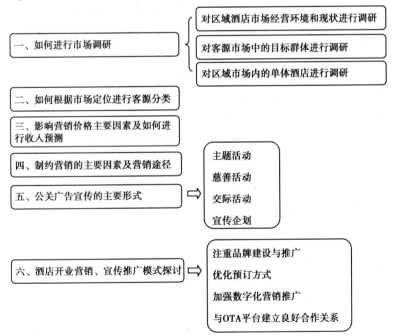

在现代酒店的发展过程中,各种营销活动的开展起着不可替代的作用,常做活动可以为酒店创造可观的经济效益。如何策划一系列有效的主题营销活动已经成为酒店管理的重要任务。在酒店开业前,经营筹备者最重要的一项任务就是制订酒店营销计划。制订营销计划需要经过市场调研、根据市场定位进行客源分类分析、产品设计、价格制定、收入预测、营销策略及途径的确定、公关广告宣传及部门费用控制计划等程序。

而新开业的酒店对于顾客来说,更关心酒店带来的交通便利、价格优惠、产品差异、服务特色等,由于个体差异、消费习惯的不同,对酒店的需求及期待也不同。酒店要快速的渗透市场,就需要对市场进行调研,确定目标人群并制订合理的营销推广方案,争取经济效益、社会效益的最大化。

一、如何进行市场调研

市场调研是酒店在制订营销计划前应做的重要工作。通过获取大量的市场调研资料,可以分析出酒店市场的现状,明确客源市场的目标群体,了解竞争酒店的价格体系,为确定本酒店未来的经营和发展方向提供理论基础和数据支持。

在进行市场调研时,应成立相应的调研小组,由有经验的营销人员负责具体的业务工作。调研人员应本着实事求是、认真严谨的工作作风开展调研工作,保证各项数据准确无误。

市场调研工作应从三个方面入手:第一个方面,从本酒店所在区域酒店市场入手,从总体上对酒店市场经营环境和现状进行调研;第二个方面,对客源市场中的目标群体展开详细调查;第三个方面,对区域市场内已存在的单体酒店进行调研。

调研结束后,由主要负责人进行分析整理,汇编成册,形成书面的调研报告,作为下一步制订营销计划的依据。

下面就从调研工作的三个方面介绍调研内容:

(一)对区域酒店市场经营环境和现状进行调研

这项调研工作的主要任务是搜集整理资料。获取资料的主要渠道是国家和地方行政管理部门、专业出版社、业内权威机构发布的有关公报。包括国家和地方文化与旅游局、中国旅游饭店业协会公布的历年旅游系统统计资料,国家和地方统计局公布的有关旅游酒店行业的公报,相关专业出版社出版的《中国酒店业务统计》等刊物。

通过以上资料,可以分析出区域酒店市场的构成、旅游行业的接待人数、客源市场的构成、人均花费、酒店业务摘要、酒店业绩景气预测、部分城市业绩指标比较、各等级酒店企业的运营情况、星级酒店市场的客源构成及房价贡献等权威性技术数据,为本酒店未来的经营和管理及制订营销策略提供理论依据和可比较的基本数据。

(二)对客源市场中的目标群体进行调研

开展这项调研的目的是取得目标客源群体消费需求的第一手资料,用来衡量酒店将要推出的客房和餐饮产品能否满足目标群体的需求。

在选择客源市场中的目标群体时,一定要按照酒店既定的市场定位所圈定的目标群体加以甄别。也就是说,如果酒店定位于商务型高端酒店,那么选定的目标群体一定是有可能消费酒店产品的商务群体,这个群体既包括单个的客人,也包括公司等机构和组织。

在确定了目标群体后,调研人员要以本酒店为中心点画一个半径五公里的圆,然后确定活动在这个圈子里的具体对象,列出名录,做好准备工作。

一旦确定了目标群体中的具体对象,就要采用相应的方式展开具体的调研工作。常见的调研方式有上门拜访、电话访谈、邮件调查、街头随机调查、新媒体工具等。这几种方式都各有利弊,上门拜访有可能会因为各种原因遭到被拜访人的拒绝,电话访谈的答案可能会模棱两可,邮件调查的回收率不高,街头随机调查的准确率低。为了保证调研数据的真实、有效,传统一般采取电话预约然后上门拜访的方式。随着智能化时代的发展,人们更偏向于利用新媒体工具调查,更为方便快捷。

"酒店市场调查表"的格式和内容如表 8-1 所示。

表 8-1　酒店市场调查表

尊敬的宾客:

　　您好!

　　非常感谢您参与本酒店的市场调查,为了能够更好地为您提供服务,请您尽可能依照实际情况填写下列项目,您的资料将被录入到会员数据库中,我们将定期邀请您参加酒店为您准备的多种会员优惠活动。

　　致

　　　　顺利!

酒店总经理

〰〰〰〰〰〰〰〰〰〰〰〰〰〰〰〰〰〰〰〰〰〰〰〰〰〰〰〰〰〰〰〰〰〰〰〰

　　姓名:_____　□先生/□女士/□小姐

　　单位/公司名称:_____

　　职位:_____

　　地址:_____　　邮编:_____

　　电话:_____　　传真:_____

　　电子邮箱(个人):_____　　电子邮箱(公司):_____

　　签名:_____　　日期:_____

　　□如果您不希望定期收到本酒店的优惠活动信息,请在空格内打"√"

〰〰〰〰〰〰〰〰〰〰〰〰〰〰〰〰〰〰〰〰〰〰〰〰〰〰〰〰〰〰〰〰〰〰〰〰

　　关于贵公司:

　　贵公同所在行业

　　(请只选择一项打"√")

　　□制造　　　　　　　　　　　　　　□公用事业(水、电、煤气等)

　　□银行/金融/投资　　　　　　　　　□酒店/旅游

　　□保险　　　　　　　　　　　　　　□建筑

　　□电信服务　　　　　　　　　　　　□房地产开发

　　□信息系统/互联网服务/电子商贸　　□专业服务(法律、会计、认证管理等)

　　□政府机构　　　　　　　　　　　　□商业咨询

　　□交通运输/物流　　　　　　　　　　□股份制企业

　　□进出□贸易　　　　　　　　　　　□其他(请具体说明)_____

　　□批发/零售/分销/代理

　　贵公司提供的产品或服务

　　(请只选择一项打"√")

　　□电信/互联网系统及设备　　　　　　□电脑/电脑系统/电子组件

　　□电信/互联网服务　　　　　　　　　□交通设备/物流

　　□消费类电子　　　　　　　　　　　□其他工商用机器设备

□企业/专业服务 □多元化企业
□个人/消费者服务 □学术及研发机构
□食品及饮料 □卫生/医疗保健
□纺织/服饰/皮革/个人用品 □礼品/家居用品
□石油/化工/药品 □其他(请具体说明)＿＿＿＿＿＿
□建筑材料/供应

公司的企业性质
(请只选择一项打"√")
□国有企业 □私营或集体所有制企业
□外资企业(含合资) □中央、省、市政府机构

贵公司的员工总数
(请只选择一项打"√")
□1～99 人 □700～999 人
□100～199 人 □1 000～1 599 人
□200～399 人 □1 600～1 999 人
□400～699 人 □2 000 人或以上

关于您本人:
您的职位
(请只选择一项打"√")
□董事长、总裁、首席执行官、董事、 □总工程师/高级工程师
　企业所有人/合伙人 □政府官员
□执行董事 □秘书长、副秘书长
□副总裁 □司长、副司长、局长、副局长
□总经理、副总经理、部门主管/经理 □部长、副部长、部长助理
□首席财务官、司库、财务总监、总会计师 □省长、副省长、市长、副市长
□首席信息官、信息管理系统总监 □处长、副处长、研究所所长、副所长
□专业人员(律师、经济师、测量师、建筑师、教 □其他(请具体说明)＿＿＿＿＿＿
　授等)

您在酒店消费的主要原因是
(请选择打"√")
□旅行 □会议
□商务活动 □其他(请具体说明)＿＿＿＿＿＿
□宴请

您选择目标酒店的主要因素是
(请选择打"√")
□地理位置 □服务质量
□价格 □时尚
□品牌 □其他(请具体说明)＿＿＿＿＿＿
□档次

您通常入住酒店的客房类型
（请选择打"√"）

□单人间　　　　　　　　　　□高级套间

□标准间　　　　　　　　　　□多人间

□套间　　　　　　　　　　　□其他（请具体说明）＿＿＿＿＿＿＿＿

□行政客房

您在公司负责
（请只选择一项打"√"）

□总公司管理　　　　　　　　□研究及开发

□财务/会计/法律　　　　　　□业务发展

□销售/市场/品牌　　　　　　□人事/人力资源/培训管理

□业务运作/生产/分销　　　　□行政管理

□信息系统/技术管理　　　　　□其他（请具体说明）＿＿＿＿＿＿＿＿

您一年中在酒店消费的金额是
（请只选择一项打"√"）

□1 000 元　　　　　　　　　□5 000 元

□2 000 元　　　　　　　　　□5 000 元以上

□3 000 元

您选择入住的酒店客房价格为（每间·夜）
（请只选择一项打"√"）

□200 元　　　　　　　　　　□500 元

□300 元　　　　　　　　　　□500 元以上

□400 元

您入住的酒店客房所提供的免费服务包括
（请选择打"√"）

□鲜花　　　　　　　　　　　□报纸

□果盘　　　　　　　　　　　□擦鞋服务

□咖啡及茶　　　　　　　　　□其他礼品

□矿泉水　　　　　　　　　　□早餐

□夜床礼品　　　　　　　　　□其他（请具体说明）＿＿＿＿＿＿＿＿

□红酒

您通常在酒店消费中选择的娱乐设施
（请选择打"√"）

□歌舞厅　　　　　　　　　　□网球

□卡拉 OK　　　　　　　　　 □台球厅

□游泳池　　　　　　　　　　□乒乓球室

□壁球　　　　　　　　　　　□桑拿按摩

您通常在酒店消费中选择的餐饮设施

（请选择打"√"）

□大堂吧 □中餐厅

□咖啡厅 □日餐厅

□西餐厅 □酒吧

您通常选择的中餐菜系菜式

（请选择打"√"）

□粤菜 □官府菜

□鲁菜 □自助餐厅

□川菜 □火锅

□淮扬菜 □海鲜

您的餐饮平均消费为

（请只选择一项打"√"）

□50 元 □120 元

□80 元 □150 元

□100 元 □200 元

您的单次娱乐项目平均消费为

（请只选择一项打"√"）

□50 元 □200 元

□100 元 □200 元以上

（三）对区域市场内的单体酒店进行调研

开展这项调研的目的是使经营筹备者了解所在区域市场中有多少酒店企业、各单体酒店的客房体量是多少、各单体酒店的整体运营情况如何、这些酒店企业的客源结构如何、各单体酒店的价格体系和运作方式怎样、其经营特色是什么等诸多问题。

通过对这些酒店企业的了解，可以找出本酒店与其他酒店之间存在的优势和差距，使经营筹备管理者据此来改进产品设计、进行业务流程梳理和再造、调整经营策略，使本酒店能够快速进入区域市场，打造独具鲜明特点的酒店品牌。

调研人员应首先确定被调研酒店的名录，然后用逐一实地考察走访的方式取得关键数据，对比本酒店的相关数据，找出竞争对手，再根据数据形成一份报告，作为市场调研的参考资料（表8-2）。

表8-2 区域市场单体酒店情况汇总表

调查内容	××酒店	服务说明	备注
公共信息			
1. 酒店地址			
2. 酒店位置			
3. 酒店档次			
4. 建筑风格			
5. 开业时间			
6. 客房数量(间、套)			
公共区域情况			
7. 中央空调			
8. 独立总机			
9. 商务中心面积			
10. 商务中心功能			
11. 商品部面积			
12. 大堂面积			
13. 免费座区面积			
14. 客用电梯数量			
客房设施情况			
15. 客房类型及门市价(含早)			
16. 柜台成交价			
17. 网络成交价(第三方平台)			
18. 标准间面积 　单人间面积 　套间面积 　行政客房面积 　豪华客房面积			
19. 各房型卫生间面积			
20. 标准间床型尺寸 　单人间床型尺寸 　套间床型尺寸			
21. 楼层过道宽度			
22. 免费宽带			
23. 迷你吧设置			
24. 电子门锁			

续表

调查内容	××酒店	服务说明	备注
餐饮设施情况			
25.大堂酒吧			
26.经营风味			
27.各餐厅餐位数量			
28.各餐厅人均消费			
29.早餐价格			
会议设施情况			
30.多功能厅			
31.会议室			
康乐设施情况			
32.桑拿			
33.KTV			
34.美容美发			
35.健身房			
36.其他			
客源结构			
37.会议团体			
38.商务散客			
酒店印象			
39.管理方式			
40.特色服务			

二、如何根据市场定位进行客源分类

"很多公司认为,所有的人都是他的潜在客户,但事实上,对于有些公司来说,有些人永远也不可能成为他的客户。因此,公司要做的就是必须找到哪些人能成为他们的客户,然后把重点放在他们身上,把精力集中在这个有选择的群体之上"。这是美国学者唐·舒尔茨教授对公司在选择目标客户的问题上所做的精辟的论断,它同样适用于酒店行业。

应当注意,同等级的酒店企业不都是假想中的竞争对象。酒店经营筹备者一定要根据自身的市场定位选择适合定位的客户,作为酒店客源结构中的重点进行营销。

经营筹备者需要做的是细分酒店客源类别(表8-3)。

表8-3　喜来登酒店集团的客源分类细分表

团队客人		散客	其他
旅游团队	商务团队	豪华层散客价	航空机组
系列团队	商务团	柜台散客价	长住客
美国旅游团	国际会议团	套间散客价	免费客
日本旅游团	奖励旅游团	公司合同价	
欧洲旅游团	公司会议团	俱乐部会员价	
	政府代表团	政府/使馆价	
一次性团队		往返常客价	
美国旅游团		同行优惠价	
日本旅游团			
欧洲旅游团			
其他旅游团			

三、影响营销价格的主要因素及如何进行收入预测

对酒店来说,没有高价格,只有卖不出去的价格。高价格并不代表着暴利。酒店计划降价经营时,一定要仔细考虑下列问题:

①降价策略对酒店的影响是积极的还是消极的?

②降价是否能带来额外的客源?

③降价是否能带来收入或利润的增加?

④当酒店的边际成本高,利润低时是否还能拼价格?

⑤价格降幅过大,会对酒店的客源结构产生什么变化?

⑥价格降幅越大越不易在第一时间恢复?

如果仔细考虑过上述问题后就会发现,降价并不能解决经营中的营销问题,只能使酒店背离当初的发展目标。

在对客房收入进行预测时,常用到一个数据——REV PER,全称 Revenue Per。它的值越高,说明酒店的经营情况就越好,收益率也就越高。它的计算方法有:

$$\text{REV PER} = \frac{\text{平均房价×实际出租房数}}{\text{可出租房数}}$$

$$\text{REV PER} = \frac{\text{客房收入}}{\text{可出租房数}}$$

$$\text{REV PER} = \text{平均房价×平均出租率}$$

四、制约营销的主要因素及营销途径

酒店的经营筹备者在制订营销策略时,首先应分析影响酒店经营的主要因素的优劣势表现指数。从指数的排序分析,这些因素共有 10 种:

• 酒店企业的知名度;

- 市场占有率;
- 产品质量;
- 服务质量;
- 价格吸引力;
- 分销力度;
- 推广力度;
- 销售员业绩;
- 创新力度;
- 销售覆盖面(地理角度)。

酒店的营销途径除了酒店自有的预订中心或连锁预订中心外,还可以应用全球分销系统(GDS)、互联网、旅游中心、电子邮件、电话和传真推销等多种方式。

五、公关广告宣传的主要形式

酒店可以策划多种多样的对客促销活动,主要形式有:

①主题活动:食品节、音乐舞会、专场演出、游艺比赛、艺术鉴赏会、品酒会等。

②慈善活动:赞助音乐会、文化教育事业、体育赛事、慈善拍卖、外出植树等。

③交际活动:客户招待会、联欢会、定期拜访、征询意见等

④宣传企划:VI设计、平面广告、媒体广告、组织参与社会活动、新闻发布等。

六、酒店开业营销、宣传推广模式探讨

随着酒店行业的飞速发展、数字化、智能化时代技术的日新月异,酒店的营销推广手段趋于多样化。

1.注重品牌建设与推广

常言道:"欲流之远者,必浚其泉源。"我国在加强国际传播能力建设中强调要"讲好中国故事,展现中国形象",强调要"坚守中华文化立场,提炼展示中华文明的精神标识和文化精髓。"一个国家尚且需要讲好故事、做好传播,何况市场一知半解的新开业酒店更应该讲好酒店的故事。树立形象、建立品牌是新开业酒店的重点。酒店应重点着手以图文并茂的形式描述品牌特色、酒店服务独特卖点,打造有特色的品牌故事,增加顾客对酒店的视觉印象,增加体验期望。

2.优化预订方式

网络时代,人们更崇尚准确快速的互联网体验。新开业酒店需要利用互联网技术优化酒店网页,设计吸引顾客、简化预订流程、指向性引导顾客操作,提供明确的优惠保障信息给顾客,提升信息转化率,提高顾客的消费信心。

3.加强数字化营销推广

酒店市场推广的方式主要分有两种类型,都是以内容推广为主。随着数据化技术的成熟,微信公众号、小红书、抖音、快手为首的短视频平台异军突起,以短小、广泛娱乐的图文、视频形式呈现。而主要受众是"90后"和"00后"这些消费的主力军。激烈的市场竞争,催生了网红带货推广、酒店直播推广等酒店新形态营销模式不断涌现。数据化营销推广模式

成为酒店营销推广的主要方式。

4. 与 OTA 平台建立良好合作关系

虽然随着微信公众号、小红书、抖音、快手等平台的快速出现,酒店采用图文、视频推广的方式愈来愈频繁,以 OTA 平台仍是顾客出行前信息获取的主要来源。而日趋成熟的 OTA 预订渠道仍是顾客选择入住酒店预订的首选。特别是新开业的酒店更应该与 OTA 平台建立良好的合作关系,还有利于增加品牌曝光度和可见度,达到宣传推广的效果。除了传统的携程、去哪儿、美团、飞猪外,也可以考虑多上景区、旅游、民宿类平台,比如途家、airbnb、驴妈妈、途牛、小猪短租等,增加分销平台,有利于酒店营销推广。

【知识拓展】

石家庄 Aloft · 雅乐轩酒店筹备开业宣传

Aloft Shijiazhuang · 石家庄雅乐轩酒店是万豪国际集团是在石家庄的首家酒店,它坐落于石家庄市北二环西路,紧邻西柏坡高速,交通便利。

石家庄雅乐轩酒店是万豪国际集团在石家庄的首家酒店。它颠覆传统酒店的气势派头,用音乐、设计、科技为客人打造独特的感官体验。

历史底蕴丰厚的石家庄有一个更年轻的名字——摇滚之乡。中国摇滚第一人崔健在北京崛起后,摇滚之风很快吹到石家庄,后来国内知名摇滚杂志的编辑部也都设立于此。伴随着越来越多的摇滚艺人和乐队的出现,带有本土特色的音乐节也接踵而至,这也一定程度上和 ALOFT 雅乐轩品牌的 MUSIC INSPIRED DESIGN HOTELS 相呼应。

雅乐轩酒店开放和充满活力的社交空间加上新兴艺术家的表演,一直以来深受千禧一代旅客的青睐,甚至成为他们的生活名片。设计师将石家庄太行山脉的自然风光及正定古城的悠久历史,用现代的艺术手法融入前卫、潮流、时尚的现代都市酒店中,历史与潮流的碰撞、自然与科技的结合,带给全球旅行者全新的体验。石家庄雅乐轩酒店必定成为年轻人新的城市打卡地。

在雅乐轩,我们痴迷于为千禧一代的旅行者创造极致体验。我们努力创新,以便为客人提供最完美的住宿体验。

你的智能手机刚刚变得更加智能。你的苹果手表也一样。移动钥匙计划意味着你可以不再摸索你的房间钥匙,并在瞬间打开你的门。这很容易。只要注册该计划并选择使用无钥匙。当你到达酒店时,你会收到一条短信,上面写着你的房间号码——让你不再排队办理入住手续,并毫不犹豫地打开房间的门。

当你将高科技与高触感结合起来时,你会得到什么? 即时满足,这要归功于APPLE WATCH上的万豪BONVOY™应用程序。它是如此完整,以至于它可以给你提供你的确认号码和前往酒店的路线,然后让你直接走过登记台,只需轻拂手腕就能打开房间的门。

城市

　　石家庄,河北省省会,京津冀重要的中心城市之一,距离首都北京仅273 km高铁仅需1 h。石家庄是一个开放性,包容性极强的城市,且旅游资源相当丰富,西柏坡、正定古城、赵州桥、隆兴寺等都是赫赫有名的名胜古迹。

第二节　酒店开荒工作

【知识框架】

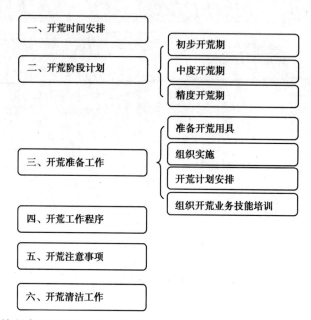

良好的服务环境是保证酒店正常开业的基础条件之一,除了给顾客留下美好的印象,还为员工提供服务的基础保障。而建筑工程在搭建或装潢施工中常常会遗留下许多垃圾污垢,各种地面和墙壁上会遗留下水泥浆块、油漆、玻璃胶、锈迹等,这就需要进行有效的开荒工作,确保对酒店进行全面的清理保洁。开荒保洁是一项最艰苦、最复杂、最费时的保洁工作,开荒保洁做好坏,直接影响到建筑物日后保洁工作的质量,所以做好开荒至关重要酒店开荒是一项非常专业的工作,更是酒店从业者必修的课题,酒店开业前开荒工作做得好,为未来酒店持续的经营可以打下良好的基础。

一、开荒时间安排

开荒工作一般安排在酒店正式开业前的 30 ～ 40 天,如果酒店的客房体量较大,造成工作量加大,则可根据实际情况适当延长开荒时间。

二、开荒阶段计划

酒店的开荒工作可分为三个阶段:

第一阶段为"初步开荒期",主要工作是清理酒店遗留的建筑垃圾,清除卫生死角,消灭大的污垢。在本阶段,需要酒店筹建管理者根据整个酒店的开荒工作量,打乱各部门建制,统一分配开荒区域和具体开荒任务,并实行责任包干制。初步开荒的时间需要 10 天左右。

第二阶段为"中度开荒期",是为酒店开业后的经营环境打基础的时期。该阶段的主要工作是强化酒店卫生状况,进行外墙清洗作业,绿化环境,清除异味,摆放经营和办公家具、用品归位等。开荒时间为 20 天左右,人员安排与第一阶段相同。由于这一阶段是酒店开荒工作中最重要的一环,要求酒店等筹备管理人员能够予以高度重视。

第三阶段为"精度开荒期",由各部门各自负责自己经营管理区域的全面开荒工作,要求精益求精,至少达到酒店规定的卫生标准。持续时间为 5 天左右。

三、开荒准备工作

1. 准备开荒用具

按照用途,开荒用具可以分为以下几类:

(1)小型用具

包括抹布、毛刷、钢刷、橡胶水管、小铲、小刀、钢丝球、百洁布、橡胶手套、扫把、铁锹、簸箕、垃圾袋、垃圾桶、玻璃清洁套装、云石刀、电筒、拖布、各种清洁药剂等。

(2)机械设备

包括除尘设备、地毯清洁设备、石材抛光设备、液压式升降梯、打蜡上光设备等。

(3)安全设备

包括各种创伤应急药品、应急灯、灭火器、安全帽、绝缘手套、安全带、护目镜、手套、雨靴等。

(4)运输设施

包括带轮垃圾桶、平板推车、垃圾清运车辆等。

2. 组织实施

根据具体情况设立组织机构,协调各种事项、召开开荒汇报会、制定验收标准和程序、编制突发事件紧急处理预案、下发《人员和物品出入管理制度》等。

3. 开荒计划安排

根据酒店的实际情况划分开荒区域、制定开荒任务、调整开荒进度、发放开荒工作标准和要求、核定完成时间、明确工作责任、检查落实奖惩机制等。

4. 组织开荒业务技能培训

挑选业务尖子组成培训小组,对所有员工进行系统的开荒作业培训,包括清洁剂使用方法培训、机械设备使用培训、安全培训等实用性强的各种培训。

四、开荒工作程序

1. 清扫顺序

清扫时,应遵循先高层后低层,先客房后餐饮,先营业区域后酒店公共区域的原则。

2. 拆除物品包装物程序

拆除所有物品的包装后,应通知客房部 PA 组,由相关人员统一搜集处理。不得私自乱扔,私自外卖。统一处理后的收入上缴财务部。

3. 设备物品开箱程序

所有设备物品必须由仓库保管员在场监督开箱,当场进行简单的运行调试,所有配件、使用说明书、线路图、保修单等分别交由部门使用人员登记保管存放,不得随意丢弃。

4. 物品外出登记程序

所有需要带出酒店的物品,必须由携带人出具由部门经理或筹备组负责人等管理人员签发的出门条,经保安人员查验登记后放行。

五、开荒注意事项

①严禁个人清洗酒店高层外墙玻璃。
②严禁湿手擦拭带电电源面板和控制器。
③严禁各种违章操作。
④严禁未切断电源的情况下清洁机械设备。
⑤严禁工作期间嬉戏打闹。
⑥严禁不戴安全带进行高空(2.3 m以上)作业等危险行为。

六、开荒清洁工作

经过工程验收的楼层和区域,需组织人员进行开荒清洁。

①开荒工作开始后,酒店应分若干小组分别负责开荒、公共区域清洁、配置用品、负责物品搬运、布置客房准备营业,专人负责现场指挥,协调各小组工作。

②酒店大堂公共区域和总台清洁由前台员工负责,先开荒清洁,再准备用品,准备就绪后,进行开业演练。

③在开业前必须对全体员工进行治安和消防的安全培训;施工和营业期间如遇居民纠纷应妥善处理,积极寻找解决方法,避免事态扩大、激化矛盾,如发生居民纠纷可寻求警方帮助;员工发生矛盾店长应妥善处理。

④应注意施工现场的安全,施工场地不能吸烟,应有专人24 h值班,动用明火要有许可证,并按用火制度执行。

⑤注意在开荒过程中员工的人身安全、用电安全,登高作业要有安全带。

⑥注意对玻璃、不锈钢、大理石、地毯等的保护。

⑦注意各类工具及化学用品、清洁剂的使用。

⑧注意对酒店物品的保管,开荒完后要及时锁门,防止无关人员进出客房,避免物品丢失。

开荒清洁工作完成后,每间客房都需经过客房主管检查,符合清洁标准后,统一配置客用品进房,并注意卫生及安全巡逻防止物品丢失。

第三节　酒店的试营业

【知识框架】

一、酒店试营业前的工作重点
- 确定管辖区域及责任范围
- 确保设备、物品到位
- 确保员工数量和质量达标
- 建立各部门财产档案
- 装饰工程验收合格
- 开荒工作完成
- 模拟运转合格

二、试营业期间的质量管理
- 持积极的态度
- 经常检查物资的到位情况
- 重视过程的控制
- 加强设备设施及成品的保护
- 加强对钥匙的管理
- 确定物品摆放规格
- 工作过渡到正常运转状态
- 确保足够的、合格的客房
- 配备手工应急表格
- 加强安全防范意外事故
- 加强设备使用规范培训

　　酒店试营业的目的在于经过一段时间(半年到一年)的调试磨合,使酒店各部门达到正常的、有效的、步调一致的科学运转,初步实现内部管理科学化,并形成自己的个性化特色。成功的试营业能为酒店的顺利开业和稳健经营奠定基础,所以大部分酒店在正式开业前都会有一个试营业阶段。

　　酒店前期资源准备工作和市场营销工作的质量和效率对酒店的试营业有着重要的意义,由于这两项工作范围广、时间长,因此有必要在临近确定的试营业日期之前,再次集中核查各项准备工作,确保酒店顺利进入试营业阶段。

一、酒店试营业前的工作重点

1.确定酒店各部门的管辖区域及责任范围

试营业前,酒店各部门经理都应到岗,并根据实际情况,最后书面确定酒店的管辖区域及各部门的主要责任范围。特别是酒店的清洁工作,要按专业化的分工要求归口管理,这有利于标准的统一、效率的提高、设备投入的减少、设备的维护和保养及人员的管理。

2.确保试营业所需的各项设备、物品到位

酒店各部门经理要定期对照采购清单,检查各项物品的到位情况,而且检查的频率应随着试营业的临近而逐渐增高。

3.确保员工的数量和质量达到要求

不仅员工的数量要满足试营业的需要,而且员工的培训工作也必须要达到预期的效果。否则走形的工作程序和服务标准极易令刚刚营业的酒店陷入混乱。

4.建立各部门财产档案

试营业就开始建立酒店各部门的财产档案,这对日后酒店各部门的管理具有特别重要的意义。很多酒店就因在此期间忽视该项工作而失去了掌握第一手资料的机会。

5.酒店装饰工程验收合格

酒店各部门的验收一般由基建部(业主方)、工程部和相关部门共同参加。这样能在很大程度上确保装潢的质量达到酒店所要求的标准。在参与验收前,应根据本酒店的情况设计一份各部门验收检查表,并对参与的部门人员进行相应的培训。验收后,部门要留存一份检查表,以便日后跟踪检查。

6.酒店开荒工作完成

酒店开荒工作即基建清洁工作,包括酒店所有对客区域和后台区域的清洁卫生。试营业前开荒工作,直接影响着对酒店成品的保护,忽视这项工作将会留下永久的遗憾。各部门应与酒店最高管理层及管家部/客房部共同制订基建清洁计划,然后由客房部的公共区域卫生组对各部门员工进行清洁知识和技能的培训,为各部门配备所需的器具及清洁剂,并对清洁过程进行检查和指导。

7.部门的模拟运转合格

酒店各部门在各项准备工作基本到位后,即可进行部门模拟运转。这既是对准备工作的检验,又能为正式的运营打下坚实的基础。

二、试营业期间的质量管理

开业前的试营业往往是酒店最忙、最易出现问题的阶段。对此阶段工作特点及问题的研究,有利于减少问题的出现,确保酒店从试营业到正式营业的顺利过渡。酒店管理人员在开业前的试营业期间应特别注意以下问题:

1.持积极的态度

酒店进入试营业阶段,很多问题会暴露出来。对此,部分管理人员会表现出急躁情绪,过多地指责下属。正确的方法是持积极的态度,即少抱怨下属,多对他们进行鼓励,帮助其找出解决问题的方法。在与其他部门的沟通中,不应把注意力集中在追究谁的责任上,而应研究问题如何解决。

2.经常检查物资的到位情况

前文已谈到了各部门管理人员应协助采购、检查物资到位的问题。实际中很多酒店往往会忽视这方面的工作,以至于在快开业的紧要关头发现很多物品尚未到位,从而影响部门开业前的工作。常被遗忘的物品有工作钥匙链、抹布、报废床单、云石刀片等。

3.重视过程的控制

开业前各部门的清洁工作量大、时间紧,虽然管理人员强调了清洁中的注意事项,但服务员没能理解或"走捷径"的情况仍普遍存在,如用浓度很强的酸性清洁剂除迹、用刀片去除玻璃上的建筑垃圾时不注意方法等。这些问题一旦发生,就很难采取补救措施。所以,管理人员在布置任务后及时检查和纠正往往能起到事半功倍的作用。

4.加强对各种设备设施及成品的保护

对酒店内地毯、墙纸、家具等成品的最严重破坏往往发生在开业前这段时间,因为这个阶段店内施工队伍最多,大家都在赶工程进度,而这时各部门的任务也是最繁重,容易忽视保护,且与工程单位的协调难度往往很大。尽管如此,各部门管理人员在对成品保护的问题上不可出现丝毫的懈怠,具体措施如下:

①合理安排装修顺序。对空调、水管进行调试后再开始客房的装潢,以免水管漏水破坏墙纸,以及调试空调时大量的灰尘污染客房。

②加强与装潢施工单位的沟通和协调。客房部管理人员要加强对尚未接管楼层的检查,尤其要注意装潢工人用强酸清除顽渍的现象,因为强酸虽可除渍,但对洁具的损坏也很快就会显现出来,而且是无法弥补的。

③尽早接管楼层,加强对楼层的控制。尽早接管楼层虽然要耗费相当的精力,但对楼层的保护却至关重要。一旦接过楼层钥匙,客房部就要对客房内设施、设备的保护负起全部责任。客房部需对如何保护设施、设备作出具体、明确的规定。在楼层铺设地毯后,需对进入楼层的人员进行更严格的控制,此时要安排服务员在楼层值班,所有进出的人员都必须换上客房部为其准备的拖鞋。部门要在楼层出入口处放些废弃的地毯头,遇雨雪天气时,还应放报废的床单,以确保地毯不受到污染。

④开始地毯的除迹工作。地毯一铺上就强调保养,不仅可使地毯保持清洁,而且还有助于从一开始就培养员工保护酒店成品的意识,对日后的客房工作将会产生非常积极的影响。

5.加强对钥匙的管理

开业前及试营业期间部门工作特别繁杂,容易忽视对钥匙的管理工作,通用钥匙的领用混乱及钥匙的丢失是经常发生的问题。这可能造成非常严重的后果。因此,首先要对所有的工作钥匙进行编号,配备钥匙链;其次要对钥匙的领用制订严格的制度。例如,领用和归还必须签字、使用者不得随意将钥匙借给他人、不得使钥匙离开自己(不得将通用钥匙当取电钥匙使用)等。

6. 确定物品摆放规格

确定物品摆放规格的工作应该在样板房确定后就开始进行,但很多管理人员却忽视了该项工作,以至于要布置餐厅和客房时才想到物品摆放规格及人员的培训问题。而此时恰恰是部门最繁忙的时候,其结果是难以进行有效的培训,造成客房布置不规范,服务员为此不断地返工。正确的方法是将此项工作列入开业前的工作计划,尽早开始设计各类物品的摆放标准,并将其拍成照片,进而对员工进行培训。部门经理要把好质量关。

7. 注意工作重点的转移,使部门工作逐步过渡到正常运转状态

开业期间部门工作繁杂,但部门经理应保持清醒的头脑,将各项工作逐步引导到正常的轨道上。在这期间,部门经理应特别注意以下问题:

①按规范要求员工的礼貌礼节、仪表仪容。由于酒店还尚未开始大规模接待客人、做基建清洁时灰尘大、制服尚未到位等原因,此时管理人员可能还未对员工的礼貌礼节、仪表仪容作较严格的要求。但随着开业的临近,应开始重视这些方面的问题,尤其要提醒员工做到说话轻、动作轻、走路轻,培养员工的良好习惯。试营业期间对员工习惯的培养,对今后工作影响极大。

②建立正规的沟通体系。部门应开始建立内部会议制度、交接班制度,开始使用表格,使部门间及部门内的沟通逐步走上正轨。

③注意后台的清洁、设备和家具的保养。各种清洁保养计划应逐步开始实施,而不应等问题变得严重时再去应付。

8. 确保提供足够的、合格的客房

酒店开业在匆忙的情况下,客房的准备会存在一定的问题。常出现的问题是前厅部排出了所需的房号,而客房部经理在检查时却发现所要的客房存在着这样或那样的一时不能解决的问题,而再要换房,时间又不允许,以至于影响客房的质量和客人的满意度。有经验的客房部经理会主动与前厅部经理保持密切的联系,根据前厅的要求及酒店的客房现状,主动准备好所需的客房。

9. 使用计算机的同时,准备手工应急表格

不少酒店开业前由于各种原因,不能对使用计算机的部门进行及时、有效的培训,进而影响酒店的正常运转。为此,有必要准备手工操作的应急表格。

10. 加强安全意识培训,严防各种事故发生

试营业期间要特别注意火灾隐患,发现施工单位在楼层动用明火要及时汇报。此外,还需增强防盗意识,要避免服务人员过分热情,随便为他人开门的情况。

11. 加强对酒店设施设备使用注意事项的培训

很多酒店开业之初常见的问题之一是服务员不完全了解客房设施、设备的使用方法,不能给客人正确的指导和帮助,从而给客人带来了一定的不便,如房内冲浪浴缸、多功能抽水马桶的使用等。

第四节　开业典礼

【知识框架】

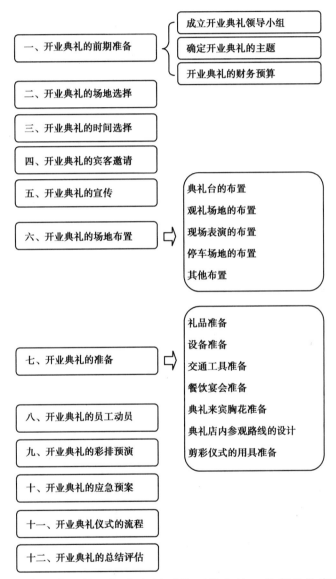

- 一、开业典礼的前期准备
  - 成立开业典礼领导小组
  - 确定开业典礼的主题
  - 开业典礼的财务预算
- 二、开业典礼的场地选择
- 三、开业典礼的时间选择
- 四、开业典礼的宾客邀请
- 五、开业典礼的宣传
- 六、开业典礼的场地布置
  - 典礼台的布置
  - 观礼场地的布置
  - 现场表演的布置
  - 停车场地的布置
  - 其他布置
- 七、开业典礼的准备
  - 礼品准备
  - 设备准备
  - 交通工具准备
  - 餐饮宴会准备
  - 典礼来宾胸花准备
  - 典礼店内参观路线的设计
  - 剪彩仪式的用具准备
- 八、开业典礼的员工动员
- 九、开业典礼的彩排预演
- 十、开业典礼的应急预案
- 十一、开业典礼仪式的流程
- 十二、开业典礼的总结评估

开业典礼是酒店作为商业性组织为庆祝开业而举办的一种商业性庆典活动,旨在向社会和公众宣传酒店投资企业和下属的酒店企业,利用庆典活动提高酒店企业的社会知名度,展现本酒店良好的社会形象,广泛吸引潜在的客户群体。随着我国社会主义市经济体制的发展,开业典礼作为企业一项必不可少的商业活动被广泛采用。

酒店业是旅游业经营性服务企业的代表,大多数酒店企业希冀借助开业典礼的成功举行向社会和目标市场展示其自身的经济实力,国内的酒店企业多以具有鲜明中国风格或民族特色的开业典礼形式为首选。

一、开业典礼的前期准备

1. 成立开业典礼领导小组

筹备开业典礼一般应成立领导小组,设总负责人一名,一般由酒店的筹备组负责人或总经理兼任,负责开业典礼的整体决策和领导工作。

开业典礼领导小组下设两个组,分别是执行组和联络组。执行组成员一般由酒店各部门经理兼任,由酒店总经理任组长,具体负责开业典礼计划的具体执行和落实工作。联络组成员一般由酒店的行政管理部门、公关部和销售部的工作人员担当,由熟悉人际关系的业主方人员担任组长,具体负责开业典礼的公关和接待工作,配合执行组保证各项计划顺利实施。

开业典礼领导小组应根据计划流程对各项工作进行细分和量化,做到责任到人、各负其责,并提出各项工作的目标要求,明确完成时间,确定工作汇报和批复程序,公布奖惩制度等。

2. 确定开业典礼的主题

筹备开业典礼一定要确定一个中心思想。这个中心思想可以是酒店的经营宗旨,如"宾客至上,热情服务",也可以是酒店的对外宣传口号。要求语句简练、表述鲜明,能给嘉宾留下比较深刻的印象。主题多以标语、条幅、文字图片资料、实物展示等多种方式展现。

主题涉及的内容主要有:通过舆论论宣传扩大酒店的知名度;向公众展现酒店在住宿设施、餐饮娱乐项目、价格和服务等方面的市场优势;围绕与会嘉宾,适时推销酒店产品,争取签订宾客与酒店的消费意向,争取与会企业的会议接待等项目的承接权等。

3. 开业典礼的财务预算

在确定了开业典礼的总原则和方针后,还要考虑开业典礼的财务预算。一般来说,开业典礼的财务预算包括以下几方面的费用:

①餐饮接待费用:指接待参加典礼宾客的用餐和酒水费用。

②礼品赠送费用:指赠送给参加典礼的宾客的礼品或纪念品的购置费用。

③往来交通费用:指接送参加典礼的宾客和准备典礼时所花费的租车费、汽油费、过桥费、高速通行费等交通费用。

④物品租用费用:指租用典礼用充气拱门、高空气球、绿植鲜花等临时物品的费用。

⑤物品采买费用:指采购用于典礼活动的各项物品的费用。

⑥演出活动费用:指用于典礼仪式当天如乐队、舞狮等演出活动的费用。

⑦宣传广告费用:指花费的用于宣传典礼的广播、电视、报纸、网络及各种印刷品等媒体广告的费用。

⑧装饰绿化费用:指酒店内部、建筑外立面的装饰和绿化费用。

⑨邮电通信费用:指用于典礼的邮电和通信费用。

⑩其他费用:用于与典礼仪式有关的其他各项费用。

⑪不可预见费用:按照常规,还要准备相当于开业典礼财务预算费用10%左右的费用作

为不可预见费用,以备不时之需。

开业典礼的财务预算由各部门根据需求提交预算计划,由负责相关工作的财务人员核定预算是否符合标准,然后报请总经理审批,经批复后下发各部门执行。在开业典礼预算执行过程中,各部门必须严格按照预算要求开展相关工作,本着控制成本、节约费用的宗旨做好开业典礼的各项筹划工作。

二、开业典礼的场地选择

开业典礼一般选在酒店门前广场或酒店大堂内举办,如果条件不允许,也可考虑租用大型会议场所。

在选择场地时,应充分考虑下列因素:

①场地的容纳人数与预计接待的宾客人数是否一致。

②室外空间的面积是否适宜。

③典礼会场的交通是否便利。

④会场周边的停车位是否可以满足需要等。

确定典礼场地后,应对场地周边的环境提前进行治理,做好区域环境的绿化美化工作。

场内布置包括围栏、拱门、彩带、气球、标语、条幅、造型花坛、花篮、绿植、牌匾、典礼台等设备设施,应整体规划,努力营造喜庆、热烈的庆典气氛。

三、开业典礼的时间选择

如何确定合适的开业典礼举办时间主要取决于下列各项因素:

①举办开业典礼的前提条件是,酒店具备了完全试营业的条件,酒店的各种服务功能和水、电、气、暖等硬件设施经过了一段时间的试运营并保证达标。如果酒店没有做好相关的准备工作就仓促开业,会给与会嘉宾留下负面印象,这样就与开业典礼的目的背道而驰,得不偿失。

②何时举办开业典礼,通常是由酒店投资者确定的。根据酒店经营的季节性特点,开业日期大多集中在每年的3—10月。考虑到民众的偏好和习惯,阳历日期的"8"或"9"、民间阴历日期中适宜开业的所谓"黄道吉日"都很有可能成为备选日期。

③确定开业典礼举办时间时,还应考虑与会主要领导和嘉宾的时间安排,尽量选择大多数与会公众能够参加的时间,避免出现冷场。

④邀请的主要嘉宾有外宾时,还应兼顾外宾所在国的风俗习惯、禁忌和民族审美取向,避免出现尴尬的局面。

⑤考虑到酒店今后的持续发展,举办开业典礼时应照顾周边居民的生活习惯,避免扰民。开业典礼的起始时间一般安排在9:00—10:00为宜。

⑥在确定了开业典礼的时间后,还应密切关注当日的天气预报,提前向气象部门咨询当日的天气情况,如果预报的情况不理想,应考虑重新更换日期。

四、开业典礼的宾客邀请

1. 邀请对象

参加开业典礼的宾客主要分为贵宾和嘉宾两部分。贵宾包括地方政府行政领导、酒店投资方领导、酒店主管行业领导、业内权威专家和学者及参加剪彩仪式的人士；嘉宾包括酒店企业行政管理部门的领导、地方大型企业领导、潜在的客户群体、业务合作伙伴、投资方参加人、同行业人员、贵宾随从和其他人员以及报社、电台、电视台等宣传媒体的朋友等。

受邀宾客确定参加开业典礼后，酒店应及时制订一份"开业典礼来宾表"，标明所有贵宾和来宾的个人信息，包括抵达时间、接送需求、联系方式、陪同人员、饮食习惯等。表中内容经填写完整后下发给开业典礼小组的所有成员，以便各部门按照具体情况开展相关工作。

2. 邀请方式

邀请宾客参加开业典礼的方式多种多样，主要有发放请柬、拜访邀请、电话邀请和传真、邮件、网络邀请等。根据邀请方式的不同，酒店应派相关人员负责专项工作。邀请时，应表明诚意和尊重，告知被邀请人开业典礼的时间、地点和注意事项。邀请工作应至少提前一周完成，以便被邀请人及早安排和准备。

为了使参加典礼的宾客更加清晰地知晓典礼流程，酒店在印刷请柬时，可同时标明具体流程，提供诸如领取胸花、来宾登记、参观线路、剪彩时间、宴会起始时间、领取礼品地点等信息，方便宾客安排店内的活动。

五、开业典礼的宣传

开业典礼的宣传途径主要有下列几种：

①利用电视、广播、路牌、报纸、杂志、网络等媒介发布酒店企业开业的信息，这些媒介具有传播面广、传播速度快、受众广的特点。

②通过发放酒店自制的广告散页传播信息，具有内容详尽、可持续时间长的优点。

③在酒店建筑物周围设置醒目的条幅、宣传画、霓虹灯、平面广告等方式进行宣传。

在选择不同的宣传方式时，酒店应计算不同宣传途径的成本，以期望用相对少的投入获得相对多的产出。

六、开业典礼的场地布置

1. 典礼台的布置

大多数酒店都将开业典礼的举办场地设在酒店的外围广场，利用酒店的雨搭部分作为典礼台。为显示隆重和敬客，可在典礼台的地面上铺设红色地毯，在雨搭台阶处设置分隔栏。典礼台作为典礼的最高潮部分——剪彩仪式的主会场，其装饰风格应突出喜庆和隆重氛围。典礼的主持台一般设置在典礼台的左侧。酒店应在其正门的上方张贴横幅，内容为"××酒店开业典礼"。按照惯例，举行开业典礼时，宾主一律站立，一般不设主席台和座椅。

2. 观礼场地的布置

开业典礼的观礼场地中央为嘉宾观礼区，由现场领位员引领客人进入。为了营造欢快、热烈的现场气氛，在观礼场地的周边可安排酒店员工到场，所有员工着工装按照不同部门分区站立,同贺庆典。注意主席台与管理台之间的安全隔离设施及安保工作。

3.现场表演场地的布置

现场表演要体现地方特色。规格较高的典礼会在剪彩仪式中穿插安排一些精彩的现场表演,包括乐队表演、舞狮表演和气球放飞等。乐队和舞狮表演队伍应安排在观礼场地的侧面,气球放飞表演安排在场地的四周,突出喜庆氛围。

4.停车场地的布置

酒店应利用自有停车场和临时停车场满足参加典礼嘉宾的停车需求。酒店应设专门人员引导车辆停放入位,进出口标志应清晰,地面交通标线规范。注意加强对残障人士车位的指示和指引工作。

5.其他布置

除认真布置主会场外,酒店还应在外围悬挂灯笼、宫灯、彩带,在醒目处摆放来宾赠送的花篮、牌匾,在场地四周设置空飘气球、充气吉祥物等。

七、开业典礼的准备

1.礼品准备

赠予来宾的礼品应能起到宣传酒店的作用,具体要求是:

①可在礼品包装上印上酒店的标志、广告语、开业日期和联系方式等信息。

②礼品的制作要精美,要考虑有一定的实用性,使拥有者有广泛的使用场合和机会。

③礼品还要有一定的收藏价值,具有纪念意义,使拥有者能够对其珍惜和重视。

2.设备准备

开业典礼现场所需设备包括:音响系统、录音设备、照明设备、录像设备、照相设备等,所有设备都应提前由酒店工程部门进行检查调试,保证其能正常使用。

3.交通工具准备

交通工具主要包括接送贵宾和嘉宾的专用车辆、酒店用于外联的应急车辆和典礼当天运送货物的自用车辆等。所有车辆应配备好司机,并与被接送人提前确定接送的时间、地点、联系方式及其他事宜。

4.餐饮宴会准备

餐饮部负责人需要做的前期准备工作有:

①根据开业典礼的预算制定不同标准、不同风味的菜单、酒水单。

②按照既定的菜单和酒水单提前制作"样席",并请酒店开业筹备领导确定当日的菜单和酒水单。

③根据参加典礼的人数确定酒店内的餐饮接待场所,进行场地装饰、布置和桌次安排。

④调配餐饮服务人员和厨房工作人员按照相应的服务和操作标准进行准备工作。

⑤根据开业典礼的需求开具具体的采购清单,并配合实施采购行为。

⑥提前做好餐厅摆台、酒水备货和厨房食品原材料及半成品的加工工作。

5.典礼来宾胸花准备

酒店应为开业典礼当日获邀的所有来宾准备胸花,这项工作一般安排市场销售部或公关部来执行。胸花一般用鲜花和绿叶植物来搭配。选择鲜花时必须注意使用禁忌,宜选用

百合等花卉。

参加典礼的来宾一般分为两种：一种是参与典礼剪彩仪式的来宾，这类宾客可以在其胸花上标示"贵宾"字样，以示尊贵；对参加典礼的其他来宾可以在其胸花上标示"嘉宾"字样。工作人员应根据来宾数量准备相应数量的胸花和备用胸花。

市场销售部或公关部工作人员在典礼当日宾客抵达酒店后第一时间内，根据开业典礼来宾表请客人签名并向客人发放胸花。

6. 典礼店内参观路线的设计

店内参观是酒店开业典礼的一个重头戏。通过店内参观，可以使宾客对酒店功能设施和服务项目的规模、布局、标准、等级等都有一个直观的了解，对酒店来说可以起到宣传和广告的作用。店内参观一般安排在开业典礼仪式之后，这时距离用餐还有一段时间，宾客可以较为放松地体验酒店的服务。

店内参观的路线设计应由市场销售部主持完成。带领客人参观酒店也是市场销售部的日常业务工作之一。由于参加开业典礼的宾客比较密集，且参观时间较为集中，故应设计至少两条不同的参观路线，并保证两条路线的客人尽量不交叉。参观时间应尽量压缩在40分钟左右，使宾客不至于长时间行走而产生疲劳。在开业典礼仪式正式开幕前，酒店相关负责人应按设计好的参观路线走一遍，检查路线设计是否合理，参观流程是否符合预计要求。

店内参观范围应涵盖酒店的主要对客服务设施，包括酒店大堂、商务中心、商品部、餐饮设施、客房设施、康乐设施、会议设施等功能区域。陪同参观的人员应充当酒店讲解员，按照统一的解说稿向客人重点介绍酒店的特点和服务特色，使宾客对酒店有个良好的第一印象。

7. 剪彩仪式的用具准备

按照常规，参加剪彩仪式的贵宾人数应设计为单数，且不会低于5人。相关人员应提前准备好红色绸花、盛放绸花的"金盘""银剪"等工具。这里说的"金盘""银剪"当然也不是真金白银的盘和剪，常见的"金盘"是用金色绸布包裹的托盘、"银剪"是用锡纸包裹后的剪刀，所谓"金盘"和"银剪"不过是借用民俗讨个好口彩而已。

剪彩仪式开始时，酒店还应安排由多位礼仪员组成的礼仪队，呈送装有绸花的"金盘"和"银剪"请剪彩人持剪。

八、开业典礼的员工动员

各项工作准备就绪后，为了强调开业典礼的重要性、激励所有员工的士气，使各部门能够做到统筹安排、统一调度、协调配合，一般应由开业典礼领导小组组织召开全店动员大会。会议内容包括通报参加开业典礼仪式的主要贵宾、开业典礼的流程安排、应急预案的实施说明以及员工代表发言等，使所有员工明晰工作区域和典礼流程，通晓如何处理突发事故，以便顺利完成开业典礼的各项目标。

九、开业典礼的彩排预演

正式举办开业典礼前，酒店还应安排一次彩排预演。预演的时间最好定在开业典礼日期的前两天，这样既可以保证预演和正式典礼的连贯性，又可以集中发现问题，并为解决问题留出整改时间。

彩排预演时,应严格按照典礼当天的流程进行。领导小组及成员具有模拟宾客和检查员的双重身份,对后勤保障、设施设备和其他各项准备工作进行详细排查,指导落实相关工作有条不紊地进行。

十、开业典礼的应急预案

1. 天气变化导致的地点变更预案

由于天气变化存在许多不确定性,酒店应制订相关应急预案。如果已确定的典礼日期在临近期天气有变化时,就要考虑变更开业典礼举办场地。

酒店一般会将设置在店外的仪式挪到酒店大堂内举行,如果大堂的面积小不能容纳大量宾客,也可以考虑在面积大一些的多功能厅、宴会厅举行开业典礼。一旦确定要执行更改地点的预案,就应根据实际情况简化典礼仪式的相关程序。

2. 工程预案

工程预案,是指在开业典礼仪式进行过程中对可能发生的影响典礼进程的工程问题制订应急处理方案。

预案要求工程管理部门预先对酒店的电力、用水、天然气等能源提供运行保障,通过技术手段,保证典礼仪式举行期间不断电、不停水、不停气,并应制订临时出现上述问题时的紧急处理预案。预案中应详细表述方案的内容及实施方法,尽最大可能做到周全考虑,万无一失。另外,典礼所用的主要音响设备应准备有替代品,以备不时之需。

3. 安保预案

安保预案,是指针对典礼仪式展开防火、防爆、防盗及人身伤害事故的发生等安全保障应急处理方案。预案要求安保管理部门就典礼仪式制订警力规划,对典礼的重点部位如停车场、典礼现场、大堂、宴会区域、厨房区域、VIP休息室等区域进行重点布控。

安保部门的负责人应就典礼仪式举行期间的防火、防爆、防盗及人身伤害事故的发生等事项按照一定的程序和标准制订出预处理方案,对各项应急方案经审批后下发到各部门,并对其具体操作流程开展全员培训,保证典礼仪式顺利进行。

十一、开业典礼仪式的流程

参加典礼的宾客到达酒店后,由停车场管理人员引导车辆有序停放,然后由迎宾员引领客人进入大堂。酒店应安排副总经理和负责公关、销售、前台等部门工作的经理以上人员在大堂做好迎接工作,欢迎工作包括呈递名片、请宾客出示请柬、陪同宾客至签到台签名留念、引导宾客临时落座休息、陪同参加典礼的贵宾至贵宾室休息等。在典礼仪式开始前,知会宾客至仪式主会场,引导宾客到达观礼指定位置。

开业典礼的主要进程如下:主持人宣布典礼仪式开始—介绍参加剪彩仪式的主要领导和参加典礼仪式的主要来宾—请酒店业主方代表致辞—请参加剪彩仪式的代表致辞—请酒店总经理致辞—主持人宣布剪彩仪式开始—乐队表演、舞狮表演、气球放飞等—剪彩活动结束;宾客参观酒店—典礼宴会开始—宴会结束;发放礼品—宾客离店,典礼结束。

在主会场安排典礼仪式时需要注意,从主持人宣布典礼开始至剪彩活动结束这段时间不宜过长,一般设计在20分钟内比较适宜,因为宾客站立时间过长容易产生疲劳感。

十二、开业典礼的总结评估

开业典礼结束后,酒店的典礼领导小组应根据典礼的实行效果进行总结和评估,请公关销售等部门对参加典礼的宾客进行回访,征询宾客对酒店设施设备、餐饮菜品质量、服务标准等项目的意见和建议,并形成文字报告。

酒店管理方应对做出突出贡献的部门和员工予以表彰,同时也要找出流程中出现的问题和不足,并在今后的经营中得到改进。

下面提供一份××快捷酒店开业庆典策划方案的范本,仅供参考。

××快捷酒店开业庆典策划方案

一、整体构思

①以剪彩揭幕典礼为主线,通过酒店剪彩揭幕、馈赠礼品来完成活动目的。

②通过活动传播开业酬宾的信息,使潜在消费者获得信息。

③通过活动的间接影响,使更多的潜在消费者对酒店有一个基本的了解,进而吸引既定的目标人群。

二、整体氛围布置

配合酒店剪彩揭幕的主题,以剪彩揭幕的热烈喜庆和庄重气氛为基调,酒店十个空飘气球悬挂空中作呼应,并输出酒店开业酬宾的信息。酒店内以红、黄、蓝相间的气球链造型装点一新。主干道及酒店入口布置有标志的彩旗,酒店内墙布置展板,保证做到气氛庄重热烈。

1. 酒店的布置

①在主干道两侧插上路旗及指示牌。

②悬挂剪彩典礼暨酒店开业庆典横幅。

③充气拱形门一个。

④门口铺红色地毯,摆花篮和鲜花盆景。

⑤酒店内四壁挂满红、黄、蓝相间的气球。

⑥酒店门匾罩红绸布。

⑦酒店现场布置十个空飘气球悬挂空中,彩旗上写"祝××快捷酒店开业庆典顺利举行"。

2. 主会场区的布置

①在主会场区入口处设置一签到处,摆放一铺红布的长木桌,引导嘉宾签到和控制入场秩序。

②会场周围设置两只大音箱和有架话筒,便于主持和有关人员发言讲话。

③乐队和舞狮队位于主会场主持区一侧。

三、活动程序设置

作为一个庆典活动,欢庆的气氛应浓烈,我们计划用一部分欢庆活动来起到调动会场情绪的作用。用舞狮活动来营造喜庆气氛,也是为以后的项目打气助兴做准备。由于它费用低、收益大、最容易制造气氛和场面,故而以舞狮活动作为开业仪式上的一个组成部分最为合理。另外应当由司仪主持庆典活动全过程,由司仪来穿针引线,才能使会场井然有序。

具体活动程序布置如下:

9:00 酒店迎宾(礼仪小姐引导嘉宾签名和派发优惠券)。

9:20 礼仪小姐请嘉宾、客人到主会场。

9:30 乐队奏曲和司仪亮相,宣布酒店开业典礼开始并向嘉宾介绍庆典活动简况,逐一介绍到场领导及嘉宾。

9:50 公司总经理致辞。

10:00 重要嘉宾讲话。

10:20 剪彩仪式。

10:42 舞狮表演。

11:00 燃放鞭炮,乐队乐曲再次响起。

11:10 邀请嘉宾前往酒店参观和稍作休息(这时有专人为手持报纸、宣传单页的宾客派发礼品)。

12:00 庆祝酒会开始(酒会为中式宴席形式,气氛融洽又高雅)。

四、活动配合

①活动总负责——总务组。负责活动总体进展,确定嘉宾名单。人员配置:暂定1人。

②现场总协调——会场组。协调现场各工序间工作。人员配置:暂定1人。

③道具准备——后勤组。负责购买活动所需材料及用品,活动结束清理会场。人员配置:暂定2人。

④对外联络——公关组。负责派送请柬,联系乐队、舞狮队、司仪、新闻媒体、酒店等。人员配置:暂定4人。

⑤宾客接待——接待组。负责嘉宾签到处,发放资料,为嘉宾佩戴贵宾花,引导车辆停放,活动结束后负责送客。人员配置:暂定4人。

五、费用预算

(略)

【本章小结】

酒店的投资与建设,是一家酒店经营管理成功的非常重要的因素。可以说,一家酒店筹建是否成功,决定着这家酒店开业后的经营管理是否成功。因此,慎重立项、严谨分析、细心设计、精心施工、细致准备,才可能成功建设一家合格的酒店,也为日后这家酒店的经营管理成功打下坚实的基础。反之,则会为一家酒店的经营管理埋下失败的隐患。本章主要介绍了酒店开业前需做的准备,酒店应如何进行市场调研、客源分类以及收入预测;阐述了酒店的开荒工作、试营业以及开业典礼的基本内容及流程等。通过本章的学习,使学生能够对如何进行酒店的开业筹划有个基本了解。

【课后思考】

1.酒店的开业筹备计划应该从哪几方面着手?

2.酒店的开业宣传推广工作应该如何操作?

3.酒店的开业典礼包含哪些环节？各环节应该注意些什么？

4.酒店的开业典礼中会出现的突发事件有哪些？应该怎样处理？

【实践作业】

【实践名称】1.酒店开荒工作计划制订

【实践要求】请根据你所创建的酒店的规模及定位,制订其各部门(前厅、客房、餐饮、康乐、后勤部门、办公室等)的开荒工作安排计划(包括工作内容、人员安排、计划等)。

【实践名称】2.酒店开业典礼设计

【实践要求】以小组为单位,请为自己所创建的酒店项目制订一个开业典礼方案,应包含主题、采购预算、场地布置、嘉宾人数、接待流程、宴会布置、菜单、典礼仪式等,并以PPT形式展示,要求有场地设计,图文并茂。

【案例分析】

艾美酒店的试营业

2010年1月26日,厦门首家艺术主题酒店——艾美酒店开始了试营业。该酒店是福建省东南岸花园山城地区的第一家国际酒店。厦门艾美酒店拥有两间餐厅和一间酒吧,以及10间会议室。其中,会议空间总面积超过2 000 m², 包含一间占地842 m²、层高10 m的自然采光无立柱豪华宴会厅。宾客们还可以享受众多的先进设施,例如、健身中心、室内恒温泳池、水疗中心以及仙岳山公园慢跑及徒步步道等。值得一提的是,厦门艾美酒店是厦门地区唯一一家提供山地网球场的国际酒店。试营业期间,艾美酒店针对各种暴露出的问题不断调整酒店管理运行措施。在同地区无先例可借鉴的情况下,顺利过渡到酒店的正式经营期。

(资料来源:李伟清.酒店运营管理[M].重庆:重庆大学出版社,2018:95.)

思考:

1.案例中艾美酒店的试营业对其正式营业有何意义？

2.如果由你来管理试营业期间的酒店,你会从哪几个角度入手？

附　录

附录一　酒店筹备策划书

一、筹备管理

（一）前期规划

1. 酒店前期运作计划书

2. 酒店前期运营管理

3. 前期工作备忘录

（二）物品筹备

1. 各部门、区域的物品筹备

2. 采购物品规格价格明细单

3. 各物品供应商的敲定

包括：酒水、香烟、调料、调味品、干货、蔬菜、肉类、海鲜、原材料等物品。

4. 采购概况明细上报

5. 部门日常用品筹备

硬件设备设施、办公用品、酒店管理软件、常耗物品、一次性物品、清洁用品、固定物品、餐具、部门布草、员工制服、印刷品、绿化、装饰品。

（三）开业筹备

1. 试营业时各项筹备

2. 开张时各项筹备

3. 各部门开业筹备

4. 酒店产品价格的前期拟定

（四）设备设施

1. 设备设施的安装管理

2. 设备设施的前期调试

3. 设备设施责任制到位

（五）装饰装修

1. 酒店外围装修装潢工程

2. 酒店内部装修装潢工程

3. 各区域的效果图

（六）部门配备

1. 前期酒店各部门的配置

2. 人力资源部、公关部、财务部、工程部、采购部、餐饮部、房务部、后勤部

3. 前期部门协调工作计划

4. 前期部门体制监督运行

二、人力资源

（一）员工手册

1. 酒店员工手册

2. 各部门规章制度

3. 员工岗位职责

4. 岗位工作流程

（二）员工培训

1. 部门经理前期培训计划

2. 餐饮部培训

3. 房务部培训

4. 后勤部门培训

（三）员工招聘

1. 按部门要求招聘

2. 后勤员工招聘

（四）绩效考核

1. 初级员工的考核

2. 培训后的员工考核

3. 酒店试营业时的考核

4. 阶段员工品行考核

5. 前期人工成本预算与控制

6. 员工岗位工资的拟定

7. 酒店各部门奖惩制度

三、工程管理

（一）弱电管理

1. 各区域的弱电管理

2. 部门电源开关节能管理

3. 消防区域管理

4. 水、电、气的相关管理

（二）工程改造

1. 前期、二期的改造工程

2. 具体项目的落实、跟踪

(三)设备管理

1. 酒店各部门大型设备管理

2. 设备设施的维护保养

四、餐饮管理

(一)餐厅管理

1. 部门配制

2. 部门协调配合工作

3. 餐厅各岗位的工作流程和部门制度的制订

4. 岗位时间表的制订

5. 接待方面管理、电话预订、上门散客、婚宴、生日宴、乔迁宴

6. 服务质量的控制与提升

7. 服务技巧的实施与推广

8. 与其他部门协调合作

9. 物耗的成本控制

10. 人力资源成本控制

11. 其他服务流程的制订

12. 反馈系统的建立

(二)厨房管理

1. 菜单的制订

2. 产品的定价

3. 厨房出品质量、样式、菜式

4. 菜品培训、资源共享

5. 厨房部门制度、岗位工作流程

6. 物耗、原材料、物品环节成本控制

(三)部门协调

1. 与酒店其他部门协调配合工作

2. 部门协调备忘录

3. 部门协调原则

(四)员工岗位培训

1. 餐饮部员工培训工作

包括:领班、迎宾员、服务员、传菜员、收银员、酒水员、营业员。

2. 针对岗位性质进行岗位培训,熟悉本岗位的工作流程以及酒店环境、文化、人事结构

3. 先由酒店统一培训,再进行区域培训

4. 培训后进行前期考核

5. 建立考核制度

五、房务管理

(一)接待

(二)洗衣房

（三）商务中心

（四）总机

（五）大堂

六、财务管理

（一）收银

1. 收银员的岗位职责和工作流程

2. 收银员与财务的协调配合工作和原则

（二）招投标

（三）物品采购

1. 各部门的物品采购明细清单

2. 价格的审核与相关控制

（四）成本管理

酒店前期运作成本预算、控制、管理

（五）仓库管理

1. 库房的物品日常管理

2. 进（出）库的相关管理

3. 领料相关操作程序

4. 仓库管理员的岗位职责

5. 月存、日进、检验的相关管理

七、日常管理

（一）总经理

（二）部门经理

（三）后勤经理

八、酒店品牌

（一）发展趋势

（二）知名度

（三）酒店文化塑造与提升

九、营销管理

（一）市场调研

1. 产业环境

产业环境包括：商业繁盛情况、商业化的趋势与潜力、地方政府优惠与扶持政策以及当地消防治安、文化、工商、防疫等情况。

2. 社会环境

社会环境包括：当地风俗习惯、历史文化、饮食文化。

3. 当地同行同档次酒店的消费、环境、概况、经营模式等信息调研

（二）营销战略

1. 前期营业策划

2. 酒店产品定价

3.部门营销计划书

4.酒店营销部前期、试营业、开业、营业季度、营业年度的计划书和策划书以及相关战略

(三)营销管理

1.营销市场分配

2.营销部人员的配置、岗位职责、工作流程

(四)营销趋势

(五)促销方案

1.根据当地和酒店的有利条件进行有针对性的促销

2.前期的营销可分为广告营销(传媒、室外、报纸杂志、网络等)、让利营销、套式营销

十、美食世界

(一)菜谱

(二)风味小吃

(三)地方特色

(四)酒店特色

(五)出品构成

附录二　酒店开业前的整体策划

(1)成立筹备小组,确定小组成员及其分工。

(2)开始着手制订员工手册、规章制度、服务程序、岗位职责等。

(3)编制各分部门工作计划(根据实际需要,在必要情况下进行修正)。

(4)确定培训计划、人员、时间、地点。

(5)对当地餐饮进行考察,确定经营方式及菜系。

(6)对酒店的特殊岗位人才列出需求表,开始招聘专业岗位人才。

(7)列出采购清单。

(8)培训经理到位。

(9)确定餐厅、包间等服务场所名称(中英文)。

(10)进行市场调查,了解本地酒店员工的工资待遇,制订开业前人员福利方案报批。

(11)确定各部门具体的培训计划和方案及其安排。

(12)酒店管理层和美术兼策划学习 VI 设计手册。

(13)招聘厨师长及炉灶大厨并陆续开始试菜。

(14)与员工签订培训合同。

(15)员工培训。

(16)确定厨师长及大厨人选并安排到岗日期。

(17)确认供应商,进行全面采购并与供应商签订采购合同。

(18)确定各餐厅特色菜单、团队餐价格,并制成完整的资料送销售部。

(19)酒店各部门管理人员熟悉并掌握程序。

（20）完成员工食堂的厨房设备以及物品采购工作。

（21）举办一些公关活动,以提高酒店的对外知名度。

（22）酒店消防安全,建立控制体系,根据安全通道制作疏散路线图。

（23）确定家具等物品的安放位置。

（24）编写各种菜式、分量、构成标准,制作成本卡,送至财务部成本控制组。

（25）配合各部门执行培训进度,安排计划,确定各部门的培训日期及地点。

（26）设计酒店运转所必需的表格,交至财务汇总印刷。

（27）考察酒店市场及其周边市场情况,调查了解市场客源,了解主要竞争对手的销售策略,报批销售策略。

（28）印刷所有对客表格。

（29）验收酒店电梯,进行测试。

（30）确定各部各级员工的制服款式。

（31）制定酒店的销售预算,送总经理审批。

（32）办理酒店开业所必需的各种营业执照、许可证等。

（33）进行布线情况的跟踪以及测试。

（34）审核申购合同价格,送总经理审批。

（35）确定酒店各级员工工资明细。

（36）确定菜肴定价、宴会包桌价格以及餐饮毛利,送总经理审批。

（37）与花卉供应商联系,确定酒店所需布置面积并尽快签订合同。

（38）将菜肴拍成照片,制作菜谱。

（39）成立消防委员会。

（40）配合工程部验收酒店消防及安保系统,安排供应商对保安部、消防部员工进行培训,并开始接手酒店保卫、消防工作。

（41）陆续展开后厨其他人员的招聘工作。

（42）后厨人员到位,进行后厨培训。

（43）安排各部门员工接受相关培训。

（44）制订购买物品接收、入库工作计划。

（45）配合电脑供应商完成电脑系统的安装。

（46）对消防主机、消防湿式系统、消防烟感系统、消防联动柜加压风机以及排烟机等进行测试。

（47）考核、验收培训效果。

（48）确定霓虹灯方案并着手制作。

（49）验收广播、闭路、背景音乐等系统并进行测试。

（50）制订定做（发放）酒店制服计划并发放到位。

（51）安排公安、消防等相关人员向酒店全体员工进行安全知识培训。

（52）验收酒店监控系统并进行测试。

（53）卫生大扫除陆续展开。

（54）验收供电系统并进行测试。

（55）验收酒店整套空调系统并进行测试。

（56）酒水、原材料陆续到位。

（57）召开全体员工大会。

（58）着手策划开业庆典方案,确认开业宴请人员。

（59）各部门、各岗位人员全面上岗,酒店进入试营业状态。

（60）正式开业。

参考文献

[1] 陈安萍. 酒店财务管理实务[M]. 北京:中国旅游出版社,2017.

[2] 葛岩,刘培德. 采购与仓储管理[M]. 北京:清华大学出版社,2020.

[3] 黄安民. 酒店康乐服务与管理[M]. 重庆:重庆大学出版社,2016.

[4] 李龙星,易元红. 酒店营销策划[M]. 天津:天津大学出版社,2014.

[5] 刘伟. 酒店管理[M]. 2版. 北京:中国人民大学出版社,2018.

[6] 刘伟. 酒店管理案例分析[M]. 重庆:重庆大学出版社,2020.

[7] 李伟清. 酒店运营管理[M]. 重庆:重庆大学出版社,2018.

[8] 李祖武. 酒店市场营销[M]. 合肥:中国科学技术大学出版社,2018.

[9] 孟庆杰,唐飞. 前厅客房服务与管理[M]. 6版. 大连:东北财经大学出版社,2017.

[10] 邹益民,陈业玮,陈俊. 酒店餐饮管理[M]. 武汉:华中科技大学出版社,2017.

[11] 容莉. 经济型酒店怎样做:策划·运营·推广·管理[M]. 北京:化学工业出版社,2020.

[12] 瑞亚酒店管理学院. 经济型酒店开店策划与营销推广实战手册[M]. 北京:人民邮电出版社,2020.

[13] 盛鹏. 饭店开业筹备管理实务:如何开第一家饭店[M]. 北京:旅游教育出版社,2017.

[14] 苏枫. 酒店管理概论[M]. 重庆:重庆大学出版社,2008.

[15] 殷玫. 分析全面预算管理在酒店经营管理中的应用[J]. 财经界,2016(18):99,270.

[16] 张红卫,张娓. 酒店质量管理原理与实务[M]. 北京:北京大学出版社,2015.

[17] 张添. 一家酒店和一个伟大的时代:白天鹅宾馆传奇[M]. 广州:广东旅游出版社,2018.

[18] 周志宏,熊丽娟. 酒店概论[M]. 长沙:湖南大学出版社,2009.